21843

GÉOGRAPHIE

COMMERCIALE ET INDUSTRIELLE

DES

CINQ PARTIES DU MONDE

10.128. — IMPRIMERIE GÉNÉRALE DE CH. LAHURE
Rue de Fleurus, 9, à Paris

GÉOGRAPHIE
COMMERCIALE ET INDUSTRIELLE

DES

CINQ PARTIES DU MONDE

PAR

RICHARD CORTAMBERT

OUVRAGE RÉDIGÉ CONFORMÉMENT
aux programmes officiels de 1866
POUR L'ENSEIGNEMENT SECONDAIRE SPÉCIAL

(TROISIÈME ANNÉE)

PARIS
LIBRAIRIE DE L. HACHETTE ET Cie
BOULEVARD SAINT-GERMAIN, N° 77

1869

Droits de traduction et de reproduction réservés

EXTRAIT DES PROGRAMMES OFFICIELS

DE

L'ENSEIGNEMENT SECONDAIRE SPÉCIAL

Géographie commerciale des cinq parties du monde. — La France considérée dans ses relations avec l'étranger.

(TROISIÈME ANNÉE.)

1. *Grande-Bretagne.* — Nature du sol : abondance des mines de houille, de fer, de cuivre, de plomb et d'étain. — Configuration : vastes estuaires qui forment de grands ports naturels; facilité des communications par canaux et chemins de fer. — Climat doux et humide favorable à l'élevage du bétail.

2. Suite de la *Grande-Bretagne.* — Indiquer les grandes villes de manufactures, les principaux ports de commerce, la valeur des importations et des exportations, l'effectif de la marine marchande. — Influence du traité de commerce de 1860 sur les relations commerciales de l'Angleterre avec la France.

3. Suite de la *Grande-Bretagne.* — Monnaies et mesures. — Institutions de crédit. — Assurances. — Accroissement de la population. — Émigration. — Colonies anglaises.

4. *Belgique.* — Population. — Agriculture. — Industrie et commerce. — Lieux de production les plus remarquables. — Canaux. — Chemins de fer. — Principaux ports. — L'Escaut. — Chiffres des importations et des exportations. — Pays avec lesquels la Belgique fait le plus de commerce. — Son commerce avec la France.

5. *Pays-Bas.* — Population. — Agriculture et industrie.

Voies de communication. — Effectif de la marine. — Principaux ports. — Importations et exportations. — Monnaies et mesures. — Pays avec lesquels les Pays-Bas font le plus de commerce. — Leur commerce avec la France. — Colonies néerlandaises.

6. *Prusse et Zollverein.* — Ce qu'on entend par ce dernier mot. — Agriculture. — Industrie. — Lieux de production les plus remarquables. — Voies de communication : fleuves, canaux et chemins de fer. — Monnaies et mesures. — Importations et exportations. — Pays avec lesquels le Zollverein fait le commerce le plus suivi. — Son commerce avec la France. — Commerce des villes Hanséatiques.

7. *Empire d'Autriche et États qui ne font pas partie du Zollverein.* — Industrie. — Commerce. — Voies navigables. — Chemins de fer. — Mesures et monnaies. — Principaux articles d'importation et d'exportation. — Commerce des villes Hanséatiques. — Relations commerciales avec la France [1].

8. *Suisse.* — Population. — Produits agricoles. — Industrie. — Chemins de fer. — Communications avec la France. — Les routes des Alpes. — Monnaies et mesures. — Commerce : importations et exportations. — Commerce avec la France.

9. *Royaume d'Italie.* — Population. — Produits agricoles. — Irrigations. — Produits minéraux. — Industrie. — Faire connaître les lieux de production les plus importants. — Voies de communication. — Principaux ports. — Effectif de la marine. — Commerce : importations et exportations. — Monnaies et mesures. — Commerce avec la France.
États de l'Église. — Population, etc.

10. *Espagne.* — Population. — Produits agricoles. — Mérinos, etc. — Vignobles. — Mines. — Industrie. — Voies de communication. — Principaux ports. — Effectif de la marine. — Monnaies et mesures. — Commerce : importations et exportations — Commerce avec la France.
Portugal. — Population, etc.

11. *États Scandinaves.* — Population. — Agriculture. — Industrie. — Commerce.

---

[1]. Ce numéro du Programme a été rédigé avant les changements politiques survenus en Allemagne à la suite de la guerre de 1866. La Leçon VII, qui correspond à ce numéro, a dû être mise en rapport avec les nouvelles modifications géographiques, et, par conséquent, ne suit pas rigoureusement le Programme pour les villes Hanséatiques et d'autres États de l'Allemagne, qui ont trouvé leur place plus naturelle à la Leçon VI.

La pêche en Norvége. — Le passage du Sund, etc. — Principaux ports danois et suédois sur la Baltique, de la Norvége sur la mer du Nord. — Leurs relations avec l'étranger et principalement avec la France.

12. *Empire de Russie.* — Population en Europe, en Asie, en Amérique. — Récentes réformes économiques relatives à la condition des terres et des personnes. — Produits agricoles. — Mines de l'Oural. — Industries diverses. — Canaux et chemins de fer. — Route de Tiflis. — Le trainage. — Les grandes foires et les caravanes. — De la pêche et de la chasse en Amérique et en Sibérie. — Commerce avec la Chine, le Turkestan et la Perse. — Commerce avec l'Europe par la Baltique, par la frontière de terre, par la mer Noire. — Relations avec la France.

13. *Empire Ottoman.* — Population. — Produits du sol et de l'industrie. — Principaux ports. — Échelles du Levant. — Les détroits. — Importance de Constantinople. — Intérêts français.

Principautés-Unies. — Population et produits. — Importance commerciale du Danube.

Grèce. — Population. — Produits du sol. — Importations et exportations. — Commerce avec la France.

14. *Égypte.* — Relation politique avec la Porte. — Population. — Le Nil. — Productions du sol. — Le coton. — Le Caire. — Chemins de fer. — Canal de Suez. — Importations et exportations. — Commerce avec la France.

15. *États Barbaresques.* — Régence de Tripoli. — Oasis du Fezzan. — Régence de Tunis. — Le Maroc et le Touât. — Le Grand Désert et les caravanes. — Le Soudan. — Cultures et industries. — Usages commerciaux. — Principaux articles d'importation et d'exportation. — Les routes du Sahara algérien.

16. *Côte occidentale d'Afrique.* — Historique rapide du commerce de cette région. — Colonies portugaises. — Comptoirs hollandais. — Colonies françaises. — Colonies anglaises. — République de Libéria. — Communications des principaux marchés de la côte avec l'intérieur. — Le Niger. — Les monts de Kong et la poudre d'or. — Principaux articles d'importation et d'exportation. — Répression de la traite. — États qui font le plus de commerce dans cette région. — Commerce de la France.

17. *Le Cap et la Côte orientale d'Afrique.* — Importations et exportation de la colonie du Cap : vins, laines, bestiaux.—Port-Natal. — Colonies portugaises. — Zanzibar, etc. — Communication des marchés de la côte avec l'intérieur. — Rôles des trafiquants arabes. — Le Zambèze. — Les grands lacs. — Madagascar. — Anciennes possessions françaises. — Les îles anglaises. — Part de la France dans le commerce de cette région.

18. *Arabie et Perse.* — La mer Rouge, Aden et Périm. — Productions de l'Arabie. — Le golfe Persique. — Mascate. — Les îles Bahreïn. — Le Chott-el-Arab. — Bender-Aboucheher et Bender-Abbassi.—La côte du Mékran.— Routes des caravanes de l'Iran et du Touran. — Hérat. — Caboul, etc. — Influence russe et influence anglaise. — Part de la France.

19. *L'Inde.* — Population. — Régions naturelles: vallées de l'Indus et du Gange; le Dékhan; Ceylan. — La Birmanie britannique.—Productions et industries.— Grands centres de population et de commerce. — Chemins de fer. — Les principaux ports. — Importations, exportations; principaux articles d'exportation. — Part de la France dans le commerce de l'Inde. — Poulo-Pinang. — Singapour.

20. *Indo-Chine et Chine.* — Les grands fleuves de l'Indo-Chine et ses productions naturelles. — Population. — Commerce du pays. — Empire Chinois. — Ses grands fleuves. — Principales productions agricoles et industrielles. — Historique rapide des rapports commerciaux de la Chine avec l'Europe. — Ports ouverts par les traités. — Importations et exportations. — Principaux articles d'exportation. — Pays qui font le commerce le plus suivi avec la Chine. — Commerce de la France.

21. *Japon.* — Population. — Principaux produits du pays. — Historique rapide des rapports commerciaux du Japon avec l'Europe et l'Amérique. — Ports ouverts par les derniers traités. — Importations, exportations. — Principaux articles d'exportation. — Commerce de la France. — Piraterie dans les mers de Chine.

22. *Océanie.* — Possessions des puissances européennes. — Prospérité de Java et des colonies anglaises de l'Australie. — Les îles aux Épices. — Principaux articles d'importation et d'exportation. — Les îles Sandwich. — La pêche de la baleine. — Commerce de la France dans l'océan Pacifique.

23. *Côte occidentale d'Amérique.* — La colonie de Vancouver et la Colombie britannique.

L'Orégon et la Californie. — Les mines d'or. — San-Francisco.

Mexique et Amérique centrale : Acapulco, Punta-Arenas, Panama. — Commerce de ces ports.

Équateur : Pérou, Bolivie, Chili, Guayaquil, Truxillo, Callao, les îles Chincha, Arica, Cobija, Valparaiso. — Commerce de ces ports. — Principaux objets d'exportation. — Usages du commerce. — Rôle de la France dans le commerce de la côte du Pacifique.

Les passages du Sud. — Le cap Horn et le détroit de Magellan. — Les îles Falkland.
La Pêche.

24. *La Plata et le Brésil.* — Le Rio de la Plata et ses affluents. — Les Pampas. — Buenos-Ayres et Montevideo. — Commerce. — Émigration européenne. — Le Paraguay.

Le fleuve des Amazones. — Productions naturelles. — Principaux ports du Brésil. — Importations et exportations. — Principaux articles d'exportation. — Part de la France dans le commerce de ces contrées.

25. *Les Guyanes, la côte de la mer des Antilles et du Mexique.* — Productions et commerce des trois Guyanes, du Vénézuéla et de la Nouvelle-Grenade. — Chemin de fer de Panama. — Aspinwall. — Projets de canalisation. — Balize.

Mexique. — Mines. — Principaux ports du golfe. — Commerce : importations et exportations. — Usages généraux du commerce. — Commerce avec la France.

26. *Les Antilles.* — Principales productions. — Importance de Saint-Thomas. — Principaux pays qui font le commerce dans ces parages. — Commerce de la France.

27. *États-Unis.* — Le Mississipi et ses affluents. — États situés dans cette région. — Le Texas. — États et territoires du Far-West jusqu'à l'Utah. — Communications avec la côte du Pacifique. — Grandes villes de l'intérieur. — La Nouvelle-Orléans. — Mobile. — L'Alabama et la Floride. — Productions. — Industrie. — Commerce : importations et exportations. — Part de la France dans ce commerce.

28. Suite des *États-Unis.* — États riverains de l'Atlantique. — États du sud : la Georgie, les Carolines, la Virginie. —

Productions agricoles. — Savannah et Charleston. — Commerce : importations et exportations.

États du nord. — Grandes villes d'industrie. — Principaux ports : leurs débouchés. — Commerce : importations et exportations. — Mesures et monnaies. — Insister sur les principaux articles d'exportation, leur provenance, leur mode de transport, etc. — Commerce particulier des États-Unis avec la France.

29. *Possessions anglaises du nord de l'Amérique.* — Le Saint-Laurent et les grands lacs.— Le Haut et le Bas Canada, la Nouvelle-Bretagne. — Productions du sol. — Industrie. — Grandes villes. — Principaux ports des lacs. — Commerce des colonies anglaises de l'Amérique du nord : importations et exportations. — Commerce de la France.

Les îles : île de Cap-Breton, île du Prince-Édouard, île de Terre-Neuve. — Le Banc et la pêche. — Les Bermudes.

30. *Les grandes routes de commerce.* — Routes d'autrefois. — Le commerce méditerranéen. — Révolution accomplie à la fin du quinzième siècle.

Aujourd'hui, nouvelle révolution dans les routes de terre, faite par les chemins de fer. — Grandes lignes de chemins de fer européens.

Grandes routes de mer. — Les courants. — Les vents alizés. — La voile et la vapeur. — Principales lignes de services réguliers des Compagnies anglaises, françaises, autrichiennes, américaines. — Principaux ports du monde. — Distance des grandes navigations ; durée habituelle et frais des voyages ; coût du frêt pour les marchandises. — Importance du canal de Suez et du chemin de fer de Panama.

La télégraphie électrique. — Points extrêmes mis en communication. — Les télégraphes sous-marins.

31. *Force productive des différents états.* — Comparaison des principaux états du globe d'après l'étendue du territoire et la densité de la population, le budget, l'effectif de la marine marchande et la valeur du commerce d'importation et d'exportation.

Lieux d'où l'Europe tire ses principales matières premières et où elle envoie la plus grande quantité de produits fabriqués.

32. *Rôle de la France dans le commerce du monde.* — Situation géographique de la France entre quatre mers et au centre de l'Europe occidentale. — Relations commerciales de Marseille, de Bordeaux, de Nantes, du Havre. — Pays avec lesquels les

principaux ports français font le plus grand commerce. — Richesse de ces pays, goûts et mœurs de leurs habitants. — Quelle sécurité y trouvent les négociants. — Quelle y est la langue des affaires. — Quels sont les produits qu'on en peut tirer avec le plus d'avantage. — Quels produits français pourraient y donner lieu à une importation nouvelle.

NOTE SUR LES CARACTÈRES D'IMPRESSION

EMPLOYÉS DANS L'OUVRAGE.

On a imprimé en caractères gras les noms sur lesquels on veut particulièrement appeler l'attention, c'est-à-dire les noms des pays, des lieux et des produits les plus importants.

Pour plus de clarté, on a généralement mis en **romain gras** les pays, et en *italique gras* les villes et les produits.

GÉOGRAPHIE COMMERCIALE

DES

CINQ PARTIES DU MONDE.

LEÇON Ire.

GRANDE-BRETAGNE.

(Superficie : 313,500 kil. carrés. — Population : 30 millions d'habit.)

§ 1er. Introduction : Situation, Divisions générales physiques et politiques.

On a dit avec raison que les îles Britanniques avaient toujours eu le privilége de donner beaucoup à réfléchir, d'être un exemple, un stimulant pour le commerce et l'industrie du reste du monde. Les Anglais ont eu, en effet, depuis trois siècles l'initiative des grandes entreprises commerciales, des grandes opérations manufacturières, ils ont imprimé l'élan aux autres peuples.

Nous commencerons notre voyage industriel et commercial du globe par ce remarquable pays, poste avancé de l'Europe vers l'occident, lien le plus direct entre l'Ancien et le Nouveau monde.

Le nom de *Grande-Bretagne* (en anglais *Great Britain*) ne désigne, à proprement parler, que la plus importante des îles Britanniques; mais, comme cette terre est celle qui dirige et qui commande, on étend volontiers son nom aux îles Britanniques tout entières et même à toutes les possessions de la monarchie anglaise.

Le titre officiel du royaume formé par les *îles Britanniques* est *Royaume-Uni de Grande-Bretagne et d'Irlande*.

Ces îles, situées entre 50° et 61° de latitude nord, sont séparées de la France par le *Pas de Calais* (le détroit de *Douvres* des Anglais) et par la *Manche* (leur *canal Britannique*, *British Channel*). L'océan *Atlantique* les baigne à l'ouest et au nord, et forme, à l'est, entre la Grande-Bretagne et le Danemark, la mer du *Nord* ou *d'Allemagne*.

La Grande-Bretagne et l'Irlande sont séparées l'une de l'autre par la mer *d'Irlande* et par les détroits assez larges qu'on appelle *canal Saint-George* et *canal du Nord*.

Les petites îles de l'archipel Britannique sont les îles *Hébrides*, les *Orcades*, les îles *Shetland*, l'île de *Man*, l'île *d'Anglesey*, celle de *Wight*, et, près de la France, les îles *Anglo-Normandes* (*Jersey, Guernesey, Aurigny*).

L'île de la Grande-Bretagne comprend trois pays: l'*Angleterre* (*England*), l'*Écosse* (*Scotland*) et le *pays de Galles* (*Wales*); elle s'allonge du nord au sud, sur un espace de 900 kilom., et va en s'élargissant vers le midi, où elle présente une étendue de 490 kilom. de l'est à l'ouest. Montagneuse dans le nord et à l'ouest, légèrement accidentée dans la partie moyenne, elle est presque plate au S. Ses montagnes principales sont les monts *Grampiens* et *Cheviot*, en Écosse; les monts *Moorlands* ou *Cumbriens* et ceux du *Pic*, en Angleterre; les monts *Cambriens*, dans le pays de Galles.

Les cours d'eau de l'île, quoique de peu d'étendue, sont profonds et ont une embouchure généralement large et favorable à la navigation. Les principaux sont: en Angleterre, la *Tamise* (*Thames*), l'*Humber*, la *Mersey*, la *Saverne* (*Severn*); en Écosse, le *Forth*, le *Tay* et la *Clyde*.

Les plus grands lacs sont le *Loch Lomond* et le *Loch Ness*, en Écosse.

L'Irlande (*Ireland*), légèrement ondulée, fertile, mais marécageuse, abonde en rivières et en lacs. Les principaux cours d'eau sont le *Shannon*, le *Barrow*, la *Suir*, la *Boyne*; — les lacs les plus importants, le *Lough Neagh*, le *Lough Erne*, les lacs de *Killarney* et les lacs du Shannon.

L'Angleterre se subdivise en 40 comtés ou *shires*; le pays de Galles, en 12; l'Écosse, en 33; l'Irlande, en 32, qui sont répartis en 4 provinces: l'*Ulster*, le *Leinster*, le *Connaught* et le *Munster*.

§ 2. Nature du sol ; Abondance des mines de houille, de fer, de cuivre de plomb et d'étain.

La Grande-Bretagne est d'une constitution géologique remarquable : elle renferme des roches de tous les âges. Parmi ses productions minérales, la **houille**, le *diamant noir*, comme on l'appelle parfois, figure au premier rang ; les Anglais ont surnommé avec orgueil leur pays, à cause de cette richesse, les *Indes noires* (*Black Indies*). C'est la cause la plus puissante de l'état florissant de l'industrie britannique.

Les grands dépôts houillers peuvent se diviser en trois groupes : celui du Nord, celui du Centre et celui de l'Ouest.

Groupe du Nord. — Ces dépôts, disposés sur les flancs d'une chaîne de montagnes, forment une série de bassins détachés, dont les plus considérables sont ceux de *Northumberland* et de *Durham* (ayant pour centre *Newcastle*), de *Cumberland* (*Whitehaven*), de *Manchester*, de *Glasgow* et d'*Édinbourg*.

Groupe du Centre. — On y voit, entre autres dépôts, celui du *Leicestershire*.

Groupe de l'Ouest (où est compris le pays de Galles). — Les plus importants dépôts y sont les bassins du *Monmouthshire*, du *Glocestershire*, du *Somersetshire* et du *Glamorganshire*. — *Newport, Cardiff, Merthyr-Tydvil, Swansea*, sont les localités les plus riches.

De tous ces bassins, les deux plus célèbres sont, en résumé, ceux de *Newcastle* et de *Cardiff*. Ils occupent l'un et l'autre une position littorale. C'est un avantage immense pour l'exploitation : ainsi, les wagons sortis de la mine même peuvent se vider dans les bateaux des canaux ou des ports de mer.

L'ensemble des 3188 houillères de la Grande-Bretagne a rapporté, en 1866, plus de 100 millions de tonnes. En 1850, toutes les mines ne produisaient encore que 50 millions de tonnes. L'introduction des machines à vapeur a produit ce merveilleux progrès. La seule contrée du Royaume-Uni qui soit à peu près déshéritée de charbon de terre, c'est l'Irlande.

L'exploitation houillère fournissait, en 1855, au commerce d'exportation 50 556 000 quintaux métriques ; en 1866, cette exportation a été de plus de 100 millions de quintaux métriques.

En ce qui concerne les métaux, l'Angleterre est également souveraine ; l'importation est insignifiante, elle ne dépasse pas 13 millions de francs, tandis que l'exportation atteint une valeur de 700 millions.

Le *fer* occupe une des premières places dans les productions anglaises ; si la Grande-Bretagne le livre peut-être de qualité inférieure au nôtre, elle parvient à le vendre meilleur marché que tous les autres états. Le pays de *Galles*, le comté de *Stafford*, le comté d'*York* et l'*Écosse* sont les principaux centres de production. De toutes les exploitations, la plus florissante est celle de *Merthyr-Tydvil*, dans le pays de Galles. Annuellement, l'industrie anglaise livre plus de 46 millions de quintaux métriques de fer, et elle en a exporté, en 1866, 5 051 000 quintaux métriques. On compte environ 600 hauts fourneaux.

L'*acier* est généralement bien trempé, principalement à *Sheffield* et à *Birmingham*. Le Royaume-Uni ne fabrique pas d'aciers de forges, mais exporte des quantités immenses d'acier fondu.

Le *cuivre* anglais est presque sans rival sur le marché européen. Les mines les plus riches sont celles du pays de *Galles*, d'*Anglesey*, de *Cornouaille*, du *Devonshire* et de l'*Irlande*. La production peut être évaluée à 5 ou 600 000 tonnes, représentant une valeur de 40 à 50 millions de francs. Les principales fonderies sont celles de *Swansea*, de *Liverpool* et de *Birmingham*. La plupart de nos usines sont alimentées par l'Angleterre.

Les mines de *plomb* (généralement argentifère) donnent annuellement un rendement de 100 000 tonnes, représentant une valeur approximative de 40 millions de francs. Les pays producteurs sont les comtés de *Cumberland*, d'*York*, de *Derby*, l'*Écosse*, le pays de *Galles* et l'*Irlande*.

L'*étain* est une des plus anciennes richesses minérales exploitées de la Grande-Bretagne, puisqu'il est à peu près avéré que des navigateurs phéniciens et carthaginois venaient le chercher dans les îles Cassitérides. Après la destruction de Carthage, le commerce de l'étain tomba entre les mains des Phocéens de Marseille, qui firent de Narbonne leur principal entrepôt. Les comtés de *Cornouaille* et de *Devon* en fournissent environ 24 000 tonnes par an.

On trouve, en outre, du zinc, du cobalt, des salines, particulièrement à Northwich (dans le comté de Chester); des granites excellents en Écosse et dans le Cornouaille; de belles pierres de construction à Portland (Dorsetshire) et ailleurs; des ardoises dans le Westmoreland et dans le pays de Galles; du kaolin dans le Cornouaille, etc.

On évalue à plus d'un milliard le revenu acquis par l'exploitation des métaux et de la houille.

§ 3. Configuration : Estuaires formant de grands ports naturels, etc.

Mieux que toute autre contrée, les îles Britanniques étaient préparées à devenir une puissance maritime et industrielle. Le grand développement (7000 kilomètres) de ses côtes extrêmement sinueuses, les nombreux abris qu'elles offrent à la navigation, les vastes estuaires qui s'ouvrent de tous côtés et qui forment de grands ports naturels, semblaient inviter les Anglais à jeter partout les fondements d'établissements commerciaux, d'entrepôts et de centres qui les mettraient en communication facile avec l'étranger. Aussi, une multitude de navires britanniques couvrent-ils la surface des mers. Très-heureusement située à l'occident de l'Europe; dernière étape de notre vieux monde sur la grande voie de l'Amérique; indépendante parce qu'elle est isolée; maîtresse de la plupart des îles du globe; tenant, pour ainsi dire, la clef de tous les détroits et de l'entrée de toutes les mers; à la tête de la navigation du globe entier, la Grande-Bretagne, également favorisée par le génie entreprenant, audacieux et persévérant de ses habitants, occupe le premier rang parmi les états qui font consister la puissance dans le grand nombre des établissements manufacturiers, des cités commerçantes et des possessions extérieures.

Examinons rapidement les découpures remarquables des côtes des îles Britanniques. Celles de la région occidentale, principalement, sont marquées par des golfes profonds, des promontoires escarpés et des presqu'îles montagneuses; on voit d'abord s'allonger au S. O. la péninsule de *Cornouaille*, terminée par le cap *Land's End* ou *Finisterre*; au nord de cette presqu'île, s'ouvre le grand golfe qu'on appelle *canal de Bristol;* puis, entre ce canal et la mer d'Irlande, est la presqu'île du pays de *Galles,* échancrée à l'O. par la baie de *Cardigan.* La mer d'Irlande fait pénétrer dans la Grande-Bretagne trois enfoncements remarquables : la baie de *Morecambe,* le golfe de *Solway* et le golfe de *Clyde,* qui est fermé à l'ouest par la longue et mince presqu'île de *Cantyre.*

Les côtes orientales de la Grande-Bretagne sont généralement assez basses, particulièrement en Angleterre; les enfoncements principaux y sont l'estuaire de la *Tamise,* le golfe de *Wash,* l'estuaire de l'*Humber,* le golfe de *Forth,* le golfe de *Tay* et le golfe de *Murray.*

La côte du sud n'a pas de golfes importants.

L'Irlande a une côte occidentale déchirée et escarpée, comme celle de la Grande-Bretagne : on y distingue les grandes baies de *Galway* et de *Donegal;* à l'est, la côte est moins élevée, et il y a peu d'enfoncements; néanmoins, on y remarque la baie de *Dublin.*

§ 4. Voies de communication.

Canaux. — On a réuni par d'innombrables canaux les cours d'eau de la Grande-Bretagne, surtout en Angleterre. C'est un spectacle merveilleux que ce réseau de lignes navigables qui coupe partout le pays.

Remarquons d'abord les deux lignes qui unissent la *Tamise* au *Trent :* la plus orientale est formée par les canaux de *Grand Junction,* de *Grand Union,* d'*Union* et de *Leicester;* l'autre comprend les canaux d'*Oxford* et de *Coventry.* — Distinguons aussi le canal du *Grand Trunk,* qui joint le Trent à la Mersey; — le canal de *Tamise et Saverne,* entre les deux fleuves dont il porte les noms.

L'Écosse possède deux canaux importants : l'un est le canal de *Forth et Clyde,* ainsi nommé des deux fleuves qu'il réunit; l'autre, le canal *Calédonien,* qui passe par le Loch Ness et va du golfe de Murray à l'océan Atlantique.

Chemins de fer, télégraphie, routes. — De tous les pays d'Europe, l'Angleterre est celui qui a le plus de chemins de fer. Londres est le centre des principaux. Il en part huit lignes très-importantes, sans compter celles qui ne conduisent qu'à des lieux voisins. Ces huit lignes sont :

1° Le *grand chemin du Nord*, sur *Peterborough*, *York*, *Newcastle* et *Édinbourg*, avec des embranchements très-nombreux.

2° Le *chemin du Nord-Ouest*, sur *Birmingham*, avec des embranchements très-considérables, dont les principaux sont ceux qui conduisent à *Liverpool* par *Manchester*, d'une part, et par *Chester* de l'autre, et celui qui, parcourant le nord du pays de Galles, va passer dans un tube sur le détroit de *Menai*, franchit l'île d'*Anglesey*, et se termine à Holy-Head, en face de Dublin.

3° Le *Grand chemin de l'Ouest*, sur *Bath* et *Bristol*, et, de là, sur *Exeter* et *Plymouth*.

4° Le *chemin du Sud-Ouest*, sur *Winchester*, *Southampton* et *Portsmouth*, avec embranchement sur *Dorchester*, etc.

5° Au S., le *chemin de Brighton*, avec l'embranchement du *Sud-Est*, sur *Folkestone* et *Douvres*.

6° A l'E., le *chemin de Rochester*, *Chatham*, *Cantorbéry*, *Ramsgate* et *Margate*.

7° Le *chemin des comtés de l'Est*, sur *Ipswich* et *Norwich*.

8° Le *chemin de Cambridge*, au N. E.

En Écosse, on remarque surtout les chemins qui, d'*Édinbourg*, conduisent à *Glasgow*, à *Aberdeen* et en Angleterre.

En Irlande, il s'en trouve aussi un assez grand nombre : *Dublin* est unie à *Cork* par un chemin qui envoie des embranchemins à *Waterford*, à *Limerick*, aux *lacs de Killarney*. Elle communique par un autre chemin avec *Mullingar* et *Galway*, et par un troisième avec *Belfast*; des chemins conduisent de cette dernière à *Down*, à *Armagh*, à *Antrim*, à *Londonderry*.

Les chiffres suivants donneront l'idée de l'extension rapide des voies ferrées dans la Grande-Bretagne : en 1851, les chemins de fer ne s'étendaient que sur un parcours de 11 000 kilom.; aujourd'hui ils forment un développement de 21 700 kilomètres. En 1851, on comptait 85 000 000 de voyageurs; en 1864, on en a enregistré plus de 420 000 000. Les recettes brutes ont été, en 1851, de 15 000 000 de livres sterling; en 1864, de 34 000 000 de liv. sterl.

Des télégraphes électriques sous-marins mettent en communication *Douvres* avec *Calais* et avec *Ostende*, *Folkestone* avec *Boulogne*, *Newhaven* avec *Dieppe*, *Weymouth* avec les îles *Anglo-Normandes* et *Cherbourg*, *Holy-Head* avec *Dublin*, l'*Écosse* avec *Belfast*, le pays de *Galles du sud* avec *Wexford* (Irlande), la côte orientale de l'Angleterre avec les *Pays-Bas*, avec le *Hanovre*, avec la péninsule *Cimbrique*, par *Helgoland*; l'île *Valencia* (en Irlande) avec *Terre-Neuve* (en Amérique).

La télégraphie électrique forme, dans le royaume, un réseau de 26 200 kilomètres.

Les grandes routes ont une étendue de 50 000 kilomètres.

§ 5. Climat, Agriculture.

Le climat des îles Britanniques est nébuleux, humide, très-variable. Les pluies et les brouillards sont fréquents, surtout sur le littoral. Cependant, l'atmosphère n'est pas malsaine. Les gelées sont de courte durée. Les brises de l'océan tempèrent les rigueurs de l'hiver et rafraîchissent pendant l'été. Les vents les plus constants sont ceux de l'ouest. A latitude égale, la température est plus douce que celle de la Russie et du centre de l'Asie. La cause de cette différence consiste dans l'influence tempérée des vents de l'Atlantique et dans celle du *Gulf-Stream*, auxquelles sont directement exposées la Grande-Bretagne et l'Irlande.

Le sol de l'Angleterre n'est pas très-riche naturellement, mais est rendu fertile par une culture éclairée. Peu de pays possèdent des pâturages meilleurs, mieux arrosés, et des bestiaux plus beaux. La température humide est favorable à l'élevage du grand bétail. Les bras étant employés par les fabriques, par la marine, par le commerce, il reste peu d'hommes pour la culture de la terre; aussi les produits du sol ne suffisent-ils pas, à beaucoup près, à la consommation. Seule, l'Irlande presque entière est demeurée agricole. Elle récolte, entre autres choses, beaucoup de pommes de terre, de lin et de chanvre.

Les deux septièmes seulement des agriculteurs de l'Angleterre possèdent le sol qu'ils cultivent : les fermages sont l'habitude générale. Les propriétés sont beaucoup plus divisées dans l'ouest que dans l'est. L'ouest fournit beaucoup de beurre, de fromage et de cidre. Dans le sud, on entretient des races particulières de bêtes à laine. C'est dans les comtés de Northumberland, Norfolk, Suffolk, Essex, que les fermes sont le mieux tenues. Les champs y sont séparés par des haies vives; l'intérieur des fermes est propre, convenablement distribué, et offre ce *confort* auquel les Anglais attachent tant de prix. Ce sont les comtés d'Essex, Kent, Suffolk, Rutland, Hertford, Berks, Hants et Hereford qui produisent le froment le meilleur et le plus abondant. Plusieurs comtés se livrent activement à la culture de la pomme de terre. Environ 50 000 acres sont cultivées en houblon. Dans le sud et le sud-ouest, presque chaque cultivateur a son verger destiné à faire du cidre. Hereford et Glocester sont renommés pour cette boisson.

L'humidité du sol et le goût des habitants pour la viande de boucherie font que plus de la moitié des terres cultivables sont réservées aux pâturages et servent au bétail.

Les bœufs dits de Durham sont appréciés par l'abondance et la bonne qualité de leur chair. On vante aussi les bœufs d'Ayr (en Ecosse) et ceux de l'Irlande. Les vaches donnent un lait excellent. On connaît les fromages de Chester (Angleterre) et de Dunlop (Écosse). — Les moutons anglais sont renommés, les uns par leur chair, les autres par leur laine. On distingue particulièrement les races New-Kent, Dishley, Southdown, Cotswold, qui tirent leur nom de divers points de l'Angleterre méridionale et sud-ouest. La laine des moutons anglais ne suffit pas à la consommation; les fabriques s'alimentent de laine australienne.

Les chevaux anglais proviennent du croisement de la race arabe avec la race anglaise pure, qui est elle-même d'origine normande. On estime surtout les chevaux des comtés d'York et de Lincoln.

La race porcine anglaise, aux jambes courtes, s'engraisse facilement et donne d'excellents produits. Les variétés New-Leicester, Hampshire, Middlesex et Berkshire sont particulièrement renommées. Les jambons d'York sont estimés.

L'espèce galline est peu abondante dans la Grande-Bretagne proprement dite, qui tire de France la plus grande partie des œufs qu'elle consomme. Mais l'Irlande est assez riche en volailles.

LEÇON II.

SUITE DE LA GRANDE-BRETAGNE.

§ 1er. Industrie.

La race anglaise porte avec elle son cachet indélébile. Tout ce qu'elle fonde a un caractère de force et de grandeur. Le génie saxon se complaît dans les difficultés vaincues. L'Anglais est à la fois entreprenant et tenace.

Non-seulement les manufactures se sont développées chez lui plus que partout ailleurs, mais l'initiative de l'industrie lui appartient ; il a compris le premier que la civilisation moderne reposait sur les bases de la production industrielle. La moitié de la population britannique vit du travail des fabriques.

Du nord au sud, si nous pénétrons dans les villes manufacturières ou dans les ports, c'est toujours la même animation, la même activité raisonnée, la même opiniâtreté dans le travail. Les chemins de fer, les canaux se croisent, partout apparaît la fumée des manufactures, partout siffle la vapeur des usines et des locomotives. C'est enfin le pays de l'industrie par excellence.

Cependant une des bases de la prospérité anglaise, le **coton**, a subi dans ces dernières années d'inquiétantes perturbations. Avant 1860, la moyenne des importations était de 1129 millions de livres par année ; 869 millions, c'est-à-dire environ les trois quarts, venaient des États-Unis. La guerre civile américaine réduisit immédiatement l'importation de ce produit ; mais bientôt l'extension des cultures dans les autres pays prit un essor considérable ; ainsi, en 1865, les importations s'élèvent encore à près d'un milliard ; l'Égypte figure dans ce chiffre pour 177 millions ; le Brésil, pour 55 millions ; la Chine, pour 36 ; les États-Unis fournissent seulement 190 millions. En 1866, l'importation a dépassé 1300 millions de livres.

L'Angleterre possède 3000 filatures de ce textile.

La colossale fortune manufacturière de cette contrée

tient principalement, dit M. Audiganne, à l'avance qu'elle a eue si longtemps sur les autres pays dans la carrière des constructions mécaniques, et dont elle est redevable au privilége d'être abondamment pourvue de matières nécessaires pour les établir, surtout de la houille.

Grand maître de l'industrie utile, l'Anglais n'occupe qu'un rang secondaire dans l'industrie de goût, dans les beaux-arts, ainsi que dans les arts de luxe. La France conserve sa première place dans cette branche; néanmoins, l'Angleterre y fait de notables efforts.

§ 2. Classification des comtés et des lieux, d'après leurs industries.

En Angleterre, les comtés les plus riches en beaux pâturages sont Somerset, Glocester, Monmouth, Hereford, Shropshire, Worcester, Wilts, c'est-à-dire généralement l'ouest.

Les comtés qui s'adonnent le plus à l'agriculture sont Lincoln, Essex, Kent, Sussex, Southampton, Bedford, Hereford, Buckingham, Oxford, Middlesex, Sussex.

Les comtés manufacturiers et miniers sont Northumberland, York, Norfolk, Suffolk, Cornouaille, Chester, Lancastre, Westmoreland, Cumberland, Warwick, Stafford, Derby, Leicester.

Le pays de Galles, peu peuplé (1 100 000 hab.), mais très-riche en mines de houille, se divise en Galles du nord et Galles du sud; cette dernière est la plus industrielle, et là le comté le plus manufacturier est celui de Glamorgan.

L'Écosse est divisée en deux régions physiques : les Terres hautes (*Highlands*), au nord, et les Terres basses (*Lowlands*), au sud; ces dernières sont les plus peuplées, les plus manufacturières, les plus commerçantes, et les comtés qui s'y livrent plus spécialement à l'industrie sont Lanark, Renfrew, Stirling, Édinbourg.

En Irlande, les comtés de Dublin et d'Antrim sont les plus intéressants par l'industrie.

Voici, dans les quatre pays, les localités qui se distinguent dans chaque spécialité industrielle :

Pour l'industrie cotonnière : Manchester, Bolton, Blackburn, Preston, Rochdale, Wigan, Bury, Ashton-under-Lyne, Stockport, Norwich et Londres, en Angleterre; — Glasgow, en Écosse.

Pour les lainages, Leeds, Halifax, Bradford, Huddersfield, Kendal, Frome, Stroud, Colchester, Shrewsbury, Salisbury, Exeter, Taunton, Coventry, Norwich, Nottingham, Glocester, Leicester, en Angleterre; — Glasgow et Perth, en Écosse.

Pour l'industrie linière : Warrington, Leeds, Barnsley, Exeter, en Angleterre; — Lisburn, Newry, Belfast, Drogheda, Cootehill, Monaghan, Armagh, Sligo, Galway, Dublin, en Irlande; — Glasgow, Dundee, Paisley, Montrose, en Écosse.

Pour la soie : Coventry, Macclesfield, Londres, Nottingham, Derby, Sheffield, en Angleterre; — Paisley, en Écosse; — Dublin, en Irlande.

Pour les fabriques d'objets en fer et en acier, la coutellerie, la serrurerie, la quincaillerie : Sheffield, Birmingham, Londres, Barnsley, Wolverhampton, Ketley, Dudley, Rotherham, Shrewsbury, Colebrookdale, en Angleterre; — Merthyr-Tydvil, Swansea, Neath, dans la principauté de Galles; — Carron, Clyde-works, en Écosse.

Pour la construction des machines à vapeur : Newcastle, Glasgow.

Pour la bijouterie : Sheffield, Birmingham et Londres.

Pour la faïence : Burslem, Newcastle-under-Lyne, Stoke et autres villes du Staffordshire, Bristol, en Angleterre; — Glasgow, en Écosse.

Pour la porcelaine : Worcester, Kenilworth, le Staffordshire.

Pour les tanneries, la préparation des peaux, les gants, etc. : Londres, Bristol, Worcester, en Angleterre; — Perth, en Écosse; — Limerick, en Irlande.

Pour la verrerie : Londres, Birmingham, Bristol, en Angleterre; — Glasgow, en Écosse.

Pour le papier : Maidstone, Hereford, l'Yorkshire, le pays de Galles et quelques comtés de l'Écosse.

Pour la librairie et la typographie : Londres, Édinbourg, Glasgow.

Pour la carrosserie : Londres.

Pour l'horlogerie : Londres, Coventry.

Pour les constructions maritimes : Londres, Liverpool, Glasgow et une foule d'autres ports.

§ 3. Grandes villes et principaux ports.

La capitale. — *Londres*, en anglais *London*, est la ville la plus peuplée et la plus étendue de l'Europe. On y compte 3 millions d'habitants. Elle est traversée par la Tamise, et se trouve à 75 kilomètres de la mer ; mais la marée en fait une place maritime ; c'est à la gauche du fleuve et dans la partie orientale, que se trouve la *Cité*, le quartier du négoce.

La Tamise a, terme moyen, 400 mètres de largeur à Londres : elle forme un port (le *Pool*), étendu d'environ 8 kilomètres, depuis le pont de Londres jusqu'à Deptford, et constamment rempli de navires. L'absence de quais facilite l'emmagasinage, qui peut être immédiat. D'ailleurs, de vastes docks, à l'avant-garde de la ville du côté de la mer, sont autant de ports supplémentaires accompagnés de quais et de magasins. D'innombrables bateaux à vapeur transportent pour un penny les voyageurs sur tous les points du fleuve.

L'aspect du mouvement commercial de Londres a quelque chose de grandiose. Cette ville est comme une pompe aspirante d'une puissance indéfinie, qui attire à elle tout ce que le monde entier produit d'échangeable. Débouché immense, infatigable, toujours prêt, toujours béant, Londres amoncelle sans relâche dans les caves de ses docks des masses énormes de produits que le commerce vient chercher à toute heure pour les livrer à la consommation…. Londres, enrichi par le commerce, est devenu le grand réservoir où viennent puiser les gouvernements des deux mondes qui veulent emprunter. Il est peu de grands travaux en Europe qui aient été faits sans le concours des financiers de cette ville[1].

On a dit judicieusement que c'est le point du globe d'où l'on rayonne le plus facilement sur le monde entier, que c'est la ville le plus promptement, le plus sûre-

---

1. M. Legoyt.

ment renseignée, et que, par ses lignes télégraphiques, comme des artères qui se dirigent dans tous les sens, elle est devenue, sinon la tête, du moins le cœur du monde civilisé.

Londres est, avant tout, une ville de commerce. Son industrie n'occupe que le second rang. Une des branches principales, ce sont les soieries. Il part de la métropole anglaise des quantités considérables de crêpes, de gazes, de tulles, de mousselines, de dentelles, de toiles de fil et de coton, de vêtements confectionnés, d'habillements en caoutchouc, d'aiguilles, de fils, etc.

Signalons encore les vastes brasseries, les poteries, les papiers peints, les outils en fer pour les états manuels, la carrosserie, l'horlogerie, et surtout la construction des navires.

Aucune ville ne peut rivaliser avec cette capitale pour l'animation du port et les immenses affaires qui s'y traitent. Vingt-deux compagnies de navigation s'y partagent pour ainsi dire l'empire de toutes les mers. Des lignes de paquebots se dirigent vers tous les points du globe. Le mouvement de la grande navigation est de 17 à 18 000 navires à voiles, jaugeant 3 à 4 millions de tonneaux, et de plus de 4500 bateaux à vapeur, jaugeant près de 2 millions de tonneaux. Le cabotage est, en moyenne, de 22 000 navires à voiles et 4300 bateaux à vapeur. 150 000 voitures circulent sur les voies publiques, et 5000 wagons versent journellement 90 000 tonnes de marchandises.

Autres villes d'Angleterre. — *Manchester*, dans le comté de Lancastre, vers le N. O. de l'Angleterre, est, après Londres, la ville la plus peuplée des îles Britanniques; elle a 460 000 habitants (en y comprenant *Salford*). C'est le centre d'une immense fabrication de mousseline, de basins, de percales, de velours, de soieries, etc. Ses spacieux magasins d'étoffes frappent d'étonnement les voyageurs. Métropole de l'industrie cotonnière, Manchester possède plus de 200 filatures et de 30 000 métiers. Beaucoup de fabriques occupent jusqu'à 15 000 ouvriers. Le commerce est représenté par 300 maisons importantes. On évalue à 1 milliard de francs les acticles annuellement vendus; la plupart sont dirigés sur *Liverpool*

(V. page 16). La petite rivière Irwell, qui baigne la ville, a des eaux parfaites pour la teinture.

Un canal et un chemin de fer font communiquer Manchester à Liverpool, en passant par *Wigan* (25 000 âmes), qui fait un grand commerce de ses produits, analogues à ceux de Manchester.

On remarque, dans le même comté, comme villes manufacturières : *Oldham* (80 000 âmes), devenue en quelques années un des siéges de l'industrie cotonnière; on y compte plus de 120 fabriques, réunissant trois millions de broches; la fabrication des fils de coton y atteint une valeur de près de 300 millions de francs par an. — *Bolton* (80 000 habitants), bien située à côté d'un riche bassin houiller, sur un grand nombre de voies qui sont autant de débouchés à son commerce; elle produit des futaines, des couvre-pieds, des calicots-cretonnes, des mousselines, etc. — *Preston* (85 000 hab.), qui possède de nombreuses filatures de coton. — *Blackburn* (63 000 hab.), *Ashton-under-Lyne* (35 000 hab.) et *Bury* (38 000 hab.), avec une industrie semblable.

Dans un autre comté qui est aussi essentiellement industriel, celui de Warwick, situé au centre même de l'Angleterre, on remarque : **Birmingham**, ville de 300 000 hab., célèbre par ses manufactures d'armes; un des nœuds des chemins de fer anglais (sept lignes y aboutissent). — *Coventry*, importante par ses rubans et son horlogerie.

Dans le comté de Stafford, également intérieur et renommé par ses poteries et sa serrurerie, on rencontre : *Stoke-sur-Trent* (60 000 hab.), *Burslem*, qui brillent dans la première de ces industries; — *Wolverhampton* (60 000 hab.), qui se distingue dans la seconde.

Dans une autre partie de l'intérieur, on voit : *Leicester* et *Nottingham*, chefs-lieux des comtés de même nom, villes de 70 à 80 000 âmes, qui sont également animées par une industrie active; on y fabrique surtout des articles de bonneterie et de lainages.

Dans le comté d'York, le plus important du N. de l'Angleterre, théâtre d'une industrie développée, on trouve : **Leeds** (200 000 hab.), sur l'Aire et sur le canal qui se rend à Liverpool; à la tête d'un grand commerce de laines, de draps, de couvertures, de tapis, de toiles, d'indiennes et de faïence. Les manufactures de lainages y emploient

10 000 ouvriers. L'Aire est navigable jusque dans l'intérieur de Leeds et permet l'entrée de navires d'un assez fort tonnage. — **Sheffield** (190 000 hab.), célèbre par sa coutellerie très-estimée. — *Bradford* (100 000 hab.), enrichie par les fonderies et par la fabrication des étoffes de laine. — *York* (45 000 hab.), plus importante dans l'histoire que dans l'industrie. — *Hull*, port (voir page 17); — *Halifax*, *Huddersfield*, qui fabriquent des lainages et des tapis.

Dans d'autres comtés du N. (Northumberland, Durham) : *Newcastle-sur-Tyne*, *Sunderland*, ports (voir page 18).

Dans les comtés de l'est : *Norwich* (75 000 hab.), chef-lieu du Norfolk, fameuse par ses manufactures de crêpes, de bombasins, de stoffs; — *Ipswich* (38 000 hab.), chef-lieu du Suffolk.

Dans les comtés de l'ouest : *Dudley* (45 000 hab.), ville du Worcestershire, enrichie par le travail du fer; — *Shrewsbury*, chef-lieu du Shropshire, intéressante par la même industrie, et par celle des lainages; — *Stockport* (55 000 hab.), dans le comté de Chester, sur la Mersey, avec d'importantes manufactures de coton; — *Macclesfield* (40 000 hab), autre ville manufacturière du même comté; — *Bath* (55 000 hab.), dans le Somerset, et *Cheltenham* (40 000 hab.), dans le Glocestershire, fameuses par leurs eaux minérales; — *Bristol*, port (voir page 17).

Dans les comtés du sud : *Greenwich* (140 000 hab.), célèbre par son hôpital de la marine et son observatoire; — *Woolwich*, par son arsenal de la marine royale et ses chantiers de construction; — *Douvres*, *Portsmouth*, *Southampton*, *Plymouth*, ports (voir pages 18, 19).

Ports de commerce d'Angleterre. — Liverpool (400 000 hab.), dans le comté de Lancastre, sur la côte occidentale de l'île; reine maritime de l'Angleterre, après Londres, elle est unie par des liens étroits à la puissante ville de Manchester. Ces deux cités voisines se complètent l'une l'autre; Liverpool reçoit de l'extérieur les matières premières, le coton particulièrement, et les adresse à Manchester, qui, plus tard, les lui renvoie fabriquées; elle se charge alors de les expédier dans toutes les parties du monde. Cette ville se déploie sur la rive droite de la Mersey, large de 7 kilom. à son embouchure. De magnifiques travaux abritent le port contre les coups de vent de l'ouest. Il y a une trentaine de docks et de bassins, et pourtant ce nombre est devenu insuffisant. C'est le port européen qui a le plus de relations avec les États-Unis. Les affaires qui se nouent entre cette ville et la république Américaine, New-York particulièrement, sont gigantesques. En 1857, l'ensemble du trafic avec les États-Unis s'est élevé à plus d'un milliard. Les affaires ont, il est vrai, un moment considérablement baissé, mais on les voit depuis quelques années reprendre de jour en jour. Les importations de coton sont de 800 000 balles par an. Le mouvement de la navigation au long cours est de 10 000 navires entrant et sortant, et de 5 à 6 millions de tonneaux. Au commencement du siècle, il n'atteignait pas 500 000 tonneaux.

Vis-à-vis de Liverpool, sur la rive gauche de la Mersey, dans le comté de Chester, est le port florissant de *Birkenhead* (55 000 hab.), sorte d'annexe de sa grande voisine. — *Chester* sur la Dee, reçoit des bâtiments de 300 tonneaux.

Le second grand port de la côte occidentale d'Angleterre est **Bristol**, partagé entre les comtés de Somerset et de Glocester, sur l'Avon et à peu de distance du canal de Bristol. Cette ville renferme 160 000 hab. Son port excellent, formé par l'Avon même, reçoit un grand nombre de navires, chargés de rhum, de café, de coton et autres produits coloniaux. — Bristol, qui fut pendant longtemps la seconde place commerciale de l'Angleterre n'occupe aujourd'hui que le huitième rang. C'est principalement avec les Indes occidentales, l'Espagne, le Portugal, Terre-Neuve et les colonies anglaises qu'elle est en relation.

Il faut encore remarquer, sur la côte occidentale, *Lancastre*, autrefois port très-important, mais réduit au cabotage depuis le développement de Liverpool; — et *Whitehaven*, lieu d'exportation des houilles du Cumberland.

Sur la côte orientale de l'Angleterre, le premier port est **Hull** ou **Kingston-sur-Hull** (100 000 hab.), sur la rive gauche de l'estuaire de l'Humber, au confluent du Hull; non-seulement grand port, mais ville industrielle, riche en filatures, raffineries, fabriques de savons, etc. Elle centralise une grande partie du commerce du bassin de l'Humber.

Newcastle-sur-Tyne, dans le comté de Northumberland, avec 110 000 hab., sur la rive gauche de la Tyne, se trouve au centre d'un bassin houiller très-riche; la houille n'est pas le seul produit exporté : le plomb, les verreries et d'autres produits manufacturés sont aussi l'objet d'un grand commerce. La Tyne est navigable jusqu'à Newcastle, pour des bâtiments de 250 tonneaux. Le mouvement commercial est de 10 000 navires jaugeant 2 000 000 de tonneaux. — *Tynemouth* et *Shields*, à l'embouchure de la Tyne, sont des ports florissants, considérés comme des annexes de Newcastle.

La côte orientale nous offre encore le bon port de *Sunderland* (80 000 hab.); — *Yarmouth*, à l'embouchure de l'Yare, — et, le long de l'estuaire de la Tamise et de son affluent la Medway, dans le comté de Kent, un grand nombre de points intéressants pour la marine : *Margate, Gravesend, Woolwich, Greenwich, Chatham, Rochester.*

En s'avançant au S. E., dans le même comté, on trouve, sur le Pas de Calais, *Douvres (Dover)* et *Folkestone*, qui ont de fréquents rapports avec la France.

La côte méridionale, sur la Manche, nous offre *Brighton* (80 000 hab.), ville importante du comté de Sussex, mais qui n'a pas de port elle-même; *Newhaven*, à quelque distance à l'E., lui en tient lieu.

Le port le plus commerçant de la côte S. est ***Southampton*** (comté de Southampton ou Hants), avec 50 000 hab., au fond d'une large baie de la Manche, à côté de l'île de Wight. Des lignes régulières de paquebots en partent pour les États-Unis, les Antilles, le Mexique, le Brésil, la confédération Argentine, l'Orient, l'Australie, etc. Les bâtiments de 2500 tonneaux y entrent sans difficulté. Le mouvement de la navigation y est de 8000 navires, dont plus de 2000 steamers. Cette place a des rapports très-suivis avec Le Havre.

Ensuite on remarque, dans le même comté, ***Portsmouth***, qui est plutôt un port militaire qu'un port de commerce; néanmoins, c'est un centre considérable d'affaires, particulièrement avec Cherbourg, qui lui envoie pour plusieurs millions d'œufs et de volailles, et avec Le Havre, qui lui expédie des pommes de terre, etc. — Cette ville comprend dans son enceinte; celle de *Portsea* à l'extérieur, une de ses dépendances est *Gosport*. — Portsmouth a le plus bel arsenal de la marine anglaise.

Plymouth (dans le Devonshire), est un autre célèbre port militaire, qui, joint à *Devonport*, a 100 000 âmes.

Exeter (45 000 hab.), dans le même comté, est sur l'Exe, qui reçoit des navires de 150 tonneaux. — *Weymouth*, port du Dorsetshire, n'est pas loin de l'île de *Portland*, fameuse par ses magnifiques pierres de taille. — *Falmouth* est le port principal du Cornouaille (en anglais *Cornwall*).

Villes et Ports du pays de Galles. — Les villes principales de ce pays sont concentrées dans le comté de Glamorgan. Là est **Merthyr-Tydvil** (107 000 hab.), ville manufacturière, qu'ont enrichie surtout les mines de fer et de houille. — *Neath*, qui en est très-près, a des usines à fer et à cuivre, et aussi de grandes exploitations de houille. — *Cardiff* (75 000 hab.), chef-lieu du comté, est également pleine d'industrie. — *Swansea* (52 000 hab.) est un port d'une grande importance. — *Milford*, dans le comté de Pembroke, a l'un des plus vastes ports du monde et exporte de la houille. — *Beaumaris*, chef-lieu de l'île d'Anglesey, exporte les minerais de cuivre de cette île. — *Holy-Head*, sur une petite île du même nom, qui est très-près d'Anglesey, est le passage le plus fréquenté de l'Angleterre à Dublin.

Villes et Ports d'Écosse. — **Édimbourg** (en anglais *Edinburgh*), capitale du pays, ne peut pas être considérée comme une cité positivement industrielle et commerçante, mais plutôt littéraire et savante. On y fabrique néanmoins des châles, des tapis, des bougies, du savon.

Leith, sur le Forth, lui sert de port, et commerce principalement avec la Russie, l'Amérique, les Indes, la Chine et la plupart des villes anglaises du littoral. On s'y occupe aussi de la pêche du hareng, et l'on y arme des navires pour la pêche de la baleine. — Edinbourg et Leith réunis ont une population de 200 000 âmes.

Glasgow est la première ville industrielle et manufacturière de l'Écosse, dont elle a été à juste titre nommée la *Manchester*. C'est en même temps une ville maritime, non sur la mer même, mais à quelque distance de la côte occidentale, sur la Clyde, où l'on a disposé un port commode-

et l'un des plus fréquentés des îles Britanniques. Elle compte 400 000 habitants, presque tous adonnés à l'industrie. Le coton est une des sources de son opulence; elle a eu jusqu'à 40 000 ouvriers exclusivement employés dans les filatures de ce textile, et elle a filé jusqu'à 120 000 balles par année. Glasgow produit aussi du fer, de la fonte, de la porcelaine, etc. — Une des gloires de cette cité, c'est qu'elle fut le premier théâtre de l'application des machines à vapeur à l'industrie, par James Watt, en 1764. La valeur totale des exportations indigènes peut être estimée à 1 000 000 000 de francs. L'importation y consiste surtout en coton, en bois de charpente, en vins. Le mouvement de la navigation, année commune, est évalué à 9000 navires.

Port-Glasgow, sur le même fleuve, plus près de son embouchure, et *Greenock*, à cette embouchure même, sont des ports annexes de Glasgow, dans le comté de Renfrew; — *Paisley* (50 000 habitants), dans le même comté, est importante par ses fabriques de tissus de soie et de coton.

Dundee, la troisième ville de l'Écosse par sa population, qui s'élève à 100 000 âmes, est sur la côte orientale; son port, très-sûr, est formé par le Tay, large en cet endroit de plus de 2 kilomètres. On peut signaler ses filatures et ses nombreuses fabriques; la navigation y présente un mouvement d'environ 900 navires.

Aberdeen (75 000 habitants), autre port de la côte orientale, à l'embouchure de la Dee et du Don, possède des filatures, des manufactures de lainages, de tissus de coton, de toiles, etc. — Les importations consistent en chaux, lin, sel, fer, blé; les exportations, en laines ouvrées, en coton tissé. Aberdeen s'occupe aussi de la pêche de la baleine.

Perth et *Inverness*, chefs-lieux des deux plus grands comtés d'Écosse, sont aussi des ports; la première de ces villes, par le moyen du Tay; la seconde, par la Ness.

Entre l'Écosse et l'Angleterre, dans un petit territoire administratif neutre, se trouve, sur la mer du Nord, le port de *Berwick*, qui fait un grand commerce avec la Norvége et la Baltique.

Villes et Ports d'Irlande. — **Dublin**, la capitale, est un centre actif, peuplé de 250 000 habitants; cette grande et belle ville s'élève sur les deux rives de la Liffey, au fond d'une baie magnifique. Plusieurs ports annexes lui appartiennent, entre autres, à 10 kilomètres de là, celui de *Kingstown*, point d'arrivée des paquebots de Holy-Head.

Belfast (130 000 habitants), sur la côte N. E. de l'île, dans le comté d'Antrim, est la seconde ville d'Irlande; elle doit surtout sa réputation commerciale à l'industrie du lin et du chanvre, la seule branche qui ait réussi dans ce pays.

Cork (80 000 habitants), sur la côte S. et au fond d'un havre très-sûr, fait un grand commerce d'exportation de céréales, de viande, de peaux, de suif, de beurre, de poisson salé. C'est le principal marché de beurre de l'Europe. Elle a de fréquentes relations avec Dublin, Liverpool, Glasgow, Londres, l'Amérique, la France, le Portugal. — *Queenstown*, à l'entrée du havre de Cork, est un port annexe de cette ville.

Waterford, autre port de la côte S., est sur la Suir, et possède de magnifiques quais, où viennent mouiller des bâtiments de 800 tonneaux.

Limerick (45 000 habitants), la quatrième ville de l'Irlande, est un port de l'O., sur le Shannon, à 90 kilomètres, de l'embouchure de ce fleuve. Son principal commerce d'exportation est celui des céréales. Il y a de vastes chantiers de construction. — *Galway* est aussi un port important de la côte occidentale, au fond d'une grande baie du même nom. — *Londonderry*, port de la côte N., sur la Foyle, est assez fréquenté.

§ 4. Commerce.

Dans la Grande-Bretagne, deux puissances, l'industrie et le commerce, sont étroitement unies. En effet, l'établissement industriel y doit son importance à l'établissement commercial. Le génie anglais excelle à faire écouler les marchandises, sans tomber dans le vil mercantilisme; il sait conserver toute sa dignité, en ne songeant qu'à son intérêt. Mais, au-dessus même du génie propre à cette nation, la prospérité commerciale de la Grande-Bretagne a une cause dominante dans sa situation insulaire, qui la force à trouver toute sa fortune dans la navigation.

Nul état n'est plus libéral dans son régime industriel et commercial. Toutes les industries s'exercent librement. Aucun droit de douane n'existe à l'exportation, et, à l'importation, toutes les matières premières sont exemptes; toute prohibition a disparu.

Importations. — Les importations s'élevaient, en 1866, pour le commerce général, à environ sept milliards 380 millions de francs, dont près de 5 milliards et demi provenaient des pays étrangers, et le reste, des possessions britanniques (922 millions de l'Inde seule).

Voici les principaux articles d'importation, rangés d'après leur importance : coton en laine (1 938 000 000 de francs en 1866); produits farineux (745 000 000 de francs); laines (449 000 000 de francs); thé (278 000 000 de francs); sucre brut (270 000 000 de francs); bois de construction et autres (261 000 000 de francs); café, soie brute et filée, blé, lin brut, indigo, vins, suifs, étoffes des Indes, rhum, huile de baleine, chanvre brut, jute, garance, peaux brutes et tannées, tabac à fumer, peaux et fourrures, cendres et potasse, eau-de-vie, fil de lin, riz, graines de lin et autres, cochenille, fer en barres, fromage, etc.

Les pays qui ont fourni à l'importation britannique la plus large part, sont, en première ligne, pendant l'année 1866, les États-Unis, qui ont envoyé pour 1 milliard 171 millions de francs de marchandises; ensuite la France, qui figure pour 925 millions; la Russie, pour près de 500 millions; viennent après la Hollande, pour une somme d'environ 300 millions; la Chine, aussi pour 300 millions.

Exportations. — Les exportations s'élevaient, en 1866, à 6 milliards de francs, dont les trois quarts dans les pays étrangers, et le reste dans les colonies anglaises. (L'Inde y entrait pour environ 500 millions.)

Voici les principaux articles d'exportation : tissus de coton (1 522 000 000 en 1866), tissus de laine (543 000 000), fer forgé et acier (370 000 000), fils de coton (343 000 000), sucre raffiné, tissus de lin, quincaillerie et coutellerie, ouvrages en cuivre et bronze, joaillerie et orfèvrerie, sel, chapeaux, poissons, étain travaillé, houille, papeterie, verrerie, plomb de chasse, tissus de soie, cuir préparé et non préparé, blé, grains et farine, savon et chandelles, étain brut, bœuf et porc salés, articles de tabletterie, ouvrages de sellerie, ferraille, bière (porter et ale.).

Les pays étrangers vers lesquels se dirigent surtout les exportations anglaises sont les États-Unis (712 millions de francs en 1866); les villes Hanséatiques (339 millions); la France (292 millions[1]); la Turquie (202 millions).

Effectif de la marine marchande, mouvement de la navigation, produit des douanes. — La marine marchande de l'Angleterre peuple toutes les mers. C'est une puissance avec laquelle il faut compter dans tous les ports du globe. Elle comprend 28 500 bâtiments, dont 26 000 à voiles et 2500 à vapeur. Le personnel se compose de 250 000 matelots, 250 000 pêcheurs, 50 000 ouvriers charpentiers, etc.

Le mouvement de la navigation au long cours dans le Royaume-Uni est (pour 1866) d'environ 46 000 navires à l'entrée, jaugeant 13 millions de tonneaux, et de 50 000 navires à la sortie, avec une jauge de 14 millions de tonneaux.

Le pavillon britannique a couvert, sur ce nombre, 57 000 bâtiments et environ 19 millions de tonneaux.

Les douanes ont versé à l'Échiquier (Trésor), en 1867, 557 000 000 de fr., dont 20 000 000 pour les céréales, — 10 000 000 pour le café, — 104 000 000 pour les spiritueux, — 145 000 000 pour le sucre, — 66 000 000 pour le thé, — 163 000 000 pour le tabac, — 35 000 000 pour le vin.

Relations commerciales avec la France, Influence du traité de commerce de 1860. — Au mois de janvier 1860, la France et l'Angleterre signèrent un traité de libre échange; le 1er octobre 1861, on le mit à exécution. Les produits des deux nations circulèrent, pour ainsi dire, librement entre les deux pays.

Le résultat de ce traité a été un notable accroissement de transactions commerciales de part et d'autre.

L'Angleterre nous a envoyé ses produits manufacturés ou coloniaux en plus grande abondance, principalement ses cotons, ses lainages, ses machines, son cuivre, son fer, sa houille, son café, ses produits chimiques.

---

1. Il faut remarquer que dans ces valeurs ne sont pas comprises les réexportations.

La France a expédié sur une plus large échelle ses céréales, sa mercerie, ses articles de mode, ses tissus de soie, ses fruits, ses œufs, son beurre, ses vins, ses eaux-de-vie, son sucre raffiné.

La question des fers a été l'objet d'une certaine inquiétude en France; il est aujourd'hui prouvé que les fers français peuvent soutenir la concurrence des fers anglais. Depuis le traité, loin de diminuer, notre exportation de ce produit a triplé. Notre industrie cotonnière, qui semblait également menacée, n'a pas été comprimée par celle de l'Angleterre. La houille anglaise n'a pas fait une concurrence appréciable à la nôtre.

Un des effets les plus heureux de cet acte important, judicieusement surnommé *traité de paix perpétuel entre l'Angleterre et la France*, c'est d'avoir donné l'initiative d'une mesure véritablement civilisatrice, qui s'étendra, sans doute, à tous les états jaloux de suivre le progrès. Notre traité signé avec l'Angleterre a servi de type à des traités analogues conclus depuis avec différents pays.

Les communications avec la France sont trop faciles pour ne pas être incessantes. La Manche, sillonnée par les navires des deux peuples, est plutôt un trait d'union qu'une séparation. L'intercourse des deux pays se fait principalement par Douvres et Calais; — Folkestone et Boulogne; — Southampton et Le Havre; — Londres et Dunkerque. Vingt-trois lignes de paquebots relient l'Angleterre à notre pays. Il faut deux heures pour franchir le Pas de Calais, et l'on peut se rendre de Londres à Paris en 12 heures. Liverpool est à 24 heures du Havre. L'intercourse peut être évaluée à plus de 4 millions de tonneaux, le nombre des navires qui s'y adonnent est estimé à 35 000.

Voici la comparaison du mouvement du commerce entre la France et l'Angleterre pendant les années 1864, 65 et 66[1] :

	Importations françaises dans le Royaume-Uni.	Exportations anglaises en France (sans les produits coloniaux ou étrangers réexportés du Royaume-Uni).
1864	641,018,325	204,684,025
1865	790,630,775	226,552,375
1866	925,414,400	292,400,400

1. D'après les documents anglais, qui diffèrent assez sensiblement des tableaux de l'administration des douanes de France.

Sur ces valeurs, les importations de la France pour la Grande-Bretagne offrent (en 1866) les principaux produits suivants : étoffes de soie (130 millions de fr.), farine de froment (68 millions) ; — froment (45 millions) ; — rubanerie, soie moulinée (40 millions) ; — vins (36 millions).

Les exportations anglaises pour la France, dans la même année, ont eu pour principaux éléments : les draperies (65 millions) ; les cotons manufacturés (33 millions) ; les charbons (22 millions) ; les laines brutes (14 millions).

L'or destiné à entrer chez nous en circulation comme monnaie est, en grande partie, reçu par l'intermédiaire anglais.

LEÇON III.

SUITE DE LA GRANDE-BRETAGNE.

§ 1er. Institutions de crédit, Assurances, Compagnies diverses.

Le plus important des établissements de crédit du Royaume-Uni est la Banque d'Angleterre, fondée à Londres en 1694, et qui a des succursales à Liverpool, Manchester, Birmingham, Bristol, Leeds, Newcastle, Hull, Plymouth, Portsmouth et Leicester. Elle est chargée de la dette publique, de la trésorerie de l'État et de la fabrication des monnaies, en même temps qu'elle émet des billets de banque (bank-notes), dont la valeur s'élève aujourd'hui à plus de 20 millions de livres sterling. Viennent ensuite la Banque d'Écosse, fondée à Édinbourg, en 1695, la Banque Commerciale d'Ecosse, fondée en 1810, la Banque d'Irlande, fondée à Dublin en 1738. — Toutes émettent aussi des bank-notes, ainsi que le font beaucoup d'autres banques, soit privées soit à fonds réunis. — On doit citer, comme une des plus intéressantes institutions de crédit, le *Clearing House* (maison de liquidation) de Londres, qui a pour but de liquider les comptes des particuliers ou des sociétés commerciales, par l'intermédiaire des banques.

Il y a un grand nombre de caisses d'épargne et de sociétés de secours mutuels.

L'esprit d'association commerciale et industrielle n'est nulle part plus puissant qu'en Angleterre.

C'est à Londres que les grandes compagnies d'assurances ont leur siége. Le *Lloyd anglais*, qui date du XVIIe siècle, est une des institutions modèles du Royaume-Uni et l'une de celles qui rendent le plus de services, non-seulement comme société d'assurances maritimes, mais comme agence de renseignements sur tous les événements de la navigation.

Un grand nombre d'autres compagnies d'assurances maritimes prêtent un important secours à la marine marchande.

On estime à 34 milliards les valeurs assurées en Angleterre contre l'incendie, à 6 milliards les sommes garanties sur la vie.

Il s'est formé des compagnies de transport par mer, par chemins de fer, par canaux; des compagnies télégraphiques, pour les communications transmarines; des compagnies des docks de Londres et de Liverpool, etc. — Nommons avant tout la Compagnie péninsulaire et orientale, qui, faisant partir ses bâtiments de Southampton, de Londres et de Liverpool, dessert l'Espagne et le Portugal, la Méditerranée, l'océan Indien, l'Asie orientale et l'Australie; — la Compagnie des Indes occidentales et du Pacifique, siégeant à Liverpool et desservant les Antilles, le golfe du Mexique, la côte occidentale de l'Amérique; — la Compagnie nationale de navigation à vapeur et la Compagnie Cunard, qui font le service entre Liverpool et les États-Unis; etc.

Il n'y a plus de compagnie privilégiée, excepté celle de la Baie d'Hudson, qui exploite encore une partie de l'Amérique du nord anglaise. La célèbre Compagnie des Indes, qui avait le monopole du commerce des Indes, et qui possédait un immense empire dans le S. de l'Asie, n'existe plus depuis 1858.

§ 2. Population des îles Britanniques.

La population du Royaume-Uni se partage en *Anglais*, *Gallois*, *Écossais* et *Irlandais*.

Le fond de la langue anglaise est le *saxon;* il s'est introduit dans les locutions britanniques beaucoup de mots empruntés du français. — Des restes remarquables de la langue celtique se retrouvent encore dans le pays de Galles, dans la Haute-Écosse et en Irlande. L'erse est l'ancien idiome celtique parlé dans cette île; modifié et tel qu'il est aujourd'hui, il s'appelle *irish* ou *irlandais;* — Le *gaëlique* est l'ancienne langue celtique conservée dans le pays de Galles et l'Écosse; le *kymrique* est un vieil idiome, mélangé avec le celtique et parlé dans ces deux pays.

La nation anglaise est généralement grande et robuste. Son alimentation substantielle contribue à augmenter ses forces. C'est une puissante race, qui, malgré des dissemblances apparentes, a plus d'un point de commun avec la nation germanique, sa sœur aînée. Une vie uniforme lui convient. Quand on l'examine de près, on s'aperçoit aisément qu'elle procède avec une régularité parfaite et que sa fantaisie, son *humour*, n'atteint en rien la ligne de conduite positive et droite qu'elle suit. Les Anglais forment une association de négociants et de marins stimulés par les mêmes goûts et tendant au même but, l'intérêt personnel. Leur ton de réserve, leur air de raideur, leur penchant à l'étiquette, sont presque passés en proverbe. Ils reçoivent l'étranger avec politesse, mais sans abandon; souvent égoïste, l'Anglais accueille avec une cordialité guindée et pour ainsi dire de convention. Son caractère réfléchi, son intelligence très-sûre, l'ont poussé à préférer les conquêtes solides aux victoires brillantes. Homme d'initiative, persévérant à l'excès, il a fait depuis longtemps le tour du monde avec autant de sang-froid que s'il se fût agi d'un voyage de Londres à Paris. Il est partout chez lui, grâce à sa personnalité, qu'il excelle à imposer.

Toutes les classes de la société cherchent à se procurer les douceurs et les commodités de la vie, en un mot le *confortable*.

L'Écossais est hospitalier, religieux et fier. Son caractère est moins grave que celui de l'Anglais; il se passionne aisément. — L'Irlandais est intelligent, inconstant dans ses inclinations, toujours extrême dans son amitié comme dans sa haine; il est brillant, gai, souvent spirituel, surtout agréable dans ses relations sociales, mais plein de vanité, de mobilité, et grand parleur, conteur peu véridique. Un auteur anglais a porté ce jugement sur les trois peuples : « l'Anglais est guidé par l'habitude, l'Écossais par la réflexion, l'Irlandais par l'impulsion. »

Voici comment se décompose la population du Royaume-Unis d'après le dernier recensement (1861) :

Angleterre et Pays de Galles............	20,066,224
Écosse.............................	3,062,294
Irlande.............................	5,798,233
Iles de la Manche...................	143,447
Armée de terre et de mer............	275,900
Total..........	29,346,098

La population suit une marche ascendante assez rapide (excepté pour l'Irlande, qui se dépeuple par l'émigration d'une manière sensible : elle avait, en 1841, 8 205 000 habitants, elle a ainsi perdu plus de 2 millions d'âmes en vingt ans). En 1700, les îles Britanniques n'avaient que 7 millions d'habitants ; — en 1750, 9 millions ; — en 1800, 15 millions ; — en 1821, 21 millions ; — en 1831, elles contenaient 24 millions d'habitants ; — en 1841, 26 millions (en n'y comprenant pas l'armée et la marine) ; — enfin, en 1868, la population s'élève à environ 30 millions.

§ 3. Émigration.

Le Royaume-Uni et ensuite l'Allemagne sont, en Europe, les deux pays qui fournissent à l'émigration le contingent le plus considérable.

En 1862, l'Angleterre, l'Écosse et l'Irlande envoyèrent loin de notre continent près de 400 000 individus.

La source principale d'où s'écoule ce flot de population est l'Irlande. — Cette contrée est en effet une de celles où la population atteint le plus de densité et où, en même temps, l'organisation sociale (surtout une religion opprimée, le dédain de l'Angleterre et l'*absentéisme*, c'est-à-dire l'éloignement des propriétaires du sol) lui permet le moins de vivre dans l'aisance : elle va donc chercher ailleurs une patrie plus heureuse.

Après les Irlandais, les Anglais sont les plus nombreux émigrants d'Europe. Indépendamment de leur nature, qui les invite au déplacement, des causes qui tiennent à la constitution du royaume concourent à leur faire quitter leur pays. Les cadets de famille, par exemple, étant privés de toute participation à l'héritage territorial, vont chercher fortune loin de leur patrie. Quant à la bourgeoisie, lancée de bonne heure dans la voie des spéculations, elle s'expatrie sans peine, sans regret.

Le nombre d'émigrants sortis en 1865 des ports britanniques a été de 200 000, comprenant 61 000 Anglais, 12 000 Écossais, 100 000 Irlandais et quelques milliers d'étrangers. La plupart des émigrants choisissent d'abord les États-Unis, ensuite l'Australie.

§ 4. Colonies anglaises et possessions extérieures.

Ce qui constitue la puissance des Anglais, c'est non-seulement leur magnifique marine, leur industrie exceptionnelle, favorisée par leurs mines de houille, mais aussi leurs merveilleuses colonies. — Leurs possessions sont répandues sur la surface entière du globe : ce sont tantôt de vastes et riches territoires, dans le sud de l'Asie, l'Océanie, le nord de l'Amérique, tantôt des stations excellentes pour le commerce, et dont l'heureuse situation permet de communiquer aisément avec les contrées les plus favorables aux grandes transactions; tantôt des positions militaires admirablement choisies pour commander l'entrée des mers.

En Europe, la Grande-Bretagne possède *Gibraltar*, l'île de *Malte* et l'île de *Helgoland*.

En Asie, elle a la plus grande partie de l'*Hindoustan*, *Ceylan*, une partie de l'*Indo-Chine*, avec les îles de *Poulo-Pinang* et de *Singapour*, l'île de *Hong-kong*, en Chine; — *Aden*, dans l'Arabie; près de là, l'île de *Périm*, à l'entrée de la mer Rouge, et quelques autres petites îles sur les côtes S. E. et S. O. de l'Arabie.

En Afrique, les Anglais possèdent les colonies du *Cap* et de *Natal*, d'où ils rayonnent sur toute l'Afrique australe; l'île *Maurice* (autrefois île de France), *Rodrigue*, les *Séchelles*, *Sainte-Hélène*, l'*Ascension*, les îles *Tristan da Cunha*; la côte de *Sierra-Leone*, *Cap-Corse*, et d'autres points de la *Côte d'Or*; *Lagos* (en Guinée), la colonie de la *Gambie*, etc.

En Amérique, ils ont le *Canada*, la *Nouvelle-Écosse*, le *Nouveau-Brunswick*, *Terre-Neuve*, l'île *Royale* ou de *Cap-Breton*, l'île du *Prince Édouard* ou *Saint-Jean*, l'île de *Vancouver*, la *Colombie britannique* et d'autres parties de la région la plus boréale de l'Amérique; les îles *Bermudes*, la

Guyane anglaise, le *Yucatan* ou *Honduras anglais*, la *Jamaïque*, la *Trinité*, la *Barbade*, les *Lucayes* et beaucoup d'autres îles de l'archipel des *Antilles*; — des établissements aux îles *Malouines* ou *Falkland*.

Dans l'Océanie, l'*Australie* relève d'eux; ils y ont fondé les florissantes provinces de la *Nouvelle-Galles méridionale*, de *Victoria*, de *Queensland*, de l'*Australie du sud*, de l'*Australie de l'ouest*. Ils ont aussi la *Tasmanie*, la *Nouvelle-Zélande*, les îles *Chatham*, *Auckland*, *Macquarie* et quelques autres îles dans la *Polynésie* et la *Mélanésie*; *Labouan*, près de Bornéo; les îles des *Cocos*, au sud de Sumatra.

L'empire Britannique s'étend ainsi sur d'immenses espaces, qu'on peut évaluer à 14 millions de kilomètres carrés. — Les populations qui lui sont soumises, soit directement, soit indirectement, s'élèvent à plus de 200 millions d'âmes.

(Nous retrouverons toutes ces colonies dans la description des diverses parties du monde étrangères à l'Europe).

§ 5. Monnaies, poids et mesures [1].

MONNAIES.

Or......	Souverain (livre sterling ou guinée).....	= 25f,12
	½ souverain.................	= 12,56
Argent..	Couronne.................	= 5,60
	½ couronne.................	= 2,80
	Florin.................	= 2,24
	Shilling (12 pence).................	= 1,12
	½ shilling.................	= 0,56
	4 pence.................	= 0,38
	3 pence.................	= 0,28
	2 pence.................	= 0,19 [3]
Cuivre..	1 penny.................	= 0,10

MESURES DE LONGUEUR (itinéraires comprises).

Inch, pouce (1/36 du yard).............	= 2 cent.,5399.
Foot, pied (1/3 du yard).............	= 3 décim.,0479.
Yard impérial.................	= 0 mètre,9144.
Fathom (2 yards).............	= 1 mètre,1288.
Pole ou perch (5 ½ yards).............	= 5 mètres,0291.
Furlong (220 yards).............	= 201 mètres,1644.
Mille (mile) (1760 yards).............	= 1609 mètres,3149

1. Ces tableaux sont extraits de l'*Annuaire du Bureau des longitudes*.
2. Dans la pratique, on prend le souverain pour 25 francs.
3. Ordinairement évalué 20 cent.

GRANDE-BRETAGNE.

MESURES DE SUPERFICIE.

Yard carré.................... = 0 mèt. carré,8361.
Rod (perch carré)............. = 25 mèt. carrés,2919.
Rood (1210 yards carrés)...... = 10 ares,1168.
Acre (4840 yards carrés)...... = 0 hect.,4047.

MESURES DE CAPACITÉ.

Pint (1/8 de gallon).......... = 0 lit.,5679.
Quart (1/4 de gallon)......... = 1 lit.,1359.
Gallon impérial............... = 4 lit.,5435.
Peck (2 gallons).............. = 9 lit.,0869.
Bushel (8 gallons)............ = 36 lit.,3476.
Sack (3 bushels).............. = 1 hectol.,0904.
Quarter (8 bushels)........... = 2 hectol.,9078.
Chaldron (12 sacks)........... = 13 hectol.,0857.

POIDS TROY.

Grain (24ᵉ de pennyweight)............ = 6 centigr.,4799.
Pennyweight (20ᵉ d'ounce)............. = 1 gr.,5552.
Ounce (12ᵉ de livre troy)............. = 31 gr.,1035.
Livre (pound) troy impér. (5760 grains) = 373 gr.,2419.

POIDS AVOIR-DU-POIDS.

Dram (16ᵉ d'ounce)................ = 1 gr.,7718
Ounce (16ᵉ de la livre............ = 28 gr.,3495.
Livre avoir-du-poids (700 grains.. = 453 gr.,5926.
Quintal (112 livres).............. = 50 kilogr.,8020.
Ton (20 quintaux)................. = 1016 kilog.,0480.

LEÇON IV.

BELGIQUE.

(SUPERFICIE : 29 500 kilom. carrés. — POPULATION : 5 000 000 d'habit.)

§ 1ᵉʳ. Introduction. — Situation; Divisions générales physiques et politiques.

Le petit royaume de Belgique, formé, en 1831, de la partie méridionale de l'ancien royaume des Pays-Bas, est borné au S. et au S. O. par la France; — au N. O., par la mer du Nord; — au N., par le royaume actuel des Pays-Bas; — à l'E., par une partie de ce royaume, par la Prusse et par le grand-duché de Luxembourg. — Sa latitude moyenne est à 50 degrés et demi.

Il a environ 300 kilomètres de l'E. à l'O., et 220 kilomètres du N. au S.

La Belgique est arrosée par deux principaux cours d'eau : la *Meuse* (grossie de la *Sambre*), et l'*Escaut* (grossi de la *Lys* et du *Rupel*). Le sol, généralement plat, est néanmoins quelque peu accidenté vers l'E. Les *Ardennes* sont les seules hauteurs remarquables.

Le royaume est divisé en neuf provinces : *Flandre occidentale*, *Flandre orientale*, *Anvers*, *Brabant méridional*, *Hainaut*, *Namur*, *Liége*, *Limbourg belge* et *Luxembourg belge*.

§ 2. Population.

La population de cet état est la plus dense de l'Europe. En moyenne, il y a 161 individus par kilomètre carré, tandis qu'en France on n'en compte que 69. Les provinces belges où se pressent le plus d'habitants sont celles de la région occidentale et du centre; par exemple, les Flandres et le Brabant. En 1830, la population totale de la Belgique n'était que de 4 millions; elle est de 4 984 000 dans le recensement de 1865.

Peuple intelligent, ami des beaux-arts et de l'indépendance, les Belges se livrent fructueusement à l'industrie manufacturière et agricole.

Le français est la langue de la partie éclairée de la population. Le flamand (qui a du rapport avec l'allemand) et le wallon (qui est une sorte de patois français) se parlent dans les campagnes : le premier, au N. O.; le second, au S. E. L'allemand est assez répandu dans le Luxembourg.

Dans la répartition de la population par professions, on compte 1 062 000 agriculteurs, 867 000 individus s'occupant d'industrie.

La très-grande majorité est catholique.

§ 3. Agriculture, Sol.

Le sol de la Belgique n'est pas partout riche. Il présente une transition entre le territoire néerlandais et le territoire français: au nord, se déroulent des plaines basses, parmi lesquelles est un véritable désert, la *Campine*, et les marais du Limbourg se confondent avec ceux de la Hollande; au sud, s'étendent des plateaux ondulés qui se continuent en France.

On peut diviser le pays en deux zones : la Belgique *agricole* et la Belgique *minière*.

La Belgique *agricole* comprend les deux Flandres, le Brabant, le Limbourg, la province d'Anvers et une partie des provinces de Liége et du Hainaut. L'agriculture y est parfaitement entendue et occupe la majorité des habitants.

La Belgique *minière* comprend la province de Namur, le Luxembourg et une grande partie des provinces de Liége et du Hainaut. Les mines de houille coupent pour ainsi dire en deux la Belgique, et s'étendent depuis Mons jusqu'aux environs de Liége, formant une bande de plusieurs kilomètres de largeur. Les *forêts* se montrent surtout dans le Luxembourg. La tourbe abonde sur plusieurs points.

La contrée la plus fertile est dans le bassin de l'Escaut, et a pour centres Bruges, Gand, Anvers, Bruxelles. Ce sont des terrains de haute culture, d'une fécondité prodigieuse. C'est là que la population est le plus dense.

A l'E., on remarque d'assez vastes forêts où dominent les chênes, les frênes et les hêtres. De beaux pâturages y nourrissent de nombreuses bêtes à cornes. On cultive dans les mêmes territoires quelques vignes, qui, malheureusement, ne fournissent qu'un vin médiocre. Les fruits y sont rares, souvent mauvais; on récolte le seigle, l'avoine, le froment.

Dans la région occidentale, de magnifiques pâturages favorisent l'élevage de chevaux de trait estimés et de vaches laitières; les végétaux qui y réussissent le mieux sont le tabac, le chanvre, la garance, le houblon et surtout le lin, une des grandes richesses du royaume.

On peut dire que le quart de la population s'adonne à l'agriculture; mais les céréales et les pommes de terre ne suffisent pas à la consommation. Les Belges sont obligés d'avoir recours à l'importation.

§ 4. Mines et industrie.

Les matières minérales, objet d'une exploitation importante, sont, au premier rang, la *houille*, — ensuite le *fer*, le *zinc*, le *cuivre*, le *plomb*, le *nickel*, les *ardoises*, les *marbres*, etc.

La Belgique est, avec la Grande-Bretagne, l'état européen qui produit le plus de *houille*. Sa production annuelle est de 10 millions de tonneaux de charbon, dont la valeur dépasse 100 millions de francs. C'est en France que l'exportation a presque entièrement lieu; ensuite, dans les Pays-Bas. Environ 80 000 ouvriers sont employés à l'extraction de la houille. Les grands centres d'exploitation sont *Mons, Charleroi,* le bassin de *Liége.*

L'industrie houillère a le plus puissamment contribué à l'augmentation de la population belge, en lui fournissant du travail. Dans les districts de vastes exploitations minières, la population a plus que doublé en trente années.

On trouve principalement le fer dans les environs de *Charleroi,* de *Liége* et de *Namur;* — le zinc, dans la province de *Liége,* où il est exploité par deux grandes compagnies, celles de la Vieille et de la Nouvelle-Montagne. Ces mines de zinc produisent annuellement 36 000 tonnes, évaluées à 27 millions.

La Belgique a une industrie active: les mines de charbon de terre ont donné l'impulsion à celle du Hainaut et de la province de Liége, où l'on rencontre le plus grand nombre de hauts fourneaux, de forges, d'usines, de fabriques de glaces; les filatures, les manufactures de tissus, sont plus particulièrement répandues dans les provinces de l'O. Ainsi, les cotons sont l'objet d'un travail considérable à Gand. Cette ville livre environ 13 millions de kilogrammes de coton filé. On peut évaluer à 15 millions de francs l'exportation des articles de coton.

Les tissus de laine viennent principalement de la province de Liége, surtout de *Verviers;* ils représentent une valeur annuelle de 200 millions de francs.

Les tissus de lin et de chanvre sortent des grandes fabriques de *Gand,* de *Bruges,* de *Courtrai* et de *Roulers.* Cette industrie est une de celles qui font le plus d'honneur à la fabrication belge. Les dentelles occupent environ 120 000 ouvrières à *Bruxelles*, à *Gand*, à *Bruges*, à *Anvers*, à *Ypres*, à *Courtrai*, à *Malines*, etc.

Les autres principaux articles sont les cuirs, les peaux, le sucre, la bière, les papiers, la verrerie, les glaces.

La culture des jardins, et particulièrement des fleurs, est poussée loin dans ce pays. Les expositions florales de Gand et d'autres villes prouvent le goût que les Belges ont pour l'horticulture.

§ 5. Lieux de production. Villes principales.

Bruxelles, en flamand *Brussel* (dans le Brabant méridional), capitale de la Belgique, peuplée de 200 000 hab., et, avec les huit communes adjacentes, de 320 000, est animée par une industrie considérable, un commerce important. Signalons les forges, les ateliers de construction de machines, les raffineries de sucre, des moulins nombreux, les fabriques de produits chimiques, les filatures, les dentelles, la ganterie.

Gand, en flamand *Gent* (130 000 hab.), chef-lieu de la Flandre orientale, est au confluent de l'Escaut et de la Lys. L'industrie cotonnière et les filatures de lin y occupent un grand nombre d'ouvriers.

Anvers est la 3e ville du royaume. (Voir les ports.)

Liége, en flamand *Luik*, en allemand *Lüttich* (105 000 hab.), chef-lieu de la province du même nom, est un des centres de l'industrie houillère. La ville et les communes du voisinage renferment beaucoup d'usines pour le travail de la fonte et du fer. L'armurerie de Liége est estimée.

Bruges. (Voir les ports.)

Malines, en flam. *Mechelen* (36 000 hab.), dans la province d'Anvers, un des deux centres des chemins de fer de la Belgique, ne doit plus aujourd'hui sa fortune à la fabrication de la dentelle de *point de Malines*; on s'en occupe peu. Un de ses principaux commerces est celui des chaises en bois et en paille grossière, qui se vendent à très-bas prix. Il y existe aussi de grandes filatures de lin.

Louvain, en flam. *Leuven* (32 000 hab.), dans le Brabant, est particulièrement connue par ses brasseries et par ses fonderies de cloches.

Courtrai, en flam. *Kortryk* (24 000 hab.), dans la Flandre occidentale, s'occupe surtout de l'industrie linière.

Ypres, en flam. *Yperen*, dans la même province, est intéressante par l'industrie des laines, des cotons, du lin.

Mons, en flam. *Bergen* (28 000 hab.), chef-lieu du Hainaut, est à côté des plus riches districts houillers de la Belgique, et au milieu d'un pays manufacturier par excellence, qui compte plusieurs hauts fourneaux, des verreries, des fabriques de porcelaine.

Charleroi, sur la Sambre, dans la même province, est entourée de hauts fourneaux, de grandes fabriques de fer. Les charbonnages, la métallurgie, les verreries, y font travailler plus de 40 000 ouvriers.

Tournai, en flam. *Doornyk* (32 000 hab.), aussi dans le Hainaut, est une des cités les plus industrieuses de Belgique; ses fabriques de tapis sont surtout renommées; il y a d'importantes filatures de laine, etc.

Namur, en flam. *Namen*, chef-lieu de la province du même nom, a dans ses environs d'assez importantes exploitations de minerai de fer.

Verviers (31 000 hab.) est un des principaux centres de l'industrie des laines, et l'on y fabrique des draps estimés.

Ajoutons *Saint-Nicolas* (24 000 hab.), dans la Flandre orientale, importante par ses brasseries, ses cotons, ses fils de lin; — *Lokeren* (même province), avec des blanchisseries célèbres; — *Lierre* ou *Lier*, (province d'Anvers), qui a des brasseries renommées; — *Spa* (province de Liége), qui, outre ses eaux minérales très-fréquentées, a des fabriques de jolis ouvrages en bois et en fer-blanc; — *Saint-Trond* (Limbourg), où l'on fabrique beaucoup de dentelles.

§ 6. Principaux ports.

Le port principal de la Belgique est **Anvers**, en flam. *Antwerpen* (123 000 hab.), chef-lieu de la province du même nom: c'est une des villes les plus commerçantes de l'Europe. — L'Escaut y est large et profond, et il y forme un port magnifique. Les importations, supérieures aux exportations, consistent en bois de tous genres, café, coton, cuirs, laines, huiles et tabacs. Parmi les articles de fabrication, citons les cigares et le sucre. La navigation représente un mouvement d'environ 4000 navires.

Ostende (20 000 hab.), dans la Flandre occidentale, est la seconde ville maritime du royaume. Son port, qu'avaient encombré les sables et les galets, fut pendant quelques années menacé d'une ruine à peu près complète ; des travaux l'ont sauvé de ce péril. Le banc d'huîtres d'Ostende a une réputation européenne ; on y arme beaucoup pour la pêche de la morue et du hareng. Le commerce principal se fait avec l'Angleterre.

Nieuport ou *Nieuwport*, est un petit port qui s'occupe aussi de la pêche du hareng et de la morue. L'approche en est rendue difficile par des bancs de sable.

Bruges, en flam. *Brugge* (50 000 hab.), chef-lieu de la Flandre occidentale, est, bien que dans l'intérieur, un port d'une certaine animation, accessible aux bâtiments de 400 tonneaux, au moyen de canaux qui vont à Ostende et à L'Écluse. Il reçoit annuellement une centaine de navires, dont le chargement consiste principalement en sel, vin, charbon, bois de construction, froment, etc. On y fabrique des dentelles, du fil, des toiles, des tissus de laine, etc. Bruges a eu l'initiative de la pêche du hareng, qui devait être une des grandes causes de la prospérité hollandaise.

Gand, quoique placée bien plus loin de la mer encore, peut de même être classée parmi les ports, grâce à l'Escaut qui la fait communiquer avec Anvers et au canal qui la joint à Bruges : l'un et l'autre y portent des bâtiments de 400 tonneaux.

§ 7. Voies de communication.

L'Escaut. — L'Escaut, en flamand *Schelde*, joue un rôle important dans la prospérité commerciale de la Belgique. C'est la principale voie navigable de ce royaume, mais la Hollande est, au grand regret des Belges, maîtresse de ses bouches, qui forment deux magnifiques estuaires en Zélande, l'un, l'Escaut oriental, l'autre, l'Escaut occidental ou le Hond. La marée se fait sentir jusqu'à Gand, et des navires d'un faible tonnage peuvent même remonter le fleuve encore plus haut, jusqu'à Audenarde ; mais c'est Anvers qui est la reine de l'Escaut.

Canaux. — Un système bien compris de canaux relie la plupart des rivières belges entre elles. Les cours d'eau qui ne permettraient pas une navigation facile sont canalisés ou accompagnés de canaux latéraux. Ces voies qui traversent en tout sens le pays, sont d'un secours puissant pour le commerce et l'industrie. C'est surtout au milieu et à l'O. qu'on les rencontre. Il faut distinguer les canaux de *Gand* à *Bruges*, de *Bruges* à *Ostende* et à *L'Écluse*, ceux de *Bruxelles* et de *Louvain*, qui s'étendent de *Bruxelles* et de *Louvain* au Rupel; celui de *Mons* à *Condé*, qui unit Mons à l'Escaut, en France; le canal de la *Campine*, qui unit la *Nèthe* (affluent du Rupel) à la Meuse; — le canal du *Nord*, qui se rattache à ce dernier et va rejoindre le Rhin.

Chemins de fer. — La Belgique a beaucoup de chemins de fer : *Malines* et *Bruxelles* en sont les deux principaux centres.

Quatre grandes lignes partent de Malines : la première, au N., se dirige sur *Anvers*; — la deuxième, à l'E., sur *Louvain, Liége, Verviers, Aix-la-Chapelle* et *Cologne*; — la troisième, au S., sur *Bruxelles*; — la quatrième, à l'O., sur *Gand, Courtrai, Lille*, avec des embranchements sur *Bruges* et *Ostende*, d'un côté, et, de l'autre, sur *Tournai*, qui communique aussi avec *Mons*. — Une ligne va directement d'*Anvers* à *Gand*, et une autre de *Bruges* à *Courtrai*.

De Bruxelles, partent aussi quatre lignes : celle qui va à *Malines*, celle de *Gand*, celle de *Namur*, celle qui se dirige sur *Mons, Valenciennes* et *Paris*, avec embranchement sur *Charleroi*.

Un chemin de fer de *Liége* à *Namur*, et de *Namur* à *Charleroi*, de là à *Saint-Quentin*, fait partie de la plus courte ligne qui conduit de *Liége* à Paris. Une branche qui s'en détache va de *Namur* à Luxembourg.

L'étendue des chemins de fer belges est de 2600 kilomètres.

Le réseau télégraphique du royaume a 3000 kilomètres de longueur.

BELGIQUE.

§ 8. Commerce. Importations et exportations.

Importations. — En 1866, les importations ont été de 1426 millions pour le commerce général, et de 765 millions pour le commerce spécial.

Les produits importés sont, en première ligne, les céréales (233 millions de kilogr. en 1865), le minerai de fer (341 millions de kilogr.), les laines, les plantes textiles, les résines et bitumes, le sel, les denrées coloniales.

Exportations. — En 1866, les exportations du commerce général se sont élevées à 1323 millions, celles du commerce spécial à 643 millions.

Les produits exportés sont spécialement les articles de fer travaillé (160 millions de kilogr.), pierres taillées et sciées (454 millions de kilogr.), lin, étoupes (36 millions de kilogr.), glaces et verrerie (36 millions de kilogr.), zinc (28 millions), houille, etc.

Le commerce de transit représente plus de 600 millions de francs.

On jouit en Belgique d'une grande liberté commerciale et industrielle. Les octrois ont généralement été supprimés. Il n'y a pas de prohibition à l'importation, et les matières premières entrent en franchise, sauf le fil et la soie. Les tarifs des douanes sont très-modérés.

Effectif de la marine marchande. — L'effectif de la marine marchande est de 112 navires et de 35 800 tonneaux; sur ce nombre, il y a 8 navires à vapeur, 104 navires à voiles. On compte environ 300 bateaux pêcheurs

Mouvement de la marine marchande. — Les transports maritimes ont eu lieu, en 1865, par 4500 navires (jaugeant 920 000 tonneaux) à l'entrée; et par 4400 à la sortie (jaugeant environ 911 700 tonneaux).

Pays avec lesquels la Belgique fait le plus de commerce. — Les pays qui importent le plus de marchandises en Belgique sont la France, l'Angleterre, les Pays-Bas, la Prusse, l'Amérique; — les contrées qui reçoivent principalement les marchandises belges sont, d'abord, la France, ensuite l'Angleterre, la Prusse, les Pays-Bas, la Suisse, la Russie.

Commerce avec la France. — La France est l'état qui a le plus de relations avec la Belgique. Les échanges entre ces deux pays suivent un mouvement ascensionnel bien marqué. Voici quelques chiffres qui en donneront une idée :

Les importations et les exportations réunies ont été, en 1862, de 465 millions de francs ; — en 1863, de 478 ; — en 1864, de 513 ; — en 1865, de 562.

Les articles importés de France qui ont le plus participé à cette augmentation sont les fils et tissus de laine, de lin et de chanvre, les grains, les farines, les légumes secs, le beurre, les bestiaux, les vins, le lin, les peaux brutes et préparées, le cuivre, le minerai de fer.

La valeur des marchandises adressées par la France en Belgique est de 160 millions de francs.

Les produits qui figurent spécialement à l'exportation belge pour notre pays sont les houilles et le coke, le lin teillé, les étoupes, le zinc, les fils de laine, les matériaux à bâtir, les sucres bruts et étrangers, le houblon, le plomb, les fromages.

Monnaies, poids et mesures : les mêmes qu'en France.
Institutions de crédit : Banque nationale de Belgique et Banque de Belgique.

LEÇON V.

PAYS-BAS ET GRAND-DUCHÉ DE LUXEMBOURG.

PAYS-BAS.

(SUPERFICIE : 34 200 kilom. carrés. — POPULATION : 3 500 000 hab.).

§ 1ᵉʳ. Introduction : Situation, Divisions générales, physiques et politiques.

Le royaume des Pays-Bas, appelé aussi *Néderlande* ou *Néerlande* (en hollandais *Nederlanden* ou *Neerlanden*) et que l'on nomme souvent *Hollande*, d'après une de ses principales provinces, est un état essentiellement maritime et qui doit son rang assez élevé, non au chiffre de sa population, mais à son génie pour les grandes entreprises et le travail. C'est, avant tout, un entrepôt colonial et un pays agricole.

Les limites sont, au N. et à l'O., la mer du Nord; au S., la Belgique; à l'E., l'Allemagne. La latitude moyenne est au 52e degré.

Le *Rhin*, qui se partage en branches nombreuses (le *Vieux Rhin*, le *Whaal*, l'*Over-Yssel*, le *Vecht*, le *Léck*, etc.), la *Meuse*, qui a trois embouchures à travers les îles nombreuses de la Zélande et de la Hollande méridionale, et l'*Escaut*, qui forme deux branches considérables à travers la Zélande, sont les cours d'eau principaux. Il n'y a pas de montagnes.

Le golfe le plus étendu est le *Zuider-zee* (c'est-à-dire mer du Sud). Il fut produit par une inondation terrible en 1282. L'entrée et les rivages de l'intérieur sont parsemés de dangereux bancs de sable. A son extrémité S. O., s'enfonce dans les terres le long golfe de l'Y. Plus à l'E., sur la limite de l'Allemagne, on remarque le *Dollart*, qui provient également d'une inondation de la mer dans le treizième siècle. Il n'est pas rare, aux grandes marées, de voir sur quelques points l'océan rompre les digues ou les dunes, et se précipiter avec fureur dans cette contrée.

Les Pays-Bas comprennent onze provinces : *Hollande septentrionale, Hollande méridionale, Utrecht, Zélande, Brabant septentrional, Gueldre, Over-Yssel, Frise, Drenthe, Groningue, Limbourg hollandais*. Il existe, de plus, un grand-duché, le *Luxembourg*, gouverné par le roi des Pays-Bas, sans faire partie du royaume. Nous en parlerons plus loin séparément.

§ 2. Population.

Les habitants se rattachent à la race germanique. Le hollandais dérive de l'allemand.

On a souvent accusé les Hollandais d'avoir l'esprit lourd, phlegmatique; mais cette apathie tout extérieure ne les empêche pas d'être, en affaires, un des premiers peuples du monde. Ils sont patients, constants dans leurs projets, amis de la paix. On a dit que le désir d'acquérir était la base de leurs actions, l'amour du gain leur seul stimulant; mais, avec de pareils défauts, lorsqu'une solidarité puissante unit les citoyens, on sème à travers le monde des colonies sans rivales. Les Hollandais entendent, du reste, bien les jouissances de la vie de famille et offrent une hospitalité généreuse.

En étudiant de près ces habitants, on découvre leurs qualités excellentes et leurs sérieuses vertus; on finit par aimer cette population calme et réfléchie, qui ne se laisse pas séduire par les rêves de gloire des autres peuples, et qui a toujours résisté au malheur avec un courage et une patience héroïques.

L'énergique persévérance des Hollandais se révèle surtout dans les travaux incessants auxquels ils se livrent pour arrêter les inondations de la mer et des fleuves; c'est une lutte sans trêve. Ils n'ont pas de pierres pour élever leurs digues: que font-ils? Ils remplacent le roc par des fascines en roseaux ou en branches de saule! Le peu de pierres que l'on parvient à se procurer en allant les chercher jusqu'en Norvége, sert à consolider l'ouvrage; quel admirable travail, mais quel effrayant spectacle, a dit un écrivain, que celui de cette mer ouverte luttant de son poids immense et de la fureur de ses tempêtes contre de simples amas de fagots recouverts de sable, et menaçant d'une immédiate submersion une population entière de plusieurs millions d'hommes, qui vit aussi rassurée que si elle habitait les sommets du mont Blanc ou des Cordillères! La plus belle digue des Pays-Bas est celle de *West-Kapelle*, dans l'île de Walcheren.

Parmi les plus grands travaux, il faut citer les desséchements opérés sur bien des points, particulièrement celui du lac de Harlem, qui, produit par une inondation au seizième siècle, avait 27 000 hectares de surface, et qui, dans ces derniers temps, a été tout à fait rendu à la culture.

Amis des voyages, les Hollandais ne redoutent pas l'émigration. On porte le nombre de leurs émigrants à 3000 par an.

§ 3. Agriculture, industrie, productions.

Prairies, champs, etc. — Le terrain des Pays-Bas, mélange d'alluvion et d'argile, était merveilleusement préparé pour la culture. Il en est peu de plus riches, et un génie patient et laborieux devait en doubler la valeur. On admire les *polders*, terrains très-bas d'alluvion, garantis par les digues, et où le cultivateur ingénieux fait de prodigieuses récoltes. De grandes prairies, des pâturages immenses, s'étendent dans les contrées voisines du Zuider-zee et dans la Hollande septentrionale et méridionale. Le reste du pays est livré à la culture proprement dite ; les produits principaux sont le froment, le seigle, le blé noir, l'orge, l'avoine, les pommes de terre, le lin, le tabac.

Les provinces d'Utrecht, de Frise et de Zélande fournissent en abondance du froment, du millet, de la garance, et çà et là s'élèvent quelques bouquets d'arbres, mais pas de grandes forêts. Les fleurs, surtout les plantes bulbeuses, sont l'objet d'une importante culture. Toute la partie littorale proprement dite est peu féconde. Les îles du nord, qui forment une ligne courbe autour des côtes, sont aussi presque stériles. On rencontre de vastes marais au cœur des Pays-Bas, et surtout dans le Brabant et le Limbourg.

Chevaux, bestiaux. — Les chevaux de trait et le gros bétail sont les principaux objets de l'élevage. La Hollande méridionale, la Zélande et la province de Groningue sont par excellence les pays de la race chevaline ; — les bestiaux les plus estimés et les plus nombreux sont ceux de la Frise et de la Hollande méridionale. Les moutons abondent dans les provinces de Hollande septentrionale. — Le beurre salé et les fromages donnent lieu à un grand commerce d'exportation.

Harengs, morue. — L'origine de la fortune des Hollandais a sa base dans la pêche, et principalement celle de la morue et des harengs. A Sully, qui disait que le labourage et le pâturage étaient les deux mamelles d'un État, un Hollandais fit cette fière et mémorable réponse : « Nous gagnerons plus en labourant la mer de la quille de nos vaisseaux que ne feront les Français en cultivant leurs terres. » Ils ont tenu parole pendant une longue période. La pêche du hareng a été, durant presque un siècle, le monopole presque exclusif des Hollandais. Aujourd'hui, les Anglais ont dépassé les Hollandais dans cette industrie. La pêche du hareng n'occupe plus que 130 bâtiments néerlandais ; mais la pêche de la morue est restée une des branches les plus productives : 14 000 matelots s'élancent dans les mers du nord, vers le banc de Terre-Neuve, pour s'y livrer.

Toiles, draps, velours, etc. — L'industrie manufacturière est très-active, très-encouragée par le gouvernement. La Hollande propre, la province d'Utrecht, fabriquent des toiles, des draps, des velours estimés, des papiers, etc.

Le manque de houille et la force soutenue du vent dans un pays plat font employer les moulins à vent comme moteurs dans beaucoup d'usines et pour une foule d'usages.

Les principaux articles manufacturés sont les lainages d'Utrecht et de Leyde ; les soieries et velours d'Utrecht, de Harlem, d'Amsterdam ; les toiles et cotons de Harlem ; les pierres fines taillées d'Amsterdam ; le sucre, le papier, les cuirs, les cordages, les chapeaux, les rubans, les aiguilles, etc. La Hollande compte également des fabriques de garance, de nombreuses distilleries de genièvre et autres liqueurs, des briqueteries, des tuileries. — La typographie a été, au dix-septième et au dix-huitième siècle, plus savamment comprise en Hollande que partout ailleurs. Les Elzévirs sont demeurés célèbres en bibliographie. Aujourd'hui, c'est encore une branche importante.

§ 4. Voies de communication.

Fleuves et canaux. — Dans les Pays-Bas, les canaux, les fleuves, sont de véritables routes de grande communication : voyageurs et marchandises, transportés sur des embarcations bien conduites, y circulent sans difficulté et promptement. Le *Rhin* (et ses bras nombreux), la *Meuse*, l'*Escaut*, offrent une navigation facile. Le plus profond, le plus beau canal est celui de la *Nord-Hollande*, qui conduit d'Amsterdam à Nieuwe-Diep (près du Helder) ; il porte jusqu'aux grands vaisseaux de guerre. On remarque ensuite le canal d'*Amsterdam* à *Rotterdam*, passant par *Harlem, Leyde, La Haye, Delft*, et celui de *Harlingen*, allant de la ville de ce nom au golfe de Dollart et à l'embouchure de l'Ems, par *Leeuwarden*. On s'occupe de la construction d'un canal qui doit unir le *golfe de l'Y* à la *mer du Nord*.

Chemins de fer. — Les chemins de fer sont assez nombreux : il y a des lignes d'Amsterdam à La Haye, par Harlem ; de La Haye à Rotterdam ; de Rotterdam à Dordrecht et Anvers, de la même ville à Utrecht ; d'Utrecht à Arnhem ; d'Arnhem en Prusse. Nous parlerons plus loin de ceux du Luxembourg.

§ 5. Grandes villes et principaux ports.

La Haye (en holl. *S'Gravenhage*) (90 000 hab.), résidence du souverain, capitale officielle du royaume et chef-lieu de la province de Hollande méridionale, est une belle ville, mais sans beaucoup d'industrie et de commerce. Il faut cependant citer ses établissements typographiques.

Amsterdam (prov. de Hollande sept.), capitale commerciale et le plus grand port marchand du royaume (263 000 hab.), sur la côte S. de l'Y, vers le point où ce golfe se joint au Zuider-zee, à l'embouchure de l'Amstel. Elle se distingue par son industrie variée, ses chantiers de construction, ses fabriques de toile à voiles et de cordages, ses manufactures de tabac, de savons, d'articles d'orfèvrerie, etc. Son port est spacieux et sûr, et ses docks nombreux. Le mouvement de la navigation avec l'étranger est de 5000 bâtiments chargés. Elle est en relation avec le globe entier. — C'est un des premiers comptoirs du monde ; on y fait environ 500 millions d'affaires avec l'extérieur.

Rotterdam (prov. de Hollande mérid.), port sur la branche septentrionale de la Meuse, la seconde ville du royaume en population (115 000 hab.), est également animée par un grand commerce. Cette place est, comme Amsterdam, un des grands entrepôts européens de denrées coloniales, et des lignes de paquebots la mettent en communication avec Londres, Hull, Liverpool, Anvers, Dunkerque, Le Havre, Bordeaux, Hambourg, Bergen, Copenhague, Stettin, Saint-Pétersbourg, Cadix, Barcelone, Marseille, Messine, Constantinople, New-York, etc. — Le mouvement du port est de 5000 navires.

Les plus grandes villes sont ensuite :

Utrecht (59 000 hab.), si connue par ses fabriques de draps et de velours ; — *Harlem* (30 000 hab.), avec de célèbres blanchisseries ; — *Leyde*, en holl. *Leyden* (38 000 hab.), fameuse par ses draps et les anciennes imprimeries des Elzévirs; — *Dordrecht* (25 000 hab.) (dans la Hollande mérid.), sur une île de la Meuse; port surtout animé par le commerce du coton et du fil; — *Middelbourg* et *Flessingue* (en hollandais *Vlissingen*, en anglais *Flushing*), autres ports, dans l'île de Walcheren (Zélande); la première sur un canal qui lui apporte des bâtiments; la seconde sur l'Escaut occidental, avec des communications actives dans la direction de l'Angleterre, de Dunkerque, etc. — *Groningue* (38 000 hab.), port accessible au moyen d'un canal.

Les trois ports suivants sont situés dans la Hollande septentrionale :

Saardam ou *Zaandam*, sur l'Y, célèbre par l'activité de son port, par ses nombreux moulins à vent, par ses papeteries et surtout par le souvenir de Pierre le Grand, qui y étudia la construction des navires; — *Hoorn*, sur le Zuiderzee, point d'exportation d'une grande quantité de beurre et de fromage; — *Le Helder*, port militaire, à l'entrée du Zuider-zee.

Arnhem (30 000 hab.) et *Nimègue*, en hollandais *Nymwegen* (23 000 hab.), sont des villes intérieures de la province de Gueldre, l'une sur le Rhin, l'autre sur le Whaal; — *Bois-le-Duc*, en hollandais *S'Hertogen Bosch* (24 000 hab.), chef-lieu du Brabant septentrional, est aussi intérieure; — de même que *Maestricht* (30 000 hab.), chef-lieu du Limbourg, sur la Meuse, — et *Leeuwarden* (25 000 hab.), chef-lieu de la Frise.

Toutes ces villes sont très-commerçantes.

§ 6. Commerce.

Le commerce extérieur hollandais s'élève à 2 milliards.

Importations. — Les importations, qui atteignent plus d'un milliard, consistent principalement dans la houille, le fer, le cuivre et autres métaux (car les Pays-Bas n'ont pas une seule mine), dans les denrées coloniales, le coton, le lin, le chanvre, les graines oléagineuses, la potasse, les bois de construction, les peaux, les céréales, les vins, le riz.

Exportations. — Les exportations, qui s'élèvent à plus

de 900 millions de francs, comprennent la garance, le tabac, les liqueurs, le beurre, le fromage, les bestiaux, le genièvre, etc.

Effectif et mouvement de la marine. — L'effectif de la marine marchande, au 31 décembre 1867, était de 2178 navires, jaugeant environ 540 000 tonneaux. Le mouvement de la navigation, en 1867, a été, à l'entrée, de 8000 bâtiments chargés (jaugeant 1 960 000 tonn.), et, à la sortie, de 5000 bâtiments chargés (avec 1 340 000 tonneaux).

Pays avec lesquels les Pays-Bas font le plus de commerce. — Les Pays-Bas entretiennent des relations commerciales très-importantes, d'abord, avec la Prusse et la Grande-Bretagne, ensuite avec la Belgique, la France, la Russie, Hambourg. Leurs belles colonies de la Malaisie sont pour eux la source d'un commerce immense.

La Prusse fait parvenir à la Hollande pour une valeur de plus de 300 millions de marchandises; ce sont des céréales, de la passementerie, de la rubanerie, de la mercerie, des fanons de baleine, du manganèse, du fer, des vins, du bois, des matières tinctoriales. — Les Pays-Bas lui expédient pour 305 millions de marchandises, consistant en café, fils de toutes sortes, coton, fer en barres, indigo, tabac, sucre brut, peaux, cuirs, etc.

L'Angleterre adresse des bestiaux, du coton, des fils de laine, des tissus de coton, des fils de chanvre, de la droguerie, pour 300 millions. — Les Pays-Bas lui renvoient pour 260 millions de sucre, de beurre, de bestiaux, de fromage, etc.

La Hollande tire de la Belgique du fer, des tissus, de la passementerie, de la laine, du riz, représentant une valeur de 120 millions. L'exportation pour cette contrée, consistant surtout en lin, céréales, laines, café, bestiaux, est de 132 millions.

Commerce avec la France. — Les Pays-Bas nous adressent les produits naturels de l'archipel de la Sonde, tandis que nous leur faisons parvenir surtout des produits manufacturés. Ainsi, nous recevons du poivre, du café, du camphre, des rotins destinés à faire des cannes, etc. Le tout représente environ 25 millions.

Nous expédions pour environ 40 millions de céréales, de tissus de laine, d'articles de mode, de soieries.

§ 7. Colonies néerlandaises.

Les Hollandais ont l'esprit colonisateur; ils forment peut-être, avec les Anglais, le seul peuple de l'Europe pour lequel les possessions extérieures sont une source réelle de revenus; ils possèdent dans l'Océanie une partie considérable de la Malaisie, et, d'abord, le bel archipel de la *Sonde*, dont les îles les plus importantes sont *Java, Sumatra, Madura, Banca, Bali, Lombok, Sumbava, Timor*; une grande partie de l'île de *Bornéo, Célèbes*, les îles *Moluques* ou îles aux *Épices*, une partie de la *Nouvelle-Guinée*.

En Amérique, la *Guyane hollandaise*, plusieurs *Antilles, Curaçao, Saint-Eustache*, etc.

En Afrique, quelques établissements sur la côte de *Guinée* (*Elmina*, etc.).

Toutes ces colonies renferment 19 millions d'habitants.

Le commerce de la Hollande avec ses colonies représente une valeur de 277 millions. Ce sont les Indes néerlandaises qui centralisent presque entièrement ce mouvement.

§ 8. Monnaies, mesures, etc.

OR

Ducat..	=11^f,74
Guillaume.......................................	=20 ,79

ARGENT.

Rixdaler, 2 florins et demi..................	= 5 ,21
1 florin...	= 2 ,08
25 cents...	= 0 ,50
10 cents...	= 0 ,20
5 cents...	= 0 ,10

Le système métrique est adopté depuis 1835.

L'unité des poids est le *pund*..........	= 1 kilogr.
Celle des mesures linéaires, l'*elle*.....	= 1 mètre.
— des mesures agraires, le *bunder*..	= 1 hectare.
— des mesures de capacité, le *kan*..	= 1 litre.

Le *mud* ou *zak* est un hectogramme; le *vat*, un hectolitre; le *wisse*, un stère.

L'unité itinéraire est le mille = 1 kilomètre.

Institutions de crédit : Banque néerlandaise, Société de commerce néerlandaise, Banque de Rotterdam.

GRAND-DUCHÉ DE LUXEMBOURG.

Le grand-duché de Luxembourg, qui est une propriété du roi des Pays-Bas, sans faire partie du royaume, forme un état neutre entre la Belgique, la France et la Prusse. Il était compris dans la confédération Germanique, avant la dissolution de cette confédération, en 1866.

Les montagnes des *Ardennes*, couvertes généralement de forêts, occupent une partie considérable du territoire; la *Moselle* forme la limite orientale. Elle reçoit la *Sure*, qui a pour affluent l'*Alzette*. Le pays est riche en forêts, bétail, porcs, moutons, chanvre, plantes oléagineuses; on cultive la vigne sur les bords de la Moselle.

La superficie est de 2250 kilomètres carrés.

La population, de 200 000 habitants, parle diverses langues : le français, l'allemand, le wallon.

La capitale est *Luxembourg*, sur l'Alzette, avec des carrières de pierre à chaux et de marbre, des tanneries et des chamoiseries.

Le chemin de fer de *Guillaume-Luxembourg* va de *Luxembourg* à *Namur* et à *Metz*. Un autre chemin unit cette ville à *Trèves*.

LEÇON VI.

PRUSSE, ZOLLVEREIN, CONFÉDÉRATION DE L'ALLEMAGNE DU NORD, ET ALLEMAGNE DU SUD.

Définition du Zollverein.

On entend par *Zollverein* (*zoll*, douane, *verein*, association) l'union douanière allemande qui lie entre eux la plupart des états germaniques (excepté les trois villes Hanséatiques, Hambourg, Lübeck, Brème, et les grands-duchés de Mecklenbourg).

La Prusse a eu l'initiative de l'association. C'est à partir de 1819 que, grâce à ses efforts, l'union douanière parvint à se développer. Lors de sa fondation, le Zollverein ne reçut pas partout un accueil favorable. La Bavière, le Würtemberg et quelques autres états voulurent s'opposer à cette union, qui étendait la prépondérance prussienne ; néanmoins ils se réunirent au Zollverein en 1833. La même année, la Saxe y adhérait ; Bade et le duché de Nassau, en 1835. Francfort-sur-le-Main demandait à en faire partie en 1836 ; plusieurs autres états secondaires en devenaient membres en 1841 ; le grand-duché de Luxembourg s'y réunissait en 1842 ; enfin quelques états encore rebelles s'y associèrent en 1851 et 1854.

Le Zollverein crée une frontière générale de douanes, renfermant tous les pays de l'association dans l'uniformité d'un seul et même tarif. Cette union rend des services immenses, non-seulement à l'Allemagne, mais à toute l'Europe ; elle aplanit, pour ainsi dire, les limites des divers états de l'Allemagne intérieure pour les reporter aux frontières extrêmes de l'association. Les transactions commerciales, autrefois entravées par les douanes particulières des duchés et des principautés, se font sans difficulté depuis l'établissement de cette institution, qui marquera dans l'histoire comme le début des tendances unitaires de la Prusse et de l'Allemagne.

Le Zollverein compte aujourd'hui 36 millions d'âmes.

Examinons successivement les états du Zollverein, en commençant par le principal, la *Prusse*, qui constitue, avec 20 autres états, la *confédération de l'Allemagne du Nord*.

PRUSSE.

(SUPERFICIE : 335 000 kilom. carrés. — POPULATION : 24 000 000 d'hab.)

§ 1er. Introduction : Situation, Divisions physiques et politiques.

La *Prusse*, en allemand *Preussen*, forme une longue bande de terre qui s'étend de l'E. à l'O., depuis la Russie jusqu'à la France, sans limites naturelles déterminées des deux côtés. Sur les frontières méridionales, vers l'Autriche, s'élèvent les monts *Sudètes* et les montagnes des *Géants* (*Riesen-gebirge*), et, du côté des états de l'Allemagne du Sud, elle s'arrête au *Main*. La mer *Baltique* et la mer du *Nord* la baignent au nord, et, dans la même direction, elle s'avance assez loin dans la péninsule *Cimbrique*.

Au centre, se dresse le groupe du *Harz*, si célèbre par ses mines; à l'ouest, dans le bassin du Rhin, on remarque les monts *Eifel*, le *Hunsruck*, le mont *Taunus*, qui est une des régions les plus riches en sources minérales.

En général, la Prusse est peu accidentée; elle offre, sur une grande étendue, de vastes plaines, remplies de petits lacs, de marais, de territoires sablonneux ou boisés.

Les principaux cours d'eau qui l'arrosent sont: le *Niémen*, la *Vistule*, l'*Oder*, tributaires de la mer Baltique, et l'*Elbe*, le *Weser*, l'*Ems*, le *Rhin*, qui se dirigent vers la mer du Nord.

Les rives des deux mers, partout très-plates, présentent, sur plusieurs points, des espèces de lagunes, telles que le *Curische-Haff*, le *Frische-Haff* et le *Pommersche-Haff*, vers la Baltique.

Le royaume de Prusse est divisé de la manière suivante:

1° La Prusse telle qu'elle était avant 1866, avec la province de *Prusse* (divisée en *Prusse orientale* et *Prusse occidentale*), la province de *Posen*, et celles de *Poméranie*, de *Brandebourg*, de *Saxe*, de *Westphalie* et du *Rhin*; — le pays de *Hohenzollern*, isolé du reste de la monarchie, dans le S. de l'Allemagne, entre le Würtemberg et le grand-duché de Bade; — enfin, deux très-petits territoires, intéressants pour la marine prussienne, à droite et à gauche de l'estuaire de l'*Iahde*, dans l'Oldenbourg.

2° Les annexions de 1866, composées des duchés de *Schleswig*, de *Holstein* et de *Lauenbourg*; — du royaume de *Hanovre*; — de la *Hesse Électorale*; — du duché de *Nassau*; — de la *Hesse-Hombourg*; — de *Francfort-sur-le-Main*; — d'une portion de la *Franconie* enlevée à la Bavière.

Ces annexions forment aujourd'hui les provinces de *Schleswig-Holstein*, de *Hanovre*, et de *Hesse*.

Les provinces se divisent en régences (*regierungsbezirk*), qui se subdivisent en cercles (*kreis*).

§ 2. Population de la Prusse et de l'Allemagne en général.

La population prussienne s'élève à 24 000 000 d'habitants; en y joignant les états secondaires de la confédération de l'Allemagne du Nord, soumis à l'influence prussienne, on a un total de 30 millions d'âmes. Si l'on ajoute les états de l'Allemagne du Sud, on arrive, pour l'Allemagne entière, au nombre d'environ 39 millions d'habitants, sans y comprendre les parties de l'Autriche qui parlent allemand et avec lesquelles on trouverait un ensemble de plus de 45 millions. — Sans parler des annexions de 1866, la population s'est accrue en Prusse avec une remarquable rapidité : elle n'était, en 1816, que de 10 millions d'âmes ; en 1840, de 15 millions ; elle s'élevait, en 1865, à 19 millions : ainsi elle a doublé à peu près dans un demi-siècle.

Cette population est composée de plusieurs éléments : la famille *allemande* y domine ; mais les *Slaves* sous les noms de *Polonais*, de *Masures*, de *Wendes*, etc., y sont assez nombreux dans les provinces de l'est. Une autre famille, celle des *Lettons*, occupe une grande partie de la province de Prusse. Dans le N. O. (Hanovre, Holstein, Schleswig), il y a beaucoup de *Frisons*. — Dans les régions occidentales, particulièrement à l'ouest du Rhin, la langue *française* et le *wallon* (vieux patois français) sont parlés par un certain nombre d'habitants. Le *danois* est usité dans le nord du Schleswig. — Il n'y a donc pas une homogénéité parfaite dans la population de l'Allemagne.

Les religions sont également diverses : le culte évangélique (réunion du luthéranisme et du calvinisme) est prépondérant en Prusse, mais on trouve un nombre considérable de catholiques, surtout dans la Prusse rhénane, dans la Prusse polonaise, dans la Bavière, etc. Il y a plus d'israélites qu'en France. On compte dans la Prusse en particulier 15 millions de protestants et environ 8 millions de catholiques.

Les Allemands sont forts et robustes. C'est un peuple grave, réfléchi, laborieux, franc et simple. Doué d'un esprit observateur et méthodique, et d'un génie inventif, il a fait faire de grands progrès aux sciences, aux arts et à l'industrie. Cependant il faut lui reprocher sa facile exaltation et les écarts fréquents de son imagination.

L'Allemand a l'instinct de l'association et le goût des entreprises lointaines; de nombreux émigrants (environ 100 000 par an) partent de ce pays, et vont chercher de nouvelles patries en Amérique et en Australie.

L'instruction est fort répandue, particulièrement en Prusse : les savants prussiens ont donné une impulsion considérable au développement des connaissances modernes. L'intelligence populaire a fait des progrès notables, l'instruction agricole et industrielle est parfaitement organisée dans les masses. Des associations éclairées forment des instituteurs qui vont de village en village donner des conférences et expliquer de la façon la plus claire les améliorations les plus utiles à adopter en agriculture et dans l'industrie. Le progrès circule ainsi dans les rangs des classes rurales.

§ 3. Agriculture et productions.

L'agriculture est une des bases de la grandeur de la Prusse. Cinquante années de paix lui ont permis de s'y livrer sans entraves; aussi est-elle arrivée au premier rang dans cette branche, qui affirme la réelle puissance d'un peuple. Il faut moins compter, pour le développement national, sur la population des villes que sur celle des campagnes, et le chiffre des habitants des campagnes est toujours proportionnel à la bonne entente de l'agriculture. Or, la population rurale de la Prusse s'est accrue proportionnellement plus que celle des villes.

Minéraux. — Les substances minérales sont très-abondantes; la Prusse est, après l'Angleterre, le pays d'Europe qui produit le plus de *houille :* elle surpasse la France, pour cette matière, de plusieurs millions de quintaux. Ce sont les provinces du Rhin (principalement à Sarrebruck), de Westphalie, de Silésie, qui en fournissent le plus. — Le *fer*, le *plomb*, l'*argent*, le *cuivre*, le *zinc*, sont exploités avec une grande activité dans le Harz (provinces de Hanovre et de Saxe) et dans la Westphalie, la province du Rhin, la Silésie. — C'est vers la Baltique, et particulièrement sur les bords du Curische-Haff et du Frische-Haff, qu'on recueille la célèbre substance résineuse nommée succin ou ambre jaune. — La tourbe est commune dans le Hanovre. — Il y a de grandes salines à Lunebourg.

Végétaux. — Les céréales abondent dans les provinces de Prusse propre, de Posen, de Poméranie, et dans le Hanovre, dans une portion de Brandebourg; mais une partie de cette dernière province est la plus maigre et la plus stérile du royaume. On parvient, dans quelques districts, à exporter le quart de la récolte.

Les pommes de terre sont cultivées principalement dans les provinces sablonneuses de Prusse propre et dans le Hanovre. Les légumes sont récoltés en grand dans la Silésie. La betterave à sucre, surtout la betterave blanche, dite de Silésie, est l'objet d'une culture considérable; l'idée d'extraire du sucre de la racine de cette plante est due à l'allemand Margraff, en 1775, et l'on est redevable de l'introduction de cette branche industrielle en Allemagne au français Achard, en 1800. On compte environ 300 fabriques, qui livrent à la consommation 200 millions de kilogrammes de sucre.

Les vignobles donnent d'excellents produits, particulièrement dans l'ancien duché de Nassau et dans la province du Rhin (aux bords du Rhin et de la Moselle). — Le tabac vient, en majeure partie, de la Saxe, de la Silésie, de la Hesse. — Le lin et le chanvre sont abondants, particulièrement en Westphalie; le houblon réussit presque partout.

— Les bois de construction sont nombreux dans la Silésie, la province de Posen, la Westphalie. Le soin des troupeaux est parfaitement entendu en Prusse.

Animaux. — Les chevaux les plus estimés viennent de la Prusse proprement dite, du Holstein, du Hanovre. L'espèce bovine n'est pas meilleure que celle de la France, elle est moins forte, mais les vaches fournissent plus de lait. Il y a relativement plus de bétail que dans notre pays.

Les meilleures races ovines de la Prusse sont les moutons mérinos et les *negretti*. Leur laine seule produit 150 millions de francs. — L'élevage des moutons se fait principalement dans les provinces de Saxe, de Silésie et de Brandebourg, et celui de l'espèce porcine dans la Prusse rhénane et la Westphalie. La volaille est peu nombreuse et bien inférieure à la nôtre.

§ 4. Industrie.

C'est peut-être en Prusse, et spécialement dans le Harz, que la science du mineur a été poussée le plus loin. Des écoles de mineurs, des sociétés des mines, se sont formées de toutes parts. Le travail des métaux (fonderies, forges, quincaillerie, chaudronnerie, aciers, confection des machines) est porté dans ce royaume à un haut point de perfection, mais surtout dans la province du Rhin. L'industrie manufacturière est dans la voie la plus florissante; des écoles d'industrie se trouvent dans un grand nombre de villes. Les soieries, la rubanerie, les velours, les tissus de coton sont l'objet d'une immense fabrication dans les provinces du Rhin et de Saxe; les toiles de lin se font plutôt en Westphalie; les draps, en Silésie; la sellerie et la carrosserie, dans le Brandebourg; nommons aussi les portefeuilles, les nécessaires, les objets de gaînerie, de maroquinerie, de cartonnage, de vannerie et de sparterie fines, des articles de fantaisie, les produits chimiques, les produits de distillation (eau de Cologne, liqueurs diverses), les brasseries, les raffineries de sucre, la porcelaine, les papiers, la typographie, les matériaux de construction (ciment de Portland, etc.).

§ 5. Lieux de production les plus remarquables.

Villes principales des anciennes provinces de la Prusse. — La capitale de la Prusse, *Berlin*, est dans la province de Brandebourg, sur la Sprée, dans une plaine sablonneuse; elle a pris un grand accroissement depuis un demi-siècle et occupe aujourd'hui, par sa population (qui est de près de 700 000 habitants) le 4e rang parmi les capitales européennes; son industrie variée embrasse tous les genres; mais surtout les machines, la quincaillerie, la bijouterie, la porcelaine, les glaces, les produits chimiques, les articles de fantaisie. De nombreux chemins de fer, la mettent en communication avec toute l'Europe.

On remarque ensuite, parmi les autres villes principales des anciennes divisions du royaume:

Dans le Brandebourg: *Potsdam* (45 000 habitants), sur le Havel, chef-lieu de la province; plus remarquable comme une des belles résidences royales d'Europe que par son industrie; — *Brandebourg* (*Brandenburg*), sur le Havel, ville au contraire tout industrielle (draps, etc.); — *Francfort-sur-l'Oder* (35 000 habitants), célèbre par ses foires.

Dans la Silésie :

Breslau (130 000 hab.), sur l'Oder, chef-lieu de la province, avec des produits variés, parmi lesquels se montrent surtout les laines; — *Glogau*, commerçante en grains et intéressante par ses établissements typographiques et géographiques; — *Gœrlitz* et *Liegnitz*, qui ont d'importantes manufactures de draps, et dont la dernière est fameuse aussi par sa garance et son commerce de plantes potagères; — *Schweidnitz*, connue par sa bière et son commerce de grains.

Dans la province de Prusse, et en particulier dans la Prusse orientale :

Kœnigsberg, — *Pillau*, — *Memel*, ports (voir page 59); — *Tilsitt*, sur le Niémen.

Dans la Prusse occidentale :

Dantzick, — *Elbing*, ports (voir page 59).

Dans la province de Poméranie :

Stettin, — *Swinemunde*, — *Stralsund*, — *Greifswalde*, — *Barth*, autres ports (voir pages 58, 59).

Dans la province de Saxe :

Magdebourg (80 000 habitants), chef-lieu de cette province, sur l'Elbe, et *Halle* (36 000 habitants), qui font un grand commerce des produits de leur fertile territoire; — *Halberstadt* (20 000 habitants), avec des fabriques de tapisseries et de peausseries; — *Erfurt* (35 000 habitants), fameuse par ses fabriques de rubans; — *Mersebourg*, par sa bière; — *Naumbourg*, par sa parfumerie et sa bonneterie; — *Quedlinbourg*, par ses liqueurs.

Dans la province de Posen :

Posen, en polonais *Poznan* (42 000 habitants), chef-lieu de la province, sur la Warthe, et *Gnesen*, toutes deux siéges de foires renommées, surtout pour les bœufs et les chevaux.

Dans la Westphalie :

Munster (25 000 habitants), chef-lieu de cette province; commerçante en fil et en toiles; — *Minden*, sur le Weser, avec un commerce actif, favorisé par ce fleuve; — *Iserlohn*, animée par une grande industrie (bronze, aiguilles, dés à coudre, etc.), et près de riches gisements de calamine; — *Dort-*

mund (25 000 habitants) et *Bochum*, intéressantes par l'industrie des mines.

Dans la province du Rhin :

Coblentz (24 000 habitants), chef-lieu de la province, au confluent de la Moselle et du Rhin, avec des communications importantes par bateaux à vapeur sur ces deux cours d'eau, et un grand commerce de vins, de laines, etc.; — *Bonn* (20 000 habitants), avec des hauts fourneaux, des forges, des fabriques de produits chimiques; — **Cologne**, en allemand *Kœln* (120 000 habitants), sur le Rhin, centre d'un commerce immense, favorisé par une navigation active et par plusieurs chemins de fer, qui la mettent en rapport avec toute l'Allemagne, la Belgique, la France, les Pays-Bas; — **Aix-la-Chapelle**, en allemand *Aachen* (60 000 habitants), remarquable par l'industrie des draps, des étoffes de soie, des aiguilles et des épingles, et par ses eaux minérales; — **Düsseldorf** (52 000 habitants), sur le Rhin, avec des fabriques de tissus de soie et de laine; — **Elberfeld** (61 000 habitants), **Barmen** (60 000 habitants), **Crefeld** ou **Crevelt** (53 000 habitants), toutes très-industrieuses, très-commerçantes, surtout en soieries, rubanerie, boutonnerie; — *Clèves*, en allemand *Kleve*, connue par son tabac et son fromage de Hollande; — *Essen*, qui a de riches houillères et des fabriques de machines à vapeur; — *Remscheid*, centre d'une grande industrie métallique (quincaillerie, etc.); — *Solingen*, qui fabrique des armes blanches et de la coutellerie; — *Eupen*, importante par ses fabriques de draps; — *Trèves* (en allemand *Trier*), sur la Moselle, commerçante en toiles, en lainages et en vins; — *Sarrebruck*, en allemand *Saarbruck*, au milieu de grandes mines de houille; — *Sarrelouis* (*Saarlouis*), avec des mines de plomb et de fer; — *Creuznach*, célèbre par ses eaux minérales.

Villes principales des nouvelles acquisitions. — Dans la province de Schleswig-Holstein :

Kiel, Altona, Flensbourg, ports (*V.* pag. 59); — *Rendsbourg*, sur le canal de Kiel; — *Schleswig* (nom allemand) ou *Slesvig* (nom danois), au fond d'un long golfe de la Baltique nommé la *Slie*, où les navires ne peuvent pas pénétrer.

LEÇON VI.

Dans la province de Hanovre :

Hanovre, en allemand *Hannover* (70 000 hab.), chef-lieu de cette province, sur la Leine, affluent de l'Aller ; siége d'une grande fabrication de savon, de tabac, de fleurs artificielles, de caoutchouc, de toiles peintes ; — *Hildesheim*, qui fait un grand commerce de laine et de tabac ; — *Goslar*, connue par ses mines de cuivre, d'argent et de plomb, et par sa bière ; — *Celle* ou *Zell*, qui a un grand haras ; — *Lünebourg*, avec d'importantes salines ; — *Stade, Harbourg, Emden*, ports (*V.* pag. 60) ; — *Gœttingue* (en allemand *Gœttingen*), qui possède une des plus célèbres universités et l'une des plus grandes bibliothèques de l'Europe, ainsi qu'un riche jardin botanique ; — *Klausthal, Andreasberg*, situées au milieu du Harz et environnées de mines de fer, d'argent et de plomb.

Dans la province de Hesse :

Cassel (40 000 hab.), chef-lieu de cette province, sur la Fulde, commerçante en bois de construction, chanvre, joaillerie, bijouterie ; — *Smalcalde* ou *Smalkalden*, célèbre par ses salines, ses fabriques de quincaillerie, les mines de fer de son territoire ; — *Hanau* (18 000 hab.), ville manufacturière et fort commerçante, sur le Main ; — *Hombourg*, célèbre par ses eaux minérales ; — *Wiesbaden* (27 000 hab.), *Nieder-Sellers* (vulgairement *Seltz*) et *Ems*, remarquables aussi par leurs sources minérales, et situées toutes trois dans l'ancien duché de Nassau, ainsi que les vignobles fameux de *Johannisberg* et de *Weinberg*.

Francfort-sur-le-Main, en allemand *Frankfurt-am-Main* (90 000 hab.), ancien siége de la diète de la confédération Germanique, centre d'un grand commerce de banque, d'une active industrie (quincaillerie et mercerie fines, portefeuillerie, etc.), et dont les deux grandes foires attirent un nombre immense de négociants.

§ 6. Principaux ports.

Dans la province de Poméranie :

Stettin (60 000 hab.), chef-lieu de la province, sur l'Oder, est aujourd'hui le premier port de commerce de la Prusse. Il y règne un grand mouvement d'affaires, surtout avec l'Angleterre, à laquelle elle expédie beaucoup de blé et de spiritueux, et d'où elle tire les houilles et les denrées coloniales; des services réguliers de paquebots à vapeur la relient à Saint-Pétersbourg, Stockholm, Copenhague. Il y a de grandes raffineries de sucre et d'importants moulins à farine. Entrées et sorties des bâtiments : 4000 (sans le cabotage). Valeur du commerce : 200 millions.

Swinemunde, sur l'île d'Usedom, à l'embouchure de la Swine, bras de l'Oder, avec un port excellent, où se déchargent les navires qui ne peuvent remonter jusqu'à Stettin. — *Greifswalde*, qui a un port à *Wiek*, sur la Baltique, avec des constructions de vaisseaux et de machines. — *Stralsund* (22 000 hab.) et *Barth*, deux ports très-commerçants, en face de l'île de *Rügen*, où le gouvernement prussien prépare de grands établissements de marine militaire.

Dans la Prusse orientale :

Kœnigsberg (90 000 hab.), sur le Pregel, près de l'extrémité orientale du Frische-Haff, avec un port pour les petits bâtiments : les plus gros s'arrêtent à *Pillau*, qui est le véritable port de cette ville. Les principaux objets de commerce de *Kœnigsberg-Pillau* sont les thés, les céréales et les matières textiles. — *Memel*, autre port, à l'extrémité N. de Curische-Haff, sur le détroit qui joint ce lac à la Baltique, et qui n'est que l'embouchure du Niémen, nommé aussi Memel.

Dans la Prusse occidentale :

Dantzick ou **Dantzig**, en allemand *Danzig* (70 000 habitants), la seconde place maritime marchande de la Prusse et autrefois la première, sur la Vistule, qui se jette près de là dans le golfe de la Baltique auquel cette ville donne son nom; parmi ses industries, les raffineries de sucre, les distilleries d'eau-de-vie et le travail de l'ambre sont les plus renommés. C'est un grand entrepôt de céréales et de bois de construction. Le mouvement de la navigation y est de 4000 navires, et la valeur du commerce, de 125 millions.— *Elbing* (25 000 hab.), ville florissante, près du Frische-Haff, et port intérieur au moyen de la rivière Elbing.

Dans la province de Schleswig-Holstein :

Flensbourg ou *Flensborg*, port florissant du Schleswig, sur un golfe de la Baltique. — *Eckernfœrde*, *Apenrade*, excellents ports, aussi dans le Schleswig.—**Kiel** (18 000 hab.), chef-lieu de la province, avec un port admirablement placé sur un golfe de la Baltique, près de l'extrémité orientale d'un canal qu'on appelle canal de Kiel ou de Schleswig-Holstein, et qui fait communiquer la Baltique avec l'Eider, par suite à la mer du Nord; la Prusse en a fait un de ses principaux arsenaux maritimes. — **Altona** (46 000 hab.), port sur l'Elbe, très-près et à l'O. de Hambourg. — *Glückstadt*, aussi sur l'Elbe, avec un port qui arme pour la grande pêche. — *Tonningen*, sur la côte occidentale du duché de Schleswig; siége d'un grand commerce avec l'Angleterre.

Dans la province de Hanovre :

Stade, port très-fréquenté, sur un affluent de l'Elbe; — *Harbourg*, port sur l'Elbe, vis-à-vis de Hambourg; — *Embden* ou *Emden*, beau port, à l'embouchure de l'Ems.

AUTRES ÉTATS DE LA CONFÉDÉRATION DE L'ALLEMAGNE DU NORD

(y compris les villes Hanséatiques, qui ne font pas partie du Zollverein).

Les États secondaires de la confédération de l'Allemagne du Nord, sous la protection de la Prusse, sont au nombre de 20.

1° Le royaume de **Saxe**, en allemand *Sachsen*, est le plus considérable et le plus oriental de ces états. Il est renfermé entre la Prusse, au N., les duchés de Saxe, à l'O., et la Bohème, au S.; l'*Erz-gebirge* le limite vers cette dernière. L'*Elbe* et la *Mulde* le parcourent du S. au N. C'est un beau pays, riche en productions végétales (vins, fruits, grains), en mines d'argent, de fer, d'étain, de houille, etc., et animé par une active industrie (draps, soieries, tissus de coton et de laine, peaux, ganterie, broderies, verreries). Il renferme plus de 2 millions d'habitants.

La capitale est **Dresde**, en allemand *Dresden*, ville de 130 000 habitants, sur l'Elbe.

Autres villes : *Meissen*, aussi sur l'Elbe, connue par sa porcelaine; — **Leipzig** (quelquefois, en français, *Leipsick*), peuplée de 80 000 âmes, sur l'Elster Blanc, affluent de la Saale; elle fait un commerce considérable, surtout en livres, et il s'y tient trois grandes foires. — **Chemnitz** (47 000 hab.), ville tout industrielle, surtout pour les cotons, les lainages et les fabriques de locomobiles; — *Glauchau* et *Meerane*, qui rivalisent avec Chemnitz pour les étoffes de coton; — *Freiberg*, remarquable par son industrie minéralogique et par son école des mines; — *Zwickau*, intéressante aussi par le travail des mines, ainsi que par ses produits chimiques et sa porcelaine; — *Plauen*, fameuse par ses mousselines et ses toiles; — *Annaberg*, par ses dentelles; — *Bautzen* et *Zittau*, à l'E., dans la Lusace : centres d'une grande fabrication de toiles de coton et de lin.

2° Les quatre duchés de **Saxe**, les deux principautés de **Reuss** et les deux principautés de **Schwarzbourg** forment un ensemble d'états entremêlés, qu'on trouve à l'O. du royaume de Saxe, et qui, dans leur ensemble, s'appellent **Thuringe**. Le sol en est fertile, l'aspect varié et la population industrieuse. L'Elster Blanc, la Saale et la Werra arrosent cette partie de l'Allemagne.

Le plus important de ces petits états est le grand-duché de **Saxe-Weimar-Eisenach**, qui renferme 280 000 habitants et qui a pour capitale **Weimar**, à peine peuplée de 14 000 âmes, mais célèbre par la culture des sciences et des lettres. — Les autres villes remarquables sont : *Iéna*, fameuse par son université, qui y attire un commerce de livres; — *Eisenach*, où règne l'industrie des laines.

Le duché de **Saxe-Cobourg-Gotha** a deux capitales : *Cobourg* et **Gotha** (18 000 hab.), la plus importante ville des duchés de Saxe, celle qui possède les établissements scientifiques et de librairie les plus intéressants, entre autres un observatoire, une grande bibliothèque, et un établissement géographique qui entreprend de nombreuses publications.

Le duché de **Saxe-Meiningen-Hildburghausen** renferme *Sonnenberg* ou *Sonneberg*, connue par ses fabriques de quincaillerie et de jouets d'enfants.

Le duché de **Saxe-Altenbourg**, le plus oriental des quatre duchés de Saxe, a pour capitale *Altenbourg* (18 000 hab.), commerçante en grains, bétail et bois.

Les principautés de **Reuss** ont pour ville principale *Gera* (11 000 hab.), remarquable par ses fabriques de voitures et de lainages.

3° Le duché d'**Anhalt** est enclavé dans la province prussienne de Saxe, et s'étend sur les bords de l'*Elbe*, de la *Mulde* et de la *Saale*. Le *Harz* le couvre vers l'O. Les bois et les blés sont les productions principales.

La capitale est *Dessau* (16 000 hab.), sur la Mulde; — et la seconde ville, *Kœthen*, qui a des raffineries de sucre.

4° Le duché de **Brunswick** est formé de plusieurs territoires détachés qui sont enclavés dans la Prusse. Les montagnes du *Harz* le couvrent en grande partie; le *Weser*, la *Leine* et l'*Aller* le parcourent. Le sol y est généralement fertile; les mines de fer, de cuivre, de plomb et d'argent y sont abondantes, et il y règne une industrie active.

La capitale est **Brunswick**, en allemand *Braunschweig* (45 000 hab.), sur l'Oker, affluent de l'Aller. Elle a d'importantes manufactures d'objets en papier mâché et en tôle vernie, et fait un grand commerce de tabac et de café-chicorée. — *Wolfenbüttel*, la seconde ville du duché, est remarquable par sa riche bibliothèque et son commerce de thé et de laine.

5° Les deux principautés de **Lippe**, situées entre le Hanovre et la province de Westphalie, ont pour principaux produits les grains, les chevaux et les toiles. Les villes principales en sont *Detmold*, et *Lemgo*, qui a des fabriques considérables de pipes en écume de mer.

6° La principauté de **Waldeck** produit du fer, du plomb, du cuivre, de l'albâtre et du marbre. Elle a pour capitale *Arolsen* et pour autre ville *Pyrmont*, célèbre par ses eaux minérales.

7° La partie du grand-duché de **Hesse-Darmstadt** qui est située au N. du Main, forme la province de *Hesse supérieure*, comprise dans la confédération de l'Allemagne du Nord; elle a pour ville principale *Giessen*, qui a des mines de manganèse.

8° Le grand-duché d'**Oldenbourg** est composé de diverses parties, dont la principale, nommée *duché d'Oldenbourg*, est enclavée dans la province de Hanovre et s'étend sur la rive gauche du *Weser* et autour de la baie de l'*Iahde*.

C'est un pays plat, généralement sablonneux, et parsemé de petits lacs et de marais. On y élève de beaux bestiaux, et l'on y récolte beaucoup de pommes de terre. La population est de 280 000 hab. — La capitale est *Oldenbourg*, sur la Hunte, affluent du Weser.

9° Il y a deux grands-duchés de **Mecklenbourg** : le grand-duché de **Mecklenbourg-Schwerin**, et le grand-duché de **Mecklenbourg-Strelitz**. Ils sont encore en dehors du Zollverein. — Le premier est le plus considérable, et comprend, sur la Baltique, une assez grande étendue de côtes; c'est un pays plat, sablonneux, rempli de forêts et de lacs, dont le plus remarquable est celui de *Müritz*. Il nourrit des chevaux renommés et récolte beaucoup de blé. Sa population est de 550 000 habitants. — La capitale est *Schwerin*, ville de 23 000 âmes.

Les autres villes importantes sont *Rostock*, ville maritime de 26 000 habitants, avec le meilleur port du Mecklenbourg; — *Wismar*, autre port, avec 15 000 habitants; — *Güstrow*, intéressante par son commerce de blé et de laines et par son industrie (tabac, fer).

10° Il y a enfin, dans la confédération de l'Allemagne du Nord, trois villes libres, **Hambourg**, **Brême** et **Lübeck**, qui portent le titre de villes **Hanséatiques**, c'est-à-dire *alliées pour le commerce* et qui sont trois ports très-importants (V. page 75).

ÉTATS DE L'ALLEMAGNE DU SUD.

(Ces États appartiennent au Zollverein).

Le royaume de **Bavière**, en allemand *Baiern*, est l'état le plus considérable de l'Allemagne du Sud : il renferme 75 000 kilomètres carrés, 4 700 000 habitants, et se compose de deux parties séparées : la *Bavière orientale* et la *Bavière rhénane*.

La première, beaucoup plus étendue que l'autre, est renfermée entre l'Autriche, à l'E. et au S.; la Prusse et les duchés de Saxe, au N.; le Würtemberg et le grand-duché de Bade, à l'O.; le grand-duché de Hesse, au N. O., et la Suisse, au S. O. Elle est traversée au milieu par le *Danube*, qui reçoit le *Lech*, l'*Isar*, l'*Inn*, l'*Altmühl*.

Dans le nord, elle est parcourue par le *Main*, qui a pour affluent principal la *Regnitz;* elle s'avance au S. O. jusqu'au lac de *Constance*. C'est un pays généralement riche et fertile : les parties moyennes le sont surtout en céréales, en houblon, en chanvre, en lin, en colza, en tabac, en betterave à sucre, en vigne (on vante les vins des coteaux du Main : le *Steinwein*, le *Leistenwein*, etc.). Les monts des *Pins* (*Fichtel-gebirge*) et leurs rameaux, qui couvrent les parties septentrionales, et les *Alpes*, qui s'élèvent dans le sud, sont revêtus de belles forêts, et souvent de gras pâturages. L'élevage du gros bétail est particulier aux Alpes ; celui des moutons, aux montagnes du nord.

Les principaux produits minéraux sont le sel, particulièrement à Berchtesgaden, dans le S. E., la houille, le fer, les marbres, les pierres lithographiques (les meilleures connues), d'excellente terre à porcelaine; il y a de nombreuses sources minérales.

Le brassage de la bière est une industrie très-renommée de la Bavière; on remarque aussi le tissage des toiles, le tannage des cuirs, la fabrication du papier, du verre, les ouvrages en bois, la bijouterie et la joaillerie (surtout à Augsbourg et à Munich), des articles de fantaisie et de portefeuillerie (à Nuremberg, à Fürth et à Würzbourg), des instruments d'horlogerie, de précision et d'optique (à Munich), les jouets d'enfants (à Nuremberg), les horloges en bois (dans les montagnes du nord), la porcelaine (à Nymphenbourg, près de Munich), la poterie (à Passau), la typographie (à Munich, à Augsbourg, etc.).

Voici, au surplus, les villes principales du pays.

Munich, en allemand *München*, capitale du royaume (160 000 hab.), sur l'Isar, brille surtout par ses nombreux et importants établissements relatifs aux beaux-arts et aux sciences. La lithographie y a été inventée.

Les autres villes remarquables du bassin du Danube sont : **Augsbourg** (50 000 hab.), sur le Lech, commerçante et industrielle (fils de laiton, tanneries, etc.); — *Memmingen*, très-commerçante aussi, surtout en toiles; — *In-*

ÉTATS DE L'ALLEMAGNE DU SUD.

golstadt (20 000 hab.), sur le Danube ; — *Ratisbonne* en allemand *Regensburg*, au confluent de la Regen et du Danube ; — *Landshut*, sur l'Isar ; — *Passau*, au confluent de l'Inn et du Danube, entrepôt d'un grand commerce avec l'Autriche, surtout en sel ; — *Amberg*, avec une manufacture d'armes et des forges.

Dans le bassin du Main, on distingue : *Anspach* ou *Ansbach*, sur la Rezat ; — *Schwabach*, renommée par ses fabriques d'aiguilles, d'épingles, etc. ; — **Nuremberg**, en allemand *Nürnberg* (70 000 hab.), sur la Pegnitz, affluent de la Regnitz ; intéressante par son grand commerce et ses nombreuses fabriques d'instruments de musique et de mathématiques, de lunettes, de gobeleterie, de jouets d'enfants, de chapelets, d'articles divers en fer, acier et cuivre, d'épingles, d'aiguilles, etc., et par plusieurs inventions (celles des montres, des pendules, des filières à tirer le fil de fer, des fusils à vent, des batteries d'armes à feu, de la clarinette, du laiton, de la fameuse sphère terrestre de Martin Behaim, faite en 1492) ; — *Fürth* (20 000 hab.), autre ville tout industrielle (miroiterie, tabletterie, quincaillerie, etc.) ; — *Erlangen*, qui fabrique de la bonneterie, de la ganterie, etc. ; — *Bamberg* (25 000 hab.), sur la Regnitz, avec un commerce considérable en vins et en fruits ; — *Bayreuth*, sur le Main ; — *Schweinfurt*, sur la même rivière, siége d'un commerce actif en vins et en tabac ; — *Würzburg* (40 000 hab.), aussi sur le Main, avec des vignobles nommés ; — *Kissingen*, avec des eaux minérales très-fréquentées.

Au bord du lac de Constance, se trouve *Lindau*, qui fait un grand commerce de blé.

La Bavière rhénane, ou cercle du Palatinat, s'étend sur la rive gauche du Rhin, au N. de l'Alsace, et au S. O. de la Hesse-Darmstadt. C'est un pays montueux (couvert en partie par les rameaux des Vosges), mais généralement fertile, et où l'agriculture, l'industrie et l'instruction sont fort avancées. L'exploitation forestière est considérable. On y trouve de la houille, du fer, du plomb, du mercure, du cobalt, du sel. Les draps, les toiles, le papier, le tabac, sont les principaux produits de l'industrie.

Le chef-lieu de la Bavière rhénane est *Spire*, en allemand *Speyer*, près du Rhin, commerçante en bois de construction, vins et garance. — *Deux-Ponts* ou *Zweibrücken* est une autre ville florissante.

Le grand-duché de Hesse, ou de **Hesse-Darmstadt**, situé entre la Bavière et le Würtemberg, le grand-duché de Bade et la Prusse, est arrosé à l'O. par le *Rhin* et traversé de l'E. à l'O. par le *Main*. La partie qui se trouve au N. de cette rivière, c'est-à-dire la *Hesse supérieure*, est comprise dans la confédération de l'Allemagne du Nord; la partie du sud en est indépendante, mais appartient aussi au Zollverein. C'est un pays fertile, surtout sur les bords du Rhin et du Main ; on y voit une succession de riches vignobles, de beaux vergers et de champs de céréales. L'industrie est généralement agricole. Cependant la quincaillerie et la mercerie fines y fleurissent, et y ont pour centre *Offenbach* : elles donnent une valeur de 20 millions de fr., et fournissent à l'exportation 14 millions.

La capitale est **Darmstadt**, ville de 30 000 âmes. — Mais la plus grande ville est **Mayence**, en allemand *Mainz* (40 000 hab.), au confluent du Rhin et du Main; siége d'un grand commerce de vins du Rhin et d'une fabrication de cuirs, de voitures, de meubles de luxe; ce fut, avec Strasbourg, le berceau de l'art typographique.

On trouve encore *Worms*, sur le Rhin, commerçante en cuirs vernis ; — **Offenbach** (17 000 hab.), florissante par son industrie (quincaillerie et mercerie fines, objets de fantaisie, portefeuilles, nécessaires, etc., occupant 20 manufactures et 8000 ouvriers; tissus de coton, bonneterie).

Le royaume de Würtemberg, situé entre la Bavière, à l'E., et le grand-duché de Bade, à l'O., compte environ 19 500 kilomètres carrés et 1 700 000 habitants. — Les *Alpes de Souabe*, qu'on appelle aussi *Jura de Souabe* et *Alpes Rudes*, traversent ce royaume de l'E. à l'O. — Les montagnes de la *Forêt-Noire* s'élèvent sur la limite occidentale. — Au N. des Alpes de Souabe, coulent le *Neckar*, affluent du Rhin, et la *Tauber*, affluent du Main. Au S. de cette chaîne, on voit le *Danube*. Le Würtemberg s'étend vers le midi jusqu'au lac de Constance.

C'est un des pays les plus peuplés et les plus industrieux de l'Europe. Les principales cultures sont le blé (particulièrement l'épeautre), le maïs, la pomme de terre, la vigne (qui donne de bons vins au bords du Neckar, de la Tauber, de la Kocher, du lac de Constance), le colza, la navette, le pavot, le chanvre, enfin les fruits, qui sont les plus abondants de toute l'Allemagne : de véritables forêts d'arbres fruitiers s'étendent sur les flancs des montagnes, et donnent des pommes et des poires (pour la table), des prunes, des cerises, parmi lesquelles des merises qui produisent un kirschwasser renommé. Les nombreuses pépinières de ces arbres donnent lieu à une grande exportation. Les forêts de pins et de sapins, dans la Forêt-Noire, de chênes et de hêtres, dans les Alpes de Souabe, sont une des richesses du pays. On doit signaler aussi les races bovines et ovines, et les chevaux. Le produit minéral le plus considérable est le sel (à Hall); viennent ensuite le fer, la tourbe, les sources minérales (à Wildbad, Canstadt, etc.). Le sol est fertile, excepté sur plusieurs parties des Alpes de Souabe.

Les horloges en bois, la quincaillerie et la mercerie fines, la portefeuillerie, la gaînerie, sont les industries florissantes du pays.

La capitale, **Stuttgart** (56 000 hab.), près du Neckar, est un des principaux centres de ces industries; — *Canstadt*, près de Stuttgart, sur le Neckar, a des eaux minérales très-renommées; — *Louisbourg* ou *Ludwigsburg*, un peu au N. de Stuttgart, sur le Neckar, est une résidence royale; — *Heilbronn* se recommande par son industrie et son port animé sur le Neckar; — *Hall*, par ses sources salées; — *Wildbad*, par ses bains d'eaux minérales; — *Essingen*, par ses vins; — *Reutlingen*, par ses tanneries et ses papeteries.

Ulm, sur le Danube, est une ville de 25 000 habitants qui fait un grand commerce d'expédition, particulièrement avec Vienne. — *Friedrichshafen* est un port sur le lac de Constance.

Le **grand-duché de Bade**, en allemand *Baden* (1 400 000 hab.), est un pays long et étroit, qui est resserré entre le Würtemberg, le Rhin, la France et la Suisse, et qui se prolonge du N. au S. depuis le Main jusqu'au lac de Constance. Le sol est généralement très-fertile, et la culture très-avancée; l'épeautre est la principale céréale: on cultive le maïs, le tabac, le chanvre, le houblon, le colza, la betterave à sucre, la garance. Il y a beaucoup d'arbres fruitiers : cerisiers, châtaigniers, etc. On voit des vignobles renommés vers les bords du Rhin, vers ceux du Main, du Neckar et de la Tauber, qui arrosent le nord du pays, et vers le lac de Constance. Des forêts d'arbres verts et autres couvrent les montagnes de la Forêt-Noire, et donnent des bois excellents. Les pâturages sont bons, et l'on élève beaucoup de gros bétail. L'industrie minérale n'est pas considérable. Les articles de fabrication les plus importants sont les tissus de coton, les toiles de chanvre, les articles en fer, en cuivre, le tabac, le papier, la bijouterie, la garance, la miroiterie de Mannheim, les eaux de cerise et de prune (*kirschwasser* et *zwetschwasser*) de la Forêt-Noire; les tissus de paille, les ouvrages en bois (horloges particulièrement), les boîtes à musique et les orgues des mêmes montagnes.

La capitale est **Carlsruhe**, ville de 30 000 habitants, dont les industries principales sont celles des locomotives à vapeur, du tabac, des rubans, de la soie, des produits chimiques; — **Mannheim** (30 000 hab.) dans le N., au confluent du Neckar et du Rhin, a un port très-favorable et fait un commerce considérable; — *Heidelberg* (18 000 hab.), sur le Neckar, a une fameuse université, des imprimeries, des tanneries, des mégisseries.

Vers le milieu du grand-duché, on remarque *Pforzheim*, ville tout industrielle (bijouterie surtout); — *Rastatt*, fort commerçante; — *Bade* ou *Baden*, surnommée *Baden-Baden*, célèbre par ses bains d'eaux minérales; — *Kehl*, en face de Strasbourg; passage principal des marchandises de France en Allemagne et des Pays Bas en Suisse.

Dans le S., on distingue *Fribourg-en-Brisgau*, en allemand *Freiburg*, ville de 20 000 âmes, avec un commerce de bois de la Forêt-Noire; — *Constance*, en allemand *Constanz*, sur la frontière de la Suisse, à l'endroit où le Rhin sort du lac de Constance pour entrer dans le lac Inférieur; entrepôt d'un grand commerce entre la Suisse et l'Allemagne.

COMMERCE DU ZOLLVEREIN.

Voies navigables. — Les cours d'eau navigables de la Prusse et des autres états de la confédération de l'Allemagne du Nord, sont : le *Rhin* et ses tributaires, le *Main*, la *Moselle*, la *Sarre*, la *Lahn*, la *Lippe*, la *Ruhr* ; — le *Weser* et ses affluents, la *Werra* et la *Fulde* ; — l'*Elbe* et ses tributaires, la *Saale*, l'*Elster Blanc*, l'*Elster Noir*, le *Havel*, la *Sprée* ; — l'*Eider* ; — l'*Oder* et ses tributaires, la *Bartsch*, la *Warthe*, la *Netze* ; — la *Vistule* ; — le *Pregel* ; — le *Mémel* ou *Niémen*.

Les plus importants canaux de la Prusse et des autres États de la confédération de l'Allemagne du Nord, sont : le canal de *Kiel* ou de *Schleswig-Holstein*, qui unit la Baltique à l'Eider, tributaire de la mer du Nord (on a le projet d'établir, de la Baltique à l'embouchure de l'Elbe, un canal de grande navigation, plus large et plus profond que celui-là) ; — le canal de *Frédéric-Guillaume*, entre l'Oder et la Sprée ; le canal de *Finow*, entre le Havel et l'Oder ; le canal de *Steckenitz*, qui unit l'Elbe à la Trave.

Dans les États de l'Allemagne du Sud, les voies navigables les plus importantes sont : le *Rhin* encore, avec ses tributaires, le *Neckar*, le *Main*, la *Regnitz* ; — le Danube, et ses tributaires, l'*Altmuhl*, l'*Inn*, la *Salzach*. — Le lac de *Constance* est le théâtre d'une active navigation.

Le canal le plus considérable du Sud est le canal *Louis ou Charlemagne*, qui unit la Regnitz, affluent du Main, à l'Altmuhl, par conséquent le Rhin au Danube, et, par suite, la mer du Nord à la mer Noire.

Chemins de fer de la Prusse et des autres États de l'Allemagne du Nord. — La Prusse est un des pays d'Europe où il y a le plus de chemins de fer. De *Berlin* partent sept lignes : l'une au N., sur *Stettin* ; la seconde à l'E., sur *Kœnigsberg* ; la troisième encore à l'E., sur *Francfort-sur-l'Oder* ; la quatrième au S. E., sur *Breslau* et *Cracovie*, ayant communication avec *Varsovie* ; la cinquième au S., sur *Dresde* ; la sixième au S. O., sur *Potsdam* ; la septième au N. O., sur *Hambourg*. — Une grande ligne qui se rattache à celles de Belgique et du nord de la France, entre dans l'Allemagne occidentale par *Aix-la-Chapelle* et *Cologne*, et se prolonge à travers l'Allemagne centrale jusqu'à *Berlin*, en se divisant en deux branches principales : l'une par *Hanovre*, *Brunswick* et *Magdebourg*; l'autre par *Cassel*, *Gotha* et *Dessau*. A cette double ligne se rattachent des chemins qui vont, vers le N., à *Emden*, à *Brême*, à *Hambourg*, dans le *Holstein* et le *Schleswig*, et dans le *Mecklenbourg*; vers le S., à *Francfort*, à *Cobourg*, à *Leipzig*, à *Chemnitz*, à *Dresde*, et, de là, à *Vienne*. — De *Francfort*, un chemin de fer se rend à *Mayence*; — de *Mayence*, des lignes se portent sur la *Bavière* et la *Prusse rhénanes*, d'où elles se dirigent, l'une, sur *Strasbourg*, l'autre, sur *Metz*.

Chemins de fer de l'Allemagne du Sud. — De *Leipzig* à *Augsbourg*, par *Nüremberg*, avec embranchement sur *Fürth* et *Anspach*; — d'*Augsbourg* à *Munich*, elle-même unie à *Vienne*, à *Inspruck*, à *Landshut*, à *Passau* et à *Ratisbonne*; — d'*Augsbourg* à *Ulm* et à *Stuttgart*. — De cette dernière ligne au lac de *Constance*, par deux chemins. — De *Francfort*, une grande ligne s'étend au S., le long de la rive droite du Rhin, jusqu'à *Bâle*, en passant par *Darmstadt* et *Carlsruhe*, et en se rattachant à *Stuttgart*. Un chemin qui part encore de *Francfort*, à l'E., va rejoindre la ligne de *Leipzig* à *Augsbourg*.

Le chemins de fer du Zollverein et de l'Autriche réunis ont un développement de 21 600 kilomètres (la Prusse seule en a 9220 kil.)

La télégraphie électrique de ces pays s'étend sur 45 600 kilomètres.

Importations. — Le Zollverein importe des cotons bruts, des denrées coloniales, des vins de France et de Hongrie, de la soie, des bois du Nord et de teinture, des fruits du Midi, de l'huile, des articles de Paris, de la houille, de la fonte brute. Ses importations s'élèvent à plus de 2 milliards.

Exportations. — Le Zollverein exporte des laines, des draps, des toiles, des fils de chanvre et de lin, des soieries, des peaux, de la houille (plus qu'il n'en importe), des métaux, des ouvrages en fer, en acier, en cuivre, etc.; de l'ambre jaune, des graines oléagineuses, des graines de semence, des céréales, des vins du Rhin, des bestiaux, de l'horlogerie en bois, de la bimbeloterie, de la mercerie, des livres, des instruments aratoires, du houblon, des eaux minérales, des jouets d'enfants, de la potasse. Le territoire allemand sert de transit aux blés de la Pologne et de l'Autriche orientale. Les exportations représentent un chiffre de 2 milliards et demi.

Pays avec lesquels le Zollverein fait le commerce le plus suivi. — Les pays avec lesquels le commerce est le plus suivi, sont la France, la Russie, l'Autriche, les Pays-Bas, l'Angleterre, la Belgique, la Suisse.

Les affaires les plus considérables se font par l'intérieur (chemins de fer, routes, navigation fluviale). Cependant le commerce maritime est aussi très-important; les principaux ports du Zollverein sont Dantzick, Kœnigsberg-Pillau, Memel, Stettin-Swinemunde, Stralsund, Barth, Kiel, Eckernfœrde, Flensbourg, vers la Baltique ; — Altona, Glückstadt, Emden, vers la mer du Nord. — Quoique indépendants du Zollverein, les ports de Hambourg, Brème, Lübeck, Rostock, sont les auxiliaires puissants de son commerce.

Berlin, Kœnigsberg, Dantzick, Breslau, Stettin, Magdebourg, Cologne, les deux Francforts, dont les foires sont renommées; Aix-la-Chapelle, Dresde et Leipzig, qui ont aussi des foires célèbres ; Hanovre, Munich, Nuremberg, Augsbourg, Mayence, Mannheim, sont les places de commerce intérieures les plus importantes du Zollverein.

Le régime douanier du Zollverein, longtemps hérissé de droits rigoureux et de prohibitions, est très-modéré depuis le récent traité de commerce franco-prussien et les traités analogues conclus avec l'Angleterre, la Belgique, l'Autriche, etc. Il n'y a plus de prohibitions.

Effectif de la marine marchande de Prusse. — La marine marchande de la Prusse est la seule importante du Zollverein. A la fin de 1866, cette marine (y compris le Hanovre et le Schleswig-Holstein, sans le cabotage) comptait 2400 navires, dont 124 à vapeur.

Le mouvement de la navigation des ports des anciennes

provinces a été, en 1866, pour l'entrée, de 6473 navires chargés (3488 sous pavillon prussien), et, pour la sortie, de 8598 navires chargés (4267 sous pavillon prussien).

Commerce du Zollverein avec la France. — Le Zollverein a des rapports actifs avec la France, surtout par les chemins de fer et les routes de terre qui se dirigent vers Strasbourg, Mulhouse, Metz, Saint-Quentin, Valenciennes, Lille.

Les relations françaises avec les ports du Zollverein sont peu de chose comparativement aux transactions par terre ; elles n'arrivent qu'à une quinzaine de millions de francs, tandis que la valeur totale de notre commerce avec l'association est d'environ 400 millions.

Le Zollverein importe de France de la soie, des tissus de soie, de la laine, des tissus de laine, des articles de lingerie et des modes, de la tabletterie, des vins, des eaux-de-vie, des articles de librairie et des objets d'art, des denrées de transit, comme le coton et les bois d'ébénisterie. — Il exporte en France des bestiaux, de la houille, de la laine, des peaux, des bois, des articles de librairie.

Les importations provenant de la France s'élèvent à environ 220 millions, et les exportations en France à 180 millions.

Monnaies, poids et mesures. — Le 24 janvier 1857, les états du Zollverein et l'Autriche ont conclu un traité pour l'établissement d'un système monétaire uniforme et la fabrication de monnaies communes.

D'après ce traité, les états de l'Allemagne, moins les villes Hanséatiques et les deux Mecklenbourgs, sont divisés en trois zones monétaires.

Première zone.

Argent.. Thaler (de 30 silbergroschen)......... = 3^f,68

Deuxième zone.

Florin (gulden)........................ = 2 ,45

Troisième zone.

Florin................................. = 2 ,10

Indépendamment de ces monnaies particulières aux trois

zones, il a été créé une monnaie d'argent dite d'*association*, ayant cours dans le territoire des divers états. Cette monnaie commune comporte deux types :

Argent.. { Double thaler................... = 7f,36
         { Simple thaler................... = 3 ,68

Il a été créé également une monnaie d'or d'association comportant deux types :

Or...... { Couronne (krone)................. = 34 ,38
         { ½ couronne..................... = 17 ,19

MONNAIES SPÉCIALES DE DIVERS ÉTATS.

Prusse.

Or...... { Double frédéric................. = 41 ,20
         { Frédéric....................... = 20 ,60
         { ½ frédéric..................... = 10 ,30
Argent.. ⅙ de thaler.................... = 0 ,53

Bavière, Grand-Duché de Bade, Würtemberg.

Or...... Ducat........................... = 11 ,75
Argent.. { 2 gulden ou florins.............. = 4 ,21
         { 1 gulden....................... = 2 ,10
         { ½ gulden....................... = 1 ,07
Billon... 6 kreuzers...................... = 0 ,18

On compte à Hambourg par marcs courants de 16 skillings = 1f,50 et marcs de banque = 1f,90 ; il y a aussi le ducat = 11f,76.— A Brême, on compte par reichsthalers (dits d'or = 4f,11), dont 5 équivalent à un frédéric d'or.— On compte à Lübeck en marcs de 16 skillings et en thalers (3f,68).

MESURES ITINÉRAIRES.

		Valeur en kilomètr.
Grand mille (meile)...........	de 12 au degré	= 9,27
Mille ordinaire ou géographique..	15	= 7,41
Mille de Saxe.................	12,2	= 9,00
Mille de Prusse...............	14,37	= 7,75

LEÇON VI

MESURES LINÉAIRES.

Valeur
en centimètres.

Pied (*fuss*) de Bavière.................	=29,10
— Brême....................	=28,92
— Brunswick...............	=28,51
— Francfort-sur-le-Main....	=28,65
— d'Oldenbourg............	=28,33
— de Prusse................	=31,38
— de Saxe..................	=28,33
— du Rhin.................	=31,38
— de Würtemberg..........	=28,64
On se sert beaucoup du pied de Paris....	=32,48
Aune (*Elle*) de Bade...................	=60,00
— Bavière...................	=83,30
— Brunswick................	=57,07
— Francfort-sur-le-Main.....	=54,73
— Hambourg................	=57,30
— Hesse-Darmstadt.........	=60,00
— Prusse...................	=66,69
— Saxe.....................	=56,53
— Würtemberg..............	=61,43

MESURES AGRAIRES.

Valeur
en ares.

Morgen de Nuremberg (Bavière).........	=47,27
— Hambourg.................	=96,52
— Hanovre...................	=25,92
— Prusse.....................	=25,53
Acre de Saxe............................	=55,10
Morgen du Rhin........................	=25,53

MESURES DE CAPACITÉ.

Valeur
en litres.

Eimer de vin de Munich (Bavière)......	= 37,02
Stubchen de Brême.....................	= 3,19
Viertel de Francfort-sur-le-Main.......	= 7,37
Ahm de Hambourg.....................	=144,78
— de Hanovre.....................	=155,55
Eimer de Prusse........................	= 68,69
Eimer de Dresde........................	= 67,64
Anker de Mecklenbourg................	= 36,20
Malter de Francfort-sur-le-Main........	=107,98
Scheffel de Hambourg..................	=105,30
Himten de Hanovre....................	= 31,10
Scheffel de Mecklenbourg..............	= 42,46
— Prusse......................	= 54,95
— Würtemberg.................	=178,44

(60 scheffel font 1 last).

COMMERCE DU ZOLLVEREIN.

POIDS.	Valeur en grammes.
Marc de Cologne	=233,77
— Prusse	=233,86
— Saxe	=233,45
— Würtemberg	=233,90
Livre de Bavière	=560,00
— Francfort-sur-le-Main	=407,10
— Hanovre	=486,65
— Hambourg	=484,38
— Mecklenbourg	=483,28
— Prusse	=467,70
— Saxe	=467,14
— Würtemberg	=467,74
— du Zollverein	=500,00

Nota. On vient d'adopter en principe le système métrique français. La multiplicité des mesures et des poids dont nous donnons le tableau, doit faire sentir aux populations l'importance d'accepter promptement l'usage de ce système.

Institutions de crédit en Prusse. — Banque de Prusse (avec succursales à Breslau, Dantzig, Posen et Stettin). — Banque privée de l'État. — Banque de Hanovre. — Banque de Francfort-sur-le-Main.

Autres États. Banque de Hambourg, Banque de Leipzig, Banque de Saxe (à Dresde), Banque de Bavière (à Munich), Banque royale de Nuremberg.

COMMERCE DES VILLES HANSÉATIQUES.

Les trois villes Hanséatiques font un immense commerce maritime.

Hambourg, premier port de l'Allemagne, s'élève sur la rive droite de l'Elbe, au milieu du N. du royaume de Prusse, et sur les deux rives de l'Alster, entre le Hanovre et le Holstein. L'activité de son port, l'affluence des étrangers, l'habileté commerciale de ses habitants, ses immenses entrepôts de marchandises, en font une des villes les plus intéressantes du monde. Elle a 180 000 âmes. — Cette place envoie ses navires dans toutes les directions, sur tous les points du globe, et, entre autres produits, reçoit presque tout le café et le sucre dont l'Allemagne a besoin. Ses importations et ses exportations embrassent un capital de plus de 2 milliards de francs. L'effectif de sa marine marchande est de 500 bâtiments, dont 26 bâtiments à vapeur. Le mouvement de la navigation pour 1866 a été de 5180 navires (à l'entrée) et de 5210 (à la sortie). On a supprimé tous les droits de sortie.

Cuxhaven, à l'embouchure et sur la rive gauche de l'Elbe, est un port annexe de Hambourg.

Brème, en allemand *Bremen* (70 000 hab.), est située sur le Weser, entre le Hanovre et l'Oldenbourg. Ce fut la première des villes Hanséatiques, et elle est encore un des ports les plus commerçants de l'Europe. C'est une grande place de transit. Elle commerce surtout avec l'Amérique, les Indes et la Chine; elle arme pour la pêche de la baleine. Ses importations consistent en tabac, café, sucre, coton, riz, thé, drogues, épices, vins de Bordeaux, huile et fanons de baleine, peaux; — ses exportations, en grains, graines oléagineuses, toiles, laines, étoffes de coton, soieries, verrerie, quincaillerie, joujoux, fers. Ses raffineries de sucre et sa bière sont renommées. Ce port est le point de départ le plus important de l'émigration allemande. — *Bremerhafen*, plus près de l'embouchure du Weser, reçoit les gros bâtiments qui ne peuvent remonter à Brème. — A *Vegesack*, se trouvent les chantiers de construction.

Lübeck (35 000 hab.), la plus septentrionale et la moins considérable des trois villes Hanséatiques, est à l'O. du Mecklenbourg, sur la Trave, non loin de la Baltique. *Travemünde*, qui en dépend, à l'embouchure de la Trave, est un beau port, où se déchargent les vaisseaux qui ne peuvent remonter à Lübeck. Cette place a surtout des rapports avec tous les ports des pays de la Baltique (Russie, Prusse, Suède, Danemark), ensuite avec Hambourg, la Hollande, la Norvége, l'Angleterre, la France. Elle importe les vins et les soieries de France, les cotons et autres produits manufacturés d'Angleterre, les denrées coloniales; elle exporte des produits agricoles.

LEÇON VII.

EMPIRE D'AUTRICHE.

(SUPERFICIE : 623 000 kilom. carrés. — POPULATION : 35 000 000 d'habit.).

§ 1ᵉʳ Introduction : Situation ; Divisions physiques
et politiques.

L'empire d'Autriche, situé au cœur de l'Europe, sous la latitude moyenne de 48°, en très-grande partie dans le bassin du *Danube* et un peu dans ceux du *Dniester*, de la *Vistule*, de l'*Oder*, de l'*Elbe*, du *Rhin* et de l'*Adige* ; baigné au S. par la *mer Adriatique* ; couvert par les *Alpes*, au S. O., par les monts *Sudètes* et *Carpathes*, au N., au N. E. et à l'E.; touche à la Saxe, à la Prusse et à la Pologne, au N.; à la Russie proprement dite, à l'E.; à la Roumanie, à la Serbie et à la province turque de Bosnie, au S.; à l'Italie, au S. O.; à la Suisse et à la Bavière, à l'O.

C'est une agrégation de pays appartenant à toutes sortes de familles de peuples : il y a des pays *allemands* (archiduché d'*Autriche*, *Salzbourg*, *Styrie*, *Carinthie*) ; — des pays *moitié slaves, moitié allemands* (Bohème, Moravie, duché de Silésie, Carniole) ; — un pays *moitié allemand, moitié italien* (le *Tyrol*) ; — un pays à la fois *slave, italien et allemand* (*Littoral Illyrien*) ; — des pays entièrement *slaves* (la *Galicie* et la *Dalmatie*) ; — un pays à la fois *slave et roumain* (la *Bukovine*) ; — des pays à la fois *hongrois, slaves et roumains* (*Hongrie, royaume de Croatie et d'Esclavonie, Confins militaires, Transylvanie*). Ces quatre dernières divisions composent une administration distincte qu'on appelle *Transleithane* (au delà de la *Leitha*, affluent du *Danube*) et sur laquelle la Hongrie exerce une influence générale; tandis que le reste de la monarchie, où prédomine l'influence de Vienne et de la race allemande, forme l'administration *Cisleithane*.

Tout cet ensemble a 1300 kilomètres de l'E. à l'O., sur 500 kil. de largeur moyenne, du N. au S.

§ 2. Population.

« La monarchie autrichienne n'est pas peuplée par une seule et grande nation, et ses habitants ne peuvent pas être appelés *Autrichiens*, comme ceux de la France se nomment *Français* : c'est une agglomération de peuples divers, profondément séparés entre eux par les mœurs, les institutions, le langage, souvent même par une forte antipathie.

« On compte en Autriche 8 millions d'Allemands, 5 millions de Hongrois ou Magyars, 1 million d'Italiens (y compris les Frioulens, dans le Littoral Illyrien, et les Ladins, petit peuple du Tyrol), 15 millions de Slaves, 4 à 5 millions de Roumains ; un million d'individus appartiennent à d'autres familles ethnographiques.

« Les *Slaves* se divisent en un grand nombre de peuples, tels que les *Tchèkhes* ou *Bohèmes*, qui habitent la Bohème ; les *Slovaques*, dans la Moravie et la Hongrie ; les *Polonais*, dans la Galicie ; les *Russniaques* ou *Ruthènes*, dans la même contrée et dans la Hongrie ; les *Slovènes* (comprenant les *Wendes* et les *Carniolais*), dans la Styrie et l'Illyrie ; les *Slavons* ou *Esclavons*, dans l'Esclavonie ; les *Dalmates*, les *Morlaques*, les *Istriens*, les *Croates*, les *Serbes*, sur les limites méridionales de l'empire.

« Les *Roumains*, qui comprennent les *Valaques* et les *Moldaves*, sont dans le S. E.

« Les *Juifs* sont plus nombreux que dans la plupart des autres parties de l'Europe. Enfin, c'est aussi l'un des états où l'on rencontre le plus de ces *Bohémiens* ou *Zigueunes*, population errante qu'il ne faut pas confondre avec les Bohèmes ; on ne connaît pas l'origine de ce peuple singulier : l'opinion la plus probable est qu'il sort de l'Inde.

« Les langues parlées dans l'empire sont aussi diverses que les nations qui l'habitent. La diversité même des idiomes a fait adopter le latin comme un lien entre les différentes populations de la Hongrie et de la Transylvanie : cette langue ancienne y est parlée facilement et généralement, même par le bas peuple [1]. »

J. E. Cortambert, *Cours de géographie*.

§ 3. Productions.

Minéraux. — L'Autriche est très-riche en mines : on trouve de l'or en Hongrie et en Transylvanie (rapportant 7 millions de fr. par an); — de l'argent en Hongrie, en Bohême, en Transylvanie; — du plomb et du zinc en Hongrie et en Carinthie; — du cuivre en Illyrie, en Bohême, en Transylvanie et en Hongrie; — de l'étain en Bohême; — du fer en Styrie, en Carinthie, en Hongrie, en Bohême, etc.; — de l'arsenic en Bohême; — de l'antimoine en Hongrie; — du mercure en Carniole; — des mines de sel gemme (les plus riches du monde) en Galicie et dans le Salzbourg, et d'autres importantes aussi dans la Hongrie, la Transylvanie et le Tyrol; — de la houille sur plusieurs points, surtout en Bohême, en Moravie, en Styrie, en Carinthie, en Hongrie, en Galicie; — de la tourbe en Hongrie.

Citons, parmi les pierres précieuses, les rubis de Bohême (grenats), les améthystes, les saphirs, dans le même pays; — les opales, dans les Carpathes.

Les sources minérales sont très-nombreuses : en Bohême particulièrement, où sont les eaux de *Sedlitz, Carlsbad, Tœplitz, Pullna, Franzensbad, Marienbad.*

Agriculture. Productions végétales. — Généralement l'empire est fertile et favorable à la culture. Cependant, il y a, dans les vastes plaines de la Hongrie, de véritables steppes et de grands marais; sur les plus hautes montagnes, on trouve des sommets âpres et arides, comme dans le Tyrol, et la Dalmatie est, en grande partie, rocheuse et inculte. Les qualités très-diverses du sol et les températures assez variées (terme moyen, de 10° au N., de 15° au S.) donnent naissance à une grande quantité de productions : des blés presque partout (surtout en Galicie et en Hongrie); de l'avoine (principalement en Hongrie); des vins, particulièrement aussi dans la Hongrie, où 340 000 hectares sont affectés à la vigne; du maïs (en Hongrie, etc.); des pommes de terre (surtout en Bohême, dans l'archiduché, dans la Carniole et la Carinthie); du houblon (en Bohême), des graines oléagineuses, du tabac, du safran, du chanvre, du lin, des arbres fruitiers (pommiers, poiriers, etc.); des pâturages excellents. Les forêts couvrent le tiers de la monarchie et sont formées de sapins, de pins, de hêtres, de mélèzes, de chênes, de frênes, d'ormes. — Les oliviers et même le coton réussissent dans la Dalmatie.

Animaux. — Il y a de beaux troupeaux de bœufs et de vaches (16 millions de têtes), de chevaux (3 à 4 millions), de moutons (36 millions). La Hongrie, la Transylvanie, la Moravie et la Silésie sont surtout les pays d'élevage; la Hongrie élève, de plus, un grand nombre de porcs. — Les animaux sauvages (ours, loups, lynx, martres, renards, chamois) fournissent des peaux qui sont l'objet d'un commerce considérable.

§ 4. Industrie.

Les principaux produits de l'industrie de l'empire d'Autriche sont les draps et lainages (en Bohême, Moravie, Silésie, archiduché, Transylvanie); les tissus de coton, de lin et de chanvre (archiduché, Bohême, Moravie, Silésie); les soieries (archiduché, Tyrol); les dentelles (Bohême); les tapis (archiduché); la bonneterie (archiduché, Bohême); les peaux et cuirs (archiduché, Hongrie, Galicie, Transylvanie, Styrie, Moravie, Tyrol); les ouvrages en fer (particulièrement les instruments aratoires), les fontes, les faux, les haches, les aciers (Styrie, Carinthie, Haute-Autriche, Bohême); l'ébénisterie et la menuiserie (archiduché, Tyrol); la carrosserie et les articles de fantaisie (à Vienne); les horloges en bois et autres machines en bois (dans les Alpes et diverses autres montagnes); les instruments de musique et de mathématiques, la bijouterie et l'orfévrerie (à Vienne); les produits chimiques (à Vienne, à Prague, etc.); la verrerie, un des produits les plus estimés de l'empire (Bohême, archiduché, Moravie, Styrie, Galicie); la porcelaine (archiduché, Bohême); la bière (Bohême, archiduché, Hongrie); des liqueurs (Hongrie, Galicie, Littoral Illyrien, Dalmatie); du sucre de betterave (archiduché, Bohême, etc.); des farines et des semoules, dont le blé de Hongrie fournit des qualités supérieures; les gruaux, faits de l'orge du même pays (seuls, les moulins de Pesth moulent plusieurs millions de metzen de grains par an); les manufactures de tabac emploient environ 40 millions de kilogrammes.

§ 5. Centres d'industrie, Villes principales.

Dans le pays de la partie occidentale de la monarchie (qui sont spécialement allemands); on remarque :

Vienne (en allemand, **Wien**) (580 000 hab.), capitale de l'empire, de l'archiduché et de la Basse-Autriche, sur le Danube, au milieu d'une fertile plaine; centre d'un immense commerce entre l'Europe centrale, la Turquie et la Russie, et l'une des routes les plus fréquentées entre Paris et Constantinople.

Lintz (30 000 hab.), capitale de la Haute-Autriche, sur le Danube; célèbre par ses manufactures de tapis et de lainages. — *Steyer*, sur l'Ens, renommée par sa coutellerie.

Prague (150 000 hab.), capitale de la Bohème, sur la Moldau. Siège d'un commerce et d'une industrie considérables : machines, produits métallurgiques et chimiques, brasseries, raffineries de sucre, faïence et porcelaine, orfévrerie, etc.

Reichenberg (15 000 hab.), dans le même royaume, avec de remarquables manufactures de draps, de toiles de coton, d'autres tissus et d'ouvrages en fer.

Brünn (60 000 hab.), capitale de la Moravie ; fameuse par ses manufactures de beaux draps et ses constructions de machines. — *Troppau*, capitale du duché de Silésie, animée par l'industrie des laines et des distilleries.

Gratz (65 000 hab.), capitale de la Styrie, avec d'importantes manufactures d'acier. — *Salzbourg* (20 000 hab.), capitale du duché de Salzbourg, au milieu d'un pays riche en productions minérales, surtout en sel.

Laybach (18 000 hab.), capitale de la Carniole, et *Inspruck* (16 000 hab.), capitale du Tyrol, toutes deux siéges d'un grand commerce de transit; — *Trente* (en allemand, *Trient*), et *Roveredo*, dans le Tyrol, intéressantes par l'industrie de la soie ; — *Botzen* ou *Bolzano*, dans le même pays, connue par ses foires ; — *Klagenfurt*, capitale de la Carinthie, avec des manufactures de draps et de céruse ; — **Trieste**, port. (Voir p. 83.)

Dans la partie orientale et méridionale de l'empire :

1° Dans la Hongrie propre : sur le Danube : **Bude** ou **Ofen** (55 000 hab.), sur la rive droite du Danube, et **Pesth** ou **Pest** (130 000 hab.), sur la rive gauche, en face de Bude : deux villes qui se partagent le titre de capitale de la Hongrie ; la dernière a des foires importantes, et c'est un grand marché de grains, de bestiaux et de vins. — **Presbourg** ou **Posony** (45 000 hab.), ancienne capitale de la Hongrie, près de la frontière de l'archiduché, avec lequel elle fait un grand commerce ; — *Gran* ou *Esztergom*, et *Comorn*, commerçantes en vins ; — *Raab* ou *Gyœr*, centre d'une grande fabrication de vinaigre et d'un commerce de blé ; — *Wieselbourg* (en hongrois *Mosony*), très-commerçante en blé et surnommée le grenier de Vienne.

A droite du Danube, *Œdenbourg* ou *Soprony*, célèbre par ses marchés de gros bétail et de porcs ; — *Stuhl-Weissenbourg* ou *Albe-Royale*, autrefois lieu du couronnement et de la sépulture des rois de Hongrie ; siége d'un commerce de soude ; — *Nagy-Kanisza*, renommée par ses foires de bestiaux et par son blé.

A gauche du Danube : *Schemnitz*, célèbre par ses mines d'or, d'argent, de plomb et de cuivre, et par son école de minéralogie ; — *Erlau* ou *Eger*, *Tokay*, fameuses par leurs vins ; — **Debretzin**, ville de 66 000 hab., très-industrieuse (lainages, cuirs, peaux, cordonnerie, savon, pipes, soude, salpêtre), commerçante en tabac, bestiaux, etc., et siége de foires considérables ; — **Szegedin** (65 000 hab.), au confluent de la Theiss et du Maros, avec un grand commerce de vins estimés, de tabac, de grains, de bois ; — *Arad*, sur le Maros, commerçante en blé et en farines ; — *Gross-Wardein* (20 000 hab.), intéressante par ses beaux marbres.

2° Dans la Voïvodina (Serbie civile et Banat civil, formant le S. de la Hongrie) : *Temesvar*, forteresse fameuse ; — **Theresienstadt** ou **Theresiopel** (50 000 hab.), avec un grand commerce de bestiaux, de peaux et de laine ; — *Neusatz* (20 000 hab.), sur le Danube ; entrepôt du commerce entre la Turquie et le centre de l'Europe.

3° Dans le royaume de Croatie et d'Esclavonie et dans les Confins militaires (Croatie et Esclavonie militaires, Serbie et Banat militaires) : *Agram* ou *Zagrab* (20 000 hab.), près de la Save, entrepôt des grains et du tabac de Hongrie; — *Peterwardein* et *Carlowitz*, sur le Danube, dans un territoire riche en excellents vins; — *Baziasch*, où s'arrêtent, vers le sud, les chemins de fer autrichiens, et port d'embarquement pour le bas Danube; — *Semlin*, sur le même fleuve, très-commerçante avec la Turquie.

4° Dans la Transylvanie : *Klausenbourg* ou *Kolosvar* (22000 hab.), capitale de cette principauté; — **Cronstadt** (40 000 hab.), la ville la plus industrieuse et la plus commerçante de ce pays, avec des fabriques de draps, de passementerie, de cordonnet et de lacets de laine pour le Levant, de flacons de bois, etc.; — *Hermanstadt* (18 000 hab.), presque aussi importante que la précédente par son industrie (ses draps particulièrement) et son commerce; — *Albe-Julie* ou *Carlsbourg*, dans la partie de la Transylvanie la plus riche en or, et siége de l'hôtel des monnaies de la principauté.

5° Dans la Galicie et la Bukovine : **Lemberg**, **Lwow** ou **Leopol** (70 000 hab.), capitale de la Galicie; avec des foires importantes et un grand commerce de commission entre la Russie et l'Autriche; — *Brody* (25 000 hab.), dont la population, presque entièrement israélite, entretient des relations très-actives avec la Pologne russe, l'Autriche, la Russie méridionale et la Roumanie; — **Cracovie** (en allemand **Krakau**, en polonais **Krakow** (40000 hab.), sur la Vistule, autrefois capitale de la Pologne, république après 1815, et réunie seulement depuis 1846 à l'Autriche; un des entrepôts du commerce entre la Pologne et l'Autriche. On y fait des affaires importantes en vins de Hongrie, cire, soie de porc, etc. (A huit kilomètres de là, sont les mines et fonderies de soufre de *Swoszowice*). — *Wieliczka* et *Bochnia* célèbres par leurs mines de sel gemme, les plus considérables de l'Europe. — *Tschernowitz*, capitale de la Bukovine.

6° Dans la Dalmatie : *Zara*, *Raguse*, ports (Voir page 84).

§ 6. Ports d'Autriche.

Dans le Littoral Illyrien, on voit **Trieste** (100 000 habitants), port franc et le principal de la monarchie, au fond d'un golfe du même nom; siége d'une nombreuse flottille de bâtiments à vapeur de commerce. Ces navires, appartenant à la Compagnie du Lloyd autrichien, se dirigent vers tous les points de la Méditerranée, et ont particulièrement des communications régulières avec Ancône, les îles Ioniennes, Malte, la Sicile, la Turquie d'Europe, la Turquie d'Asie, l'Égypte, la Grèce.

L'effectif de la marine de Trieste est de 2500 navires; le mouvement du port est de 4500 navires chargés pour le long cours, et de 12 000 environ pour le cabotage.

Le Littoral Illyrien possède aussi *Rovigno* et *Pola*, sur la côte occidentale de la presqu'île d'Istrie, avec de beaux ports accessibles pour les plus gros vaisseaux.

Enfin, on distingue encore : dans le Littoral Hongrois : *Fiume*, port franc, au fond du golfe de Quarnero.

Dans la Croatie militaire : *Zeng*;

Dans la Dalmatie : *Zara*, capitale de ce pays; — *Spalatro*; — *Raguse*, dont les chantiers de construction sont importants, et dont le port s'appelle *Gravosa* ou *Santa-Croce*, et se trouve à 4 kilomètres de la ville; — *Cattaro*, sur un golfe qui s'appelle Bouches de Cattaro, et qui forme un des plus beaux et des plus vastes ports de l'Europe.

§ 7. Voies de communication.

Voies navigables. — La principale voie navigable de l'empire est le *Danube*, qui le franchit dans presque toute sa longueur de l'O. à l'E.; il est le théâtre d'un service très-actif par des bâtiments à vapeur, et la grande voie commerciale entre l'intérieur de l'Europe et la Turquie; la navigation y est en grande partie entre les mains de la Compagnie Danubienne, qui compte plus de 100 bateaux à vapeur. Viennent ensuite ses tributaires : l'*Inn*, l'*Ens*, le *Waag*, le *Gran*, la *Theiss*, la *Temes*, le *Maros*, la *Drave*, la *Mur*, la *Save*, la *Kulpa*; — dans les autres bassins : l'*Elbe*, avec la *Moldau*, son affluent; la *Vistule*, avec ses tributaires : le *San*, le *Dunajec* et la *Poprad*; — le lac de *Constance*, qui n'est que l'évasement du *Rhin*; — le lac de *Garde*, qui ne touche l'Autriche que par son extrémité septentrionale.

Le lac *Balaton*, au centre de la Hongrie, est trop marécageux et trop peu profond pour avoir une navigation utile;

il faudrait aussi qu'il communiquât au Danube par un canal suffisamment large.

Le canal *François* joint le Danube à la Theiss, les deux plus grands cours d'eau de l'empire.

Le canal *Bega* va de la Theiss à la Temes.

Le canal de *Vienne à Neustadt* joint le Danube au Kerbach.

La mer Adriatique offre sur les côtes autrichiennes (Littoral Illyrien et Dalmatie) une quantité de sinuosités, d'îles, de presqu'îles, qui forment un grand nombre de bons ports et de golfes sûrs, et qui sont habitées par une population de marins exercés.

Chemins de fer, routes. — Il y a de nombreux chemins de fer dans l'Autriche : *Vienne* communique avec *Cracovie* et avec *Varsovie* par la grande ligne *Ferdinand Nord-Bahn*, à laquelle se rattachent les chemins de *Brünn* et d'*Olmütz*, qui se réunissent ensuite pour former la ligne dirigée sur *Prague*, *Dresde* et *Berlin*; il s'y rattache aussi un chemin qui va à *Presbourg*, à *Pesth*, à *Szegedin*, à *Temesvar*, avec embranchements sur *Debretzin*, *Gross-Wardein* et plusieurs autres rameaux dans le centre de la Hongrie, où les réseaux principaux suivent, d'une part, le Danube, de l'autre, la Theiss; un autre embranchement se rend à *Stockerau*. De *Vienne*, un chemin conduit à *Bruck-sur-Leitha*, à *Raab*, à *Bude*; un autre, à *Bruck en-Styrie*, à *Gratz*, à *Laybach* et à *Trieste*, d'où une ligne se dirige sur *Venise*; un chemin, enfin, se porte sur *Munich*, par *Lintz* et *Salzbourg*, avec embranchements sur *Budweis* et sur *Gmunden*.

Le développement des chemins de fer autrichiens est de 6000 kilomètres.

Les Alpes, que les chemins de fer coupent maintenant sur plusieurs points, particulièrement au Semring et au Brenner, offrent d'autres passages que le commerce fréquente; mais les difficultés de la route obligent à avoir recours à des mulets ou à un pénible voiturage : tel est le col du *Stelvio*, entre le Tyrol et la Valteline. Les routes sont, en général, bien entretenues, moins cependant en Galicie, en Hongrie et en Transylvanie que dans les provinces allemandes.

LEÇON VII.

§ 8. Commerce.

Principaux articles d'importation. — Cotons et autres produits coloniaux, fruits du Midi, tabac, huile, céréales, laines de Russie, riz, vins et autres boissons, poissons, viandes, houille d'Angleterre, bois de construction, parfumerie, médicaments, teintures et tissus teints, gommes et résines, peaux tannées, pierres fines et métaux précieux, matières à tisser, produits manufacturés, objets de littérature et d'art.

Le total des importations est de 600 millions de francs (en 1866).

Principaux articles d'exportation. — Froment et autres grains, farines, fruits, tabac, vins et autres boissons, légumes, viandes, bestiaux et dépouilles d'animaux, bois de construction et de chauffage, produits chimiques, sel, teintures et tissus teints, métaux, matières brutes à tisser (laine, etc.), produits manufacturés (draps, tissus de coton, soieries, instruments aratoires et autres ouvrages en métaux), objets de littérature et d'art, glaces, verrerie, instruments de musique.

La valeur générale des exportations était de 900 millions de francs en 1866.

C'est avec la Prusse et tout le Zollverein, avec la Turquie et tout le Levant, la Grèce, la Russie, l'Italie, que l'Autriche lie le plus de transactions. Son commerce par terre s'élève à 1 200 000 000 de francs; son commerce par mer, à 300 millions.

Effectif de la marine. — La marine marchande (en 1865) avait, en y comprenant la Vénétie, un effectif de 9500 bâtiments (dont 64 navires à vapeur), jaugeant 333 000 tonneaux et montés par 34 000 hommes.

Régime commercial. — Depuis quelques années, l'Autriche est entrée largement dans la voie de la liberté commerciale; elle a supprimé toutes les douanes intérieures entre les états de la monarchie; elle a généralement exempté de droits d'entrée les produits bruts; toute prohibition absolue a été abolie; la navigation des fleuves est libre; notamment, le monopole de la Compagnie Danubienne pour l'exploitation du Danube n'existe plus, et cependant cette Compagnie n'a pas cessé d'être florissante.

Commerce avec la France. — L'Autriche, étant séparée de la France par l'Allemagne du Sud, la Suisse et l'Italie, n'a pas avec elle des relations de commerce très-actives. Cependant son port principal, Trieste, entretient avec Marseille des rapports maritimes de quelque importance, et les chemins de fer qui se rendent sans interruption de la frontière autrichienne à la frontière française, par la Bavière, le Würtemberg et le grand-duché de Bade, permettent de porter des produits d'un pays à l'autre. Ainsi, en 1867, on a expédié par cette voie, sur la France, beaucoup de blé de Hongrie et de Galicie.

L'Autriche importe, en produits français, des livres et des gravures, des tissus de soie, de la garance, du liége, des huiles volatiles, du sel marin, des tissus de coton, des chardons bonnetiers, de l'acétate de cuivre et autres produits chimiques, des vins, des poteries, de la verrerie, de la mercerie, des modes; — elle exporte en France du tabac en feuilles, des bois de construction, du chanvre teillé, de l'acier, des graines oléagineuses, de la verrerie, des peaux brutes, des laines, des bois d'ébénisterie et de teinture, du noir animal, des os, des céréales.

§ 9. Monnaies, mesures, etc.

MONNAIES (Patente du 19 septembre 1867.)

		Valeur des pièces.
Or....	Krone....................................	$=34^f,38$
	½ krone.................................	$=17,19$
Argent..	2 florins.................................	$=4,90$
	1 florin..................................	$=2,45$
	¼ florin.................................	$=0,61$
	Double thaler d'association...........	$=7,35$
	Simple thaler d'association...........	$=3,68$

On se sert sans cesse dans les transactions, même les plus ordinaires, de billets de banque dont la valeur varie depuis les sommes les plus minimes (moins d'un florin) jusqu'à mille florins, et ils sont émis par la Banque nationale de Vienne, la principale institution de crédit de l'empire.

MESURES ITINÉRAIRES.

Mille (Meile) géographique allemand..	15	au degré	= 7$^{kil.}$,408
Mille de poste d'Autriche............	14,64	—	= 7 ,586
Mille de Bohème...................	16	—	= 6 ,953
Mille de Hongrie..................	13,2	—	= 8 ,344

MESURES DE LONGUEUR.

Pied (fuss).. 31$^{cent.}$,602
Toise (klafter), 6 pieds.
Aune (elle)... 77 ,920

MESURES AGRAIRES.

Ioch de Vienne............................... = 57^{ares},598
Metze = 1/3 d'ioch.

MESURES DE CAPACITÉ.

Eimer d'Autriche........................... = 56$^{lit.}$,892
Eimer de la Basse-Hongrie................. = 56 ,892
Eimer de la Haute-Hongrie................ = 73 ,316
Authal de Tokay........................... = 50 ,534
Orna de vin de Trieste.................... = 56 ,564
Metze d'Autriche (pour les grains)........ = 61 ,500
Stajo de Trieste (pour les grains)........ = 62 ,611
Metze de Trieste (pour les grains)........ = 60 ,733
Polonick de Trieste (pour les grains)..... = 30 ,367

POIDS.

Livre (pfund) du Zollverein................ = 500^{gr},000
Livre de Vienne............................ = 560 ,012
Loth = 1/32 de livre.
Stein = 20 livres.
Saum = 275 livres.
Tonneau (last) 20 quintaux.

LEÇON VIII.

SUISSE.

SUPERFICIE : 40 900 kilom. carrés. — POPULATION : 2 500 000 hab.).

§ 1er. Introduction : Situation, Divisions physiques
et politiques.

La Suisse, appelée en allemand *Schweiz*, en italien *Svizzera*, est une région fort petite, mais une des plus intéressantes du monde. Située au cœur de l'Europe occidentale, à la latitude moyenne de 47°, entourée par la France, l'Allemagne et l'Italie, elle a su, malgré son peu d'étendue et les difficultés que la nature paraissait opposer aux communications, se placer au premier rang par la prospérité de son commerce et de son industrie.

Son aspect pittoresque est une des causes principales de sa fortune commerciale. C'est le point de prédilection des touristes qui aiment les beaux paysages et les panoramas grandioses. La majesté de ses sites, ses montagnes, ses lacs, ses torrents, ses glaciers, font l'admiration de tous.

Le climat est généralement salubre ; il offre des variations infinies : tandis qu'un hiver perpétuel règne au sommet des Alpes, on jouit dans les vallées d'une douce température. Aussi les productions sont-elles diverses et nombreuses.

Les *Alpes*, qui parcourent la partie méridionale de la Suisse de l'E. à l'O., y forment plusieurs énormes chaînes, dont le point central est le *Saint-Gothard*. On y distingue les *Alpes Lépontiennes*, les *Alpes des Grisons*, les *Alpes Pennines*, les *Alpes Bernoises*, les *Alpes d'Uri*, de *Glaris*, etc.

Le *Mont Rosa* (4636 mètres) est le point culminant.

Le *Jura* s'étend du N. E. au S. O. dans la région occidentale, vers la France.

Les cimes des Alpes sont granitiques et projettent des pics sous la forme d'aiguilles ; — Le Jura, appartenant au terrain calcaire, s'allonge comme de vastes murailles parallèles, droites, régulières.

La plupart des grandes artères descendent du Saint-Gothard ou du voisinage ; ce sont : le *Rhin* et son affluent l'*Aar* ; — le *Rhône* ; — l'*Inn*, affluent du Danube ; — le *Tésin* ou *Tessin*, affluent du Pô.

Les grands lacs sont : le lac de *Constance*, dans le cours du Rhin ; — le lac de *Genève*, dans le cours du Rhône ; — les lacs de *Neuchâtel*, de *Morat* et de *Bienne* (qui s'écoulent par la Thièle dans l'Aar) ; — celui des *Quatre Cantons* ou de *Lucerne* (s'écoulant par la Reuss, affluent de l'Aar) ; — ceux de *Zürich* et de *Wallen* (s'écoulant par la Limmat, autre affluent de l'Aar) ; — ceux de *Thun*, de *Brienz* (dans le cours de l'Aar).

La Suisse forme une confédération, divisée en 22 cantons,

que l'on peut classer en deux régions physiques : le versant de la mer du Nord, et le versant de la Méditerranée.

Sur le premier, le Rhin arrose sept cantons : les *Grisons, Saint-Gall, Thurgovie, Schaffhouse, Zürich, Argovie, Bâle*; — onze cantons sont arrosés par ses affluents : *Appenzell, Glaris, Schwitz, Uri, Unterwalden, Zug, Lucerne, Soleure, Berne, Fribourg, Neuchâtel.*

Sur le versant de la Méditerranée, il y a quatre cantons : le *Vallais, Vaud, Genève* et le *Tésin.*

§ 2. Population.

La population de la Suisse, qui dépasse peu 2 500 000 habitants, est un composé de plusieurs nationalités; mais ces nationalités n'en forment pas moins un tout homogène, grâce à l'union parfaite qui règne dans les principes et les tendances des habitants. Il y a quatre éléments de population : les *Allemands* (1 750 000), les *Français* (550.000), les *Italiens* (140 000), les *Romans* ou *Rhètes* (50 000).

On parle allemand dans le N. E. et le centre; — français dans l'O.; — italien dans le canton du Tésin et dans une portion des Grisons; — le roman, dialecte dérivé du latin, également dans les Grisons.

Les trois cinquièmes de la population sont protestants, de la réforme de Calvin et de Zwingli. Le reste est catholique, surtout au centre et au sud.

A cause même de ses origines diverses, il est difficile d'assigner un caractère bien tranché à la nation suisse. Néanmoins, partout règnent le respect des anciennes coutumes, le goût de l'industrie, un grand amour de l'indépendance, un attachement profond pour la patrie.

§ 3. Produits minéraux et agricoles.

Minéraux. — La Suisse a des métaux, mais se livre peu à leur extraction; on exploite le fer dans le Jura, le plomb et le zinc dans les Grisons. On trouve, sur quelques points, du cuivre, du cobalt, du bismuth, de l'arsenic, de l'antimoine. Quelques cours d'eau, comme le Rhin, l'Aar et la Reuss, charrient de l'or. Le cristal de roche est commun. On rencontre, sur un grand nombre de points, de beaux granites, des marbres. Le soufre n'est pas rare. On extrait le plâtre dans le canton de Neuchâtel; — l'anthracite, dans le Vallais; — le lignite, sur plusieurs points; — le sel, principalement à Bex, dans le canton de Vaud; — la tourbe, dans beaucoup d'endroits.

Il y a un grand nombre de sources minérales: les plus célèbres sont celles de *Louëche* et de *Saxon* (Vallais), de *Pfæfers* (Saint-Gall), de *Schinznach* et de *Baden* (Argovie), de *Saint-Moriz* (Grisons).

Végétaux. — Cette contrée montagneuse peut être divisée en six zones de productions végétales : 1° la zone des vignes, qui ne dépasse pas 600 mètres; — 2° la zone des chênes, des blés et des beaux pâturages, allant jusqu'à 900 mètres; — 3° la zone des hêtres, comprenant également des pâturages, des cultures d'orge et de seigle, et ne dépassant pas 1400 mètres; — 4° la zone des sapins et des pins, des mélèzes, des épicéas, jusqu'à 1800 mètres; — 5° la zone des hauts pâturages ou la région dite des Alpes, se portant jusqu'à 2700 mètres, et ne possédant plus de grands arbres; — 6° la zone des neiges éternelles, qui ne voit guère pousser que de la mousse, du lichen, des saxifrages.

Les céréales proviennent surtout des cantons de Lucerne, de Zug, de Soleure, de Bâle, de Schaffhouse, de Thurgovie, de Berne, de Fribourg.

La vigne est l'objet d'assez grandes cultures dans les cantons de Zürich, de Vaud (le vin blanc de ce dernier pays est estimé), de Saint-Gall, d'Argovie, de Thurgovie, du Vallais, du Tessin, de Neuchâtel. Le canton de Vaud est celui qui fournit le plus de vins. La production totale est évaluée à 900 000 hectolitres. Les meilleurs vins rouges sont ceux de *Teufen* et de *Winterthur* (Zürich), de *Lavaux* (Vaud), de la *Côte* et de *Cortaillod* (Neuchâtel).

Le tabac est cultivé surtout dans le canton de Vaud.

Des fruits de bonne qualité viennent dans la plupart des cantons.

On trouve dans les montagnes beaucoup de plantes médicinales, que les paysans recueillent pour les vendre.

Animaux. — Les pâturages excellents devaient naturellement faire de bonnes races laitières, des bestiaux estimés.

On compte environ 990 000 bêtes à cornes. La race la plus renommée est celle de *Schwitz*, que l'on trouve dans les cantons de Schwitz, d'Unterwalden, de Lucerne, de Zug, de Zürich, d'Uri, d'Argovie, du Vallais, d'Appenzell et des Grisons. — La race de Berne et de Fribourg peuple plus spécialement les cantons de même nom et tout le Jura suisse.

Au reste, presque partout, quelle que soit la race, on remarque de bons bestiaux. Suivant les saisons, les animaux pâturent à différentes zones dans les vallées, sur les rampes des montagnes et près de leurs sommets. On fabrique, dans un grand nombre de localités, les fromages dits de Gruyères et des Alpes, surtout dans les cantons de Fribourg, de Berne, de Vaud, des Grisons, du Tessin.

Les chèvres sont en grand nombre (environ 400 000), et fournissent un excellent lait.

Les moutons, peu estimés et donnant une laine assez grossière, sont au nombre de 1 500 000.

Les chevaux (environ 105 000), peu élégants, mais robustes, sont bons pour le trait. On les élève surtout dans le Jura.

L'importation du bétail est de 220 000 têtes; l'exportation, de 120 000.

§ 4. Industrie.

La pauvreté même de son sol a poussé la Suisse vers l'industrie, et elle y tient un rang glorieux parmi les nations de l'Europe. Ses principales branches sont le coton, la soie, l'horlogerie, les fromages.

Cotonnades, soieries. — La fabrication des cotonnades emploie le plus grand nombre d'ouvriers, particulièrement à Zürich, où l'on fabrique des toiles peintes, et dans les cantons de Saint-Gall, d'Appenzell et de Glaris, où les artisans sont disséminés à travers la campagne.

On compte en Suisse environ 1 700 000 broches; la fabrication des tissus de coton s'élève à 100 millions de francs. L'exportation en dépasse 50 millions.

Les soieries suisses descendent de plus en plus sur les marchés étrangers. Elles représentent une valeur de 140 millions; l'exportation annuelle est de 40 millions de francs.

Bâle et Zürich centralisent cette branche et possèdent des filatures, des rubaneries importantes. On élève les vers à soie dans le canton du Tessin et dans une partie des Grisons.

Horlogerie. — Industrie florissante, surtout dans les cantons de l'ouest, l'horlogerie occupe un grand nombre d'ouvriers. Genève est, pour les montres, le centre d'une fabrication exceptionnelle; viennent ensuite les cantons de Vaud et de Neuchâtel. La Chaux de Fonds et Le Locle, dans une des parties les plus élevées du Jura (canton de Neuchâtel), ont acquis une juste renommée par le grand nombre et la perfection des montres que l'on y fabrique. On peut évaluer à 400 000 montres la production suisse.

Passementerie de paille. — La passementerie de paille se fabrique dans beaucoup de localités, particulièrement à Wohlen, dans l'Argovie. On en exporte pour 13 millions de francs par an.

Fabrication du fromage. — Le fromage dit de *Gruyères*, objet d'un commerce très-étendu, ne se fait pas seulement à Gruyères (canton de Fribourg), il est répandu dans tout le pays. Les districts de Saanen et d'Emmen (canton de Berne) et d'Urseren (canton d'Uri) en fournissent aussi d'excellents. On vante les fromages crémeux du canton de Vaud et les fromages verts du canton de Glaris. L'industrie fromagère s'exerce, en général, individuellement dans les chalets; néanmoins, il y a, sur plusieurs points, des établissements spéciaux appelés fruiteries ou fruitières, formés par des associations.

Parmi les autres branches assez actives, signalons la fabrication du beurre, qui se fait en grand; les tanneries, les teintureries, les papeteries et les ouvrages en bois sculpté.

§ 5. Villes principales, Centres de production.

Berne, en allemand *Bern* (30 000 habitants), capitale de la confédération et du canton le plus important, sur l'Aar, possède de grandes teintureries, des fabriques de bijouterie, d'orfévrerie et de chapeaux de paille fine.

Genève (41 000 habitants), la plus grande ville de Suisse, sur le Rhône, au point où il sort du lac de Genève; bien connue par son horlogerie. On y fabrique plus de 100 000 montres. — *Carouge*, dans le voisinage, s'occupe de la même fabrication. — *La Chaux de Fonds* (17 000 habitants) et *Le Locle* (10 000 habitants), dans le canton de Neuchâtel, sont également à la tête de cette branche d'industrie.

Bâle, en allemand *Basel* (38 000 habitants), sur le Rhin, près de la France, est une des cités les plus commerçantes, les plus industrieuses. C'est l'entrepôt entre la Suisse, l'Amérique, l'Angleterre, la France, la Hollande et l'Allemagne. On y remarque de nombreuses fabriques de rubanerie et de ganterie estimée, des papeteries, etc.

Zürich (20 000 habitants), sur le lac du même nom, à l'endroit où la Limmat en sort, compte des fabriques de soieries, des filatures, des teintureries, des typographies.

Voici les autres villes importantes. — *Lausanne* (20 000 habitants), près du lac de Genève, a des tanneries. — *Saint-Gall* (15 000 habitants) est le centre d'une fabrication active de mousseline, de stores pour rideaux, etc. On expédie de là des mouchoirs jusqu'en Amérique. — *Frauenfeld*, chef-lieu de la Thurgovie, et *Aarau*, chef-lieu de l'Argovie, se livrent à la fabrication des soieries. — *Coire*, en allemand *Chur*, chef-lieu des Grisons, sur le Rhin, est un lieu de transit important entre l'Allemagne et l'Italie; — *Schaffhouse*, en allemand *Schaffhausen*, sur le même fleuve, est un autre point de transit très-animé entre la Suisse et l'Allemagne. — *Lucerne*, en allemand *Luzern* (12 000 habitants), possède des blanchisseries, des filatures, mais fait surtout, au moyen des transports du lac, un grand commerce de denrées coloniales, de produits indigènes, avec les trois cantons d'Uri, de Schwitz et d'Unterwalden. — *Fribourg*, en allemand *Freiburg* (10 000 habitants), centralise un commerce assez important de fromages, de bestiaux, de paille tressée. — *Neuchâtel*, en allemand *Neuenburg* (10 000 habitants), renferme quelques fabriques de tissus de laine et de coton, et se livre au commerce des dentelles et à celui de l'horlogerie. — *Winterthur* (6000 habitants), dans le canton de Zürich, est à la tête d'une assez grande fabrication d'indiennes, qui sont exportées jusque dans l'Inde et dans la Malaisie; cette ville fait également des publications scientifiques et particulièrement géographiques. — *Romanshorn* est le port suisse le plus fréquenté des bords du lac de Constance. — *Lugano*, sur le lac du même nom, à la frontière de l'Italie, est importante par ses filatures de soie. — *Vevey*, sur le lac de Genève, fait le commerce des vins de champagne vaudois.

§ 6. Voies de communication.

Voies navigables. — Les cours d'eau offrent une navigation difficile; l'*Aar* seule, coulant sur des territoires plus plats que les autres rivières, est animée par d'assez nombreuses embarcations; on sait que la cataracte de Schaffhouse interrompt la navigation du Rhin; ce sont surtout les lacs qui sont utilisés, soit pour le transport de marchandises, soit pour les voyageurs.

Chemins de fer. — Les chemins de fer suisses sont bien organisés, et dans ces cantons montagneux où les périls semblaient à redouter, il arrive peu d'accidents.

Des lignes ferrées vont de *Bâle* à *Strasbourg*; — de *Bâle* à *Carlsruhe* (grand-duché de Bade); — d'*Olten* (centre principal des chemins de fer suisses) à *Bâle*, d'un côté; à *Berne*, d'un autre, avec embranchement sur *Neuchâtel*; à *Aarau* et *Zürich*, dans une troisième direction; à *Aarbourg* et *Lucerne*, dans une quatrième direction; — de *Zürich* à *Winterthur*; — de *Winterthur* au lac de *Constance*; — de *Neuchâtel* à *Pontarlier*; — de *Neuchâtel* au *Locle*; — d'*Yverdun* à *Lausanne*; — de *Berne* à *Fribourg* et *Lausanne*; — de *Berne* à *Thun*; — de *Lausanne* à *Genève*; — de *Genève* en *France* (c'est-à-dire à Lyon, à Paris [par Mâcon], à Chambéry); — de *Lausanne* à *Villeneuve*, *Sion* et *Sierre*, dans la direction du Simplon.

Communications avec la France. — Les communications entre la Suisse et la France deviennent de plus en plus faciles, grâce aux chemins de fer. Les voies les plus fréquentées sont de Genève à Paris, par Mâcon et Dijon; de Neuchâtel à Paris, par Pontarlier, en franchissant le Jura; de Bâle à Paris, par le chemin de fer de Mulhouse. cette dernière ligne est la plus commerçante. Il existe, en outre, sur un assez grand nombre de points, des passages suivis par les piétons et par les voitures.

LEÇON VIII.

Les routes des Alpes. — La Suisse compte environ 6000 kilomètres de routes, généralement fort belles.

Étudions plus particulièrement les grandes voies des Alpes. Commençons par l'est :

L'Allemagne est en relations avec l'Italie, à travers la Suisse, par les routes du Splügen, du Bernardino et du Saint-Gothard.

La route du *Splügen*, faite, en 1818, entre la vallée du Rhin et celle de la Maira, tributaire du lac de Côme, passe à une hauteur de 1900 mètres et permet à l'Allemagne de communiquer avec l'Italie, par Coire.

La route du *Bernardino*, entre la vallée du Rhin et celle d'un affluent du Tésin, passe à 2089 mètres et va de Coire à Bellinzone; elle fut construite de 1819 à 1823.

La route du *Saint-Gothard*, un des passages les plus fréquentés, atteint la hauteur de 2075 mètres; elle fait communiquer la vallée de la Reuss à celle du Tésin, et unit la Suisse centrale à l'Italie; cette belle voie a été achevée en 1830.

La route du *Simplon*, une des mieux faites, une des plus importantes des Alpes, n'a pas moins de 60 kilomètres de long (de Brigg à Domo d'Ossola); elle a été ouverte de 1800 à 1807, par les ordres de Napoléon Ier. Le Simplon met la vallée du Rhône en communication avec celle du lac Majeur, par conséquent le Vallais, et, par suite, la France avec l'Italie. On y voit un grand hospice destiné à la réception des voyageurs.

Le passage du *Grand Saint-Bernard*, étroit et difficile, entre le Vallais et la vallée d'Aoste, est moins destiné aux transactions commerciales qu'aux touristes. Il ne peut pas être suivi sur tout son parcours par des voitures, et il n'est véritablement accessible qu'aux mulets.

§ 7. Commerce.

Importations. — La Suisse reçoit de l'étranger des matières premières, des produits manufacturés, des denrées coloniales, de la quincaillerie, du savon, etc. L'Angleterre lui envoie du coton, de la laine, des métaux, des soies écrues, une foule de denrées coloniales, des machines. — La Prusse lui fait parvenir des métaux, de la houille, des céréales, des plantes textiles. — L'Italie lui donne ses huiles, ses fruits, sa soie, ses pailles, ses matières tinctoriales. — La Belgique est également une des contrées avec lesquelles elle a le plus de rapports. — (Pour la France, voir plus loin.)

Exportations. — La Suisse exporte de l'horlogerie, des rubans, des tissus de soie, des cotonnades, des fromages, du beurre, des bestiaux, des bois, du tabac, des peaux brutes, etc.

Son commerce extérieur est de plus d'un milliard.

Commerce avec la France. — Nous envoyons en Suisse plus de produits que nous n'en recevons ; les marchandises que nous lui adressons sont, en première ligne, les tissus, les céréales, les vins, la houille, les huiles, les savons, la quincaillerie, des outils. — La Suisse exporte en France des bois communs, des tissus de soie, de l'horlogerie (principalement des montres), des bestiaux, des fromages, des peaux brutes, etc.

Le commerce avec la France représente une valeur totale de 700 millions.

Un traité qui établit le principe de la liberté commerciale, a été conclu entre la Suisse et la France en 1864.

Bien qu'assez doux, le régime douanier procure cependant à la république environ 6 millions de francs.

§ 10. Monnaies, mesures, etc.

Les **monnaies** sont les mêmes qu'en France ; — dans les parties allemandes, le décime s'appelle *batz*, et le centime *rappe*.

MESURES ITINÉRAIRES.

Mille, de 13,29 au degré............	= 8^{kil},369
Lieue, de 23,56 —	= 4 ,800

MESURES LINÉAIRES.

Pied............................	= 30 cent.
Grande aune (stab)...............	= 120 —
Aune (elle)......................	= 60 —
Perche..........................	= 300 —

MESURES AGRAIRES.

Arpent (juchart)................	= 36 ares.

GÉOG. COMMERC. 3e ANNÉE.

MESURES DE CAPACITÉ.

Maas (pour les liquides)............... = 1ᴸⁱᵗ.,5
Viertel (pour les grains).............. = 15 ,0

POIDS.

Livre (pfund)................. = 500 grammes.
Loth ¹/₃₂ de la livre.

Institutions de crédit. — 67 banques, 230 caisses d'épargne.

LEÇON IX.

ROYAUME D'ITALIE.

(SUPERFICIE : 284 400 kilom. carrés. — POPULATION : 24 300 000 habit.).

§ 1. Introduction : Situation, grandes divisions physiques et politiques de l'Italie en général.

L'Italie, un des pays principaux du bassin de la Méditerranée, est séparée de l'Allemagne, de la Suisse et de la France par la chaîne des Alpes. Elle se compose, en grande partie, d'une péninsule longue et étroite, étendue du N. O. au S. E., resserrée entre la mer Adriatique, à l'E., la mer Tyrrhénienne, à l'O., la mer Ionienne, au S. E., et terminée elle-même par deux autres presqu'îles, la *Calabre* et la *Terre d'Otrante*.

Sa longueur est de 1300 kilomètres ; sa largeur moyenne, de 200 kilomètres. La superficie de toute l'Italie est de 296 000 kilomètres carrés ; c'est un peu plus de la moitié de la France. Sa latitude moyenne est au 42ᵉ degré.

Les côtes sont généralement découpées : à l'E., le promontoire *Gargano* s'avance dans l'Adriatique ; à l'O., s'ouvrent les golfes de *Gênes*, de *Gaëte*, de *Naples*, de *Salerne* ; au S. E , s'enfonce celui de *Tarente* ; au N., celui de *Venise*.

Des îles importantes environnent la péninsule ; ce sont, entre autres, la *Sardaigne*, la *Sicile*, les îles *Lipari*, l'île d'*Elbe*.

Malgré la réputation de son beau climat, l'Italie n'est pas partout salubre ; elle renferme quelques contrées malsaines, entre autres les marais *Pontins* et les *Maremmes* de Toscane, sur la côte occidentale, et les lagunes de *Comacchio*, sur la côte orientale. Le vent méridional suffocant et insupportable qu'on nomme *scirocco*, souffle quelquefois sur les côtes de l'ouest et du sud. La *malaria* attaque Rome et d'autres points pendant une partie de l'année. — Le sud et le centre sont sujets à de violents tremblements de terre.

Les *Alpes*, qui se développent au N. sous l'aspect d'un grand arc de cercle, y montrent des sommets couverts de neiges éternelles : on y distingue le mont *Blanc* (4810 mèt.), le mont *Cenis*, le *Simplon*.

Les *Apennins*, qui se rattachent aux Alpes, parcourent la péninsule dans toute sa longueur.

L'Italie a trois volcans : le *Vésuve*, l'*Etna* (en Sicile), et le *Stromboli* (dans une des Lipari).

Les principaux cours d'eau sont l'*Adige*, le *Pô*, tributaires de l'Adriatique; l'*Arno*, le *Tibre*, tributaires de la mer Tyrrhénienne. Les plus grands lacs du nord sont les lacs *Majeur*, de *Côme* et de *Garde*; dans l'intérieur, le lac de *Pérouse* (célèbre autrefois sous le nom de *Trasimène*), et le lac *Fucino* ou *Celano* (presque desséché).

« Aucune partie de l'Europe, a dit Napoléon Ier, n'est située d'une manière plus avantageuse que l'Italie pour devenir une grande puissance maritime. » Occupant la région moyenne de la Méditerranée, elle apparaît comme le cœur de l'Europe méridionale, comme le centre de la vie de tout le bassin méditerranéen; les deux mers qui la baignent l'isolent moins qu'elles ne la mettent en communication facile, d'une part, avec la France, l'Espagne, l'Algérie, Tunis; — de l'autre, avec la Turquie, la Grèce et l'Orient. Le passé des contrées répond de leur avenir; l'Italie, maîtresse du monde dans les temps anciens, reine du commerce au moyen âge, patrie de la plus riche pléiade d'hommes de génie, et douée d'une vitalité puissante, semble appelée à marquer encore sa place parmi les états qui domineront par les grandes idées et les grandes choses.

La péninsule Italique est divisée en deux états principaux: le **royaume d'Italie** et les **États de l'Église**; il y a, en outre, une petite république, celle de **Saint-Marin**.

Le royaume d'Italie comprend, dans le nord, le *Piémont*, le territoire de *Gênes* (ou la *Ligurie*), la *Lombardie* et la

Vénétie; — 2° dans la région centrale, l'*Émilie* (renfermant les anciens duchés de *Parme* et de *Modène*, et la *Romagne*), la *Toscane*, l'*Ombrie*, les *Marches*; — 3° dans l'Italie méridionale, l'ancien royaume de *Naples*; — 4° les îles de *Sardaigne* et de *Sicile*.

Toutes ces régions composent 68 provinces.

§ 2. Population.

La population totale de l'Italie est de 25 millions d'hab., dont 24 300 000 pour le royaume d'Italie, sur une superficie de 284 400 kilomètres, ce qui donne environ 85 habitants par kilomètre carré (population beaucoup plus dense qu'en France).

Les Italiens, une des principales nations de la famille latine, forment une race belle, intelligente, artistique. Leur physionomie est expressive; c'est une population gaie, spirituelle, fine, enthousiaste, bien douée pour les arts, l'industrie et le commerce, mais trop souvent vindicative. La langue italienne est douce, poétique, harmonieuse. On la parle surtout purement en Toscane et on la prononce admirablement à Rome.

Voici comment on peut diviser, en chiffres ronds, ce peuple par professions : — on compte environ 8 300 000 individus qui s'appliquent à l'agriculture; c'est environ le tiers de la population; — 60 000 s'adonnent aux exploitations minières; — 3 225 000 au travail des manufactures; — 700 000 au commerce en grand. Les beaux-arts et les lettres occupent 600 000 personnes. Il y a 175 000 ecclésiastiques.

Un assez grand nombre d'individus sont livrés à la mendicité et au brigandage. Une certaine quantité d'émigrants, la plupart musiciens-mendiants, vont recueillir dans les pays étrangers, particulièrement en France, quelques minimes secours de ville en ville. C'est le royaume de Naples, et spécialement la Basilicate, qui fournit le plus de ces colonies errantes.

§ 3. Produits agricoles, etc.

Végétaux. — Au premier rang des productions d'Italie, il faut placer les **céréales**, les **vignobles** et les **huiles**.

On cultive en grand le riz dans les plaines humides du

Pô ; — le froment, le maïs, l'orge, l'avoine, le seigle, le millet, donnent de bons rendements, surtout en Lombardie, dans la Romagne, dans la Terre de Labour, dans la Pouille, dans la Sicile. Le coton en Sicile, le tabac dans le sud de l'Italie. — Les vignobles les plus estimés sont ceux de Ligurie, des environs de Naples (le Lacryma Christi, le Capri, l'Ischia), de Marsala, de Syracuse, d'Albano, etc. — On remarque des champs d'oliviers dans les environs de Gênes, sur les bords des lacs de la Lombardie, en Toscane, sur les coteaux de l'Adriatique, en Sardaigne et dans l'ancien royaume de Naples. Parmi les autres productions importantes, signalons les pommes de terre, les châtaignes, les légumes secs.

L'Italie produit 69 millions d'hectolitres de céréales. Les récoltes normales ne suffisent pas à la consommation. Le total des grains introduits de l'extérieur dans la péninsule est, en moyenne, chaque année, de 6 350 000 hectolitres.

Par une faible compensation, le riz, les châtaignes et les pommes de terre forment une des bases de l'exportation agricole. On expédie à l'étranger pour 21 millions de francs de riz ; pour 450 000 fr. de châtaignes ; pour 500 000 fr. de pommes de terre.

Le produit total des vins dans le royaume d'Italie est évalué à 28 millions d'hectolitres, représentant une valeur de plus d'un milliard de francs. — C'est la Sicile qui en fournit le plus ; ensuite l'Émilie et le Piémont. Les importations en vins sont, en moyenne, de 206 000 hectolitres, tandis que les exportations montent à plus de 300 000 hectolitres. L'Angleterre, la Suisse, l'Amérique, sont les principaux débouchés des vins d'Italie.

Le commerce des huiles d'olive est très-important ; l'Italie en exporte en France 130 000 hectolitres ; en Angleterre, 180 000. — L'exportation s'élève, en moyenne, à 67 millions de francs. Le produit total des huiles est d'environ 1 500 000 hectolitres, représentant 200 millions de francs.

Le commerce des oranges, des citrons, des limons, des cédrats, des poncires, représente 34 millions de francs ; — celui des graines oléagineuses, 13 millions ; — celui des amandes, 7 millions. Le produit obtenu par la vente des figues, des pistaches, des caroubes, des olives, des dattes, est aussi très-considérable.

L'Italie cultive encore l'anis, exporté surtout en Hollande et en France par l'intermédiaire de Livourne ; la garance, qui vient en Toscane et à Salerne ; le houblon, dans les environs d'Alexandrie ; le safran, dans le royaume de Naples ; la canne à sucre, dans quelques parties du sud. La réglisse est commune dans le territoire Napolitain, et l'on y recueille aussi la manne, produite par une espèce de frêne.

Animaux. — L'Italie possède 18 millions de têtes de bétail de toute espèce. Dans ce chiffre entrent 11 millions de moutons ; la valeur annuelle de l'importation animale est de 12 à 13 millions de francs ; l'exportation n'atteint que 8 600 000 francs.

Les territoires qui nourrissent le plus de bestiaux sont le Piémont, la Lombardie, les anciens duchés de Parme, de Modène et de Toscane. Les principales races bovines sont : les races piémontaise, de Schwitz, de la Valteline, de la Romagne et des montagnes des États de l'Église. C'est avec le lait abondant des vaches de la race de Schwitz que l'on fait le fromage de la Grana, appelé par nous parmesan.

On ne rencontre guère de buffles que dans les marais des bouches du Pô, dans les marais Pontins, dans la Terre de Labour et sur quelques points de la Terre de Bari.

Les chevaux les plus estimés sont ceux de la Polésine, du Padouan, de la Campagne de Rome, des marais Pontins, du Patrimoine de Saint-Pierre et de quelques provinces napolitaines. On élève en Calabre des chevaux excellents, quoique de petite taille.

Les moutons de races indigènes ne donnent qu'une laine dure et grossière. Les races les plus appréciées sont : la race *nostrale* dans le Piémont, la race *bergamasque*, bonne laitière, la race de la *Campagne de Rome*, la race des *Abruzzes* et de la *Pouille*, celles de la *Vénétie* et du *Modenais*, la race de *Sicile*, la meilleure de toutes. On trouve en Sardaigne le mouflon, espèce de mouton sauvage.

Les porcs donnent lieu à un commerce d'une certaine importance : les mortadelles (saucissons de Bologne) sont exportées au loin.

La pêche donne d'abondants produits : celle du thon est une des principales. On prend dans la mer Tyrrhénienne une grande quantité de ce mollusque nommé *sépia*, d'un usage important en peinture; le *corail*, qui donne lieu à une industrie toute spéciale à l'Italie, se recueille principalement dans la même mer, dans le golfe de Gênes et sur les côtes de Sardaigne et de Sicile. Le produit seul de ce zoophyte est de 3 millions par an. La pinne marine, assez commune sur les côtes méridionales, donne un tissu très-fin employé à la fabrication de fort belles étoffes.

Partout, en Italie, on élève des abeilles; la cire qu'elles fournissent est généralement de belle qualité.

Enfin, le ver à soie est une des grandes richesses de ce pays; nous y reviendrons en parlant de l'industrie.

Irrigations, dessèchements. — La péninsule Italique, sillonnée par une infinité d'artères, a des systèmes hydrauliques importants; il faut, en effet, régler le cours des rivières, défendre au besoin le pays contre les débordements. Le seul entretien des travaux existants demanderait une surveillance constante; malheureusement, trop de territoires ont été laissés dans le plus complet abandon. Les irrigations sont surtout nombreuses et bien entendues dans la Lombardie, la Vénétie et le Piémont; la plupart ont pour but l'aménagement des rizières.

C'est en Italie qu'a pris naissance le *colmatage*, cette ingénieuse méthode qui consiste à exhausser les terrains bas habituellement immergés, au moyen de terres qu'on fait charrier et déposer par les eaux elles-mêmes.

Parmi les travaux commencés il y a longtemps et continués, ceux du Val de Chiana, en Toscane, entre le bassin du Tibre et celui de l'Arno, sont dignes de remarque. Dans les provinces de Modène, de Bologne, de Ferrare et de Ravenne, on s'est appliqué à combattre les conditions spéciales dans lesquelles se trouvent le Reno et ses affluents, dont le lit exhaussé donne lieu à des épanchements malsains.

Le canal Cavour, dérivé du Pô au-dessus de Chivasso, a été l'une des grandes opérations hydrauliques de ces derniers temps. Le canal a 80 kilomètres de longueur; il traverse, en les irrigant, les provinces de Verceil et de Novare, ainsi que la Lomelline. Il a coûté 64 millions.

On répare sans cesse les digues du Pô et de ses affluents, on poursuit le dessèchement des *Maremmes* de la Toscane, celui de quelques provinces napolitaines et de la province de Ravenne. En Vénétie, il y a également beaucoup de desséchements en cours d'exécution ; déjà les grandes vallées véronaises sont presque entièrement transformées. Dans la Polésine et dans les terrains les plus bas de la province de Padoue, on a réussi, au moyen de machines à vapeur, à extraire l'eau et à cultiver plus de 32 000 hectares de terrain de niveau avec la mer, quelquefois plus bas. Le lac Fucino va être desséché : lorsque cette masse d'eau sera entièrement vide, grâce aux beaux travaux en cours d'exécution, l'agriculture aura gagné 16 000 hecteres d'excellentes terres d'alluvion. On a enfin pratiqué avec soin des canaux dérivés du lac Majeur et du lac de Lugano pour irriguer la partie la plus élevée des plaines lombardes.

Produits minéraux. — Sous les Romains, et même au moyen âge, l'industrie minière fut poussée très-loin ; les vestiges de mines épuisées ou abandonnées en sont la preuve irrécusable. Les principaux produits minéraux sont aujourd'hui le *marbre*, l'*albâtre calcaire*, le *soufre*, le *pétrole*, la *pouzzolane*, le *fer*, le *cuivre*, le *plomb*, le *cinabre*, l'*alun*.

Les plus beaux *marbres* sont ceux de Carrare, de Gênes et de Sicile. On remarque à Carrare 546 carrières, de qualités différentes : le marbre blanc statuaire, le blanc clair, le bleu turquin, etc. On expédie de cette localité annuellement pour plus d'un million de francs de marbre, soit en France, soit ailleurs. Le rapport total de l'exportation du marbre en Italie est d'environ 5 millions de francs.

On extrait des *ardoises*, dites de Gênes, dans les environs de Chiavari ; du bon *kaolin* dans l'île d'Elbe et dans les environs de Novare. — L'*albâtre* est surtout exploité en Toscane et en Sicile.

Le *soufre*, particulièrement tiré de la Sicile, n'occupe pas moins de 22 000 ouvriers. On expédie à l'étranger plus de soufre brut que de soufre purifié. Cette exportation annuelle est d'environ 30 millions de francs pour la Sicile seulement. L'Angleterre est, de toutes les contrées européennes, celle qui en achète le plus ; ensuite la France.

Le *pétrole* ou *huile de naphte liquide*, propre à l'éclairage, se trouve à Miano (territoire de Parme), au mont

Zibio, près de Sassuolo (territoire de Modène), à Barigazzo (Toscane) et près de Girgenti (Sicile).

La *pouzzolane*, employée comme ciment, tire son nom de la ville de Pouzzoles, près de Naples, et n'est autre chose que la décomposition naturelle de scories volcaniques; elle apparaît sous la forme poreuse dans les environs du Vésuve et de Civita-Vecchia, et sous la forme argileuse sur le versant de l'Etna. Cette dernière est très-estimée.

Un *fer* de bonne qualité provient des hautes vallées de la Lombardie, des environs d'Aoste, de l'île d'Elbe, des Maremmes de Toscane et de la Calabre ultérieure. Mais, pour ce produit, l'Italie ne peut pas être placée au même rang que l'Angleterre, la Suède, la France et l'Allemagne.

On trouve du *mercure* en Toscane et en Vénétie, de l'*antimoine* en Toscane. Il existe des mines de *cuivre* dans la Vénétie, en Toscane, dans l'île d'Elbe et dans les environs d'Aoste; des mines de *plomb* en Toscane et dans l'île de Sardaigne. On compte plus de cent dépôts de ce métal dans la province d'Iglesias. Une grande partie du minerai de plomb est exportée à l'état brut. L'exportation de ce métal représente environ 2 millions par an. C'est la France qui en absorbe la plus grande quantité, ensuite l'Angleterre et les Pays-Bas.

On vient de trouver de riches mines de *zinc* dans le sud de la Sardaigne.

L'*alun* est extrait de plusieurs points de la région moyenne de l'Italie. Le plus estimé est celui de Civita-Vecchia.

Le *borax* employé dans la fabrication de la poterie est extrait du territoire de Volterra, en Toscane.

Les sources minérales sont assez nombreuses; nous citerons, parmi les plus fréquentées, les bains d'*Acqui*, de la *Porretta*, de *Pise*, de *Lucques*, de *Castellammare*, d'*Ischia*, de *Courmayeur* (Piémont), de *Termini* (en Sicile).

§ 4. Industrie.

L'industrie, qui, peu à peu, reprend son essor dans la péninsule, est encore loin d'égaler celle de l'Angleterre et de la France. Plusieurs causes en ont entravé la marche : la première, c'est l'indolence des populations du midi; la seconde, la déplorable inertie des gouvernements et les révolutions politiques. Il est juste de reconnaître que depuis quelques années, le réveil s'affirme ; l'Italie contemporaine, amie du progrès, a fait des pas de géant dans la voie des améliorations publiques.

Les principales industries textiles sont la *soierie*, centralisée surtout en Lombardie et en Vénétie ; la toile, le coton, la laine, les velours, les dentelles, etc. On ne compte pas plus de 200 filatures, ayant 450 000 broches et employant 10 000 ouvriers. On fabrique d'assez bonnes toiles à Bologne, à Brescia et à Alexandrie. Plusieurs branches de l'industrie textile étaient autrefois plus florissantes qu'aujourd'hui. La sériciculture, très-développée aux XIVe, XVe et XVIe siècles, est bien tombée. C'est pourtant encore une des sources de fortune de quelques industriels du nord de l'Italie. On a produit jusqu'à 4 200 000 kilogrammes de soies grèges, valant 240 millions de francs.

L'Italie n'absorbe pas toute la soie qu'elle fabrique ; elle en exporte en France, en Angleterre et en Allemagne. Il existe en Toscane environ 4 à 5000 métiers, d'où sortent des étoffes légères, des lustrines, des serges, des satins ; dans le Piémont et en Ligurie également, marchent quelques milliers de métiers pour la fabrication des velours et des taffetas.

Parmi les autres produits, signalons le beurre, le *fromage*, les *pâtes*. Le commerce du beurre et du fromage représente une valeur de 200 millions de francs. On exporte pour plus de 4 millions de fromages. Les plus estimés sont ceux de Lombardie ; le plus célèbre de tous est le parmesan. — Les pâtes occupent d'assez nombreuses fabriques : dans le court trajet de Savone à Gênes, on en compte plus de 130 qui préparent exclusivement le vermicelle. Le célèbre macaroni se fabrique surtout dans l'ancien royaume de Naples. On évalue l'exportation des pâtes d'Italie à 2 millions de francs.

La meilleure bière est celle de Palerme.

Mentionnons, parmi les objets de fabrication italienne, les *chapeaux de paille*, qui représentent une valeur annuelle d'environ 12 millions.

L'industrie métallurgique, peu prospère, compte néanmoins quelques fonderies en Toscane et à Terni. On fabrique une assez belle coutellerie à Milan, à Brescia, à Florence, à

Pistoie, à Campobasso. Les armes à feu et les armes blanches viennent surtout de la Lombardie et du Piémont. Ce sont les environs de Lecco qui fournissent le plus d'outils à l'usage de la vie domestique, de l'agriculture et de l'industrie. La bijouterie de Turin, de Livourne et de Naples est appréciée. — Venise est citée pour ses fabriques d'or filé ; — Naples, pour ses bijoux en corail ; — Rome et Pérouse, pour leurs mosaïques ; — la Toscane, la Lombardie, la Vénétie, pour leur verrerie ; — plusieurs villes du nord de l'Italie, Vérone et Crémone, entre autres, pour leurs instruments de musique ; — Florence et Milan, pour la céramique. Mais l'Italie n'est plus le centre brillant de cette industrie des faïences et des majoliques, qui fit au moyen âge la réputation de Faenza et d'autres villes de la Romagne et des Marches.

Parmi les chantiers de construction pour les navires, ceux de La Spezia, de Gênes, de Livourne, d'Ancône, de Naples, de Castellammare, sont les plus importants.

§ 5. Lieux de production, villes principales.

Florence, en italien *Firenze* (120 000 hab.), capitale de de l'Italie, en Toscane, sur l'Arno, doit surtout son importance à son brillant passé historique. Ce n'est plus aujourd'hui une ville positivement manufacturière ; on y voit pourtant des fabriques de taffetas, dit de Florence ; on y prépare des chapeaux de paille, des liqueurs, des instruments de mathématiques, des parfums, de la carrosserie, etc.

Turin, en italien *Torino* (200 000 hab.), dans le Piémont, sur le Pô, centralise un grand commerce de riz et d'huile. L'industrie y est assez active : on y remarque, entre autres, une manufacture de tabac, des fabriques de tissus de soie, de lainages, d'étoffes de coton.

Milan, en italien *Milano* (230 000 hab.), en Lombardie, doit plus à son sol qu'à son industrie les objets les plus importants de son commerce : la soie, les fromages, les céréales sont la base de ses transactions.

Les autres grands centres sont les ports de *Gênes, Livourne, Naples, Venise, Ancône, Palerme, Messine, Cagliari* (voir pages 109 et suiv).

Parmi les localités intérieures industrielles ou commerçantes, citons, outre les trois grandes villes nommées d'abord :

Dans le Piémont : *Alexandrie*, en italien *Alessandria* (55 000 hab.); soieries, foires; — *Asti* (30 000 hab.); vins et chanvre; — *Carmagnole*, l'un des premiers marchés du Piémont pour la soie, les céréales, le chanvre; — *Chivasso*, grand marché de riz.

Dans la Lombardie : *Bergame* (36 000 hab.); manufactures de soieries et foires très-fréquentées; — *Brescia* (35 000 hab.); acier, armes à feu; — *Crémone* (30 000 hab.); soieries et violons; — *Pavie* (25 000 hab.); commerce de soie et de fromage.

Dans la Vénétie : *Padoue*, en italien *Padova* (55 000 hab.); soieries, rubaneries; — *Vicence*, en italien *Vicenza* (35 000 hab.); soieries, faïence; — *Vérone*, sur l'Adige (60 000 hab.); moulineries de soie, soieries, draps; — *Mantoue*, en italien *Mantova* (30 000 hab.); cuirs, parchemins, toiles, soieries; — *Udine* (20 000 hab.); soie.

Dans l'Émilie : *Parme* (47 000 hab.), *Plaisance* (39 000 hab.), *Reggio* (50 000 hab.) et *Modène* (58 000 hab.); toutes remarquables par leurs soies; — *Carrare*, marbre; — **Bologne** (100 000 hab.); soieries, crêpes de soie, velours, damas, chapeaux de paille, manufacture de tabac; — *Ferrare*, sur une branche du Pô (68 000 hab.); rubans de soie; — *Faenza* (36 000 hab.); faïence, produit qui tire probablement son nom de cette ville; — *Ravenne*, dont le port est aujourd'hui comblé (57 000 hab.); soieries, foires.

Dans la Toscane : *Pise* (50 000 hab.), sur l'Arno, qui y formait autrefois un port très-florissant, comblé par les alluvions; ébénisterie, poterie, chapeaux de paille; — *Prato* (36 000 hab.); ouvrages en cuivre, draps, calottes et bérets, chapeaux de paille; — *Lucques*, en italien *Lucca* (65 000 hab.); soie, lainage, huile d'olive; — *Sienne*, en italien *Siena* (22 000 hab.); marbres dit brocatelles de Sienne, vins; — *Arezzo* (37 000 hab.); draps pour l'armée.

Dans l'Ombrie : *Pérouse*, en italien *Perugia* (42 000 hab.); tapis, draps, feutres; — *Orvieto*; vins.

Dans les Marches : *Urbin*, en italien *Urbino*; aiguilles.

Dans le territoire Napolitain : *Foggia* (25 000 hab.); laines, grains, bétail, foires; — *Caserte* (30 000 hab.); soie, vins; — *Avellino* (20 000 hab.); châtaignes et noisettes

Dans la Sicile : *Modica* (31 000 hab.); bestiaux renommés; — *Nicosia;* mines de mercure, sel gemme, pétrole, bitume et soufre.

Dans la Sardaigne : *Sassari* (24 000 hab.); huile, tabac.

§ 6. Principaux ports.

Sur la côte occidentale, on remarque, au premier rang, **Gênes,** en italien *Genova* (140 000 hab), patrie de deux grandes gloires de la navigation, Christophe Colomb et André Doria; elle s'étend en amphithéâtre au fond d'un golfe, et fait un vaste commerce qui, chaque année, s'élève à plus de 400 millions de francs. Son mouvement maritime est de 20 000 navires (y compris le cabotage) et de 2 700 000 tonneaux. Sur ce nombre, 6000 navires et 1 500 000 tonneaux figurent dans la navigation avec l'étranger. Les pays avec lesquels Gênes entretient surtout des relations, sont la France, l'Angleterre, la Russie, la Suisse, le Levant. — La France lui expédie pour un chiffre normal de 70 millions de produits; elle est également le plus important débouché commercial de ce port, et en reçoit des marchandises pour une valeur de 26 millions de francs. La Suisse vient après. Les principaux articles envoyés à Gênes sont les grains, le sucre, les métaux, les tissus, le café, la houille, les spiritueux, les laines; les articles d'exportation sont le riz, l'huile d'olive, le papier, la soie grège, la bijouterie (de corail particulièrement), les fromages, le beurre, les pâtes alimentaires. Il y a, soit dans la ville, soit dans les environs, des manufactures de soieries, de velours, des tanneries, des filatures, des métiers d'étoffes d'or, des fabriques d'orfévrerie, etc.

Livourne, en italien *Livorno,* en anglais *Leghorn* (96 000 hab.), port très-commerçant, dans la Toscane, un des entrepôts les plus considérables de la Méditerranée, entretient des relations constantes avec l'Angleterre, Marseille, les autres ports du littoral méditerranéen, les Échelles du Levant. — La Grande-Bretagne lui adresse des cotons filés, des tissus, des denrées coloniales, du fer; la France lui fournit des articles de luxe, des vins fins, etc. Elle livre à l'étranger des huiles, de la potasse, des tissus de soie, des soies grèges, du suif, des chapeaux de paille, des huiles, des céréales, de la draperie, du corail, des écorces de chêne-liége, des marbres, des albâtres, des éponges, de la potasse, etc. Livourne reçoit surtout ses importations de l'Angleterre. Les articles adressés par la France sont des tissus de coton et de fil, des soieries, des sucres, de la quincaillerie, de la coutellerie, des tissus de laine, des articles de mode, de la lingerie, des denrées coloniales, etc. L'importation est de 200 millions de francs. L'exportation, de 100 millions. Le mouvement du port, pour le long cours, est d'environ 8 000 navires (avec 1 600 000 tonneaux).

Naples, en italien *Napoli* (450 000 hab.) la plus grande ville du royaume, se déploie au fond du golfe du même nom. — Malgré son admirable situation et sa population considérable, Naples n'est pas une ville commerçante au premier chef. Son mouvement maritime est de 5000 navires, jaugeant 1 000 000 de tonneaux, dont un tiers pour le long cours. Il y existe quelques grands établissements manufacturiers ; on y fabrique le célèbre macaroni, des cordes harmoniques, des essences, des soieries, des tissus divers, des tapis, etc. — On exporte du soufre, des amandes, des vins.

Parmi les ports moins considérables, remarquons, sur le même versant, en commençant par le nord, dans la Ligurie : *San-Remo*, qui fait commerce d'huile et de citrons ; — *Port-Maurice*, en italien *Porto-Maurizio* (10 000 hab.), d'où l'on exporte des pâtes, des huiles estimées, du riz, des vins, du chanvre, des fruits secs, des oranges ; — *Savone* (25 000 hab.), qui a donné son nom au savon, et qui a des tanneries, des hauts fourneaux, des verreries, des fabriques de faïences ; — *Chiavari*, qui n'a pas de port proprement dit, et seulement une plage difficile, mais dont les habitants se distinguent par leur intelligence commerciale ; — *La Spezia*, destinée à devenir un grand port militaire.

Dans la Toscane : *Piombino*, située en face de l'île d'Elbe, dont elle est séparée par un canal de 8 kilomètres de large ; — *Porto-Ferrajo*, chef-lieu de l'île d'Elbe, et qui exporte du sel, des marbres, du fer, du thon, des sardines.

Dans l'ancien royaume de Naples : *Gaëte*, port vaste, mais complétement mort pour le commerce ; — *Castellammare*, avec des chantiers de construction et des eaux minérales célèbres ; — *Salerne*, autrefois port important, aujourd'hui sans activité, siége cependant de foires considérables ; — *Amalfi*, port insignifiant à présent, mais fameux au moyen âge par son immense commerce, et qui fut l'un des berceaux de l'usage de la boussole en Europe; — *Reggio* (30 000 hab.), sur le détroit de Messine, à l'extrémité de la Calabre; trait d'union commercial entre une partie de l'Italie méridionale et la Sicile.

Sur le versant de la mer Adriatique, figure, au premier rang, **Venise**, en italien *Venezia*, en allemand *Venedig* (120 000 hab.), près de l'embouchure de la Brenta. Cette capitale de la Vénétie a perdu la splendeur dont elle brillait quand elle était une des plus puissantes républiques du monde; mais elle tend à se relever depuis que, délivrée du joug de l'Autriche, elle marche dans une voie plus libre. — On sait quelle curieuse, mais anomale situation lui a été assignée au milieu des lagunes, que menacent de fermer des sables amoncelés. Le *Canal Grande* franchit toute la ville, et d'innombrables canaux moins considérables, constamment parcourus par des barques, forment le réseau de ses rues. Un viaduc hardi, construit sur les lagunes, la relie à la terre ferme. Des passes de quelques mètres de profondeur seulement lui permettent de communiquer avec la mer. — Venise est un port franc, qui importe des grains, du coton, des articles de quincaillerie, des denrées coloniales, et qui exporte des cordages, des graines oléagineuses, du chanvre, des soieries, des verroteries, quelques objets de luxe; ses transactions commerciales s'élèvent à 150 millions de francs. Le mouvement du port est de 10 000 navires, dont 1800 pour le long cours; son commerce est surtout actif avec Trieste, la Dalmatie, le Levant.

Chioggia (27 000 hab.), autre port de la Vénétie, fait un grand commerce de sel et de poisson; — *Rimini*, dans la Romagne, se livre aussi au commerce du poisson, ainsi qu'à celui du soufre et de la soie. — *Pesaro* et *Sinigaglia* sont de petits ports des Marches; le dernier a les foires les plus célèbres de l'Italie; — La ville principale des Marches est **Ancône** (35 000 hab.), port franc et très-important, mais insuffisant pour les grands vaisseaux; point de relâche des bateaux à vapeur du Lloyd autrichien; on y fait le commerce de chanvre, de cordages, de peaux d'agneau, de laine, principalement avec l'Angleterre, l'Autriche, la France, les Échelles du Levant; en tout, 70 millions de francs d'affaires.

Dans le territoire Napolitain, on remarque : *Manfredonia*, qui exporte du sel et des grains ; — *Barletta* (27 000 hab.), port de pêche, qui expédie des graines, de l'huile, des fruits et du sel ; — *Bari* (34 000 hab.), port aujourd'hui presque ensablé, cependant toujours assez commerçant ; — *Brindisi* (l'ancienne *Brindes*, si célèbre du temps des Romains), fort déchue aujourd'hui, mais appelée à redevenir port de premier ordre ; — *Otrante*, qui a donné son nom au canal par lequel la mer Ionienne communique à l'Adriatique ; — *Tarente*, en italien *Taranto* (20 000 hab.), au fond du golfe du même nom et principal port de l'Italie sur la mer Ionienne ; commerçante en vins excellents de son territoire, et en produits de pêche.

La grande île de SARDAIGNE (en italien *Sardegna*) occupe une importante position entre la France, l'Italie, l'Espagne, l'Afrique. Ce pays, généralement montagneux, est insalubre sur les côtes, souvent basses et marécageuses ; l'*intemperia* sarde fait de nombreuses victimes. Le sol est fertile, mais mal cultivé. — La population n'est que de 24 habitants par kilomètre carré. — Les districts miniers sont nombreux, mais généralement mal exploités : on y trouve des gisements de galène (plomb sulfuré), de fer, d'anthracite, de zinc, et des salines. — Le port principal est, au sud, **Cagliari** (30 000 hab.), l'un des meilleurs de la Méditerranée. — Citons encore, au N. O., *Porto-Torres*, qui sert de port à Sassari, et, au nord, *Maddalena*.

La SICILE, grande île de la Méditerranée, une des plus belles terres du midi de l'Europe, est séparée de l'Italie par le Phare de Messine, trop connu par sa navigation dangereuse. Elle est montagneuse, mais bien arrosée ; malheureusement la culture n'y répond pas à la fertilité du sol. L'*Etna*, qui la domine à l'E., la trouble trop souvent de ses éruptions. Les productions minérales sont le **soufre**, en abondance, le fer, le cuivre, le plomb, l'alun, le porphyre. On commence à s'y occuper avec profit de la culture du coton. En 1864, la quantité totale du coton exporté de Sicile a été évaluée à 16 millions de kilogrammes, d'une valeur moyenne de 4 francs le kilogramme. Mais un rendement plus important, c'est la production des **vins** : les plus estimés sont ceux du Phare ou de Messine, de Milazzo, de Catane, de Riposto, de Syracuse et de Marsala. La pêche, principalement celle du thon, est une des branches lucratives du commerce; on en expédie pour 2 millions de francs à l'étranger. On exporte pour une somme de 600 000 francs d'anchois et de sardines. Les plus considérables pêcheries sont celles de Messine.

La capitale est **Palerme** (200 000 hab.), port très-commerçant, au bord d'un beau golfe du même nom. L'exportation s'élève à 23 millions de francs. Les articles principaux sont les fruits, le soufre, les huiles, le sumac. L'importation est de 30 millions. La France y entre pour 11 millions de francs, et envoie des spiritueux, des objets manufacturés, des articles de mode, des sucres, etc.

Messine (100 000 hab.), sur le détroit du même nom, est un centre important du commerce sicilien et une étape très-fréquentée entre le Levant et l'Europe occidentale. L'ensemble du mouvement de ce port représente une valeur annuelle de 63 millions de francs. La France lui expédie pour 13 millions de francs.

On remarque ensuite : **Catane**, en italien *Catania* (68 000 hab.), environnée de territoires très-riches; industrieuse en soieries, coton, ouvrages en ambre, en corail, en lave, et commerçante en grains, olives, etc. — *Syracuse*, en italien *Siracusa*, ville déchue, mais qui était dans l'antiquité un des premiers ports du monde ; elle fait encore commerce de thon, d'huile, de vins fins ; — *Girgenti* (autrefois *Agrigente*), bien loin de sa splendeur antique, importante cependant par le commerce du soufre qu'on y exploite et dont on exporte pour 12 millions de francs ; — *Marsala* (30 000 hab.), entourée de vignobles renommés ; — *Trapani* (30 000 hab.), avec les salines les plus considérables de l'Italie ; — *Termini*, port assez commerçant de la côte nord, avec des eaux minérales très-fréquentées.

§ 7. Voies de communication.

Voies navigables. — La disposition physique de l'Italie, qui lui permet des communications maritimes si faciles entre la plupart des points importants du pays, compense la navigation intérieure assez défectueuse. Le plus grand fleuve lui-même, le *Pô*, n'est navigable que très-imparfaitement, à cause de la rapidité, des bas-fonds et des rochers de son cours ; néanmoins les branches entre lesquelles il se partage vers son embouchure, et les canaux qui en sont dérivés, ont de l'importance pour le transport des marchandises. L'*Adige* est aussi trop rapide ; il porte néanmoins, depuis Vérone jusqu'à la mer, des bateaux lourdement chargés. La *Brenta*, le *Bacchiglione*, le *Mincio*, l'*Oglio*, l'*Adda*, le *Tésin*, sont aussi navigables quelque temps. — Le *Tibre* porte de très-petits bâtiments jusqu'à Rome ; il encombre de vase son embouchure, où fut jadis le port célèbre d'Ostie, aujourd'hui inutile.

L'*Arno*, navigable depuis Florence, devient, par les alluvions, impraticable dans sa partie la plus voisine de la mer ; et Pise, si brillante autrefois, doit en grande partie la ruine de son commerce à ces atterrissements. Pour obvier autant que possible à ce malheur, on a creusé un canal de *Pise à Livourne*. On a établi, dans le même pays, un *canal entre les deux Chiana*, l'une affluent du Tibre, l'autre de l'Arno. — Parmi les canaux navigables assez nombreux qui ont été formés dans le bassin du Pô, les plus remarquables sont le *Naviglio Grande*, qui va du Tésin à l'Olona (la rivière qui passe à Milan), et le *Canal Bianco*, entre le Pô et l'Adige.

Les lacs vastes et profonds du nord de l'Italie sont aussi des voies de navigation très-importantes : sur le lac de *Garde*, sur celui de *Côme* et sur le lac *Majeur*, il circule un grand nombre de barques de commerce et de bâtiments à vapeur pour les voyageurs.

Chemins de fer. — Les principaux chemins de fer déjà construits sont ceux qui conduisent de *Milan* à *Venise*, par *Vérone*, *Vicence* et *Padoue*, avec embranchements sur *Mantoue*, sur *Trente* et *Botzen* (dans le Tyrol), sur *Crémone*, sur *Ferrare*, etc. ; — de *Venise* à *Trévise* et *Udine*, dans la direction de *Trieste* et de *Vienne* ; — de *Milan* à *Côme* ; — de *Milan* à *Pavie* et *Alexandrie*, à *Lodi* et *Plaisance* ; — de *Turin* à *Alexandrie* et *Gênes* ; — de *Turin* à *Coni*, avec embranchements sur *Pignerol* et sur *Saluces* ; — de *Turin* à *Novare* et *Milan*, avec embranchements sur *Ivrée*, sur *Casale*, etc. ; — de *Turin* aux *Alpes*, vers le *mont Tabor* et le *mont Cenis*, où la chaîne sera coupée par un tunnel, dans la direction de *Chambéry*, de *Lyon* et de *Paris*; — d'*Alexandrie* à *Plaisance*, *Parme*, *Modène*, *Bologne*, *Ancône*, *Foggia*, avec embranchements sur *Ferrare* et sur *Ravenne*; — de *Florence* à *Pise* et *Livourne*, par *Lucques*, d'une part, et par *Empoli*, de l'autre; — d'*Empoli* à *Sienne* et *Chiusi*; — de *Livourne* à la frontière des *États de l'Église*; — d'*Ancône* à *Rome*, par *Foligno*; — de *Rome* à *Naples*, par *Albano*, *Capoue* et *Caserte*; — de *Rome* à *Civita-Vecchia*; — de *Naples* à *Salerne*, etc.

En Sicile, on remarque le chemin de *Palerme* à *Termini*.

Le développement des chemins de fer en exploitation est de 5000 kilom.; celui des lignes télégraphiques de l'État, de 16 000 kilom.

Routes. — Il y a trois sortes de routes : les nationales, les provinciales, les communales. La longueur totale des routes nationales et provinciales est de 30 000 kilom. Ces voies sont encore, sur bien des points, l'unique moyen de communication. On a pu le remarquer, les lignes ferrées étendent leurs réseaux principalement dans le nord; le sud en a peu; la Sardaigne n'en a pas encore.

L'Italie est mise en communication avec la France, l'Allemagne, la Suisse, par de belles routes tracées à grands frais au milieu des Alpes. — L'une des principales est celle du *Simplon*, admirable voie qui joint Genève à Milan et qui, faite par les ordres de Napoléon Ier, a été achevée en 1805. Les routes du mont Genèvre et du mont Cenis, vers la France ont été également construites sous le premier empire. — La route de Nice à Turin par le col de *Tende* et celle de Chambéry à Aoste, par le col du *Petit Saint-Bernard*, joignent encore la France à l'Italie. — Du côté de la Suisse et de l'Allemagne, il faut remarquer la route de Genève à Aoste, par le col du *Grand Saint-Bernard*; — la route de Zürich à Milan, par le col du *Saint-Gothard*; — la double route de Coire à la Lombardie et au Piémont, par le *Splügen* et par le *Bernardino*; — la route de Finstermünz à Trente, par *Botzen* et le col de *Reschen*; — la route d'Inspruck à Trente et à Vérone, par *Botzen* et le col du *Brenner*; — la route d'Inspruck à Milan, par le col du *Stelvio*; — la route de Trente à Milan, par le col du *Torral*.

La magnifique route de la *Corniche* est une voie littorale allant de Nice à La Spezia.

Dans l'intérieur même de l'Italie, distinguons la route de Savone à Ceva, par le col de *Cadibone*, qui sépare les Alpes des Apennins ; — la route de Gênes à Turin, qui franchit les Apennins, par le col de la *Bocchetta* ; — celle de Gênes à Plaisance, par le col de *Montebruno* ; — la route de Florence à Bologne, par le col de *Pietramala*.

§ 8. Commerce.

Les nations qui entretiennent surtout avec l'Italie des relations commerciales sont : d'abord, la France, ensuite la Grande-Bretagne, l'Autriche, la Suisse, la Turquie, la Russie, les Pays-Bas, la Belgique, la Grèce, l'Égypte.

Importations. — Les principaux objets d'importation sont les métaux, la houille, les laines, les cotons, la quincaillerie, les matières tinctoriales, les denrées coloniales, les sucres bruts, les céréales, les bestiaux, une foule d'articles manufacturés, des tissus, des articles de Paris, de la verrerie, des poissons salés, des huiles minérales, etc.

Exportations. — Les principaux objets d'exportation sont le soufre, les marbres, le corail, la garance, la soie, les vins, les huiles, les fruits, les fromages, le riz, le miel, le thon mariné, les cornes, les os, les peaux brutes, les laines, les mules, le chanvre, les pailles, les pâtes alimentaires, les instruments de musique, le rosoglio.

Le commerce de transit s'élève à 60 millions de francs.

Le total des importations est de 1 200 000 000 de fr. Celui des exportations ne monte qu'à 700 millions.

Commerce avec la France. — Les principaux articles envoyés par la France en Italie sont la mercerie et les tissus de coton, de laine et de soie, pour 100 millions de fr. ; les vins, les sucres, les armes, de la coutellerie, des outils, des instruments aratoires, de la poterie. Le tout pour une valeur approximative de 350 millions. — Notre pays reçoit de l'Italie des soies brutes, pour 70 millions de fr. ; des huiles, du soufre, des marbres, de la garance, de la potasse, des peaux brutes ; le tout représentant 250 millions.

En résumé, nous envoyons en Italie des objets provenant de notre fabrication; et l'Italie nous adresse les produits naturels de son sol.

Les places avec lesquelles nous sommes le plus en relation sont Gênes, Livourne, Turin, Milan.

Effectif de la marine. — La marine marchande du royaume d'Italie compte environ 17 000 navires et 700 000 tonneaux. Il y a dans ce nombre 95 navires à vapeur. Plus de 340 navires font des voyages de long cours; 1500, le grand cabotage.

Mouvement de la navigation. — Le mouvement de la navigation générale dans les ports du royaume (la Vénétie non comprise) a été, en 1865, pour les opérations du commerce, de 37 500 navires (jaugeant 6 700 000 ton!.). — Le cabotage, dans la même année, a été de 178 000 navires, jaugeant 9 500 000 tonneaux.

§ 10. Monnaies, mesures, etc.

Les monnaies, les poids et les mesures du royaume sont les mêmes que ceux de la France. Cependant les poids et mesures décimaux ont encore peu pénétré dans l'île de Sardaigne, qui fait usage des suivants :

MESURES DE LONGUEUR.

Palme = $0^m,2625$. — Trabucco = 12 palmes. — Canna = 8 palmes.

MESURES DE SUPERFICIE.

Restiera ou rasiera = $139^{ares},535$.

MESURES DE CAPACITÉ.

(Céréales). Starello ou moggio (de 8 imbuti) = $49^{lit},17$. — Rosiero ou restiero = 3 ½ starelli. — (Vin). Quartiere = $5^{lit},026$. — Batto = 100 quartiere = 5 hectolitres. — (Huile). Baril de $33^{lit},6$.

POIDS.

Livre = $405^{gr},77$. — Cantarello = 4 rubbi ou 104 livres. — Cantaro = 100 livres.

Pour les mesures itinéraires, outre le kilomètre, on fait encore, dans toute l'Italie, un fréquent usage du mille d'Italie, de 60 au degré = $1^{kil},854$.

Institutions de crédit du royaume d'Italie. — Banque nationale, banque de Naples.

ÉTATS DE L'ÉGLISE.

§ 1. Population.

Les États de l'Église, appelés aussi États Pontificaux ou États Romains, considérablement restreints par les événements qui ont donné naissance au royaume d'Italie, s'étendent entre la mer Tyrrhénienne et les Apennins, dans un territoire appelé la *Campagne de Rome*, au S., et le *Patrimoine de Saint-Pierre*, au N. Le *Tibre* les parcourt du N. au S.

La population ne dépasse pas 700 000 habitants, sur une superficie de 12 000 kil. carrés.

Le pays offre, surtout vers le S., des campagnes tristes, dépeuplées, où règne un air malsain. Cependant on a fait de grands efforts pour assainir certaines parties, et les marais pestilentiels d'*Ostie*, vers l'embouchure du Tibre, viennent d'être desséchés. Les récoltes de céréales sont souvent abondantes, mais l'agriculture ne fait aucun progrès. L'élevage des troupeaux seul est poursuivi avec intelligence. La laine des moutons, de bonne qualité, est une des bases principales des produits agricoles; on fait, dans la Campagne de Rome, des fromages estimés.

§ 2. Villes principales, commerce.

Rome (215 000 hab.), la métropole de la catholicité, la ville des plus grands souvenirs, est une place d'un intérêt très-secondaire au point de vue commercial. Son port fluvial (sur le Tibre) est sans animation; néanmoins, de petits bâtiments y parviennent, quoique à grand'peine, apportant des denrées coloniales, du poisson sec et salé, des vins, de l'épicerie, etc. Ils se chargent, pour le retour, de céréales, de pouzzolane, de potasse, d'alun. Rome compte quelques fabriques de soieries, d'indiennes, de draps; des ouvriers habiles y préparent des camées, des mosaïques, des médailles, des couleurs (*sépia*, etc.).

Civita-Vecchia (12 000 hab.), le premier port des États de l'Église, arsenal de la marine de l'État, est en relation directe avec la plupart des ports commerciaux de la Méditerranée par des lignes régulières de paquebots. On peut considérer cette place comme le véritable port de Rome ; les transactions ont surtout lieu avec Marseille, Livourne, Gênes, l'Angleterre, l'Espagne et la Hollande. L'ensemble normal des échanges de ce port est de 30 millions de francs.

La France et l'Algérie envoient à Civita-Vecchia des céréales, de la mercerie, des tissus, des cuirs tannés, des vins, des denrées coloniales, pour une valeur totale de 10 millions ; le commerce d'importation est beaucoup plus important que celui d'exportation. — Civita-Vecchia n'expédie à l'étranger que pour 3 millions de marchandises ; l'exportation consiste surtout en laines de moutons mérinos. Le mouvement annuel de la navigation est de 1 400 navires.

Remarquons encore, parmi les localités commerçantes, *Montefiascone* (6000 hab.), d'où l'on expédie des vins muscats estimés ; — *Viterbe* (14 000 hab.), qui exploite et expédie de l'alun et du vitriol.

Le **Mouvement commercial** peut être évalué à 4 millions pour l'importation et à 3 millions pour l'exportation.

La France occupe la première place dans le commerce extérieur des États de l'Église. Marseille absorbe la plus grande partie de l'intercourse. Les transports entre Civita-Vecchia et Rome se font aisément par la ligne ferrée.

Effectif de la marine marchande au 31 décembre 1859 dans les ports de la Méditerranée (les seuls qui soient restés aux États de l'Église) : 298 navires, jaugeant 4 658 tonneaux et montés par 877 hommes.

§ 3. Monnaies, mesures, etc.

Le gouvernement pontifical vient d'adopter les monnaies décimales de la France (la *lire* remplaçant le franc) ; cependant on fait encore usage des suivantes : le scudo (5 fr. 38 c.), divisé en 10 paoli ou 100 baïoques ; — le teston = 30 baïoques ; — le papetto ou lire = 20 baïoques ; — la pistole = 17 fr. 28 c. ; — le sequin = 11 fr. 80 c.

MESURES DE LONGUEUR.

Pied = 0^m,2976. — Pas = 5 pieds. — Canna mercantile (aune), divisée en 8 palmes ou 24 parties = 1^m,9926. — Canna architettonica

= $2^m,2319$ = 10 palmes. — Canna d'ara (9 palmes) = $1^m,125$. — Braccio di mercanto = $0^m,670$. — Braccio pour les toiles = $0^m,635$. — Braccio d'ara = $0^m,75$. — Pas des architectes = 3 palmes des architectes.

MESURES DE SUPERFICIE.

Rubbio = $184^{ares},46$.

MESURES DE CAPACITÉ.

(Matières sèches). Rubbio (de 16 starelli) = $294^{lit},46$. — (Vin.) Le baril de $58^{lit},34$ se divise en 32 boccali de 4 fogliette. — (Huile.) Le baril de $57^{lit},48$ est divisé en 28 boccali de 4 fogliette. — La soma = $164^{lit},23$.

POIDS.

La livre (libbra) = $339^{gr},16$, divisée en 12 onces de 24 denari. — Le denaro = 24 grani. — La decina = 10 livres. — Le rubbio de blé = 640 livres.

Institution de crédit. — Banque des États Pontificaux.

MALTE.

A l'Italie se rattache physiquement l'île de *Malte*, possession de l'Angleterre, avec ses deux petites annexes, *Gozzo* et *Comino*; c'est une station de la plus grande importance, à l'endroit peu large qui sépare les deux grands bassins dont se compose la Méditerranée, entre l'Europe et l'Afrique, entre le Levant et l'Europe occidentale. Ce n'était qu'un rocher, que les chevaliers de Malte ont rendu fertile à force de soins et en apportant même de la terre de la Sicile. La petite île s'est couverte de villes, de villages, de cultures admirables, dont les fruits, les oranges surtout, sont le principal produit; et elle a acquis la population la plus dense de l'Europe : 100 000 habitants, sur 255 kil. carrés, c'est-à-dire 392 habitants par kil. — Son chef-lieu, *La Valette* (60 000 âmes), est un port des plus animés ; 6 000 navires le visitent annuellement, et il s'y fait pour 100 millions d'affaires.

Malte est rattachée, par des câbles sous-marins, à la Sicile, et, de là, à l'Italie et aux îles Ioniennes; elle l'est aussi à Tripoli, en Afrique, d'où part une ligne sous-marine qui touche à Benghazy, puis se rend à Alexandrie.

Les Maltais sont des marins exercés et courageux, des commerçants intelligents et des colons excellents, dont on voit un assez grand nombre en Algérie.

LEÇON X.

ESPAGNE ET PORTUGAL.

ESPAGNE.

(SUPERFICIE : 465 000 kilom. carrés. — POPULATION : 16 000 000 d'habit.).

§ 1er. Introduction : Situation, Divisions générales physiques et politiques.

L'Espagne constitue, avec le Portugal, une vaste presqu'île, située à l'extrémité S. O. de l'Europe, bornée au N. E. par la France, dont les Pyrénées la séparent, et entourée, des autres côtés, par la Méditerranée et par l'océan Atlantique, qui forme, au N. de cette presqu'île, la mer de *Biscaye* (appelée aussi mer *Cantabrique*, mer de *France* ou golfe de *Gascogne*). Le détroit de *Gibraltar*, qui unit l'Atlantique et la Méditerranée, sépare la pointe méridionale de la péninsule de la pointe N.-O. de l'Afrique. L'Espagne est ainsi tout à fait isolée, et elle semble en dehors du courant général de l'Europe ; mais sa belle situation maritime, ses côtes d'environ 3000 kil. d'étendue, la rattachent à tous les pays du monde, et particulièrement à tous les rivages de la Méditerranée, à l'Afrique, à l'Europe occidentale, enfin à l'Amérique, en face de laquelle elle s'avance.

Le cap *Finisterre* forme l'extrémité N. O. de cette presqu'île ; le cap *da Roca* en est le point le plus occidental ; la pointe de *Tarifa*, le point le plus méridional, et le cap *Creus* la termine au N. E.

L'Espagne, dont la latitude moyenne est au 40e degré, a une température très-chaude à l'E. et au S., douce et agréable à l'O., humide au N. O, assez froide au milieu, à cause de l'élévation du sol. Le vent brûlant nommé *solano* exerce souvent une influence funeste sur les côtes de l'E. et du S. E. Les tremblements de terre ont fréquemment ravagé le S. de l'Espagne.

La péninsule offre vers son centre un vaste et haut plateau ; elle est presque partout couverte de **montagnes**, dont les principales sont les *Pyrénées*, vers la France; les monts *Cantabres*, qui s'étendent dans le N. O.; les monts *Ibériques*, qui se prolongent du N. au S., depuis l'extrémité occidentale des Pyrénées jusqu'au détroit de Gibraltar, et qui portent au S. le nom de *Sierra Nevada;* la *Sierra Morena,* pleine de rochers escarpés, dans le S. O.; la *Sierra de Guadarrama* et les monts de *Tolède,* au milieu.

Les monts Ibériques divisent l'Espagne en deux grands versants : 1° celui de l'E., exposé vers la Méditerranée, et arrosé par deux fleuves principaux, l'*Èbre* et le *Jucar;* 2° celui de l'O., incliné vers l'océan Atlantique, et arrosé par le *Miño* ou *Minho,* le *Duero* ou *Douro,* le *Tage,* la *Guadiana* et le *Guadalquivir.*

Le royaume est divisé en 13 capitaineries générales, subdivisées (sans y comprendre les *Baléares* et les *Canaries*) en 47 provinces, qui portent généralement le nom de leur chef-lieu.

On trouve d'abord, comme pays maritimes, au N. O. et au N., le long de la mer Biscaye : la *Galice,* les *Asturies,* la *Vieille-Castille,* les *provinces Basques* (*Guipuzcoa, Biscaye, Alava*); — à l'E. et au S. E., sur la Méditerranée : la *Catalogne,* le *royaume de Valence,* le *royaume de Murcie;* — au S., sur le détroit de Gibraltar et sur les deux mers qu'il réunit : l'*Andalousie* (avec le *royaume de Grenade*).

Dans l'intérieur, sont la *Navarre,* le *royaume d'Aragon,* du côté de la France; le *royaume de Léon* et l'*Estrémadure,* du côté du Portugal, et la *Nouvelle-Castille,* au centre.

§ 2. Population.

Il y a en Espagne 16 millions d'habitants, qui, répandus sur une superficie de 465000 kil. carrés, donnent 35 individus par kil. carré. C'est une belle population, loyale, fidèle à sa parole, capable de grandes conceptions, mais trop souvent indolente. Du reste, « chaque province offre des nuances beaucoup plus tranchées que les autres états de l'Europe, parce que le défaut d'industrie, la difficulté des communications, les barrières naturelles qui séparent les peuples, sont autant d'obstacles à ces relations multipliées qui finissent par répandre sur la population d'un état une teinte uniforme.... Le Biscayen est fier, irascible, emporté ; le Galicien est triste, sérieux, peu sociable, mais laborieux et plein de courage ; le Catalan est violent, indocile, infatigable ; l'Aragonais est attaché à ses antiques coutumes et enthousiaste de son pays ; le Castillan est grave, sévère, orgueilleux et insouciant ; l'habitant de l'Estrémadure est pétri d'indolence et de vanité ; l'Andalous se distingue par son arrogance et sa jactance : on l'appelle le *Gascon de l'Espagne*; le Murcien, lent et lourd, est le peuple le plus ignorant et le plus soupçonneux de la péninsule ; le Valencien est inconstant, léger, gai, affable et industrieux. Considéré en masse, on peut dire du peuple espagnol que le fond de son caractère est une grande circonspection, le noble orgueil de l'honneur et de la probité, une constante résolution dans ses entreprises et une sorte d'aversion pour les nouveautés dont l'utilité ne lui est pas démontrée. Il a beaucoup d'affabilité et de politesse dans les manières[1]. »

« C'est, dit M. Thiers, une nation forte, orgueilleuse, aussi fière du souvenir de sa grandeur passée que si cette grandeur existait encore, ayant perdu l'habitude des combats, mais capable des plus courageux dévouements. »

Sa frugalité et son abstinence sont passées en proverbe.

L'Espagne est un des pays de l'Europe où l'instruction du peuple a fait le moins de progrès.

La langue espagnole, noble, sonore et poétique, est un des idiomes nés du latin ; mais elle renferme aussi un grand nombre de mots dérivés de l'arabe, du tudesque et du celtique. C'est en Castille qu'on la parle avec le plus de pureté. Le catalan, répandu dans le N. E., est une langue distincte, dans laquelle ont été rédigés plusieurs ouvrages et de célèbres cartes marines du moyen âge. Le basque est une langue tout à fait à part.

§ 3. Produits agricoles, Mérinos, etc.

Produits végétaux. — Les produits agricoles sont abondants et pourraient l'être beaucoup plus encore. Pres-

---

1. Malte-Brun, *Géographie universelle*.

que partout on cultive le blé, le seigle, l'orge, le maïs et le chanvre. Les blés espagnols sont excellents. Le royaume de Léon, l'Estrémadure, les deux Castilles, l'Aragon, l'Andalousie et le royaume de Murcie produisent le plus de froment; la Biscaye, la Navarre et la Catalogne, le plus de seigle; les royaumes de Grenade et de Séville (dans l'Andalousie) fournissent le plus d'orge, grain fort employé pour la nourriture des bestiaux.

Les *oliviers*, qui donnent une huile excellente; les mûriers, qui nourrissent des vers à soie renommés; la barille, qui donne la soude; le riz, la canne à sucre, le cotonnier, l'anis, le maïs, le safran, le caroubier, le lentisque, le figuier, le grenadier, l'oranger, le citronnier, la vigne, le roseau appelé *sparte*, dont on fabrique la sparterie, abondent dans les provinces riveraines de la Méditerranée, surtout dans le royaume de Valence, qu'on a surnommé le *jardin de l'Espagne*. Les palmiers mêmes forment des forêts dans ce royaume. On y récolte des dattes excellentes.

Le café et l'indigo ont été acclimatés dans les régions méridionales.

Le versant de l'Atlantique, sans avoir la brillante végétation des côtes orientales, est riche en vignes, en oliviers, en céréales, en garance, en chênes aux glands doux, en chênes-liéges, et en chênes verts sur lesquels vit le kermès, insecte dont on tire une couleur écarlate.

Les pays du nord, l'Aragon, la Navarre, les Asturies, les provinces Basques, la Galice, ont des pâturages et des forêts; mais en général il y a peu de forêts en Espagne. La Galice, quoique une des moins riches provinces, possède du maïs, des châtaignes, des pommes de terre, du lin et du chanvre. Les deux Castilles, malgré la fertilité du sol, présentent des landes, de grands terrains nus, une végétation appauvrie et presque desséchée. — L'Estrémadure, qui, du temps des Romains, fut le grenier de l'Espagne, en est maintenant la région la plus pauvre.

Les *vins* sont une branche considérable d'exportation et en formeraient une beaucoup plus grande encore, si, pour la culture des vignobles et pour la fabrication du vin, on avait suivi le progrès des pays avancés de l'Europe. Les crus les plus renommés sont ceux d'*Alicante*, dans le royaume de Valence; — de *Malaga* et de *Velez-Malaga*, dans le royaume de Grenade; — de *Xerez*, de *San-Lucar* et de *Rota*, dans le royaume de Séville (Andalousie); du pays de la *Campine* (Cabra, Lucena), dans le royaume de Cordoue (aussi en Andalousie); — de *Carthagène*, dans le royaume de Murcie; — de *Manzanarès* et de *Val de Peñas*, dans la Nouvelle-Castille; — de *Peralta*, en Navarre; — de *Ribadavia* et de *Betanzos*, en Galice.

Les eaux-de-vie fabriquées avec les vins d'Espagne sont aussi un article important d'exportation.

Animaux. — L'Espagne tire des richesses considérables de la vente de ses laines. Ses **mérinos,** si renommés et originaires de l'Afrique, sont des animaux extrêmement précieux; mais la France et plusieurs autres contrées industrieuses ont introduit chez elles cette race et font une rude concurrence à la péninsule, où le lavage des laines et la fabrication des tissus de cette matière ne sont pas assez perfectionnés. Les troupeaux de mérinos se divisent en deux classes : les *sédentaires*, composés de 8000000 de têtes; et les *voyageurs* ou *transhumants*, qui en comptent environ 10000000. Ceux-ci appartiennent à la *Mesta*, société de grands propriétaires, qui est investie de priviléges extraordinaires. Ils voyagent par bandes de 1000 à 1200, sous la conduite de deux bergers; c'est surtout dans les Castilles, l'Estrémadure et l'Andalousie que la transhumance s'exerce. Les troupeaux quittent les montagnes en octobre, et vont, en quelque sorte, ravager les plaines jusqu'au mois de mai, époque où ils retournent sur les hauteurs. On attribue la dépopulation et la nudité de certaines provinces à ces migrations. Lorsque les bergers sont revenus dans leurs cantonnements d'été, on fait la tonte, qui s'exécute en grand sous de vastes hangars disposés pour recevoir jusqu'à 50 ou 60000 mérinos.

Il y a en Espagne environ 4 millions de chèvres.

Les bêtes à cornes sont peu nombreuses. La Galice, les Asturies et l'Andalousie en ont le plus. Les vaches des Asturies donnent le meilleur lait. La même province a de petits chevaux, vifs et légers; l'Andalousie nourrit des chevaux superbes, qui se rattachent aux races arabes. Ces deux pays et la Manche (partie S. de la Nouvelle-Castille), sont aussi renommés par leurs mulets, animaux plus employés en Espagne que le cheval comme bêtes de somme et de travail, et qui sont en grande partie importés de France.

On élève beaucoup de porcs dans les montagnes de l'Andalousie, dans le royaume de Léon et dans la Galice, dont les jambons sont les plus renommés de l'Espagne; la chair de ces animaux doit son goût délicat aux glands doux dont ils se nourrissent. Le miel est abondant, et l'on vante surtout celui de la province de *Cuenca* (Nouvelle-Castille). Les vers à soie ont, comme en France, beaucoup souffert de la maladie depuis une douzaine d'années. Des nuées de sauterelles dévastent quelquefois l'Andalousie et l'Estrémadure.

Les côtes espagnoles sont très-poissonneuses : les principales pêcheries sont celles du thon, de la sardine et de l'anchois.

Minéraux. — Les richesses minérales d'Espagne sont nombreuses, mais on n'en tire pas tout le parti possible. On a exploité autrefois des mines d'or, aujourd'hui abandonnées. Les mines les plus importantes sont celles de *plomb* (généralement argentifère), particulièrement dans les royaumes de Grenade, de Murcie, de Léon ; — celles de *mercure*, à Almaden, dans la Manche, — celles d'argent, à Guanalcanal, dans la Sierra Morena (Estrémadure); — du *fer* excellent en beaucoup d'endroits, mais particulièrement dans la Biscaye et la Catalogne; — beaucoup de *cuivre*, dont les plus puissants gisements sont dans la province de Huelva (Andalousie); — de la *houille*, provenant principalement des Asturies, qui produisent annuellement de 4 à 500 000 quintaux métriques de ce combustible ; il y en a aussi dans l'Andalousie, la Vieille-Castille, l'Aragon et la Catalogne. — Ajoutons le *sulfate de soude*, dont les mines s'exploitent en Navarre et dans la Vieille-Castille, sur les bords de l'Ebre; — de la *calamine* (minerai de *zinc*), dans les provinces de Santander (nord de la Vieille-Castille), dans la Biscaye et le Guipuzcoa, et dans le royaume de Murcie. Il y a, de plus, de l'antimoine, du cobalt, de l'arsenic, de l'étain, du manganèse, de beaux marbres (dans les Pyrénées, etc.), du porphyre, du sel gemme, en Catalogne, des marais salants, dans les royaumes de Valence, de Murcie, etc.

ESPAGNE.

§ 4. Industrie.

Longtemps tombée dans une complète nullité, après avoir été brillante au moyen âge, avec les Maures, et au XVIe siècle, à l'époque de la plus grande puissance espagnole, l'industrie de ce pays reprend depuis quelques années un assez grand développement : elle comprend des draps (dans la Vieille-Castille et la Catalogne); de belles soieries (à Valence); des tissus de coton (dans la Catalogne); des ouvrages en fer et en cuivre (dans la Biscaye et dans la Catalogne, dont les forges sont renommées); des fonderies de plomb (dans le royaume de Grenade et de Murcie); des cuirs et des peaux (dans l'Andalousie, la Vieille-Castille et la Catalogne); du savon, de la poterie et particulièrement des alcarrazas (dans les îles Baléares, la Nouvelle-Castille, etc.); de la sparterie (dans le royaume de Valence); des bouchons (en Catalogne); des chapeaux, du tabac.

§ 5. Centres d'industrie; Villes principales.

1° PAYS INTÉRIEURS :

Dans la **Nouvelle-Castille** : — *Madrid*, capitale de l'Espagne (300 000 hab.), au centre même du royaume, sur le Manzanarès, à 680 mètres d'altitude; sa position commerciale n'est pas avantageuse, à cause de son éloignement de la mer et de l'absence de rivière navigable. Son industrie n'est pas très-active non plus; on y fait cependant de la quincaillerie, de l'orfévrerie, de la porcelaine, des tapis.

Cuenca, commerçante en safran, vins et laines; — *Guadalaxara*, en blé, huile, fruits, miel, draps; — *Tolède*, en espagnol *Toledo* (16 000 hab.), avec des fabriques de draps, d'armes, d'étoffes de soie; — *Ciudad-Real*, sur la Guadiana; renommée par sa foire d'ânes et de mulets; — *Almaden*, fameuse par ses riches mines de mercure.

Dans l'**Aragon** : *Saragosse*, en espagnol *Zaragoza* (60 000 hab.), sur l'Èbre, avec des fabriques d'étoffes de soie et de draps fins, et un commerce de laines, de blés, de vins; — *Teruel*, commerçante en fer, houille et manganèse.

Dans la **Navarre** : *Pampelune*, en espagnol *Pamplona* (25 000 hab.). Il s'y tient de grandes foires en juillet, on y fabrique des jus de réglisse renommés, des cuirs, de gros draps, de la faïence, des objets en fer et en acier.

Dans le **royaume de Léon** : *Léon*, capitale de ce royaume, dans un territoire riche en mines de fer, de houille et de kaolin ; — *Zamora* sur le Duero, avec des mines d'étain ; — *Salamanque* (15 000 hab.), sur le Tormes, rivière importante par les irrigations auxquelles elle est employée ; — *Bejar* (18 000 hab.), siége d'un grand commerce de draps.

Dans l'**Estrédamure** (souvent nommée, moins exactement, *Estramadure*) : *Badajoz* (22 000 hab.), sur la Guadiana ; siége d'un commerce assez actif (surtout de contrebande) avec le Portugal ; — *Cacerès* (15 000 hab.), qui fabrique des poteries.

2° Pays maritimes :

En **Galice** : *La Corogne*, capitale de ce pays, *Le Ferrol*, *Vigo*, *Pontevedra*, ports (voir plus loin) ; — *Santiago* ou *Saint-Jacques de Compostelle* (27 000 hab.), ancienne capitale de la Galice, célèbre par sa vaste et double cathédrale gothique, but de nombreux pèlerinages, pour révérer les reliques des deux saints Jacques, et centre, par suite, d'un grand commerce de chapelets et d'images ; — *Lugo*, avec des sources thermales renommées ; — *Orense*, sur le Minho, commerçante en jambons, en chocolats, en toiles, en excellents vins de son territoire, et remarquable aussi par ses bains d'eaux thermales et sa grande fonderie d'étain.

Dans les **Asturies** : — *Oviedo*, capitale de cette principauté, avec une manufacture d'armes à feu ; — *Gijon*, port (voir plus loin).

Dans la **Vieille-Castille** : *Burgos* (25 000 hab.), capitale de la Vieille-Castille ; bien déchue de son ancienne splendeur et cependant encore importante par son commerce de vins, de grains, de laines, de houille ; — *Logroño*, sur l'Èbre, avec des foires importantes ; — *Soria*, jolie ville, sur le Duero, siége d'un grand commerce de laines fines; — *Ségovie*, remarquable par ses manufactures de draps, par un admirable aqueduc romain, et à 8 kilomètres de laquelle est *Saint-Ildefonse*, avec le château royal de *La Granja* et une célèbre manufacture de glaces; — **Valladolid** (40 000 hab.), au confluent de la Pisuerga et de l'Esgueva; importante par son commerce de blés, de vins, de toiles, de papiers, de cuirs et par les troupeaux de ses beaux pâturages; — *Palencia*, remarquable par ses vignobles; — *Ezcaray*, par ses draps; — *Avila*, avec des manufactures de draps et des mines d'argent, de cuivre et de plomb; — *Santander*, port (voir page 134).

Dans les **Provinces Basques**, qui se composent de la *Biscaye*, du *Guipuzcoa*, et de l'*Alava* : *Bilbao*, *Saint-Sébastien*, ports (voir page 134); — *Fontarabie*, en espagnol *Fuenterrabia*, sur la Bidassoa, à la frontière de la France; — *Irun*, ville frontière aussi et lieu de passage très-fréquenté sur le chemin de Madrid à Bayonne; — *Victoria*, capitale de l'Alava, intéressante par son commerce de vins, de liqueurs, de fer, de chevaux; — *Tolosa*, avec des fabriques de draps, de toiles de fil et de coton.

Dans la **Catalogne** : *Barcelone*, capitale de ce pays, *Mataro*, *Tarragone*, *Tortose*, ports (voir page 131); — *Vich*, importante par ses fabriques de toiles, ses filatures de coton et par ses mines de cuivre et de houille; — *Girone* (en espagnol *Gerona*), commerçante en huiles et en fruits secs; — *Olot*, pleine de manufactures de tissus de coton et de lainages; — *Reus*, ville moderne, animée par de nombreuses manufactures (soie, velours, rubanerie, taffetas, filatures de coton, etc.) et peuplée déjà de 30 000 âmes; — *Ripoll*, ville industrielle et qui possède des manufactures d'armes; — *Sabadell*, *Tarrasa* (près de Barcelone), qui ont de grandes manufactures de draps; — *Lerida* (26 000 hab.), qui a d'importantes magnaneries; — *Cardona*, intéressante par ses riches mines de sel gemme.

La petite république d'**Andorre**, située entre la Catalogne et le département français de l'Ariége, au milieu des Pyrénées, et placée sous la protection de la France et de l'Espagne, a pour produits les troupeaux, le fer et le plomb.

Dans le royaume de **Valence** : *Valence*, capitale de ce royaume, *Alicante*, ports (voir page 132) ; — *Castellon de la Plana*, dans un pays très-fertile en produits divers ; — *Elche*, ville industrielle, où l'on fabrique beaucoup de sparterie, et à côté de cultures renommées de dattiers ; — *Alcoy* (32 000 hab.), importante par ses fabriques de draps et de papiers ; — *Orihuela*, sur la Segura, dans une plaine fertile, qu'on a surnommée le Jardin de l'Espagne.

Dans le **royaume de Murcie** : *Murcie* (27 000 hab.), capitale de ce royaume, sur la Segura ; — *Albacete*, célèbre par sa foire de bestiaux, par ses spartes et ses vins ; — *Lorca* (20 000 hab.) ; — *Carthagène*, port (voir page 132).

Dans le **royaume de Grenade** : **Grenade**, en espagnol *Granada* (70 000 hab.), capitale de ce royaume, sur le Genil, au milieu d'une plaine très-fertile ; elle est animée par l'industrie de la soie, de la rubanerie, des draps, des étamines, le commerce des vins, des huiles, du chanvre ; il y a une manufacture royale de poudre et de salpêtre ; — *Motril*, avec de célèbres mines de plomb argentifère et de zinc, et des cultures de canne à sucre, de coton, de fruits excellents ; — *Ugijar*, connue par son exploitation de plomb ; — *Almeria, Malaga, Velez-Malaga*, ports (voir page 132).

Dans l'**Andalousie** *proprement dite:* **Séville**, capitale de ce pays, **Cadix, Gibraltar**, ports (voir page 133) ; — *Cordoue* (en espagnol *Cordova*), sur le Guadalquivir, et qui, peuplée au temps de ses khalifes de 300 000 habitants, n'en renferme plus qu'environ 36 000 ; son industrie est bien déchue ; elle fabrique un peu de rubanerie, d'orfèvrerie, et de ces cuirs maroquinés qui étaient autrefois célèbres sous le nom de cordouans ; — *Jaen* (20 000 hab.), commerçante en huiles, graines et laines ; — *Xerez de la Frontera* (50 000 hab.), et *Rota*, renommées par leurs vignobles : la première a d'immenses et célèbres chais pour la conservation de ses vins ; — *Antequera, Ecija, Ronda*, toutes trois florissantes, surtout par l'industrie agricole.

Dans les **Iles Baléares** : *Palma, Mahon, Soller, Ivice*, ports (voir page 135).

Pour les **Canaries**, voir l'Afrique.

§ 6. Ports principaux.

En commençant par la côte orientale, SUR LA MÉDITERRANÉE, et par la Catalogne, on remarque d'abord **Barcelone** (200 000 hab.), le premier port marchand de l'Espagne, avec un arsenal pour la marine, une junte du commerce, qui entretient des cours pour la navigation, la mécanique, etc., une grande industrie manufacturière (draps et lainages, soieries, filatures et tissus de coton, cuirs, dentelles, savon, armes), une fonderie de canons. Ses relations principales sont avec la France, l'Italie et les Antilles espagnoles; elle exporte des soieries, des savons, des armes à feu, du papier, des chapeaux, des dentelles, des rubans, de l'acier travaillé, des vins et des eaux-de-vie. Elle importe du coton, du sucre, du poisson, des peaux, du cacao et autres denrées coloniales. Les exportations s'élèvent à environ 100 millions de francs; les importations, à 220 millions. Les entrées et les sorties offrent un total de plus de 5 000 bâtiments, avec un tonnage de 6 à 700 000 tonneaux. Des navires à vapeur font le service régulier entre Barcelone et Cadix, Marseille, Gênes, Lisbonne, Le Havre, Rouen, Liverpool, Hambourg.

Dans la Catalogne, citons encore, en nous avançant au N. E. de Barcelone :

Mataro, à la fois ville industrielle (particulièrement pour le coton), et port, qui exporte du sel, des vins, des eaux-de-vie; — *Palamos*, petit port célèbre par la fabrication des bouchons; — *Rosas*, à l'entrée du golfe du même nom, avec une rade très-belle et très-spacieuse.

En descendant ensuite au S. O. de Barcelone : *Tarragone* (18 000 hab.), dont le port, vaste et sûr, est très-fréquenté et exporte des vins, des esprits, des huiles, des amandes, des noix, du liége; — *Tortosa* (18 000 hab.), sur l'Èbre, entrepôt de transit des céréales de la Navarre et de l'Aragon, des bois de construction des Pyrénées, et port de pêche; — *San-Carlos de la Rapita*, avec un grand et beau port, formé par la baie des Alfaques, dans laquelle débouche le canal de navigation qui se rend à Tortosa; exportation de tourbe, de caroubes, d'huiles, de vins, de minerais de l'Aragon; grand commerce avec la France.

Dans le royaume de Valence : **Valence,** en espagnol *Valencia* (106 000 hab.), sur le Guadalaviar, à 6 kil. de son embouchure. Le port, peu sûr et accessible seulement à de petits bâtiments, est au *Grao*, à 2 kil. de la ville. Valence a pour principales industries la fabrication des soieries, et celle des paniers et des chaussures (dites aspergates) en sparte, dont on récolte une grande quantité aux environ ; elle a une manufacture de cigares, et fait une grande expédition d'oranges renommées.

Dans le même royaume, on trouve :

Au N. de Valence : *Beni-Carlo*, port connu par son exportation de vins renommés.

Au S. : *Denia*, avec un port naturel et excellent, d'où s'expédient des amandes, des oranges, des raisins secs et des figues ; — *Alicante* (30 000 hab.), dont le port, très-vaste et très-sûr, fait un grand commerce de vins, de fruits secs, d'huiles, de sparte et de céréales.

Dans le royaume de Murcie :

Carthagène (22 000 hab.), dont le port est également très-beau et qui se distingue par son arsenal, ses corderies, ses fabriques de toiles à voiles, ses mines de plomb, de zinc et de cuivre ; — *Aguilas*, qui exporte, particulièrement en France, les produits de ses fonderies de plomb argentifère et sa sparterie.

Dans le royaume de Grenade :

Almeria (33 000 hab.), port très-animé et en rapport fréquent avec Marseille, Cadix, Séville, etc. ; importante par son industrie, son commerce de plomb, de calamine, de sparterie, de raisins ; — *Adra*, au milieu des mines de plomb les plus riches de l'Espagne et de mines de calamine, qui donnent lieu à une grande exportation pour la France, l'Amérique, la Belgique et l'Angleterre ; — *Marbella*, intéressante par ses mines de fer et de cuivre ; — **Malaga** (100 000 hab.), dont le port est excellent et sûr, et qui fait un commerce immense en vins, raisins secs, oranges, citrons, tomates, savons, huiles, fer et plomb ; — *Velez-Malaga* (23 000 hab.), qui n'a qu'une rade et pas de port proprement dit, mais qui est célèbre par la fertilité prodigieuse de son territoire, où l'on récolte des vins exquis, du sucre, de l'huile et les meilleurs raisins de Malaga.

Sur l'ATLANTIQUE ESPAGNOL MÉRIDIONAL, on remarque :

Dans l'Andalousie proprement dite : **Séville** (100 000 hab.), port sur le Guadalquivir, que des bâtiments de 100 tonneaux remontent jusque-là. Elle possède, entre autres établissements industriels, un hôtel des monnaies, une fonderie de canons, une fabrique royale de capsules, une fabrique de porcelaine, une manufacture royale de tabac, des fabriques de parfumeries ; un service de paquebots à vapeur l'unit à Marseille.

Cadix, en espagnol *Cadiz* (80 000 hab.), sur l'île de Léon : à la fois principal port de guerre de l'Espagne et le premier port de commerce des côtes méridionales, cette place exporte des vins, des fruits de son territoire, des grains, des légumes, du sel, du liége, du thon, et importe des denrées coloniales, du tabac de La Havane et de Manille, du riz, du beurre, des soieries, des toiles, etc. Des bâtiments à vapeur font des services réguliers entre Cadix et Le Havre, Saint-Nazaire, Marseille, Bayonne, Lisbonne, Gibraltar, Barcelone, Alger, Oran, Liverpool, La Havane. Le mouvement de sa navigation est de 2000 navires et de 4 à 500 000 tonneaux.

San-Fernando ou *Isla-de-Léon*, sur l'île de Léon, au S. E. de Cadix, avec l'arsenal royal, dit *la Carraca*, un observatoire et une école de marine célèbres. — *Puerto-Real*, sur la baie de Cadix, qui y forme un très-beau port ; les salines en sont la principale richesse. — *San-Lucar de Barrameda* (20 000 hab.), sur le Guadalquivir, près de son embouchure, avec un bon port, d'où s'exportent des vins renommés. — *Huelva*, port de pêche et de cabotage à l'embouchure de l'Odiel ; au milieu d'un pays fertile en vins et en huile, et près de riches mines de cuivre, de manganèse et de soufre, dont les produits s'expédient en partie en France ; (le petit port de *Palos*, situé près de là et d'où Christophe Colomb partit en 1492, est aujourd'hui insignifiant). — *Moguer*, au milieu d'un territoire remarquablement fertile. — *Algésiras* et *Tarifa*, sur le détroit de Gibraltar, dans le pays qui produit les meilleures oranges d'Espagne.

Entre la Méditerranée et l'Atlantique, vers la partie orientale du détroit de Gibraltar, est le port anglais de **Gibraltar** (15 000 hab.), une des positions les plus fortes du monde, et l'un des points les plus fréquentés ; grand dépôt de houille pour la navigation à vapeur, place de ravitaillement et de radoub, entrepôt de commerce entre l'Espagne, l'Angleterre et l'Afrique.

Sur l'ATLANTIQUE ESPAGNOL SEPTENTRIONAL et LA MER de BISCAYE, on distingue :
Dans la Galice : **La Corogne**, en espagnol *Coruña* (30 000 hab.), avec un excellent mouillage et un commerce de cigares, de toiles, de couvertures de coton et de sardines ; — *Vigo*, avec le port le plus vaste et le plus sûr de l'Espagne sur l'Atlantique, d'importantes salaisons de sardines, et des expéditions considérables de poissons pour l'Italie, des exportations de bœufs, de volailles et d'œufs pour l'Angleterre et l'Andalousie; escale de nombreux paquebots à vapeur espagnols, anglais, français; lazaret pour les navires qui viennent des Antilles ; — *Le Ferrol*, dont le port, un des plus beaux de l'Europe, est destiné à la marine militaire; on y fait des salaisons de sardines; — *Pontevedra*, qui exporte du bétail en Portugal ; — *Rivadeo*, avec des chantiers de construction, et une exportation de légumes, de céréales, de toiles, de bestiaux.

Dans les Asturies : *Gijon*, port principal des Asturies, près de mines de houille qui font l'objet d'une grande exportation ; il y a des verreries, des fabriques de cristaux et des forges.

Dans la Vieille-Castille : **Santander** (35 000 hab.), avec des chantiers de construction, des fabriques de bougies, de stéarine, de savon, de chapellerie, de chandelles, des minoteries, des fonderies de fer, de bronze, des exploitations de fer, de cuivre et de zinc, et une grande exportation de grains, de farines et de laines.

Dans les Provinces Basques : **Bilbao** (25 000 hab.), capitale de la Biscaye, sur l'Ansa, à 8 kil. de son embouchure; siège d'un grand commerce avec la France, l'Angleterre, la Suède et les colonies espagnoles ; elle exporte des farines, du froment, des fers, des laines, des toiles, et importe des denrées coloniales, de la morue, des cuirs; des services réguliers de paquebots à vapeur l'unissent aux divers ports principaux de l'Espagne, à Bayonne, à Londres, à Liverpool. Il y a des chantiers de construction et des forges.

Saint-Sébastien, en espagnol *San-Sebastian* (12 000 hab.), capitale du Guipuzcoa et de toutes les Provinces Basques, ville très-forte, mais dont le port est petit, quoique assez animé par ses relations avec la France (Bayonne, Bordeaux, etc.) Elle reçoit particulièrement des sucres, du cacao, de la morue, des denrées coloniales; elle expédie des farines, des céréales, des vins.

Le *Passage*, en espagnol *Los Pasages*, petit port, d'un commerce très-actif avec la France.

On trouve dans les îles Baléares :

Palma (52 000 hab.), capitale de ces îles et chef-lieu de l'île de Majorque, avec un bon port, qui est au fond d'une spacieuse baie; ses relations ont surtout lieu avec les colonies espagnoles, où elle exporte les produits de Majorque (vins, eaux-de-vie, liqueurs, huiles, amandes, conserves), et des chaussures; elle a aussi des rapports fréquents avec Marseille et l'Algérie. Il y a des corderies importantes.

Encore dans Majorque :

Alcudia, dont le port est très-bon; — *Felanix*, qui exporte beaucoup de vins et d'eaux-de-vie, et fabrique les meilleures alcarrazas d'Espagne; — *Soller*, qui fait un grand commerce d'oranges, d'olives et de caroubes.

Dans Minorque :

Mahon ou *Port-Mahon* (22 000 hab.), chef-lieu de Minorque, port militaire et port de commerce; c'est un point de passage des bâtiments qui vont de France en Algérie. Il y a un lazaret, des filatures de coton, des tanneries et des fabriques de chaussures, qu'on exporte aux Antilles.

Dans l'île d'Ivice :

Ivice, en espagnol *Iviza* ou *Ibiza*, chef-lieu de l'île, sur la côte S.; avec d'immenses salines.

§ 7. Voies de communication.

L'Espagne manque de voies de communication. Il y a peu de cours d'eau navigables. Le *Guadalquivir* est celui qui offre la meilleure navigation. Celle de l'*Èbre* est remplie d'obstacles. Le *Tage* n'est pas navigable toute l'année. Le *Douro* ne l'est pas du tout en Espagne; la *Guadiana* l'est seulement l'espace de 72 kilomètres. Il existe peu de canaux, quoique nulle part ils ne soient plus utiles. Le plus important est le canal *Impérial*, latéral à l'Èbre, depuis Tudela jusqu'au-dessous de Saragosse; le canal de *Castille* unit l'Èbre au Douro; le canal d'*Olmedo* ou de *Ségovie* et celui de *Campos* en sont des dérivations. Le canal de *Huescar* ou de *Murcie* doit joindre Carthagène à la Guadiana. Le canal des *Alfaques* ou de *S. Carlos*, remplaçant la navigation défectueuse de l'embouchure de l'Èbre, permet aux navires de remonter à Tortosa. Le canal d'*Albacète* va de cette ville au Jucar. — Un grand nombre de canaux d'irrigation empruntent les eaux de la plupart des rivières de l'Espagne, et, s'ils sont utiles à l'agriculture, ils nuisent beaucoup à la navigation.

Les grandes routes, fort améliorées depuis une vingtaine d'années, comptent aujourd'hui environ 13 000 kilomètres.

Les principaux passages ou *ports* qui permettent de communiquer de l'Espagne à la France à travers les Pyrénées, sont, en commençant par l'ouest: celui de *Saint-Jean-Pied-de-Port* ou d'*Ibagnetta*, sur la route de Bayonne à Pampelune; celui de *Canfranc*, entre Portalet et Jaca; ceux de *Gauterets*, de *Gavarnie*, la *Brèche de Roland* (vers les Tours de Marboré), le port d'*Oo* (3000 mètres d'altitude), au sud de Bagnères-de-Luchon; le port de *Vénasque*; le port de *La Perche*, entre Mont-Louis et Puycerda; le port d'*Arrès*, entre Prats-de-Mollo et Campredon, et le port de *Pertus*, entre Bellegarde et Figuières. Mais la voie la plus commode entre les deux pays est celle de la *Bidassoa*, entre Vitoria et Bayonne.

Chemins de fer. — Les principaux chemins de fer en activité ont un développement d'environ 4000 kilomètres. Ce sont ceux de *Madrid* à *Aranjuez*, d'*Aranjuez* à *Almanza*, près de laquelle naissent deux embranchements, l'un sur *Alicante*, l'autre sur *Valence* (une branche se sépare de cette ligne, pour se rendre à *Ciudad-Real*); — de *Madrid* à *Saragosse*; — de *Madrid* à *Bayonne*, par *Valladolid*, *Burgos*, *Saint-Sébastien* et *Irun* (chemin du *Nord* de l'*Espagne*), avec un embranchement sur *Palencia* et *Santander*, et un autre sur *Bilbao*; — de *Saragosse* à *Barcelone*, d'un côté, et à *Pampelune*, de l'autre, avec embranchement sur *Logroño* et sur la ligne de Madrid à Bayonne; — de *Barcelone* à *Mataro* et à *Gironc*, dans la direction de *Perpignan*; — de *Tarragone* à *Reus*; — de *Gijon* à *Langreo* et à

Oviedo ; — de *Cadix* à *Port-Sainte-Marie, Xerez, Séville* et *Cordoue.*

§ 8. Commerce.

Importations. — L'Espagne n'a pas un commerce aussi florissant que son heureuse situation maritime pourrait le lui permettre, et qu'elle l'a eu autrefois, particulièrement au seizième siècle; elle a conservé le système prohibitif et beaucoup d'autres moyens arriérés qui paralysent son essor. Les importations consistent en produits coloniaux (cacao, sucre, café, cannelle), blé, poissons salés, beurre, fromages, tissus de coton et de laine, dentelles, quincaillerie, coutellerie, bijouterie, articles de mode, verrerie, ustensiles en fer, cuivre, étain, ouvrages en bois, poterie, bois de construction, lin, chanvre, volailles, viande salée, mulets, articles de papeterie et de librairie. Elles formaient, en 1858, un total de 406 millions de francs; en 1863, de 513 millions.

Exportations. — Les exportations sont surtout les produits du sol : les vins, destinés généralement à l'Angleterre, l'eau-de-vie, les fruits (oranges, citrons, grenades, raisins secs, figues, amandes), l'huile, la laine, la soie grége, les mérinos, les chevaux d'Andalousie, le plomb, le mercure, le zinc, le soufre, le liége brut, le blé, les farines, le sel, la soude, les bouchons, les sardines en saumure, et, spécialement pour les colonies, des toiles, des étoffes de laine et de soie, des chaussures, de la quincaillerie, des glaces, de la bijouterie, du tabac fabriqué.

Les exportations sont fort inférieures aux importations : en 1858, elles ne s'élevaient qu'à 262 000 000 de francs, et, en 1863, à 329 000 000.

Effectif de la marine espagnole. — La marine marchande espagnole compte (1863) :

Pour le long cours :
    1380 navires à voiles ayant un tonnage   354 000 ton.
    de 47 navires à vapeur 22 600
Pour le cabotage :
    3400 navires à voiles. 102 400
    80 navires à vapeur 16 400

Le mouvement de la navigation au long cours est (en 1862) de 10 000 entrées, avec 2 640 000 tonneaux, et de 8600 sorties, avec 2 500 000 tonneaux.

Celui du cabotage est de 57 000 entrées, avec 2 640 000 tonneaux, et de 50 000 sorties, avec 2 500 000 tonneaux.

Commerce avec la France. — C'est avec la France que ce royaume fait le plus de commerce. La valeur des affaires entre les deux pays forme un total annuel de 330 millions.

L'Espagne importe de la France pour 250 millions, en coton, tissus de laine, tissus de soie, mulets, mercerie, modes, soie, bois, bestiaux, ouvrages en cuir, etc.

Elle lui envoie pour 80 millions : en plomb, zinc, huile d'olive, vins, fruits, laine, etc.

Les ports de France qui ont les relations les plus suivies avec l'Espagne sont : Bayonne, Bordeaux, Saint-Nazaire, Nantes, Le Havre, sur l'Atlantique ; Marseille et Cette sur la Méditerranée.

§ 9. Colonies.

L'Espagne avait autrefois d'immenses colonies en Amérique. Elle n'a plus aujourd'hui, dans cette partie du monde, que l'île de *Cuba* et celle de *Puerto-Rico*. — Elle possède, en Afrique, les îles *Canaries*, considérées comme une quarante-neuvième province du royaume ; la ville de *Ceuta*, avec quelques autres *présides* (forteresses), sur la côte du Maroc ; les îles de *Fernan-do-Po* et d'*Annobon*, dans le golfe de Guinée ; — dans l'Océanie, les *Philippines* et les *Mariannes*.

La population des colonies (sans les Canaries) est d'environ 5 000 000 hab.

§ 10. Monnaies, mesures, etc.

MONNAIES.

Or...	Doublon de 100 réaux...............	= 25^f,78
Argent...	Piastre (ou duro)..................	= 5 ,21
	Écu (escudo)......................	= 2 ,60
	Peseta............................	= 1 ,04
	Medio peseta......................	= 0 ,52
	Réal..............................	= 0 ,26

ESPAGNE.

Depuis 1849, le système métrique français existe légalement en Espagne; mais on se sert encore souvent des mesures suivantes :

MESURES ITINÉRAIRES.

Lieue (legua) nouvelle de..	16,66 au degré	=	$6^{kil},675$
Lieue horaire ou marine	20,00	—	$=5\ ,562$
Lieue juridique	26,66	—	$=4\ ,172$

MESURES LINÉAIRES.

Pied...............................	$27^{cent},85$
Vara (3 pieds) de Castille).............	83 ,56
Palme (¼ de vara).	

BRASSE MARINE.

Braza (6 pieds).......................	$1^m,696$

MESURES AGRAIRES.

Fanegada............................	$64^{ares},255$
Yugado = 50 fanegadas.	
Arranzada...........................	44 ,620

MESURES DE CAPACITÉ.

Arroba de vin.......................	$16^{lit},137$
Arroba d'huile.......................	12 ,564
Fanega..............................	54 ,800

POIDS.

Marc................................	$230^{gr},250$
Livre...............................	460 ,500

Principale institution de crédit. — La Banque d'Espagne.

PORTUGAL.

(SUPERFICIE : 87 000 kilom. carrés. — POPULATION : 4 400 000 hab.)

§ 1ᵉʳ Introduction : Situation, Divisions physiques et politiques.

Le Portugal occupe, dans la partie occidentale de la péninsule Hispanique, l'espace compris entre l'embouchure du Minho et celle de la Guadiana. Son étendue est de 550 kilomètres du N. au S. et de 175 de l'E. à l'O. — Il a pour latitude moyenne le 39ᵉ degré.

Il est borné par l'Espagne au N. et à l'E. Ailleurs, il est baigné par l'océan Atlantique. C'est à sa pointe S. O.

que se trouve le cap Saint-Vincent, extrémité S. O. de toute l'Europe. Sa situation à l'extrémité occidentale de l'Europe est très-favorable au commerce maritime et a été la cause des grandes découvertes en Afrique, dans l'Inde (par le Cap) et en Amérique, qui ont rendu, au quinzième et au seizième siècle, cette petite nation si puissante et si riche.

C'est un pays montueux. Les ramifications des monts *Cantabres* s'élèvent vers les limites septentrionales. Dans l'intérieur, on remarque deux chaînes principales : l'une s'étend entre le Douro et le Tage, et va se terminer au cap da Roca ; elle porte le nom de *Serra da Estrella* dans sa partie la plus élevée (2000 m. d'altitude). L'autre court entre le Tage et la Guadiana.

Les principaux cours d'eau sont le *Minho*, le *Douro*, le *Mondego*, le *Tage*, qui forme, avant d'entrer dans l'océan, une espèce de baie ou de lac appelée mer de la Paille ; le *Sadão*, qui tombe au fond de la baie de Setuval ; la *Guadiana*.

Le climat est fort chaud sur la côte, mais doux dans l'intérieur, et généralement très-sain. La partie méridionale du pays éprouve de fréquents tremblements de terre.

Le Portugal se divise (sans y comprendre les Iles Adjacentes, c'est-à-dire les îles Açores et Madère, que nous verrons avec l'Afrique) en dix-sept districts administratifs, qui portent le nom de leurs chefs-lieux ; mais on fait usage, dans le langage ordinaire, des six anciennes provinces suivantes :

Deux au N. du Douro :

La province d'*Entre Douro* et *Minho*, et celle de *Traz-os-Montes*.

Deux au milieu du royaume :

Les provinces de *Beira* et d'*Estrémadure*.

Deux au sud :

L'*Alem-Tejo* et l'*Algarve*.

§ 2. Population.

Il y a en Portugal (sans les Iles Adjacentes) 4 millions d'habitants, répartis sur 83 000 kil. carrés ; cette population appartient, comme les Espagnols, à la famille latine. Son idiome s'est formé du latin, greffé sur la langue des anciens Turdétans et des anciens Lusitaniens. Il s'y est mêlé des mots arabes sous la domination des Maures. Cette langue est douce, harmonieuse, énergique.

Les Portugais sont d'une taille peu élevée, mais bien faits et robustes. La population la plus belle et la plus vigoureuse est celle des provinces du nord. — Cette nation est remarquable par sa douceur, sa politesse, sa prévenance envers les étrangers. Elle est courageuse; sa gloire maritime des quinzième et seizième siècles prouve qu'elle aime les lointaines expéditions et les grandes aventures de la navigation; elle est très-sobre, mais se livre avec passion à toute espèce de distraction bruyante. Les habitants des provinces du N. sont les plus laborieux et fournissent une assez forte émigration pour les colonies (par les ports de Porto et de Vianna); les Algarviens ont la réputation d'être les meilleurs matelots du royaume.

§ 3. Productions.

Minéraux. — L'exploitation minérale, autrefois florissante, est aujourd'hui fort déchue. Des mines d'or et d'argent encore abondantes au seizième siècle, il ne reste plus que la mine d'or d'Adissa, dans l'Estrémadure. Il y a des mines de fer à Leiria, etc., de plomb argentifère à Bracal, d'étain, de cuivre (particulièrement dans l'Algarve, où l'exploitation de São-Domingos devient très-importante), de manganèse et d'autres métaux; mais elles sont peu productives, quoiqu'on remarque depuis quelque temps des efforts pour en tirer parti. Il existe des mines de houille à Buarcos (dans la Beira), à Leiria et ailleurs, mais elles sont peu exploitées. Seuls les marais salants donnent un produit considérable : les plus importants sont ceux de Sétuval. Il y a beaucoup de sources minérales, la plupart thermales. Il y a des carrières de beaux marbres, d'excellentes pierres meulières, de granites, de basalte, de schistes ardoisiers, d'argile à poterie, de kaolin.

Végétaux. — Le sol portugais est généralement fertile, mais l'agriculture est peu avancée. Il y a de grands espaces incultes, surtout dans l'Estrémadure, l'Alem-Tejo et l'Algarre. On récolte néanmoins assez de grains pour la consommation. Les provinces d'Entre Douro et Minho, de Traz-os-Montes et de Beira sont les plus riches en céréales ; dans les deux premières, on cultive particulièrement le maïs ; dans la troisième, le seigle. La culture du blé prédomine au centre et au sud, celle de l'avoine au sud. On récolte en Portugal 11 millions d'hectolitres de céréales, dont environ 5 millions de maïs et 3 millions de blé. L'Estrémadure produit du riz, des oranges et des citrons renommés ; l'Algarve, du froment, des figues, des caroubes et des amandes ; l'Alem-Tejo, beaucoup d'olives. L'*huile* de Portugal peut rivaliser avec les meilleures de l'Europe. Les *vins* du haut Douro sont les plus estimés, et sont vendus sous le nom de Porto ; on vante aussi les vins muscats de Carcavelos et de Sétuval (Estrémadure), les vins blancs de l'Algarve (surtout ceux de Faro), les vins rouges de Torres-Vedras (Estrémadure). Une partie des raisins s'exporte en conserves. Les melons et les pastèques sont nombreux et excellents. On recueille des poires de bonne qualité dans plusieurs localités. Le châtaignier abonde dans tout le Portugal. Le chêne commun, le chêne-liége, le chêne vert à kermès, le pin maritime, le pin pignon, le sumac, y réussissent bien. Les forêts occupent une étendue de 19 000 hectares ; la plus grande est celle de Leiria (Estrémadure) ; l'essence la plus commune est le pin maritime. Le palmier chamærops, le dattier et l'agave se montrent sur les points les plus favorisés. Le myrte et le laurier sont parmi les arbres d'agrément les plus répandus. La culture du tabac est prohibée sur le continent, mais libre dans les Iles Adjacentes.

Animaux. — Les richesses du règne animal sont trop négligées ; le pays est propre à l'élevage des *moutons*, qui devraient donner bien plus de produits qu'ils n'en fournissent ; les troupeaux en sont nombreux dans la province de Beira, d'où ils émigrent en hiver dans celle d'Alem-Tejo ; leur laine, moins fine que celle des moutons espagnols, est cependant recherchée. La production en est évaluée annuellement à 5 millions de kilogrammes. Les chevaux sont petits, mais légers et bien faits. On vante la race d'Alters, dans l'Alem-Tejo. Les mulets sont grands et forts. Les bœufs sont répandus surtout dans le nord, où la race de Barrozo est particulièrement renommée; il y a 600 000 têtes de l'espèce bovine. On compte environ 80 000 chevaux; 40 000 mulets; 130 000 ânes; près de 3 millions de moutons; plus d'un million de chèvres; 900 000 porcs, communs surtout dans l'Algarve, où abondent les chênes.

Le ver à soie et l'abeille n'offrent qu'un produit insignifiant. La pêche est très-active, surtout celle des sardines, des merlans, du thon et du corail.

§ 4. Industrie.

L'industrie manufacturière est arriérée. Cependant il y a des filatures de coton, on fabrique des draps communs, des lainages, des soieries, des tissus de coton et de fil, du chocolat et des confitures estimés, de l'orfèvrerie, de la bijouterie, des dentelles, des fleurs artificielles, de la porcelaine, de la faïence. Il y a de grandes fonderies à Porto.

L'industrie de la soie, jadis florissante, tout à fait déchue il y a quelques années, reprend depuis peu un nouvel essor. Le produit actuel est de 500 000 000 de reis par an. Les huiles, comme on l'a dit, sont excellentes. On fait beaucoup de fromages avec le lait de brebis et celui de chèvre.

§ 5. Villes et ports remarquables.

Dans l'ENTRE DOURO ET MINHO :
Braga (16 000 hab.), industrielle et commerçante. — *Guimarães*, qui fabrique des toiles estimées et a des eaux minérales. — **O Porto**, ou simplement **Porto**, port commerçant de 100 000 habitants, renommé surtout pour ses vins, et situé sur le Douro, à 4 kilomètres de son embouchure, dont la barre est d'un passage très-difficile. L'orfèvrerie est, après les vins, le principal article d'O Porto. C'est avec l'Angleterre et le Brésil qu'elle a les relations les plus importantes. — *Vianna*, à l'embouchure de la Lima, avec une exportation d'huiles d'olive et autres, de laines, de liége, de fruits, de cocons de vers à soie, et des dentelles qu'on y fabrique.

Dans le TRAZ-OS-MONTES :
Bragance (*Braganza*), avec des manufactures de soieries; — *Peso-da-Regoa*, qui a une célèbre foire de vins.

Dans la province de BEIRA :

Viseu, où se tient, en septembre, une foire célèbre ; — *Castello-Branco*, où l'on exploite des marbres ; — *Coimbre* (16 000 hab.), sur le Mondego, ville universitaire et centre d'un commerce intérieur considérable ; — *Covilha*, avec d'importantes manufactures de lainages. — *Aveiro*, à l'embouchure de la Vouga, qui y forme un port pour les petits bâtiments. — *Figueira*, à l'embouchure du Mondego ; port assez actif, d'où s'exportent des vins, des oranges, du sel, du liége.

Dans l'ESTRÉMADURE :

Lisbonne, en portugais *Lisboa* (275 000 hab.), capitale du royaume, sur la rive droite du Tage, vers l'endroit où ce fleuve sort de la mer de Paille et forme un magnifique port, accompagné d'une rade vaste et excellente. Elle est en relations actives avec Bordeaux, Saint-Nazaire, Le Havre, Southampton, Liverpool, Londres, Bristol, Glasgow, Rotterdam, le Brésil, etc. C'est le point de relâche des paquebots qui, de France et d'Angleterre, se rendent dans l'Amérique du sud.

Sétuval ou **Sétubal** que les Anglais appellent *Saint-Ubes* (20 000 hab.), port à l'embouchure du Sadāo, siége d'un grand commerce de vins, d'oranges, de liége et de sel. — *Peniche*, excellent port de refuge, qui a des pêcheries, un commerce de cabotage et des manufactures de dentelles.

Dans l'ALGARVE :

Faro, *Tavira*, *Albufera*, *Lagos*, *Olhao*, *Villanova de Portimao*, ports tous remarquables par l'exportation des figues, des amandes, des caroubes, du liége, du sumac, des roseaux, des oranges, des vins, du miel, des œufs, des bestiaux, des ouvrages en palmier, du sel, des sardines et du thon. — *Villareal de Santo-Antonio*, à l'embouchure de la Guadiana, port de la même province, avec une exportation considérable du minerai de cuivre de *São-Domingos*.

§ 6. Voies de communication.

Le Portugal a été longtemps dépourvu de bonnes routes ; mais, depuis 1838, de grandes améliorations se sont effectuées dans cette branche de service. Des chemins de fer commencent à s'y établir depuis 1856, et offrent déjà un développement d'environ 1 000 kilom. : ils réunissent *Lisbonne* à *Cintra*, à *Evora*, à *Sétuval*, à *Beja*, à *Santarem*, à *Abrantès*, à *Coimbre*, à *Porto*, à la frontière espagnole dans la direction de *Badajoz*. On compte 3 500 kilom. de lignes télégraphiques.

Il n'y a pas de canaux de navigation ; les principaux cours d'eau navigables sont le *Tage*, le *Douro*, le *Mondego*, le *Minho*, la *Guadiana* et le *Sadão*. La marée remonte le Tage jusqu'à 88 kilom., le Douro jusqu'à 23 kilom. Les sables embarrassent le lit de beaucoup de ces fleuves. Cependant on a amélioré la barre de plusieurs.

§ 7. Commerce.

Le commerce du Portugal, entré dans une voie libérale et dégagé des entraves qui ont longtemps pesé sur lui, et particulièrement de celles du traité de Methuen (en 1703), par lequel l'Angleterre s'était emparée de toutes les opérations commerciales du pays, reprend un accroissement notable depuis plusieurs années.

Importations. — Le Portugal importe des denrées coloniales (sucre, café, cacao, thé, copahu, rocou, ivoire), provenant particulièrement de ses colonies et du Brésil ; de la morue sèche, du beurre, du fromage, du maïs, des bœufs, des chevaux, des mulets, des drogues médicinales, des produits chimiques, de l'huile de lin, des bois de construction, beaucoup de fer et d'acier, du plomb, de l'étain, du cuivre, du laiton, de la houille, du goudron, de la poix, du lin, du chanvre, de la soie, beaucoup d'articles des manufactures étrangères, dont plusieurs sont réexportés pour les possessions portugaises d'outre-mer.

Les importations s'élèvent à 149 000 000 (pour l'année 1861).

Exportations. — Les exportations (y compris celles des Iles Adjacentes) consistent en vins (22 millions de litres de vin de Porto seulement, dont 16 millions pour la Grande-Bretagne), orseille, citrons, oranges, figues, caroubes, raisins secs, sel, huile, sumac, liége, laine. Elles forment un total de 80 000 000 de francs (en 1861). La réexportation compte pour 9 000 000 de fr. Dans les importations, Lisbonne seule entre pour 80 millions, et dans les exportations pour 22 millions. Porto importe pour 50 millions de fr. et exporte pour 34 millions. C'est avec l'Angleterre et le Brésil que le Portugal fait le plus de commerce maritime.

Les entrées dans les ports portugais sont d'environ 9 800 bâtiments, avec un tonnage de plus de 1 000 000 de tonneaux (les bâtiments portugais y comptent pour 6 700, jaugeant 480 000 tonneaux). Les sorties sont de 10 000 bâtiments, avec un tonnage de 1 200 000 tonneaux (bâtiments portugais : 6 700, jaugeant 560 000 tonneaux).

Commerce avec la France. — Le Portugal fournit à la France pour environ 2 millions de marchandises, savoir : des lichens tinctoriaux, des oranges, des citrons, des fruits secs, du sel, des peaux brutes. La France envoie au Portugal pour 4 millions de marchandises (dont 3 millions de produits français : cotonnades, soieries, des articles de papeterie et de librairie, lainages, mercerie).

§ 8. Colonies.

Le Portugal a eu d'immenses possessions, telles que le Brésil et une grande partie de l'Inde. Aujourd'hui ses domaines sont bien réduits. Les *Açores* et les îles *Madère*, qui se rattachent à l'Afrique par leur situation et par l'histoire des découvertes, ne sont pas considérées comme colonies, mais font partie intégrante de la métropole, sous le nom d'*Iles Adjacentes* (nous en parlerons à l'Afrique).

Les colonies proprement dites se composent de la capitainerie générale de *Mozambique*, du gouvernement d'*Angola*, de la *Sénégambie portugaise*, des îles du *Cap-Vert*, du *Prince*, de *Saint-Thomas*, en Afrique ; — de *Goa* et de quelques autres établissements, dans l'Hindoustan ; — de *Macao*, en Chine ; — de *Timor*, dans la Malaisie.

§ 9. Monnaies, mesures, etc.

MONNAIES (loi du 29 juillet 1864).

Or
- Couronne de 10 000 reis............ = 55f,88
- — 5000 reis............ = 27 ,94
- — 2000 reis............ = 11 ,17
- — 1000 reis............ = 5 ,59

Argent..
- Testons, 500 reis............ = 2 ,52
- — 200 reis............ = 1 ,01
- — 100 reis............ = 0 ,50
- — 50 reis............ = 0 ,25

Les monnaies subsidiaires de cuivre et de bronze sont de 40, 20, 10, 5 reis.

Anciennes monnaies ayant cours. — *Or :* pièce ou lisbonnine de 8000 reis. — *Argent :* crusade de 480 reis; douze vintems de 240 reis; teston de 100 reis. — On a, en papier, des contos (1000 milreis).

Le système métrique français existe légalement en Portugal depuis le mois de décembre 1852. Cependant on se sert encore assez généralement des mesures suivantes.

MESURES ITINÉRAIRES.

Lieue (legoa) de 18 au degré............	= 6kil.,18
Lieue marine de 20 au degré............	= 5 ,55
Lieue légale............	= 5 ,00

MESURES LINÉAIRES.

Pied de Lisbonne............	= 32cent.,85
Vara............	= 109 ,60
Palme............	= 22 ,00
Brasse = 2 varas.	

MESURES AGRAIRES.

Geira............	= 58ares,27

MESURES DE CAPACITÉ.

Almude de Lisbonne (pour les liquides).	= 6lit.,75
Tonneau = 50 almudes; pipe = 1/2 tonneau.	
Moio (pour les céréales)............	= 828 ,74
Fanga............	= 55 ,25

POIDS.

Marc de Lisbonne de 64 oitavas.......	= 229gr.,46
Arratel (livre)............	= 458 ,92
Arrobe (32 livres).	

Principales institutions de crédit. — Banque de Portugal; sept autres banques; crédit foncier; six caisses d'épargne.

LEÇON XI.

ÉTATS SCANDINAVES.

SUÈDE ET NORVÉGE.

(SUPERFICIE : 738 000 kilom. carrés. — POPULATION : 5 700 000 habit.)

§ 1. Introduction : Situation, Divisions physiques et politiques.

La péninsule Scandinave, comprenant la Suède et la Norvége, est située dans le N. de l'Europe, entre 51° et 71° de latitude (du cap Falsterbo au cap Nord) et reliée vers le nord-est à la Russie par l'isthme de Laponie ; ailleurs, entourée par la mer, c'est-à-dire l'océan Glacial, au N., l'Atlantique et la mer du Nord, à l'O., le Skager-Rack, le Cattégat et le Sund, au S.O., et la Baltique, au S. et à l'E., avec le golfe de Botnie, extrémité septentrionale de cette mer. Les côtes, dont l'étendue totale est de 10 000 kilomètres, sont découpées par une multitude de *fiords* (golfes étroits), qui favorisent au plus haut point le développement de la marine. Beaucoup de petites îles, les *Lofoden*, etc., sont disséminées sur les côtes septentrionales et occidentales. Quelques grandes, *Gottland*, *Aland*, se trouvent dans la Baltique.

La Suède est généralement plate, la Norvége presque partout montagneuse. La chaîne des *Alpes scandinaves* ou *Monts Dofrines*, dont les plus hauts sommets atteignent 2600 mètres, traverse du nord au sud la péninsule. Les principaux cours d'eau qui l'arrosent sont le *Torneå*, le *Kalix*, l'*Umeå*, le *Luleå*, le *Dal-elf*, tributaires de la Baltique ; la *Gotha* et le *Glommen*, qui se rendent dans le Cattégat ; la *Tana*, dans l'océan Glacial. Aucun grand fleuve ne se jette dans l'Atlantique et la mer du Nord. Des lacs se montrent de toutes parts ; les plus considérables sont le *Vetter* et le *Vener*, au S., et le *Mælar*, à l'E.

Le *Gulf-stream* longe les côtes occidentales et adoucit considérablement la température; s'il fait moins froid dans l'intérieur de la Suède que dans celui de la Norvége, cela tient à l'élévation de ce dernier pays, dont l'altitude moyenne est à 600 mètres. La ligne isotherme de 5° au-dessus de zéro coupe le pays vers le milieu, en passant à Christiania et à Stockholm; celle de 0° touche l'extrémité N. de la Norvége. En Scandinavie, les étés sont courts, mais souvent très-chauds, à cause de la grande longueur des jours. La végétation croît en quelques semaines avec une rapidité prodigieuse. Partout l'atmosphère est salubre.

La Suède, en suédois *Sverige*, est divisée en trois parties: le *Nordland*, le *Svealand* ou *Suède moyenne*, et le *Gœtland* ou *Gothie*. Ces divisions se partagent en vingt-quatre *læn* ou préfectures.

La Norvége, en Suédois *Norrige*, en norvégien *Norge*, se divise en deux parties: la Norvége méridionale et la Norvége septentrionale. La première se partage en diocèses d'*Akershuus*, de *Christiansand*, de *Bergen* et de *Trondhiem*; la seconde compose le diocèse de *Tromsœ* ou de *Nordland* (dont la partie la plus boréale prend le nom de *Finmark*). Le tout comprend 17 bailliages ou *amt*.

§ 2. Population.

La population de la péninsule est de près de six millions d'habitants, dont un peu plus de 4 millions pour la Suède, sur 440 000 kilomètres carrés, et 1 million 700 000 pour la Norvége, sur environ 300 000 kilomètres carrés. Au commencement du siècle, la population totale ne s'élevait pas à 3 millions.

Trois peuples habitent la péninsule: les *Suédois*, les *Norvégiens* et les *Lapons*.

Les *Suédois* appartiennent à la souche germanique. Ils sont robustes, accoutumés à une vie frugale et simple, et remarquables, surtout dans les campagnes, par des mœurs honnêtes et hospitalières. — C'est un peuple essentiellement brave, patient, calme et persévérant.

Les *Norvégiens* offrent à peu près le même aspect physique: ils ont l'air sérieux, mais sont affables et fort hospitaliers. Ils se distinguent par leur caractère d'indépendance et de franchise. Ce sont des marins habiles et hardis; ils descendent de ces Normands entreprenants, audacieux, qui étonnèrent, au moyen âge, l'Europe par leurs incursions, et qui fondèrent de grands établissements en France, en Italie et ailleurs, colonisèrent l'Islande, découvrirent le Groenland, le Vinland (en Amérique), comme les Væringues ou Ros sortirent de la Suède pour s'établir en Russie, parcourir la mer Noire, etc.

Les paysans norvégiens, presque tous pauvres, se voient obligés de fabriquer eux-mêmes leurs ustensiles de pêche, de chasse et de ménage. Ils s'en acquittent avec une dextérité parfois merveilleuse. Un simple couteau de poche leur permet de se creuser des vases et de ciseler des armoires, de se faire un mobilier tout entier.

Le climat froid de la Norvége et de la Suède force les habitants à une nourriture plus substantielle que celle des peuples du midi de l'Europe. Les paysans norvégiens font jusqu'à cinq repas par jour.

Les *Lapons* ou *Sam* forment, dans le N. de la Suède et de la Norvége, un peuple à part, d'origine mongolique. La civilisation a peu pénétré chez eux. La plupart sont nomades. Ils se nourrissent du produit de leur chasse, de celui de leur pêche, et de la chair et du lait des rennes; chaque famille laponne possède au moins deux ou trois cents de ces animaux. Leur langue se rapproche du finnois.

Les territoires les plus peuplés de la péninsule sont ceux du sud. Le culte dominant est la religion luthérienne.

L'instruction est très-répandue; la plupart des paysans savent lire et connaissent les lois. L'enseignement agricole et industriel est également l'objet d'études toutes spéciales.

§ 3. Agriculture, productions.

Végétaux. — La Scandinavie, formée de terrains granitiques et arides, entremêlés de beaucoup de lacs et de tourbières, n'est pas un pays essentiellement agricole. La moitié du sol est couverte de forêts de pins et de sapins, les deux essences dominantes du pays; on rencontre aussi un grand nombre de chênes, de hêtres et de bouleaux. A la seule exploitation des forêts, la Norvége gagne près de

90 millions par an. Elle exporte ses bois en France, en Angleterre, dans les Pays-Bas, etc.

De tous les arbres de la Norvége, le bouleau est celui qui supporte le mieux les climats les plus rigoureux. Il est encore vigoureux jusqu'à 66° de latitude. A partir de ce degré, il est rabougri, desséché par l'intensité du froid. Les sorbiers, les saules, les aunes, les trembles, s'avancent presque aussi loin que cet arbre. Les chênes, les hêtres, les tilleuls, vont jusqu'à 62°; les peupliers s'arrêtent à 60°. Certains arbres fruitiers (pommiers, cerisiers, groseilliers) croissent encore entre 64° et 65°.

Les landes sont nombreuses. Il n'y a en Suède que 2 500 000 hectares de terre cultivée; en Norvége, 700 000 hectares.

Le pays n'a pas assez de céréales pour sa consommation. La culture du blé ne dépasse pas 62° de latitude. Le seigle va jusqu'à 64°; l'orge et l'avoine s'avancent jusqu'à 68°. Les pommes de terre résistent aussi au froid et sont cultivées sur une grande échelle. On évalue leur rendement à 13 millions d'hectolitres pour la Suède seulement. La récolte du blé en Suède est de 15 millions de tonneaux. — Les parties les plus septentrionales où les arbres ne viennent plus ne sont pourtant pas dépourvues de plantes utiles: les mousses, les lichens, propres à la nourriture de l'homme, à celle des rennes, à la teinture et à divers autres usages, y tapissent le sol et les rochers. Dans quelques parties, les habitants se nourrissent d'une pâte dans laquelle entre l'écorce du pin; ils préparent une boisson fermentée avec la séve du bouleau.

Animaux. — Les pâturages et les prés naturels (environ 2 millions d'hectares en Suède) sont, en moyenne, d'assez bonne qualité et nourrissent de nombreux troupeaux de moutons et de chèvres (1 600 000 têtes en Suède), de bêtes à cornes (2 millions) et de chevaux (400 000). Il y a environ 500 000 porcs dans le même pays.

On remarque dans le N. un animal bien précieux, le *renne*, espèce de cerf, dont le lait et la chair servent d'aliment, et qui, attelé aux traîneaux sur la glace et la neige, franchit les distances avec une rapidité extraordinaire. On y rencontre aussi les castors et beaucoup d'autres animaux à fourrures (renards, lynx, martres, etc.), des eiders, qui donnent un duvet recherché. Les lemmings, ou rats de Norvége, y causent de grands dégâts par la quantité de grains qu'ils enfouissent dans leurs profonds souterrains. Dans la mer, on trouve les narhvals, dont la défense est un bel ivoire; les morses, qui donnent aussi de l'ivoire; les phoques, dont les peaux font un objet important de commerce. — Le *poisson* est très-abondant sur les côtes scandinaves; la pêche rapporte 50 millions et occupe 100 000 individus.

Minéraux. — Les métaux sont communs, principalement le *fer,* qui est excellent. Toutes les provinces en possèdent. Souvent même on trouve le minerai de fer à fleur de terre, soit sous la forme de grains de sable ferrugineux, soit en minerai oxydé. En 1865, l'extraction a été de plus de 5 millions de quintaux métriques. Cette branche d'industrie a plus que doublé depuis trente ans.

Les autres métaux sont l'*argent,* spécialemement à Kongsberg (diocèse d'Akershuus) et à Sala (Suède moyenne); le *cuivre,* particulièrement dans la Dalécarlie ou Stora-Kopperberg (Suède moyenne) et à Rœraas (diocèse de Trondhiem); le plomb, le zinc, le cobalt, un peu d'or (à Ædelfors, en Gothie). Signalons quelques mines de houille, mais insuffisantes; aussi les usines n'emploient-elles que du charbon de bois et de la tourbe.

La valeur totale des substances minérales exploitées s'élève à environ 40 millions de francs.

Les eaux minérales sont assez nombreuses : il y en a à Œrebro, Iœnkœping, Norrkœping, etc.

§ 4. Industrie.

L'industrie métallurgique est la première de la Suède. La production du *fer* y est de 5 millions de quintaux métriques; celle du *cuivre,* de 23 000 quintaux.

L'industrie scandinave occupe environ 40 000 ouvriers, disséminés dans près de 3000 fabriques. La valeur totale de la production, pour la Suède seulement, est de 110 millions de francs par an.

Les objets principaux de fabrication sont les étoffes de

coton, le drap, le sucre, les eaux-de-vie. — Les *scieries* occupent en Norvége 8000 ouvriers. La Scandinavie fournit des planches excellentes à une grande partie de l'Europe. — Il y a des tanneries importantes; on prépare à Christiania et à Bergen des huiles de poisson.

La Scandinavie offre une activité industrielle d'une nature toute spéciale et dont l'origine remonte très-loin : c'est le *travail domestique*, qui se fait durant les longues et obscures soirées d'hiver. Les paysans, ne pouvant trouver d'occupation lucrative au dehors, travaillent chez eux et confectionnent, avec une habileté parfois remarquable, des meubles, des horloges en bois, des armes, etc. D'autres sont tisserands.

La *construction des navires* pour le compte des autres peuples est une industrie particulière aux Suédois et aux Norvégiens.

§ 5. La pêche en Norvége.

Un pays comme la Norvége, coupé de golfes profonds, entouré de milliers d'îlots, était merveilleusement préparé à devenir un des centres les plus actifs de la *pêche*.

Les morues, les harengs, etc., abondent sur ses côtes. La *morue* donne lieu à la pêche la plus importante; une grande partie de la population norvégienne s'en occupe. Les armements pour cette pêche s'effectuent vers la fin de décembre et au commencement de janvier. Chacun s'intéresse au départ du navire. Les femmes disposent les vivres, c'est-à-dire du pain d'avoine et de seigle, de la farine d'orge, du beurre, du fromage, de la viande séchée et bouillie, elles raccommodent les vêtements, préparent les voiles, tandis que les hommes apprêtent les engins. On n'attend plus qu'un vent favorable.

Les îles Lofoden, où l'on a cependant à redouter des écueils et des courants dangereux, entre autres le terrible gouffre du Maalstrœm, sont un des théâtres les plus fréquentés de la pêche.

La plupart des bâtiments qui s'y rendent sont de petite dimension et construits en sapin avec des planches très-minces. Ils n'ont qu'une seule voile.

Les marins de Norvége tirent en général des fabriques

anglaises le fer destiné à leurs engins; le sel employé pour la conservation vient de la France occidentale, d'Angleterre, du Portugal et de l'Espagne.

Pendant les semaines que la Norvége septentrionale consacre à la pêche de la morue, la Norvége méridionale se prépare à celle du hareng. — Plus de 6000 bateaux sont destinés à cette pêche, à laquelle s'adonnent spécialement 30 000 hommes. Durant l'hiver, leur préparation occupe environ 50 000 personnes. Le produit annuel varie entre 600 et 800 000 barils.

Le produit total de la pêche en Norvége est de 37 millions de francs.

§ 6. Villes principales d'industrie et de commerce.

Suède. — ***Stockholm*** (135 000 hab.), capitale de la Suède, avantageusement située sur le détroit qui unit le lac Mælar à la Baltique; port d'une grande importance et en relations suivies avec toute la Baltique (Saint-Pétersbourg, Stettin, Dantzig, Lübeck, Copenhague), avec l'Angleterre (Londres, Hull), avec Hambourg, avec les Pays-Bas, avec la France (Dunkerque, Le Havre). Mouvement du commerce avec l'étranger : 1700 navires. Valeur de ce commerce : de 60 à 70 millions.

Gothembourg, en suédois *Gœteborg* (45 000 hab.), le port principal de la Gothie, à l'embouchure de la Gotha, à la tête de la communication importante qui relie le Cattégat à la Baltique orientale, à travers toute la Suède; c'est la grande place d'importation du royaume. Mouvement du commerce avec l'étranger : 1800 navires; valeur : 50 millions.

Norrkœping (23 000 hab.), aussi en Gothie, avec un port à l'embouchure de la Motala, à l'extrémité orientale de la communication transversale qui commence à Gothembourg; siége important de fabrication de draps.

Malmœ (22 000 hab.), port à l'extrémité S.-O. de la Gothie, point d'expédition des riches céréales de la Scanie.
— *Carlscrone*, port militaire du même pays, vers le S.-E.
— *Calmar* (même région, à l'E.), port de pêche et de construction de navires.

Gefle (Suède moyenne), port très-florissant, siége de

grandes usines à fer, et qui expédie des bois, de la résine, etc. — *Nykœping* (Suède moyenne) et *Hernœsand* (Nordland), ports par où se fait une exportation considérable de planches.

Visby, dans l'île de Gottland; port beaucoup moins important qu'il ne l'a été au moyen âge.

Fahlun, chef-lieu de la Dalécarlie, et intéressante par ses usines à cuivre et à fer; — *Upsal*, en suédois *Upsala*, près d'un golfe du lac Mœlar, enrichie et animée par sa fameuse université; — *Iœnkœping*, en Gothie, et *OErebro*, dans la Suède moyenne, sont les villes principales de l'intérieur.

Norvége. — **Christiania** (65 000 hab.; avec ses faubourgs), capitale de la Norvége et ville fort commerçante, mais dont le port est d'un accès difficile. Aussi les navires s'arrêtent-ils généralement à *Drammen* pour charger les bois et les goudrons de Norvége, et déposer les produits manufacturés et autres dont ce pays a besoin.

Bergen (30 000 hab.)., autre port, célèbre comme entrepôt des pêcheries du Nord et par son grand commerce de bois de construction, de cuirs, de poissons secs et salés (surtout morue et hareng).

Christiansand, en relation continue avec plusieurs villes maritimes de France et d'Allemagne. — *Stavanger*, le port le plus important pour la pêche. — *Arendal*, port qui fait un grand commerce extérieur. — *Trondhiem*, appelée ordinairement en français *Drontheim* (20 000 hab.), sur un long fiord du même nom; entourée de mines et de forêts. — *Hammerfest*, la ville la plus septentrionale de l'Europe; port fréquenté, en été seulement, par de nombreux navires pêcheurs et marchands.

§ 7. Voies de communication.

Voies navigables. — C'est la mer qui est la grande voie de communication de ce pays; malheureusement les glaces l'obstruent pendant une partie de l'année : le golfe de Botnie est gelé tout entier pendant quelques mois, au point d'être franchi facilement par des chariots pesants. La navigation ne commence qu'en juin dans ce golfe. Dans le reste de la Baltique, elle n'est favorable que d'avril à septembre. Dans l'océan Glacial, la navigation n'a pas lieu d'octobre à la fin de mai; dans l'Atlantique, elle cesse de décembre à avril; elle n'est pas interrompue dans la mer du Nord. — Les fleuves, trop souvent embarrassés de rochers et de cataractes, et couverts de glaces une grande partie de l'année, n'offrent pas de communications très-favorables; mais les lacs Vener, Vetter, Mælar et Hielmar sont, en été, le théâtre d'une active navigation. — La plus importante communication intérieure est la voie formée par le large et profond canal de *Gotha*, qui unit les lacs *Vener* et *Vetter*, par la rivière *Gotha* et la canalisation qui la rectifie, entre le Vener et le Cattégat, enfin par la rivière *Motala*, également rectifiée, entre le lac Vetter et la Baltique. De nombreux bâtiments de commerce et même des bâtiments de guerre passent par cette belle ligne de navigation, longue de plus de 300 kilomètres.

Routes, chemins de fer. — Il y a peu de routes dans l'intérieur; mais, le long de la mer, il en existe de bonnes, qui sont praticables, même en hiver, au moyen de traîneaux. L'étendue totale des routes en Suède est de 50 000 kilomètres; en Norvége, de 6000 kilomètres.

Les chemins de fer progressent rapidement, surtout dans la Suède méridionale. Toutes les lignes ferrées du royaume représentent une longueur de plus de 1700 kilomètres.

Les principaux chemins de fer de Suède, la plupart encore en construction, sont :

1° Le chemin de l'O., de *Stockholm* à *Gœteborg*, avec embranchement sur *Christiania*. — 2° Les chemins du S., se détachant du premier et se rendant à *Malmœ* par *Norrkœping*, d'une part, et par *Iœnkœping*, de l'autre. — 3° Le chemin du N.-O., de *Stockholm* à *OErebro*. — 4° Les chemins du N., conduisant de *Stockholm* à *Upsal*, à *Fahlun* et à *Gefle*. — 5° Les chemins du *Nordland* (quelques tronçons faits).

En Norvége, il y a encore peu de lignes (environ 300 kilomètres). On remarque le chemin de *Christiania* à *Trondhiem* (en construction). Embranchement d'*Eidsvold* à *Kloften*, dans la direction de *Stockholm*.

La télégraphie électrique a en Suède un développement de 5700 kilomètres; en Norvége, de 3000 kilomètres.

§ 8. Commerce.

La péninsule Scandinave est admirablement disposée par la nature pour faire un commerce maritime.

Le commerce d'exportation et d'importation de la Suède s'élève à 300 millions de francs. Pendant les cent années comprises entre 1730 et 1830, la valeur totale des échanges commerciaux du pays avec l'étranger avait seulement doublé; pendant les trente-cinq années suivantes, cette valeur a sextuplé.

Importations. — Le chiffre annuel des importations est, pour la Suède, de 150 millions de francs; pour la Norvége, de 120 millions. Les articles d'importation consistent en coton, sucre, café, tabac, tissus, céréales (surtout pour la Norvége).

Exportations. — Le commerce d'exportation a pour base le bois, le goudron, le fer, les poissons, les peaux.

Il offre, pour la Suède, 150 millions, et, pour la Norvége, 80 millions de francs.

Pays avec lesquels le commerce est le plus actif. Relations avec la France. — La Scandinavie entretient surtout des relations commerciales avec la Grande-Bretagne, les villes Hanséatiques, le Danemark, la France, la Russie, la Prusse, les États-Unis. — L'Angleterre lui fournit de la laine, du coton. La France lui expédie des vins, du sucre, du café, du sel, des articles de Paris; la péninsule reçoit encore, de l'étranger, des soieries, de la verrerie, de la poterie, de la coutellerie.

Notre pays voit entrer dans ses ports pour une valeur de 45 millions de francs de bois de Norvége. Ces bois arrivent sciés en planches ou en madriers. Nous tirons aussi du goudron de la Norvége. La valeur totale de notre commerce avec la monarchie Scandinave est d'environ 70 millions de francs.

Depuis 1865, des traités de commerce et de navigation très-libéraux unissent la France et les pays scandinaves.

Effectif de la marine suédoise et norvégienne. Mou-

vement de la navigation. — La marine marchande de la Suède est de 3400 navires, dont 288 bâtiments à vapeur; — celle de la Norvége, de 5200 bâtiments, jaugeant 700 000 tonneaux, montés par 40 000 hommes d'équipage. La Norvége est, de toutes les nations du globe, celle qui a le matériel de navigation le plus considérable relativement à sa population.

Le mouvement de la navigation de la Suède (1865) est de 14 500 navires chargés (5000 entrées, 9500 sorties), portant 25 millions de quintaux métriques; celui de la Norvége (1866) est de 16 000 navires chargés (5400 entrées, 10 900 sorties), portant 34 millions de quintaux métriques.

§ 9. Colonies.

La Suède possède une petite colonie dans les Antilles, l'île de *Saint-Barthélemy* (îles du Vent). Elle a fait récemment l'essai d'une autre colonie aux îles *Viti*, dans l'Océanie.

§ 10. Monnaies, mesures, etc.

Or......	Ducat..............................	$= 11^f,66$
	½ ducat...........................	$= 5,83$
Argent..	Rigsdaler species de Suède..........	$= 5,78$
	Rigsdaler species de Norvége........	$= 5,61$
	Rigsdaler riksmynt..................	$= 1,42$
	24 skillings........................	$= 1,12$
	12 skillings........................	$= 0,56$

MESURES ITINÉRAIRES.

Mille de Suède, de 10,4 au degré... $= 10^{kil.},70$
Mille de Norvége, de 10 — ... $= 11,12$

MESURES LINÉAIRES.

Pied de Suède (fot)................ $= 29^{cent.},69$
Aune de Suède.................... $= 59,38$

MESURES AGRAIRES.

Tunnland de Suède................ $= 49^{arcs},33$

MESURES DE CAPACITÉ.

Kann de Suède..................... $= 2^{lit.},61$
Last (pour le jaugeage des navires) $= 42$ quint. métr.

POIDS.

Livre de Suède (skålpund)............... $25^{gr},08$

Institutions de crédit. — En Suède, Banque du royaume de Suède, Établissement du crédit foncier. — En Norvége : Banque de Norvége, Banque hypothécaire de Norvége (Banque foncière).

DANEMARK.

(SUPERFICIE, sans les îles Færœer et l'Islande : 38 200 kilom. carrés. — POPULATION : 1 700 000 habit.)

§ 1. Introduction : Situation, divisions physiques et politiques.

Le Danemark (en danois *Danmark*, en allemand *Daenemark*) est composé d'une partie continentale (nord de la Chersonèse Cimbrique) et de plusieurs îles.

Depuis les événements de 1864, il ne comprend plus que le **Jutland** et l'*archipel Danois,* dont les principales îles sont *Seeland, Fionie, Laaland, Falster, Langeland, Bornholm*.

La mer Baltique le baigne à l'E.; le Cattégat, au N. E.; le Skager-Rack, au N.; à l'O., il est limité par la mer du Nord. Le *Sund* le sépare, à l'E., de la Suède ; le *Grand-Belt* est un bras de mer entre les îles de Seeland et de Fionie ; — le *Petit-Belt* est resserré entre Fionie et la péninsule Cimbrique. — Le cap *Skagen* termine au nord le Jutland, coupé en deux parties par un bras de mer long et étroit, nommé *Lüm-fiord*.

Le Danemark est un pays plat, sans cours d'eau importants. L'île de Seeland en est le territoire le plus riche. Le climat, généralement salubre, n'est pas froid pour la latitude (terme moyen, au 55ᵉ degré).

§ 2. Population.

Les Danois, rameau scandinave, se font remarquer par leur probité, par leur amour du travail et de l'ordre, par leur énergie et leur habileté dans la marine. Le paysan semble jouir d'une aisance plus grande que dans la plupart des autres états européens. L'instruction primaire y est plus répandue que partout ailleurs. La population est assez dense (42 habitants par kilomètre carré). Le luthéranisme est la religion dominante. — Grâce à leur intelligence, à leur activité, les Danois ont su conquérir une place d'élite parmi les nations européennes. Ils ont été autrefois le plus puissant peuple du nord ; quoique bien déchus, ils ont toujours l'avantage d'avoir dans leurs mains la clef de la Baltique.

§ 3. Agriculture, productions.

Les travaux agricoles sont parfaitement compris en Danemark. La nature avait bien préparé à l'agriculture cette contrée composée de terres humides, basses ou légèrement ondulées. Le Jutland seul renferme des landes. Sur tous les autres points, le pays est revêtu de beaux champs de céréales ou couvert de forêts, dont la principale essence est le hêtre. On cultive surtout l'avoine, le seigle, l'orge, le sarrasin, le blé, les pommes de terre. L'exportation des céréales est assez importante. Il y a 2 500 000 hectares de terres arables. Les progrès de l'agriculture danoise sont dus à l'emploi des amendements, au drainage, aux bonnes méthodes acceptées partout, à l'usage des instruments perfectionnés et au développement de l'instruction agricole. On peut ajouter que les classes rurales sont en général instruites et dans l'aisance[1].

Les pâturages sont de qualité supérieure. On élève 1 million de bêtes à cornes. Les races bovines les plus estimées sont celles du *Jutland* et d'*Angeln*. La seconde est laitière.

Les meilleures races chevalines sont les races *seelandaise*, des îles *Laaland* et *Fionie*, *jutlandaise* (beaux chevaux de trait, désignés en France sous le nom de *danois*), de *Knapstrup* (chevaux de luxe).

L'espèce ovine (environ 1 200 000 moutons) est de petite taille et de laine de qualité médiocre.

Il n'y a pas de métaux. On trouve de la houille à Bornholm, de la tourbe sur plusieurs points, et du kaolin.

§ 4. Industrie, pêche.

Les populations du littoral se livrent à la fabrication des objets de pêche ; celles des campagnes intérieures font

[1]. L. Dussieux, *Géographie générale*.

DANEMARK.

elles-mêmes de la toile, des lainages, de la bonneterie. Les villes possèdent quelques manufactures importantes de draps et de toiles, des raffineries, des distilleries.

Les métaux, les fers, l'acier, venus de l'étranger, sont transformés en bons ustensiles. Les produits des fonderies, la grosse coutellerie, la taillanderie, peuvent soutenir la concurrence avec les articles étrangers. L'orfévrerie et la porcelaine sont faites avec goût.

Cependant la *construction des navires* et la *pêche* sont véritablement les seules branches d'industrie très-importantes du Danemark. Un grand nombre de navires partent pour la pêche de la morue dans les parages de Terre-Neuve et de l'Islande, pour celle des harengs et de la baleine dans d'autres parties des mers du nord.

§ 5. Principales villes.

Il n'y a qu'une grande ville : c'est la capitale, *Copenhague*, en danois Kiœbenhavn (155 000 habitants), dans l'île de Seeland, sur le Sund ; centre animé, commerçant, littéraire et scientifique. On y remarque une grande manufacture de porcelaine, des fabriques de draps, de toiles, de soieries, d'instruments aratoires, d'horlogerie, des imprimeries, des librairies, etc. — Ce port exporte des céréales, du poisson ; il reçoit, de l'Angleterre, de la France, de l'Allemagne et d'autres pays, du café, du sucre, du sel, du riz, du thé, de la houille, du fer, des bois, des vins, etc. La Suède et la Norvége lui adressent des ancres, de la poix, du goudron. La Russie lui expédie des toiles à voiles, des cordages, des mâts ; — l'Amérique, des denrées coloniales. Le mouvement de la navigation y est de 20 000 navires.

Les principales villes intéressantes par leur commerce ou leur industrie sont ensuite : dans Seeland : *Elseneur*, en danois Helsingœr, port sur le Sund, avec de grands chantiers pour la réparation des navires ; — dans Fionie : *Odense* (14 000 habitants), chef-lieu de cette île, avec de grandes tanneries, des mégisseries, des fabriques de ganterie, mais avec un port peu fréquenté ; — dans Falster : *Nykiœbing*, commerçante en grains ; — dans le Jutland : *Viborg*, au centre du pays ; — *Aalborg* (10 000 habitants), port de pêche et de commerce, sur le Liimfiord ; — *Aarhuus*

(11 000 habitants), à l'E., remarquable par le commerce des céréales et des bestiaux; — *Randers*, qui fabrique des gants.

§ 6. Voies de communication ; le passage du Sund.

Les très-courtes rivières navigables du Jutland n'offrent que des voies de transport insignifiantes. C'est par la mer que s'opèrent la plupart des communications du Danemark. Des trois passages qui font communiquer la Baltique au Cattégat, le plus important est le Sund, dont le nom complet est *Œre-Sund*.

Resserré entre la partie méridionale de la Suède et l'île de Seeland, voie ordinaire par laquelle les navires entrent dans la Baltique et en sortent, le Sund est un magnifique canal qui atteint encore 4000 mètres dans sa moindre largeur. La profondeur varie de 14 à 32 mètres. Le nombre de bâtiments qui passent par ce détroit est de 20 à 25 000 par an. On y payait autrefois un droit au gouvernement danois, qui, en compensation, prenait soin d'y entretenir des phares et des pilotes. Ce droit, très-onéreux pour le commerce, mais qui était pour le Danemark une source de revenus élevés, a été racheté par une entente générale en 1857.

Le Grand Belt est moins fréquenté, à cause de ses écueils; il est orageux en automne et en hiver, et dans cette dernière saison, il est quelquefois entièrement gelé.

Le Petit Belt a aussi de nombreux bas-fonds, et ses courants très-rapides rendent la navigation difficile; il ne gèle pas, mais il est peu navigable de décembre à avril.

Chemins de fer. — *Aarhuus* est jointe à *Randers* et à *Viborg*; *Fredericia*, à *Hadersleben* (dans le Slesvig); *Copenhague* est unie, d'un côté, à *Elseneur*, et, de l'autre, à *Korsœer*, par *Rœskilde*; *Odense* l'est à *Nyborg* et à *Middelfart*. Il y a 675 kilomètres de chemins de fer.

Une ligne télégraphique unit le Danemark à l'Angleterre par le Slesvig et l'île de Helgoland.

§ 7. Commerce.

Le commerce du Danemark, jadis florissant, a beaucoup baissé depuis la guerre désastreuse de 1864, suivie de la perte des ports de Kiel, d'Altona, de Flensbourg, etc.

Les importations sont de beaucoup supérieures aux exportations.

Importations. — Les articles d'importation sont : les matières premières, la houille, les métaux, les bois de construction, les denrées coloniales, les vins, les soieries, le coton, etc. Total : 850 millions de kilogrammes (en 1866), ou environ 200 millions de francs.

Exportations. — Les objets d'exportation sont presque uniquement les produits de la pêche et de l'agriculture, c'est-à-dire, les poissons salés, les huiles de poisson, les bestiaux et les céréales, les tourteaux, le colza, les laines, les peaux. Total : 450 millions de kilogrammes (en 1866), ou environ 100 millions de francs.

L'Angleterre est le pays qui commerce le plus avec le Danemark; viennent ensuite la Suède, la Norvége, la Prusse, la Hollande, etc. La France n'est représentée que pour une valeur d'environ 3 millions de francs.

L'effectif de la marine marchande est de 3700 navires. Le mouvement de la navigation avec l'étranger comprend 25 000 navires; le cabotage, 50 000.

§ 8. Possessions lointaines : Iles Færœer, Islande, Groenland, etc.

Le Danemark possède les îles *Færœer*, au N. O. des îles Britanniques ; archipel médiocrement habité, d'une température assez froide et dont les produits sont les troupeaux, la tourbe, les plantes antiscorbutiques et les eiders, si connus par leurs plumes délicates, chaudes et compressibles. Les habitants de ces îles vendent du poisson salé, des huiles de poisson, des plumes, de la laine ; il achètent des graines, des spiritueux, des toiles, des denrées coloniales, des chaussures, etc. Le point où l'on débarque de préférence est *Thorshavn*.

L'*Islande* (c'est-à-dire terre de glace) est située au N. O. de l'Europe, et se rattache plus naturellement à l'Amérique qu'aux régions européennes. Sa population n'est que de 70 000 habitants, quoiqu'elle surpasse en étendue le Danemark proprement dit. C'est une contrée froide, généralement stérile, célèbre par ses sites pittoresques, ses produits volcaniques, ses curiosités naturelles, entre autres, ses sources jaillissantes telles que le *Geisirs*. L'Hekla, volcan actif, est un de ses principaux monts. Il n'y a pas de culture possible de céréales, mais on y récolte des pommes de terre, et l'on y élève de beaux bestiaux. On compte environ 40 000 bêtes à cornes, 500 000 moutons, 60 000 chevaux.

Le chef-lieu, *Reykiavik*, sur la côte S. O., petit port de pêche et de commerce.

Citons encore parmi les possessions danoises, le **Groenland**, dans le N. E. de l'Amérique, et l'île **Sainte-Croix**, aux Antilles. (Le Danemark avait aussi dans cet archipel les îles Saint-Thomas et Saint-Jean, qu'il vient de céder aux États-Unis). Ces colonies américaines n'ont guère que 36 000 habitants.

§ 9. Monnaies, Mesures, etc.

Or......	Double christian....................	=41^f,80
	Christian...........................	=20 ,90
	Frédéric............................	=20 ,32
Argent..	Double rixdaler....................	= 5 ,58
	Rixdaler...........................	= 2 ,79
	½ rixdaler.........................	= 1 ,39
	16 schillings.......................	= 0 ,49
Billon...	4 schillings........................	= 0 ,17

MESURES ITINÉRAIRES

Mille de Danemark...	de 14,77 au degré	= 7^{kil},52
Mille marin d'Islande	9 —	= 12 ,36
Mille ordinaire de terre	12 —	= 9 ,27

MESURES LINÉAIRES.

Pied du Rhin.....................	=31^{cent},385
Aune.............................	=62 , 77
Brasse marine (faun).............	= 1^m , 88

MESURES DE CAPACITÉ.

Viertel de Copenhague............	= 7^{lit}, 73
Anker de Copenhague.............	=37 , 62

DANEMARK.

POIDS.

Marc............................. .... 235gr,39

Principale institution de crédit. — Banque nationale de Copenhague.

LEÇON XII.

RUSSIE.

Superficie : 20 000 000 de kilom. carrés. — Population : 76 000 000 d'habit.
(5 870 000 kilom. carrés et 69 000 000 d'habit. pour la Russie d'Europe.)

§ 1er. Introduction : — Situation générale, grandes divisions physiques et politiques.

Nous pénétrons dans un empire qui, par sa situation, par les nationalités très-diverses qui le composent, semble avoir pour mission de servir d'intermédiaire entre l'Europe et l'Asie, de répandre en Orient la civilisation occidentale. La Russie, formée au moins autant d'éléments asiatiques que d'éléments européens, est essentiellement une puissance du Nord. L'empire des Tzars s'étendra pendant longtemps encore dans le Nord, il y dominera sur des territoires de plus en plus considérables, mais sa puissance s'affaiblira au contact des pays chauds ; il ne semble pas plus destiné à grandir du côté des régions torrides que les Arabes, au moyen âge, ne paraissaient appelés à s'implanter dans les contrées froides.

L'empire Russe est immense; la Chine elle-même est beaucoup moins vaste. Il occupe la moitié orientale de l'Europe, tout le nord de l'Asie (la Sibérie) et dépasse le Caucase; mais il n'a plus rien en Amérique, où il a cédé, en 1867, aux États-Unis une assez grande possession qu'il y occupait. L'océan Glacial arctique (avec la mer Blanche et la mer de Kara) le baigne sur un espace de plusieurs milliers de lieues. Le Grand océan (avec ses mers de Beering, d'Okhotsk et du Japon) l'enveloppe à l'E. ; la mer Noire (qui forme la mer d'Azov et dans laquelle s'avance la presqu'île de Crimée), la mer Caspienne, la mer d'Aral, la Turquie d'Asie, la Perse, la Boukharie et l'empire Chinois le bornent au S. La monarchie Scandinave, la mer Baltique, la Prusse, l'Autriche et la Roumanie le limitent à l'O.

La latitude est entre 30° et 78°; la longitude s'étend de 15° à 172° à l'E. du méridien de Paris. La plus grande longueur de l'empire est de 12 000 kilomètres, vers le 55ᵉ parallèle ; sa plus grande largeur, de 3000 kilomètres.

De vastes plaines en composent la plus grande partie. Cependant on y voit le mont *Caucase* et les monts *Ourals*, *Altaï*, *Iablonoï* ou *Stanovoï*. Les plus grands cours d'eau qui l'arrosent sont : en Europe : la *Petchora*, la *Dvina du nord*, l'*Onéga* (tributaires de l'océan Glacial arctique); — le *Torneå*, la *Néva*, la *Dvina du sud*, le *Niémen*, la *Vistule* (tributaires de la Baltique); — le *Dniestr*, le *Dniepr*, le *Don* (tributaires de la mer Noire et de la mer d'Azov); — le *Volga* (avec ses grands affluents l'*Oka*, la *Kama*, etc.) et l'*Oural* (tributaires de la mer Caspienne); — en Asie : l'*Obi*, l'*Iéniseï*, la *Léna* (tributaires de l'océan Glacial arctique); — l'*Amour* (tributaire du Grand océan); — le *Sihoun* ou *Syr-Daria* (tributaire de la mer d'Aral).

La Russie est baignée par les plus grands lacs de l'Europe et de l'Asie : après la mer *Caspienne* et la mer d'*Aral*, on y remarque les lacs *Ladoga*, *Onéga*, *Ilmen*, *Peïpous*, en Europe; les lacs *Balkhach*, *Issi-koul* et *Baïkal*, en Asie. Il y a, dans plusieurs parties, de vastes marais : ceux de *Pinsk* sont les plus considérables de la Russie d'Europe, dans l'O. de laquelle ils se trouvent. Des marais glacés, appelés *toundras*, occupent de grands espaces dans le N. des deux Russies. Un autre caractère spécial de plusieurs parties de cet empire, ce sont les déserts qu'on appelle *steppes* : dans le S. de la Russie d'Europe, s'étendent des steppes herbacées qui offrent les plus riches pâturages, mais qui sont ruinées périodiquement par des nuées de sauterelles; dans le S. E., des steppes sablonneuses et parsemées de petits lacs salés. Dans le S. O. de la Sibérie, ces deux caractères se retrouvent tour à tour.

Climat. — Le climat subit en Russie une alternative de froids très-rigoureux et d'étés très-chauds. Il n'est pas rare de voir le thermomètre descendre à 40° centigrades au-dessous de zéro ; par exemple, à Saint-Pétersbourg et à Moscou. Dans la région méridionale, la chaleur atteint souvent 35° au-dessus de zéro. Dans le nord même, elle devient quelquefois si intense en été, par suite des longs jours de vingt heures et plus, à peine interrompus par un crépuscule assez lumineux lui-même, que l'on a vu des tourbières et des forêts s'enflammer naturellement et l'incendie ravager des provinces entières (comme en 1868).

Les froids sont d'autant plus vifs que l'on avance de l'ouest à l'est.

En Sibérie, la température au cœur de l'hiver est bien plus rigoureuse que dans la Russie d'Europe; ainsi, on a constaté à Iakoutsk, c'est-à-dire à 65° de latitude, un froid de 54 degrés. L'hiver se prolonge, dans une grande partie de la Russie, pendant près de dix mois. La neige couvre le sol à partir de septembre, et ce n'est qu'au mois d'avril que commence le dégel. Même dans les provinces européennes, il est assez fréquent de voir la neige couvrir le sol sur une épaisseur de plusieurs mètres. Un vent glacial la soulève sous la forme de tourbillons, véritables ouragans, qui durent plusieurs jours. On nomme *métel* ces phénomènes toujours terribles, qui, dans leur fureur peuvent détruire des villages entiers.

Divisions générales. — On peut diviser la Russie en cinq parties :

1° La *Russie d'Europe proprement dite*, partagée en quarante-neuf gouvernements et renfermant, en outre, la république militaire des cosaques du Don et trois territoires caucasiens; 2° le *grand-duché de Finlande*; 3° le *royaume de Pologne*; 4° la *Transcaucasie*; 5° la *Sibérie* (y compris le Turkestan russe et la Mandchourie russe, annexés récemment à l'empire).

§ 2. Population.

La population totale est de 76 millions, dont 69 millions d'hab. pour la Russie d'Europe. La famille *slave* y domine; elle comprend les *Russes proprement dits* (c'est-à-dire surtout les *Petits Russes*, les *Ruthènes*, les *Russes blancs*) et les *Polonais*.

Dans l'O., vers la Baltique, habite la famille *lithuanienne*, divisée en *Lithuaniens proprement dits* et *Lettons* ou *Lettes*.

D'autres populations nombreuses appartiennent à la famille *finnoise*, *ouralienne* ou *touranienne* : ce sont les *Finnois proprement dits*, *Finlandais* ou *Tchoudes*, les *Votes*, les *Esthes*, les *Lives*, les *Caréliens*, une grande partie des Russes de l'intérieur appelés *Moscovites* ou *Grands Russes*; les *Biarmiens* ou *Permiens*, les *Vogoules*, les *Mordouans*, les *Tchérémisses*, répandus dans les parties orientales. — Les *Lapons*, pour la langue, se rattachent aux *Finnois*; pour la conformation, à la race *mongolique*.

Les *Samoïèdes*, qui habitent aussi dans le N., sont de cette dernière race. — Il y a, dans le S. E., la nation mongole des *Kalmouks*, venus primitivement du centre de l'Asie.

D'autres peuples, dans l'E., le S. E. et le S., sont d'origine *turque* et *tatare*, comme les *Tchouvaches*, les *Bachkirs*, les *Nogaïs*, les *Koumukhs*, les *Kirghiz*, les *Tatares de Crimée*.

Les *Cosaques* se sont formés d'un mélange de Slaves et de Tatares ou de Mongols.

Les *Allemands* sont nombreux dans le territoire qui s'étend entre le golfe de Finlande et la Prusse; et ils ont formé beaucoup de *colonies* dans les parties méridionales.

Il y a des *Roumains*, c'est-à-dire des *Valaques* et des *Moldaves*, dans le S. O. ; — des *Juifs* dans un grand nombre de gouvernements, surtout ceux de l'O. ; — des *Zigueunes* ou *Bohémiens*, dans presque tous.

Les peuples *caucasiens* comprennent les *Circassiens* ou *Tcherkesses*, les *Abases*, les *Kistes*, les *Lesghiz*, les *Ossètes*.

De tous ceux qui sont désignés sous le nom de Russes, les Petits Russes sont les plus grands et les plus vigoureux, et ils offrent un beau type national.

Le Russe est bon, hospitalier, très-patient, fort religieux. Il ne redoute ni la fatigue, ni la mort; mais on lui a souvent reproché son amour du gain et parfois de sombres emportements. La langue russe est riche, sonore, flexible. Les Polonais sont braves, très-enthousiastes. Leur noblesse, encore nombreuse, fut jadis très-brillante.

Les Lithuaniens, les Finlandais, les Moscovites, sont laborieux et industrieux, mais les Finnois de l'E. sont à demi-barbares, comme les hordes asiatiques.

Les Cosaques, répandus dans le S. E., forment une nationalité meilleure qu'on ne le suppose d'ordinaire.

Les Juifs sont chargés d'une grande partie du commerce des régions occidentales.

Les Russes et les Polonais ont une remarquable facilité pour apprendre les idiomes étrangers. Indépendamment du russe et du polonais, les autres idiomes parlés dans l'empire sont le *lithuanien* et le *letton*, qui ont entre eux beaucoup d'analogie ; le *finnois*; le *turc* (dans le S.), l'*allemand*, à l'O. ; le *suédois*, dans plusieurs villes de Finlande. La société riche et lettrée connaît parfaitement le *français* et le parle avec pureté.

La population la plus dense est celle de la Pologne, puis des gouvernements de Moscou, de Toula, de Koursk, de Poltava, de Kiev et de Podolie.

Voici comment on classe approximativement la population de la Russie d'Europe par religions : on compte près de 60 millions de grecs ; — 3 millions de catholiques ; — 3 millions de luthériens et de calvinistes ; — près de 3 millions de mahométans ; — 1 600 000 juifs, répandus surtout en Pologne ; — 365 000 arméniens ; — environ 1 000 000 d'idolâtres, bouddhistes, etc.

§ 3. Récentes réformes économiques relatives à la condition des terres et des personnes.

Pendant de nombreuses années, les paysans russes travaillèrent dans des conditions analogues à celles des populations rurales de l'Occident au moyen âge, c'est-à-dire à titre de serfs; mais, depuis 1861, le servage est aboli. Les habitants, qui cultivaient autrefois le sol sans espoir de devenir jamais les maîtres de la moindre parcelle de terre, ont maintenant le droit de posséder des biens en pleine propriété. Au 1er avril 1866, déjà 2 500 000 paysans avaient acheté les lots que leur offrait l'État. 10 millions de paysans ont été libérés, et aujourd'hui plus de 3 millions sont devenus propriétaires. Il faut espérer que l'agriculture en profitera. La situation des paysans s'améliorant, le progrès pénétrera dans les masses.

Dans l'état actuel des choses, malgré la chute du servage, la propriété individuelle est toujours très-limitée. Le peuple préfère les domaines partagés. En effet, les rachats se font encore ordinairement par communes; et celles-ci se constituent propriétaires du sol acquis. Qu'arrive-t-il? La commune ayant opéré le rachat, chaque citoyen a droit à un lot de terre, ou plutôt à plusieurs parcelles de terrain, souvent éloignées les unes des autres. Le nombre des ménages étant variable, le chiffre des lots suit les mêmes fluctuations : de là une inégalité regrettable et injuste. Tous les six ou neuf ans, on procède à une nouvelle répartition de terrain. Si les copartageants sont plus nombreux, la dimension des lots diminue, et les propriétaires se trouvent appauvris. L'agriculture souffre singulièrement de ce vicieux état de choses.

§ 4. Produits agricoles, etc.

Constitution générale du sol ; végétaux. — La valeur des productions naturelles de la Russie atteint 6 milliards 316 millions.

La Russie d'Europe n'offre, pour ainsi dire, qu'une vaste plaine, qui, au centre, devient un plateau, élevé, dans ses parties supérieures, de 400 mètres au-dessus du niveau de la mer. La Pologne a des plaines plus basses, et son nom même (*Polska*) veut dire pays plat.

Dans des espaces aussi considérables, la géologie signale la plupart des terrains. Les granitiques dominent en Finlande; les jurassiques et les plutoniques se partagent le Caucase; la Crimée est un mélange de grès, de schistes, de calcaires, de terrains arénacés; l'Oural est surtout schisteux; les plaines de l'intérieur de la Russie d'Europe offrent tour à tour des granites, des gneiss, des dépôts carbonifères, des dépôts salifères, des dépôts d'alluvion.

Les contrées les plus septentrionales de la Russie sont sans culture; néanmoins on sème à des latitudes assez élevées le seigle, l'orge, l'avoine; — dans les provinces centrales, où une partie extrêmement fertile est désignée sous le nom de *terres noires*, on cultive le seigle, le froment, l'orge, le millet; — dans le S., le froment, le maïs. On rencontre le seigle jusqu'à 67° de latitude. Le froment atteint jusqu'à 60°. Les froments les plus estimés sont ceux des gouvernements de Kiev, de Podolie et de Bessarabie. Viennent ensuite ceux de Pologne et des plaines du Volga.

Sur sept années, on a l'habitude de compter dans la Russie d'Europe deux années d'abondance, deux années de disette et trois récoltes ordinaires. On y évalue la production annuelle des céréales à 460 000 000 d'hectolitres.

Le blé est le produit qui donne les meilleurs résultats; pourtant le rendement n'est pas régulier. L'âpreté du climat peut, à la veille d'une récolte, détruire toutes les espérances. Dans les plaines voisines de la mer Noire, le blé rend 4 pour 1, tandis que, dans les pays plus favorisés, le rapport est de 1 à 18, et souvent beaucoup plus. La consommation russe absorbe la plus grande quantité des céréales; l'exportation n'en dépasse guère, chaque année, 12 millions d'hectolitres. Ce trop-plein s'écoule en partie dans l'Occident par l'intermédiaire de Riga, de Saint-Pétersbourg, de Dantzick (en Prusse), d'Odessa, de Taganrog, de Kertch.

Le lin et le chanvre sont fort répandus, surtout au centre. La culture de la première de ces plantes donne un produit de 144 millions de francs; — celle du chanvre rapporte 22 millions.

Les pommes de terre, les betteraves, le houblon, le colza, donnent aussi un produit considérable.

Le tabac est un objet important de culture, surtout en Livonie, dans les gouvernements de Kherson, de Saint-Pétersbourg, de Moscou, et en Pologne. On le cultive librement.

Les vins du midi de la Russie, souvent de bonne qualité, sont exportés vers le Nord. La Bessarabie peut en produire jusqu'à 10 millions d'hectolitres; — la Crimée, 2 millions; — les provinces du Caucase, 1 million. On vante les vins de Kizliar, dans le bassin du Térek.

La garance est cultivée dans le Daghestan; le coton a réussi dans le gouvernement d'Astrakhan.

Les forêts sont une des grandes richesses de la Russie. Les chênes, les érables, les hêtres, les peupliers et les charmes sont abondants au sud du 52º degré; les pins, les sapins, les tilleuls et les bouleaux sont les arbres les plus communs et ceux qui s'avancent le plus au nord. Les gouvernements de Novgorod et de Tver sont surtout couverts de forêts; celle de Volkhonski, qui s'étend vers les monts Valdaï, est une des plus vastes que l'on connaisse. Les provinces du sud sont dépourvues de bois, au point qu'on y brûle l'herbe et la fiente des troupeaux.

Animaux domestiques. — Les meilleures races de chevaux sont celles du *Don*, de *Viatka*, de l'*Obva*, de *Kazan*, du *Mézen*. Le *cheval russe*, variété de la race de Viatka, est de taille peu élevée, très-fort et presque infatigable; les chevaux de la race Orlov, qui en dérivent, sont d'excellents trotteurs, de fort belle apparence. Les territoires qui possèdent le plus de chevaux sont les gouvernements d'Orenbourg, de Simbirsk, de Saratov, de Samara et d'Astrakhan. Il y a environ 16 000 000 de chevaux dans l'empire.

L'âne est très-répandu dans le sud, où se trouvent aussi une espèce sauvage voisine, nommée *djighetaï*, et le chameau.

Les races bovines les plus estimées sont celles des steppes de la Russie méridionale et de l'Ukraine. On évalue à 22 000 000 le nombre des bêtes à cornes.

Les moutons communs et les mérinos donnent environ 65 millions de kilogrammes de laine. La race ovine est surtout répandue dans le midi. On compte 45 000 000 de bêtes à laine, dont 8 000 000 de mérinos.

Il y a environ 9 000 000 de porcs; leur soie forme un objet très-important d'exportation. On compte 20 000 rennes dans le nord de la Russie d'Europe.

Les abeilles donnent en Russie, et particulièrement en Pologne, une grande quantité de cire et de miel. L'hydromel, liqueur fermentée faite avec le miel, remplace le vin dans plusieurs pays. Le ver à soie est élevé dans le midi. Le kermès de Pologne est une espèce de cochenille, qui vit sur un polygonum, particulièrement en Ukraine, et donne une couleur très-employée.

§ 5. **Produits minéraux.** — Mines de l'Oural.

Les mines, une des grandes richesses de l'empire Russe, produisent de l'or, du platine, de l'argent, du cuivre, du fer, de la houille, du sel, etc.

C'est principalement sur le revers oriental de l'Oural et dans les parties méridionales des gouvernements du centre de la Sibérie que l'on rencontre l'*or*. En 1863, on comptait dans l'empire Russe environ 750 lavages d'or, qui donnaient un produit de 76 millions de francs. 60 000 ouvriers étaient employés à ce seul travail. Les mines qui procurent les plus beaux produits sont celles d'Olekminsk, de Bargousinsk et de Zlatooust, dans le gouvernement d'Irkoustk. Les lavages de l'Altaï viennent ensuite.

Le *platine* se trouve dans l'Oural, principalement à Nijnii-Taghilsk et dans le district de Goroblagodat. La production est aujourd'hui peu importante. Le gouvernement avait autrefois une monnaie de platine; elle est supprimée depuis quelques années.

Les mines d'*argent* et de *plomb*, appartenant toutes à l'empereur, se trouvent dans le district de Nertchinsk, dans les monts Altaï et au Caucase. En 1863, la production a donné pour l'argent plus de 3 millions de francs, et pour le plomb environ 600 000 francs.

Le *cuivre*, très-abondant, excède la consommation intérieure. L'empereur possède toutes les mines de l'Altaï, d'un rapport annuel de près de 5 millions de kilogrammes; mais les mines les plus importantes sont celles de l'Oural. En 1863, leur nombre était de 136; les ouvriers employés à cette exploitation s'élevaient à 11 000. La valeur de la production du cuivre est de 10 millions de francs. Les malachites (le minerai de cuivre le plus abondant en Russie) se présentent souvent en masses d'une admirable beauté, et deviennent un des précieux objets d'ornement.

Le *zinc*, que l'on exploite principalement dans le royaume de Pologne, représente un rendement de 2 millions de francs.

Le *fer*, de qualité excellente, mais toujours d'un prix élevé, s'exploite surtout en Pologne, dans les gouvernements de Perm, de Viatka, d'Orenbourg, d'Olonetz et de Vologda. La production de l'Oural est de beaucoup la plus importante. L'empereur se réserve la propriété de toutes les mines de fer de la Russie d'Europe. On attribue la cherté des fers de l'empire à la situation des mines aux extrémités du pays, à une grande distance des centres de consommation.

La **houille** n'est exploitée en Russie que depuis quelques années ; les résultats obtenus sont encore médiocres. Les principaux gisements se trouvent dans les parties centrales, et spécialement dans le bassin du Donetz. La valeur totale ne s'élève qu'à 2 millions de francs.

Le **sel**, très-abondant, se présente sous trois formes : le sel gemme, le sel provenant des marais salants et le sel d'usine. Le sel gemme est surtout répandu dans la chaîne de l'Oural, dans les gouvernements de Perm et d'Orenbourg. Les marais salants sont disséminés le long de la mer Noire, de la mer d'Azov et dans les steppes du Volga. L'exploitation s'élève, dans son ensemble, à 16 millions.

Le naphte se trouve abondamment à l'extrémité orientale de la Crimée, dans la presqu'île de Taman, placée vis-à-vis, et à l'extrémité orientale de la Transcaucasie. Les collines de la Finlande et d'Olonetz fournissent des granites, des syénites et des marbres d'une grande beauté. Le carbonate de chaux, propre à faire de l'excellente chaux vive, est très-commun dans la région centrale. L'argile à poterie n'est pas rare non plus. On recueille de l'ambre jaune vers la Baltique et dans les forêts de la Lithuanie. — Nous verrons tout à l'heure les pierres précieuses de la *Sibérie*.

§ 6. Industries diverses.

Métaux. — Malgré de grands efforts récents pour s'élever, l'industrie russe est encore dans un état d'infériorité notable relativement à celle de l'occident de l'Europe. Le produit total de toutes les industries de l'empire est évalué à 3 milliards 500 millions de francs.

L'industrie ne compte pas, comme en Angleterre et en France, de grands centres ; elle se cache, pour ainsi dire, dans la retraite, disséminée au milieu d'une foule de villages. Les fabriques puissantes sont l'exception. Aussi la Russie, malgré l'abondance et la richesse de ses districts miniers, ne peut-elle pas passer pour un pays véritablement industriel.

La fabrication des objets en **fer** offre un rendement de 212 millions de francs. — Le **cuivre**, avec lequel on confectionne des bouilloires, des cafetières, des chandeliers, faits parfois avec beaucoup d'art, occupe un grand nombre d'ouvriers. C'est une des industries prospères du pays.

La fabrication des objets faits en métaux précieux est très-répandue, mais inférieure à celle des états de l'Occident.

Les matériaux de construction donnent un produit approximatif de 16 millions de francs.

La poterie, la faïence, la porcelaine représentent une valeur d'environ 12 millions de francs. La fabrication des glaces, des cristaux, surtout centralisée dans l'ouest et la Pologne, atteint une valeur de 28 millions de francs.

Plantes textiles. — La préparation du *lin* est l'objet d'une exploitation considérable. On ne peut cependant lui assigner de grands centres; il est peu de villages où l'on ne rencontre des métiers. Les procédés usités sont imparfaits; on emploie encore généralement le filage à la main. Les meilleures toiles viennent des gouvernements d'Iaroslav et de Kostroma. On peut évaluer la production totale des filatures et des fabriques à 460 millions de francs. On exporte un grand nombre de ballots d'étoupes, de fils, de tissus de lin et de toile fine dite de Flandre.

Pour le *chanvre*, les procédés de fabrication première sont encore plus primitifs; néanmoins on fait des toiles à voiles excellentes, des câbles, des cordages très-solides. — L'industrie chanvrière s'exerce dans les gouvernements où l'on cultive cette plante, c'est-à-dire dans le centre. En 1864, on comptait 176 établissements, avec 5000 ouvriers; une population d'environ 500 000 habitants, disséminés sur un grand nombre de points, travaille le chanvre à la main.

Le *coton* n'entrait pas, au commencement du siècle, dans les articles de fabrication russe. On se fournissait en Angleterre. Depuis 1820, cette industrie s'est développée; elle peut même rivaliser avec la production linière. En 1830, l'importation du coton était de 2 400 000 kilogrammes; en 1840, de 8 millions; en 1850, de 23 millions; en 1860, de 45 millions. Les cotonnades d'origine russe pourraient aujourd'hui suffire à la population; mais, cédant à des traditions établies, beaucoup d'habitants préfèrent avoir recours aux produits étrangers. Néanmoins, la préparation des cotonnades occupe plus de 400 000 ouvriers. La valeur de la fabrication s'élève à 360 millions de francs.

Le *sucre de betterave* donne un rendement de 88 millions de francs.

La fabrication du *papier* occupe quelques milliers de bras. Le gouvernement de Saint-Pétersbourg se trouve à la tête de cette branche.

Le *suif*, servant de base à la fabrication des chandelles, de la stéarine et des savons, est tiré surtout des territoires où l'on élève le gros bétail et les moutons, c'est-à-dire des régions du sud et du sud-est. Cette fabrication représente une valeur totale de 80 millions de francs.

Les *cuirs* et les *fourrures* russes sont très estimés. Kazan est renommée par ses cuirs; Astrakhan, par ses fourrures, ses peaux d'agneau pour la fabrication des manchons, des bonnets, etc. La valeur totale de cette double production est de 224 millions de francs.

§ 7. Villes et ports commerçants de la Russie d'Europe.

Saint-Pétersbourg, en russe *Sankt-Peterbourg* (550 000 hab.), capitale de l'empire, s'élève sur la Néva, au fond du golfe de Finlande, position admirablement choisie pour mettre la Russie en contact avec la civilisation occidentale. Communiquant, au moyen de canaux et de rivières, avec plusieurs centres commerciaux de la Russie, elle est devenue le principal entrepôt des marchandises russes destinées à l'exportation; son port est également ouvert à une importation considérable des produits étrangers, qui, de là, rayonnent sur Moscou, Nijnii-Novgorod, etc. Mouvement de la navigation extérieure : 6000 bâtiments; valeur de commerce : 600 millions. Les ports de France qui ont le plus de rapports avec Saint-Pétersbourg sont Dunkerque et Le Havre.

Cronstadt, sur une île du golfe de Finlande, à 41 kil. à l'O. de cette capitale, est une place forte qui la protége et un port militaire qui sert de station principale à la flotte russe; c'est aussi un port marchand, où s'arrêtent les gros bâtiments qui ne peuvent parvenir à Saint-Pétersbourg et qui se déchargent sur des alléges.

La seconde ville de l'empire, **Moscou**, en russe *Moskva*, (450 000 hab.), au centre de la région essentiellement industrielle de la Russie, sur la Moskva. C'est un immense atelier travaillant pour le reste de l'empire et répandant en tous sens ses cotonnades, ses lainages, ses toiles, ses soieries, ses instruments aratoires, etc. C'est en outre le trait d'union entre le commerce de l'Asie et celui d'Europe. Ses relations s'étendent depuis la Chine, la Perse et la Boukharie jusqu'à Leipzig, Vienne, Hambourg, Londres, Paris, Marseille, Bordeaux.

Les principaux ports, après Saint-Pétersbourg, sont :

1° Vers la mer Blanche : **Arkhangel** (20 000 hab.), sur la Dvina du nord, entrepôt du commerce de la Russie boréale et siége des grands armements pour les pêches du Spitzberg et de la Nouvelle-Zemble ; mais son port est fermé par les glaces pendant huit mois de l'année.

2° Vers la Baltique et les golfes de Botnie et de Finlande :

En Finlande : *Uleaborg, Abo, Helsingsfors* (22 000 hab.), qui ont de bons chantiers de construction ;

Dans l'Esthonie : *Revel* ou *Réval* (30 000 hab.), en relation active avec l'Angleterre ; — *Port-Baltique*, bonne station d'hiver pour les bâtiments ;

Dans la Livonie : **Riga** (70 000 hab.), qui envoie dans l'Occident, en Angleterre particulièrement, pour plus de 100 millions de céréales, de matières textiles, de graines de lin et de chanvre, de bois de construction, d'huile ; mouvement de sa navigation : 1800 navires. — *Pernau*, qui fait, sur une moins grande échelle, le même commerce.

Dans la Courlande : *Libau, Windau*, qui exportent aussi des blés, des bois de construction, du lin.

3° Vers la mer Noire :

Dans la Bessarabie : *Akkerman*, à côté d'immenses salines.

Dans le gouvernement de Kherson : **Odessa** (100 000 hab.), le grand entrepôt de la Russie méridionale, point d'exportation de blés abondants pour l'Europe occidentale (Marseille, etc.), de bois, de cuirs, de cire, de savon qu'on y fabrique ; mouvement de la navigation au long cours : 3000 bâtiments ; valeur du commerce extérieur : 180 à 200 millions. — *Nikolaev* (35 000 hab.), sur le Boug, avec de grands chantiers établis pour la marine impériale, mais qui ont perdu de leur importance depuis la guerre de 1854 et 1855. — *Kherson* (40 000 hab.), sur le Dniepr, commerçante en bois de construction et en cordages.

Dans la Tauride (dont fait partie la Crimée) : *Eupatoria;* — *Sébastopol* (ou mieux *Sévastopol*), à l'extrémité S. O. de la Crimée, place qui, par son beau port militaire, par sa situation avantageuse au milieu du bassin de la mer Noire, semblait appelée à la domination de cette mer, mais qui a été ruinée par la guerre de 1855. — *Kéfa* (vulgairement *Caffa*) ou *Féodosia* (autrefois *Théodosie*), sur la côte S. E. de la Crimée, port très-important au moyen âge entre les mains des Génois, aujourd'hui bien déchu, mais qui tend à se relever. — *Kertch*, à l'extrémité orientale de la Crimée, sur le détroit qui unit la mer Noire avec la mer d'Azov; siége d'un grand commerce de blé, de sel, de pelleteries.

4° Sur la mer d'Azov :

Dans le gouvernement d'Ékatérinoslav : *Berdiansk, Marioupol,* **Taganrog**, qui exportent des blés, des suifs, des bois, et reçoivent de nombreuses marchandises destinées à l'approvisionnement des navires : fer, cuivre, goudron, etc. — *Rostov*, sur le Don, port assez animé, dont le commerce remplace celui d'*Azov*, ruinée aujourd'hui; — près de là est *Nakhitchévan*, ville manufacturière, toute peuplée d'Arméniens.

5° Vers la mer Caspienne :

Astrakhan (45 000 hab.), sur une île du Volga, à 50 kil. de la mer; entrepôt du commerce entre la Russie, la Boukharie, la Perse et l'Hindoustan, et centre de grandes pêcheries. — *Derbent*, chef-lieu du Daghestan, n'ayant, au lieu de port, qu'une rade peu sûre.

Parmi les villes commerçantes de l'intérieur, il faut citer, après Moscou :

1° Sur le versant de la Baltique :

En Lithuanie, *Vitebsk* (30 000 hab.); — **Vilna** (50 000 hab.), dont le commerce considérable est fait en grande partie par les Juifs. — *Dunabourg*, sur la Dvina du sud ou Duna. — *Kovno* (24 000 hab.). — *Grodno* (30 000 hab.).

Dans la région des lacs Ilmen et Peipous : *Novgorod*, autrefois riche et puissante, aujourd'hui déchue et remarquable seulement par quelques fabriques de clouteries et de cuirs. — *Pskov*, déchue aussi, mais qui se recommande encore par ses toiles d'emballage.

Dans le ci-devant royaume de Pologne : **Varsovie** (165 000 hab.), en polonais *Warszawa*, en allemand *Warschau*, en russe *Varchava*, capitale de ce royaume, sur la Vistule ; grand entrepôt entre la Russie et toute l'Europe centrale; centre d'une grande fabrication de lainages, d'étoffes de coton, de soieries, de sucre, de machines et outils aratoires, de maillechort, etc. — *Lodz* (35 000 hab.), ville essentiellement industrielle (draps, cotonnades, faïence, briques, etc.) — *Lowicz*, très-intéressante aussi par son industrie. — *Lublin* (20 000 hab.), qui a des industries du même genre et une grande foire annuelle. — *Kalisch* ou *Kalisz*, qui fabrique des draps.

2° Sur le versant de la mer Noire :

Kiev (70 000 hab.), sur le Dniepr, importante par son université de 1000 étudiants, son commerce de bois de construction, de fer, de câbles, sa manufacture de faïence, sa grande foire. — *Koursk* (30 000 hab.). — *Voronej* (40 000 hab.). — *Minsk* (25 000 hab.).

Poltava (20 000 hab.), *Kharkov* (45 000 hab.), capitale du riche pays d'Ukraine, *Berditchev* (53 000 hab., presque tous Juifs), *Kichénev* ou *Kichinev* (95 000 hab.), capitale de la Bessarabie, toutes les quatre siéges de grandes foires très-fréquentées.

Jitomir (35 000 hab.), capitale de la Volhynie. — *Ékatérinoslav*, au milieu de la plus riche exploitation de houille de la Russie.

3° Sur le versant de la mer Caspienne, en descendant le bassin du Volga :

Tver (25 000 hab.), où se fabrique beaucoup de clouterie. — *Iaroslav* (35 000 hab.), centre d'une grande fabrication de toiles pour le service de table et pour l'emballage, de papier, de soieries, d'articles en soie de porc. — *Kostroma*, intéressante par ses ouvrages en cuivre, ses toiles, sa fonderie de cloches. — **Nijnii Novgorod** (36 000 hab.), dont le nom s'abrége en *Nijégorod* ou simplement *Nijnii*, célèbre par ses foires, les plus importantes de la Russie, et connue aussi par ses fabriques d'étoffes de coton et d'articles en fer. — **Kazan** (63 000 hab.), avec de grandes fabriques de cuirs et de savon. — *Saratov* (65 000 hab.). — **Toula** (60 000 hab.), remarquable par sa manufacture impériale d'armes et ses fabriques d'instruments de physique et de mathématiques, de tabatières, etc. — *Kalouga* (32 000 hab.), renommée par son caviar et qui a des fabriques de soieries. — *Orel* (32 000 hab.), centre d'un grand commerce de grains. — *Eletz* (25 000 hab.). — *Kozlov*, qui devient une des villes les plus commerçantes du centre. — *Tambov* (30 000 hab.), avec un commerce de transit. — *Penza* (25 000 hab.).

4° Dans la région du fleuve Oural et des monts Ourals :
Orenbourg, sur la limite de l'Asie ; grand entrepôt entre les deux parties du monde ; fréquentée par une quantité de marchands qui viennent de l'Inde et de la Boukharie.— *Perm*, avec des mines de cuivre et de fer, et des fonderies.— *Ékatérinbourg*, avec des mines d'or, un hôtel des monnaies, une école des mines, une fonderie de canons, des forges très-importantes, des fabriques d'armes. — *Irbit*, célèbre par ses mines et sa riche foire, rendez-vous des négociants de l'Asie et de l'Europe. — *Bérézov de l'Oural*, aussi avec des mines d'or. (Ces trois villes sont situées sur le versant oriental de l'Oural, mais appartiennent au gouvernement de Perm, qui se rattache à la Russie d'Europe.)

§ 8. Voies de communication.

Voies navigables. — La Russie a l'avantage de posséder dans ses nombreux cours d'eau (que nous avons nommés page 166) un des plus magnifiques systèmes de navigation intérieure, interrompue cependant plusieurs mois de l'année par les glaces. Le Volga est surtout l'artère vaste et commode de l'intérieur : il y circule de 35 à 40 000 bateaux, radeaux ou trains de bois, portant pour 7 à 800 millions de marchandises. Quelques rapides rendent une partie du Dniepr difficile.

On a établi un grand nombre de canaux pour faire communiquer entre eux les fleuves des quatre versants de la Russie. Les plus importants sont : celui de *Vychni-Volotchok*, qui joint le Volga au lac Ilmen ; celui de *Tikhvin*, entre le Volga et le lac Ladoga ; — le canal de *Marie*, entre le lac Onéga et le lac Biélo, qui appartient au bassin du Volga ;— le canal de *Ladoga*, qui va du Volkhov à la Néva, en longeant au S. le lac Ladoga ; — le canal de *Koubensk*, entre la Cheksna, affluent du Volga, et la Soukhona, affluent de la Dvina du nord ; — le canal du *Nord*, entre la Kama et la

Vytchegda, autre affluent de la Dvina du nord ; — le canal de la *Bérézina*, entre la rivière de ce nom et la Dvina du sud ; — celui d'*Oginski*, entre le Pripet et le Niémen ; — le canal de *Tellin*, entre l'Embach, tributaire du lac Peïpous, et le golfe de Livonie ; — le canal de *Saïma*, entre le lac Saïma et le golfe de Finlande, — le canal *Royal*, entre le Pripet, affluent du Dniepr, et le Bug, tributaire de la Vistule.

Navigation des mers. — Les mers qui entourent la Russie, quoique d'un grand avantage pour son commerce, ne sont pas d'une navigation toujours favorable : la Baltique est encombrée d'écueils et d'îlots, et fermée pendant plusieurs mois par les glaces. La mer Blanche et l'océan Glacial sont inabordables plus longtemps encore. La mer Noire, qui, malgré sa latitude méridionale, est gelée elle-même dans plusieurs de ses golfes et de ses ports pendant certains hivers, a des brumes épaisses et des vents impétueux. La mer d'Azov est envasée et devient de moins en moins profonde par suite des atterrissements du Kouban et du Don. Des vents violents, des côtes souvent basses et vaseuses, rendent aussi la navigation de la Caspienne généralement difficile.

Chemins de fer. — Le principal chemin de fer que possède la Russie proprement dite est celui de *Saint-Pétersbourg à Moscou* ; de Moscou, des branches se portent sur *Nijnii-Novgorod*, sur *Riazan* et *Kozlou*, et sur *Toula* et *Orel*. — Un chemin va de *Saint-Pétersbourg à Varsovie*, par *Vilna*, avec embranchements sur *Kovno* et *Kœnigsberg*, sur *Riga* et sur *Vitebsk*. — *Varsovie* communique avec *Cracovie*, *Vienne*, *Berlin*. — Il y a, en Finlande, un chemin d'*Helsingfors à Tavastehus*.

Le développement des chemins de fer russes est de 4500 kilomètres ; celui des lignes télégraphiques, de 37 000. La plus remarquable de ces lignes est celle qui franchit toute la Russie d'Europe et la Sibérie de l'O. à l'E., depuis Saint-Pétersbourg jusqu'à l'océan Pacifique et aux frontières de la Chine. On se prépare à l'étendre jusqu'en Amérique par les îles Aléoutiennes.

Routes de terre, route de Tiflis, etc. — Par suite de

l'état encore très-incomplet du réseau des chemins de fer, et de la difficulté que l'hiver apporte aux communications fluviales, les routes de terre seront encore longtemps le principal moyen de transport. Le roulage est très-important en Russie.

Nommons, parmi les plus célèbres routes, celle de Tiflis, et, par suite, de toute la Transcaucasie, de la Perse et de l'Arménie, franchissant le milieu du Caucase au défilé de Dariel; celles d'Ékaterinbourg, d'Irbit et d'Orenbourg, qui coupent, les deux premières, les monts Ourals, la troisième, le fleuve Oural, et conduisent en Sibérie, en Chine, en Boukharie. Du côté des états limitrophes européens, on peut citer la route de Kiev à Lemberg, en Autriche, et celle d'Odessa à Iassy, en Moldavie.

Traînage. — Quand les fleuves sont pris par les glaces, quand la neige épaisse couvre le sol, la Russie possède des moyens de communication inconnus dans nos climats tempérés de l'Occident : il y circule rapidement des traîneaux auxquels on attelle soit des chevaux, dans la plus grande partie de l'empire, soit des rennes, dans le nord, soit des chiens, surtout dans la Sibérie, où il y a des postes régulières établies pour le service de ces animaux. Les fleuves servent alors de routes unies et commodes; les vastes plaines n'offrent pas d'obstacles. Les marchandises et les voyageurs qui sont transportés par cette voie forment une partie considérable du mouvement commercial de l'empire.

§ 9. Transcaucasie.

En étendant les limites de sa domination au delà du Caucase, la Russie s'est enrichie de belles et fertiles provinces.

La Transcaucasie, située entre la mer Noire et la mer Caspienne, envoyant ses eaux à la première par le Rioni, et à la seconde par le Kour, est le lien de l'Europe orientale et de l'Asie occidentale.

Sur le versant de ses montagnes, dans ses belles vallées, s'étage la flore la plus variée : ce sont, entre autres, des cèdres, des cyprès, des saviniers, des genévriers, des chênes, des hêtres, des tilleuls, des frênes, des amandiers, des pêchers, des figuiers, des cognassiers, des abricotiers, etc.

La vigne y prospère et y donne d'excellents vins. Le coton et la soie y sont récoltés abondamment. On cultive le maïs, le millet, le tabac, le riz.

La population, d'environ 2 millions et demi d'habitants, qui peuple ce pays, offre un des plus beaux types de la race blanche : ce sont les *Géorgiens*, les *Circassiens*. Il y a aussi des *Arméniens*, adonnés surtout au commerce, des *Tatares*, des *Turcs*, des *Abases*, des *Persans* et des *Lesghiz*.

La Transcaucasie comprend quatre gouvernements : *Tiflis, Koutaïs, Bakou, Érivan*, qui ont été formés des anciens pays de *Géorgie*, d'*Imérèthie*, de *Mingrélie*, d'*Abasie*, de *Gourie*, d'*Arménie russe* et de *Chirvan*.

Tiflis (50 000 habitants), en géorgien *Thilis-Kalakhi*, (c'est-à-dire la ville aux eaux chaudes), sur le Kour, capitale de l'ancienne Géorgie et la ville la plus importante de toute la Transcaucasie, est, malgré les mauvaises routes qui y aboutissent, le seul grand centre commercial de ce pays et l'entrepôt principal entre la Russie, la Perse et la Turquie d'Asie. C'est dans les mains des Arméniens que sont presque toutes les affaires. Cette place a des relations fréquentes avec Tauris, en Perse, et avec Erzeroum et Trébizonde, en Turquie. C'est ordinairement par cette dernière, c'est-à-dire par la voie de la mer Noire, qu'on y arrive lorsqu'on vient de l'Europe centrale ou occidentale. De ce côté, *Poti*, vers l'embouchure du Rioni, lui sert de port, tandis que, sur la mer Caspienne, on peut considérer comme son port *Bakou*, fréquenté par une grande quantité de bâtiments russes et persans, et fameux par ses sources de naphte.

§ 10. Sibérie.

La Sibérie, beaucoup plus étendue que toute l'Europe (environ 14 millions de kilomètres carrés), ne contient qu'une population insignifiante (5 à 6 millions d'habitants). Les côtes du nord en sont souvent inabordables à cause de l'amoncellement des glaces; celles de l'est, sur le Grand océan (mer de Beering, mer d'Okhotsk, mer du Japon) sont d'une grande importance pour la navigation. Les dernières acquisitions des Russes en Mandchourie et dans l'île de Sakhalien les ont dotés de ports précieux, abordables toute l'année.

Les monts *Célestes*, *Altaï*, *Saïansk* et *Tang-nou* bornent la Sibérie au S.; les monts *Ourals*, à l'O. Trois grands fleuves de ce pays vont au N. dans l'océan Glacial : l'*Obi*, grossi de l'*Irtych*; — l'*Iéniseï*, grossi de l'*Angara*, qui lui apporte les eaux du lac Baïkal, où se jette une grande rivière, la *Sélenga*; — la *Léna*. — L'*Amour*, qui reçoit la *Chilka*, se jette dans le Grand océan. On a le projet d'unir par un canal la Chilka à la Sélenga, et par un autre le bassin de l'Iéniseï à celui de l'Obi. On franchirait ainsi presque toute la Sibérie de l'E. à l'O. Depuis peu de temps, le *Sihoun* ou *Syrdaria*, qui se jette dans la mer d'Aral, peut être considéré comme fleuve russe, et déjà la Russie atteint, par une conquête toute récente, le cours du *Djihoun* ou *Amou-daria*, autre tributaire plus important encore de cette mer.

La nature, en Sibérie, est généralement âpre et sauvage. Cependant les céréales y sont moins rares qu'on ne le pense : on en récolte une assez grande quantité dans le midi des gouvernements d'Irkoutsk, d'Iéniseïsk, de Tomsk, de Tobolsk, de la Transbaïkalie, et dans les nouvelles provinces conquises en Mandchourie et dans le Turkestan. — Il y a de grandes forêts vierges (surtout d'arbres résineux) et de beaux pâturages. Les mines sont fort riches, comme nous l'avons déjà dit. Il s'y trouve de l'or, de l'argent, du cuivre, du plomb, de la houille, du graphite, des améthystes, des saphirs, des onyx, des aigues marines.

Les animaux à fourrures sont nombreux en Sibérie : on cite les martes zibelines, les hermines, les renards, les petits-gris. L'élan, l'ours brun et l'ours blanc ou polaire sont communs. On rencontre, le long des principaux fleuves et jusque sur les bords de l'océan Glacial, des ossements de grands animaux fossiles, par exemple d'éléphants mammouths, dont l'ivoire est un objet de commerce. On en trouve particulièrement aux îles Liakhov, dans l'océan Glacial.

Il y a de nombreux rennes dans le nord. On élève dans le sud beaucoup de moutons et de bœufs. Le cheval est toute la richesse des peuplades tatares des frontières méridionales. Nous avons déjà parlé des services que rend le chien de Sibérie. Dans les mers froides des parages sibériens, de hardis pêcheurs se hasardent pour capturer les baleines.

Pétropavlosk, ou **Saint-Pierre et Saint-Paul**, est

un des ports principaux de la Sibérie et le chef-lieu du Kamtchatka, où l'on remarque aussi le port de *Bolchéretsk*. — **Okhostsk**, sur la mer du même nom, a une rade vaste et sûre. — Mais le port qui paraît avoir le plus d'avenir dans ces régions, c'est **Nikolaevsk**, vers l'embouchure de l'Amour, chef-lieu de la grande province Maritime.

Les villes principales intérieures sont : **Tobolsk** (30 000 hab.), sur l'Irtych ; — *Omsk*, sur la même rivière ; — *Tomsk, Kolyvan, Barnaoul*, dans un pays riche en mines d'or et d'argent ; — **Irkoutsk** (30 000 hab.), sur l'Angara, dans une des parties les moins froides de la Sibérie et les plus riches en or ; — *Iakoutsk*, sur la Léna ; — *Iéniseïsk*, sur l'Iéniseï ; — *Nertchinsk*, où l'on exploite des mines d'argent et de plomb ; — **Kiakhta**, située sur la frontière de la Chine, à côté de la ville chinoise de Maïmatchin, et grand entrepôt du commerce entre les deux empires ; — *Sémipalatinsk*, en rapport avec Ili (dans la Dzoungarie), et où s'échangent aussi les produits russes et chinois ; — *Turkestan, Tachkend, Samarkand*, **Bokhara**, conquises récemment dans le Turkestan, et qui ouvrent aux Russes le commerce de l'Asie centrale et méridionale.

La Sibérie entretient des relations suivies avec la Chine. Le mouvement commercial de Kiakhka et de Sémipalatinsk est évalué à 90 millions. Les rapports par mer avec le Japon et les États-Unis sont aussi très-considérables.

Les habitants sont, pour la plupart, de souches tatare, russe et mongole. On remarque les *Kalmouks*, peuple doux et paisible ; les *Bachkirs*, nomades d'une constitution robuste ; les *Bouriates*, les *Toungouses*, les *Manègres*, les *Mandchoux*, les *Mongols*, les *Aïno*, les *Kirghiz*.

Les Russes, les Cosaques, auxquels on peut ajouter un grand nombre d'exilés, occupent les forts, les postes militaires, et peuplent les villes. C'est entre leurs mains qu'est le commerce principal du pays ; c'est à eux qu'appartient l'avenir de cette région, qui a acquis depuis quelques années un accroissement prodigieux.

§ 11. Les Grandes Foires et les Caravanes.

Une grande partie des affaires de l'intérieur de la Russie se traitent dans des foires. On en compte 6050, dont plusieurs attirent les négociants de toutes les parties du monde. La valeur annuelle des marchandises qui y sont apportées est, en moyenne, de 1 milliard 600 millions de francs.

La principale de ces foires est celle de *Nijnii-Novgorod*. C'est le rendez-vous des marchands de tous les pays, même de l'extrême Orient et de l'extrême Occident. Le Russe y fournit des cotonnades, des tissus de laine, de soie, de chanvre, des métaux, des cuirs, etc. Les autres nations européennes y adressent des tissus, des cotonnades, des vins, etc. Les Chinois y apportent leur thé; la Perse, l'Asie centrale, la Boukharie, y sont représentées par leur coton brut, par leur soie grége. Ce sont surtout les marchands chinois et boukhares qui enlèvent les cotonnades russes.

Les foires les plus importantes sont ensuite celles d'Irbit, de Sainte-Marguerite et de Blagovestchensk, dans le gouvernement d'Arkhangel ; — de Versiégousk, dans le gouvernement de Tver ; — de Rostov, dans le gouvernement d'Iaroslav ; — de Koursk, de Poltava, de Kiev, de Kichénev, de Berditchev, de Kharkov. La plupart de ces foires ont un débit de 2 millions de francs par an. Celles de l'Ukraine sont les plus animées, après le grand marché de Nijnii-Novgorod.

Il s'établit entre la Russie d'Europe et l'Asie des échanges organisés par des caravanes. C'est par cette voie que la Sibérie et la Chine font parvenir à Moscou, ou dans d'autres cités au cœur du pays, des fourrures, des peaux, du thé, de la porcelaine. Des caravanes vont aussi en Boukharie et en reviennent régulièrement.

§ 12. Pêche.

La Russie consomme beaucoup de poissons. Un quart des produits de la pêche dans les régions septentrionales constamment glacées ne se transporte qu'à l'état gelé. Quelques espèces de poissons de la mer Baltique ne sont même pas autrement connues dans le commerce. On n'a pas l'habitude d'encaquer les poissons à la manière hollandaise; on les sale dans de grandes cuves entourées de glace.

La mer d'Azov, le Don, le Kouban, la mer Caspienne, ont des pêcheries importantes. Il s'est formé, près des embouchures du Volga et dans d'autres parages de la mer Caspienne, de grands établissements pour la préparation du poisson. Le plus vaste se trouve sur la Koura; il est connu sous le nom de *Bojii-Promysly* (c'est-à-dire pêcherie divine). Il y a des jours où l'on prépare dans ces ateliers pour plus de 100 000 francs de poisson. La valeur approximative des pêcheries russes en Europe est de 80 millions de francs. La Russie consomme presque tout le poisson qu'elle pêche; elle importe même pour 8 millions de harengs, de morues, de sardines, d'anchois, etc. Le poisson est, en effet, souvent la seule nourriture des populations, auxquelles l'Église russe interdit rigoureusement l'usage de la viande pendant de longues époques de l'année.

Les pêcheries d'eau douce, surtout de l'esturgeon, sont les plus importantes, grâce aux produits qu'on en tire, c'est-à-dire au caviar et à l'ichthyocolle, dont le rendement total est de plus de 30 millions de francs.

On voit également sur les marchés de Russie des quantités innombrables de brèmes, d'éperlans lacustres, de sandres, etc. Mais ces poissons, qui se vendent à vil prix, ne représentent pas une valeur totale de plus de 5 millions.

De toutes les espèces marines, la morue et le hareng ont seuls quelque intérêt commercial; les autres sont entièrement fluviatiles, ou remontent les fleuves à une certaine époque de l'année. Les artères qui en possèdent le plus sont celles qui aboutissent à la mer Noire, à la mer d'Azov et à la mer Caspienne.

Le Volga et ses affluents (l'Oka, etc.) sont particulièrement le théâtre de la pêche de l'esturgeon.

Le *caviar*, ce mets russe par excellence, est fait avec les œufs des esturgeons et de plusieurs autres espèces de poissons. Il en est de deux sortes : le caviar liquide, que l'on nomme *caviar à grains*, et le caviar solide (*païousnaïa*). On prépare le premier en faisant mariner les œufs dans du vinaigre; le second, salé et agité circulairement, subit une compression très-forte qui le durcit. Le caviar le plus estimé dans le commerce est celui de Kalouga. On en exporte un assez grand nombre de barils en Turquie et dans quelques parties de l'Allemagne et de l'Italie. Les centres de ce commerce sont Astrakhan et Taganrog.

L'ichthyocolle, ou colle de poisson, faite avec la vessie

natatoire des esturgeons et de quelques autres espèces, est aussi l'objet d'un grand commerce.

Un produit d'environ 2 millions de francs est tiré de l'huile, des peaux et des dents des morses et des phoques qu'on pêche dans l'océan Glacial.

§ 13. La Chasse.

Les animaux à fourrures sont en assez grand nombre dans toutes les régions septentrionales, et particulièrement en Sibérie.

Les carnassiers digitigrades dominent : ce sont les martres, les belettes, les zibelines, les hermines, etc. La famille des rongeurs y est également représentée par plusieurs espèces : les marmottes, les lièvres, les rats, les petits-gris (écureuils).

Parmi les autres animaux, citons les putois, les loups, les renards bleus, noirs et fauves, les lynx, les ours bruns et blancs, les loutres de mer, les lièvres blancs de Sibérie, dont on fait un important trafic avec les Chinois, les castors, les hamsters, dont la fourrure est souvent employée à la doublure des vêtements; les *bervitski*, ou souris de Sibérie, au pelage moucheté et rayé, etc.

Les chasses profitent surtout à la Russie et à la France, les deux pays où l'on prépare le mieux les fourrures.

Signalons encore les eiders, dont les nids si recherchés se trouvent en quantité sur les côtes des mers boréales.

§ 14. Commerce, Exportations, Importations.

Commerce avec l'Asie. — Les principaux articles exportés de Russie en Asie sont les cotonnades, les lainages, les soieries, les laines brutes, le coton brut, les céréales, les armes, divers articles métallurgiques, la quincaillerie, des pelleteries, du cuivre, du fer, des cuirs ouvrés, du sucre, des articles fabriqués en lin et en chanvre, du coton filé. On expédie annuellement pour 80 millions de francs de marchandises, soit en Chine, soit en Perse, soit dans le Turkestan et en Turquie.

Les principaux articles importés en Russie par la frontière d'Asie sont du thé, du coton, des cotonnades de

Perse, des bestiaux, des cuirs, des fruits, du sucre raffiné, des pelleteries, de la soie grége, du safran, de la garance, du tabac, des articles de laine, etc. Le commerce d'importation représente une valeur approximative de 100 millions.

Les contrées d'Asie qui font le plus d'affaires avec la Russie sont la Boukharie, la Chine, la Turquie et la Perse. La plupart de ces pays font affluer en Russie plus de marchandises qu'ils n'en reçoivent.

Commerce avec l'Europe et l'Amérique. — Les transactions commerciales avec l'Europe se font, d'un côté, par la mer Baltique (ports de *Saint-Pétersbourg*, Riga, Révél, etc.); de l'autre, par la mer Noire et la mer d'Azov (ports d'Odessa, de Taganrog, etc.), et enfin par terre au moyen des routes et des chemins de fer.

Pour commercer librement avec les nations de l'Occident, la Russie possède trop peu de mers relativement à l'étendue considérable de son territoire. Elle aspire à dominer sans conteste, d'une part, dans la Baltique, de l'autre, dans la mer Noire. Depuis longtemps la grande puissance du Nord examine avec des regards jaloux le Sund et le Bosphore. Ce sont, dit-elle, les *deux clefs de sa maison*, au pouvoir de l'étranger.

Bien que gênés dans leur essor commercial par ces deux passages dont ils ne sont pas les maîtres, les Russes ont noué des relations très-importantes avec les grands états de l'Occident. C'est avec l'Angleterre qu'ils font le plus de commerce (650 millions d'affaires); ensuite avec la Prusse (400 millions); enfin avec la France, l'Italie, l'Autriche, la Turquie, les États-Unis, les villes Hanséatiques.

Les principaux articles exportés de Russie pour les pays européens sont les céréales, le lin, la laine, la graine de lin, le suif, le chanvre, des soies de porc, des bois divers, du bétail, de l'étoupe de lin, de la soie, des huiles, du chanvre et du lin, du chanvre filé, de la potasse, des pelleteries, des toiles diverses, des graines oléagineuses, des cordes, des câbles, des cuirs, du goudron.

Les articles importés d'Europe ou d'Amérique en Russie sont surtout les cotons bruts, des couleurs, des produits métalliques manufacturés, des huiles, des métaux bruts, des machines, des vins, des laines, des fruits, des poissons, du café, du sucre brut, des soieries, des lainages, du tabac, des cotons filés, des tissus de lin et de soie, des cotonnades, des produits chimiques. Les cotons bruts seuls figurent pour un chiffre annuel d'environ 64 millions de francs.

La valeur de l'ensemble des échanges commerciaux de la Russie avec le reste de l'Europe et l'Amérique (exportations et importations réunies) est de près de 1 milliard 600 millions, dont 800 millions pour les exportations et un peu moins pour les importations.

En résumé, le mouvement total du commerce de la Russie en Europe et en Asie est d'environ 1 800 000 000 de francs (sans comprendre les métaux précieux, qui donnent plus de 100 millions pour l'exportation et seulement 12 millions pour l'importation).

Régime commercial. — La liberté commerciale n'est pas encore admise; cependant les matières premières sont généralement exemptes de droits de douane.

Relations avec la France. — La Russie nous envoie des matières premières, des produits de son sol, tandis que nous lui adressons des articles manufacturés; elle exporte en France ses grains, surtout par Odessa et Taganrog, des bois communs, de la laine, du chanvre, du lin, des graisses, des peaux brutes, des graines oléagineuses, etc. — Cette exportation représente un chiffre d'environ 70 millions.

Nous expédions en Russie, soit par la Baltique, soit par la mer Noire, des vins, des denrées coloniales, des huiles, des fruits, mais principalement des articles provenant de notre fabrication, entre autres des tissus de soie de Lyon, des rouenneries, des lainages, des articles de Paris, du papier, une foule d'ouvrages en métaux, de la coutellerie, de l'ébénisterie, de la tabletterie, des produits chimiques, des articles de librairie et de beaux-arts. — Le tout pour une valeur de 50 millions.

Effectif et mouvement de la marine marchande. — La marine marchande compte 1800 navires, jaugeant plus de 200 000 tonneaux. Le mouvement de la navigation au long cours est de 20 000 bâtiments.

§ 15. Monnaies, mesures, etc.

MONNAIES.

Or......	½ impériale........................	=20f,60
Argent..	Rouble de 100 kopecks.............	= 3 ,92[1]
	Rouble de 50 kopecks..............	= 1 ,96
	Rouble de 25 kopecks..............	= 0 ,48
	Rouble de 20 kopecks..............	= 0 ,67
	Rouble de 15 kopecks..............	= 0 ,50
	Rouble de 10 kopecks..............	= 0 ,33
	Rouble de 5 kopecks...............	= 0 ,16

Le papier monnaie est d'un usage très-général en Russie.

MESURES ITINÉRAIRES.

Verste ordinaire............	de 104,25 au degré	=1^{kil},0671	
Mille géographique de 6 verstes	17,45	—	=6 ,3741
Mille de Lithuanie...........	12,44	—	=8 ,9429
Lieue de Pologne............	20	—	=5 ,5625

MESURES DE LONGUEUR.

Sagène.................................... =2^m,134
Pied...................................... =0 ,3048
Archine = ⅓ de sagène.

MESURES AGRAIRES.

Déciatine (2400 sag. car).................. =1^{hect},0925

MESURES DE CAPACITÉ.

(Céréales) Tchetvert...................... =209^{lit},90
(Liquides) Védro......................... = 12 ,29
Botchka.................................. =491 ,96

POIDS.

Livre (9216 dolis)........................ =409^{gr},5
Poud (40 livres) .... =16^h,38
Berkovetz = 10 pouds, ou 400 livres.

Principales institutions de crédit. — Banque d'État, Banque de Varsovie.

---

1. On prend généralement le rouble d'argent pour 4 fr.

LEÇON XIII.

EMPIRE OTTOMAN,

PRINCIPAUTÉS SLAVES ET ROUMAINES, ET GRÈCE.

L'empire Ottoman, placé au cœur de l'Ancien monde, lien de l'Europe, de l'Asie et de l'Afrique, touchant à la fois à la Méditerranée, à la mer Noire, au golfe Persique, à la mer Rouge, et qui, par suite de son état politique, de sa civilisation arriérée, de ses nationalités diverses, profite si peu de cette admirable situation, comprend la *Turquie d'Europe*, la *Turquie d'Asie* et une partie de la région septentrionale de l'*Afrique*. Mais plusieurs provinces échappent à sa juridiction directe: ce sont, en Europe, la *Roumanie*, la *Serbie*, le *Monténégro*; — en Afrique, l'*Égypte*, *Tripoli*, *Tunis*; — en Asie, ce qu'on appelle l'*Arabie ottomane* (le *Hedjaz* et l'*Yémen*).

TURQUIE D'EUROPE,

AVEC LES PRINCIPAUTÉS DE ROUMANIE, DE SERBIE ET DE MONTÉNÉGRO.

(SUPERFICIE : 528 000 kilom. carrés. — POPULATION : 15 000 000 d'habitants y compris les Principautés).

§ 1. Introduction : — Situation, Divisions physiques et politiques.

La Turquie d'Europe forme avec la Grèce et les Principautés roumaines et slaves, la grande péninsule *Turco-Hellénique*; elle est bornée à l'ouest par l'Adriatique, à l'E. par la mer Noire, au N. par la Russie et l'Autriche, au S. E. par la mer de Marmara et l'Archipel, au S. par la Grèce. Sa latitude moyenne est au 42e degré N. — Sa largeur, en y comprenant les Principautés, est de 1000 kilomètres; sa plus grande longueur, de 1250 kilomètres.

Les *Alpes* envoient dans la Turquie d'Europe leurs branches orientales, sous le nom d'*Alpes Dinariques*. Cette chaîne s'arrête au *Tchar-dagh*, où commencent deux branches, l'une allant directement au sud : la *chaîne Hellénique*; l'autre se dirigeant vers l'est : le *Balkan*, avec un grand rameau, le *Rhodope*.

Les *Carpathes* se montrent vers les confins du nord. Le *Danube* (avec son grand affluent, la Save), artère considérable qui arrose les vastes plaines du nord, forme une courbe et se jette dans la mer Noire, par trois embouchures (celles de Kilia, au N., de Saint-George, au S., et de Soulina, au milieu). Les autres cours d'eau sont ensuite la *Maritza* (anc. *Hèbre*), le *Karasou* (*Strymon*), le *Vardar*, tributaires de l'Archipel; — la *Narenta*, le *Drin*, la *Voïoussa*, tributaires de l'Adriatique. Les plus grands lacs sont le *Razeïn*, près des bouches du Danube, le lac *Scutari*, qui s'écoule dans l'Adriatique, les lacs d'*Okhrida* et de *Presba*, vers la chaîne Hellénique.

La Turquie d'Europe proprement dite se compose de la *Bulgarie*, de la *Romélie*, de la *Bosnie*, de l'*Albanie*, de la *Thessalie* et de l'île de *Crète*. L'administration turque, au lieu de ces divisions, partage le pays en 9 vilayets (gouvernements généraux).

§ 2. Population.

Le tableau ethnographique de l'empire Turc est un perpétuel contraste d'hommes et d'idées; il n'y a aucune homogénéité. Les peuples chrétiens y coudoient les nations musulmanes, les races asiatiques s'y choquent contre les races européennes.

La Turquie d'Europe et les Principautés comptent 15 millions d'âmes. Sur ce nombre, il n'y a que 2 millions de *Turcs*. Les autres nationalités sont : 1° les *Slaves*, au nombre de 6 millions, et divisés en *Serbes*, *Bulgares*, *Bosniaques*, *Croates*, *Monténégrins*, *Dalmates*; — 2° les *Gréco-Latins*, comprenant les *Grecs* ou *Hellènes* (2 millions); les *Valaques* et les *Moldaves*, désignés sous le nom général de *Roumains* (au nombre de 4 millions), les *Albanais*, *Arnautes* ou *Skipétars*, les *Zinzares*; — 3° les *Arméniens*; — 4° les *Juifs*; — 5° *Tsiganes*, *Tchinganès* ou *Bohémiens*.

Il y a 4 millions de musulmans ; — 11 millions de chrétiens grecs ; — 300 000 catholiques ; — 400 000 arméniens ; — 200 000 juifs ; — 175 000 idolâtres (Tsiganes).

Les Turcs sont d'origine tatare et ont autant de sang mongolique que de sang caucasique. Ils ont une physionomie sévère, impassible, une démarche grave, solennelle ; au physique comme au moral, ils offrent de remarquables contrastes. Ils sont à la fois dédaigneux et hospitaliers, vains et bienveillants ; indolents dans la paix, farouches et actifs dans la guerre ; en un mot, tour à tour féroces et débonnaires. La polygamie est permise chez eux. Leur religion, qui les éloigne du progrès, du mouvement général, est une des causes de leur infériorité morale.

L'élément slave, élément d'avenir, est répandu dans la région centrale et dans le N. O. Les nationalités qu'il comprend ont l'esprit indépendant, poétique, belliqueux ; — les Serbes et les Monténégrins en sont l'expression la plus pure. Les Bosniaques sont rudes, mais francs et honnêtes. Les Bulgares forment une population laborieuse, patiente, agricole.

Les Grecs sont une race ingénieuse, économe, habile ; — les Roumains, provenant du mélange de Daces et de colonies latines, forment une population intelligente, active, un peu mobile ; — les Albanais sont des montagnards courageux, encore peu civilisés, très-partisans de la vendetta.

Le commerce, qui pourrait être dix fois plus important sous un autre régime, est presque entièrement entre les mains des Grecs, des Juifs et des Arméniens. L'instruction est à peu près nulle.

§ 3. Sol et productions.

Les nombreuses montagnes qui couvrent la Turquie d'Europe en rendent la température moins chaude que ne semblerait l'indiquer la latitude. L'élévation extrêmement inégale est la cause de très-grandes variabilités atmosphériques. L'espace d'un seul stade, suivant la remarque d'Hippocrate, y sépare l'empire de l'hiver de celui de l'été. Au N. du Balkan, le climat est très-froid en hiver ; l'air est malsain sur plusieurs points du cours du Danube. De délicieuses vallées s'ouvrent au pied des montagnes.

TURQUIE D'EUROPE.

Minéraux. — Les richesses minérales abondent, mais sont rarement exploitées, souvent même à peine soupçonnées; on trouve le plomb, le fer, le cuivre, l'argent, le mercure, le zinc, l'arsenic, du sable aurifère dans quelques rivières de la Valachie. Le plomb argentifère se voit surtout en Thessalie et en Épire. Le fer est exploité en Bosnie, en Servie, en Bulgarie. On rencontre également du fer et du cuivre en Valachie et dans le Balkan. Le mercure pourrait être extrait sur plusieurs points, mais est délaissé. Les mines de *sel* de Rimnik, en Valachie, et celles d'Okna, en Moldavie, donnent les meilleurs produits. Il y a des gisements de houille en Serbie, en Albanie, en Romélie et en Crête, et de magnifiques marbres dans les montagnes.

Végétaux. — La flore est très-riche, mais l'incurie des habitants laisse trop souvent sans culture des contrées entières qui pourraient donner les plus beaux produits. Citons, parmi les végétaux, les orangers, les citronniers, les grenadiers, les figuiers, les oliviers, la vigne, le maïs, le riz, le blé, le sorgho, le sarrasin, le millet, le lin, le chanvre, le ricin, le cotonnier, le sésame, les melons, les pastèques, le tabac, les mûriers propres aux vers à soie. Le prunier est l'arbre fruitier le plus répandu. Il y a aussi beaucoup de cerisiers, de pommiers, de poiriers, de noyers, d'abricotiers, de pêchers, d'amandiers. Le buis atteint un développement inconnu chez nous. On cultive des rosiers pour la fabrication de l'eau et de l'essence de rose. On exploite la valonée et la noix de galle. Les bois de construction, entre autres les chênes, sont nombreux et admirables. On connaît à peine les pommes de terre. La vigne est assez abondante, mais on n'en tire (faute de soins) qu'un vin médiocre. En général l'agriculture est dans l'état le plus arriéré et le plus misérable. Aucune des machines ni des méthodes inventées depuis des siècles n'a pénétré dans la Turquie. Cependant les irrigations sont bien entendues.

Animaux. — Il n'y a pas plus de 3 millions de têtes de gros bétail; néanmoins les bestiaux, grâce à de bons pâturages, sont vigoureux, particulièrement dans les provinces Roumaines et en Bosnie. Les bêtes à cornes sont élevées pour le labourage et le transport, et non pour leur chair : les populations de la Turquie n'en mangent généralement pas. Les buffles de la Bulgarie, de la Haute-Albanie et de la Thrace sont utilisés de la même manière.

L'espèce chevaline appartient à trois races : le cheval moldave, le cheval turc, le cheval tatar. Le mélange des sangs thessalien et tatare a produit une race rustique excellente. La Moldavie élève beaucoup de chevaux de petite taille, qui rappellent l'espèce russe. La Romélie et la Thessalie fournissent à la Grèce la plupart de ses chevaux. Il y a beaucoup de mulets.

Les moutons abondent en Romélie, en Thessalie, en Valachie, en Bosnie; leur laine n'est pas toujours estimée. Les chèvres errent en assez grand nombre dans les montagnes. La chair de ces deux animaux est la nourriture principale des habitants. Les porcs sont nombreux; ils vivent à l'état sauvage dans beaucoup de régions.

§ 4. Industrie.

L'industrie n'existe pour ainsi dire pas. Les ouvriers ont pourtant une certaine habileté de main, mais l'esprit organisateur fait complétement défaut. Le travail est généralement individuel, excepté pour quelques fabriques de soieries, de cotonnades et de draps à Salonique, à Andrinople, à Roustchouk. La teinturerie, la tannerie, jadis florissantes, sont bien tombées.

On ne connaît presque pas encore les machines à vapeur; pas de filatures, ni de tissage à la mécanique. L'industrie est toute manuelle. Les familles se confectionnent les objets dont elles ont besoin. Les tissus de coton, de soie, de laine, la bonneterie, la teinturerie, la passementerie, la tannerie, la sellerie, la cordonnerie, la poterie, principalement celle des pipes, les armes, la coutellerie, la bijouterie, occupent un assez grand nombre de bras, mais sont de qualité inférieure. Les musulmans excellent uniquement dans la fabrication des tapis et des étoffes de soie brochées. (Les tapis sont un peu le symbole de l'indolence; les tissus éclatants, l'emblème de la vanité puérile.)

Les femmes grecques de Turquie se distinguent par un ingénieux travail de broderie.

Plongés dans leur somnolence, les habitants de la Turquie ne songent, pour ainsi dire, pas à exporter. Ils ne travaillent en général que pour leur propre consommation; ils vendent cependant à l'étranger des nattes, des tapis, des armes, des maroquins, provenant de leur fabrication. Les principales manufactures d'armes à feu sont celles de Constantinople, d'Andrinople, de Slivno.

La sériciculture est surtout répandue en Romélie et en Bulgarie. Les plus beaux cocons sont tirés de Constantinople, de Salonique et de quelques localités voisines.

L'île de Crète fabrique de bons savons; on en exporte 10 millions de kilogrammes.

§ 5. Principaux ports : Constantinople, etc.

Constantinople (800 000 hab., y compris les faubourgs, et, avec la population flottante, 1 million), en turc *Stamboul* ou *Istamboul*, l'antique *Byzance*, capitale de l'empire Ottoman, admirablement située à l'entrée méridionale du Bosphore de Thrace, au centre de l'Ancien monde, à la jonction de l'Europe et de l'Asie, de l'Occident et de l'Orient, et même du Nord et du Midi (par la mer Noire et la Russie, d'un côté, et la Méditerranée de l'autre) : c'est le nœud vital de l'Orient. La ville proprement dite s'étend sur un promontoire triangulaire resserré entre la mer de Marmara et un bras du Bosphore connu sous le nom de *Corne d'or*, et qui est le port même de Constantinople, un des plus beaux du monde. Les faubourgs de *Péra* et de *Galata*, au nord du port, sont plus spécialement habités par les Européens de l'Occident, c'est-à-dire les *Francs*. *Scutari* est un faubourg d'Asie. Les Grecs sont surtout cantonnés dans le quartier du *Fanar*.

Les fabriques sont en petit nombre; les principales sont celles de soie, de coton, de bonnets rouges dits fez, de mouchoirs de coton dits faccioli, de maroquin, d'armes, de chaussures, de tuyaux de pipe renommés. Constantinople n'impose aux navires étrangers qu'un droit insignifiant, et peut être considérée comme un port franc. Les marchandises s'y vendent dans de grands bazars. Une foule bigarrée s'y agite. Les Grecs, les Arméniens et les Juifs y font presque toutes les affaires. Les musulmans s'occupent rarement du commerce.

Cette ville a des relations actives avec toute l'Europe maritime (Odessa, Trieste, Livourne, Marseille (par les Messageries impériales, etc.), Bordeaux, Le Havre, Southampton, Londres, Anvers, Rotterdam, etc., avec l'Asie occidentale (Trébizonde, Smyrne, Beyrout), le nord de l'Afrique (Alexandrie).

Le mouvement général de la navigation y est d'environ 30 000 navires. On y fait les trois quarts des opérations commerciales de la Turquie.

Les principaux ports sont ensuite :

En Romélie, sur les rives de la mer de Marmara et de l'Archipel, en allant de l'E. à l'O., *Rodosto* (40 000 hab.); — *Gallipoli*, en turc *Ghéliboli* (20 000 hab.), avec un port animé par un assez grand commerce; — *Enos*, à l'embouchure de la Maritza; port d'Andrinople; — *La Cavale* ou *Kavala*, principal débouché du tabac de Sérès; — le grand port de **Salonique**, en turc *Sélanik* (70 000 hab.), un des plus commerçants de l'empire, centre d'une fabrication de tapis, de soieries, d'étoffes de coton, d'une exportation de soie, de graine de vers à soie, de coton, de laine, de blé, de tabac à fumer, et d'une importation de café, de sucre, d'une foule de produits manufacturés.

En Thessalie : *Volo*.

Sur la mer Noire, en commençant par le nord :

En Bulgarie : *Soulina*, à l'embouchure la plus fréquentée du Danube; — *Kustendjé*, dans la Dobroudja; — *Baltchik*, qui exporte des blés; — *Varna* (17 000 hab.), qui exporte aussi des céréales, ainsi que des suifs.

En Romélie : *Bourgas*, sur un golfe du même nom.

Enfin, dans l'Albanie, sur les bords de l'Adriatique et de la mer Ionienne : *Antivari;* — *Duratzo*, l'antique *Dyrrachium;* — *Avlone*, ou *La Valone*, qui exporte des bestiaux, de la valonée (de là le nom de cette production), de la farine, et qui possède des fabriques d'armes; — *Parga, Prévésa*.

L'île de Crète ou de Candie renferme plusieurs villes maritimes et commerçantes, entre autres : *Candie* (15 000 hab.), à la tête d'une assez importante fabrication de savon; — *La Canée* (12 000 hab.), le port le plus animé de l'île.

§ 6. Villes commerçantes de l'intérieur.

La ville la plus commerçante de l'intérieur est **Andrinople** ou **Edirné** (110 000 hab.), en Romélie, sur la Maritza, au milieu des meilleurs territoires producteurs; elle exporte des laines estimées, du coton, de la soie, de bons vins, de l'essence de rose, des fruits, des valonées, etc. Les importations consistent surtout en cotonnades et en quincaillerie provenant de l'Angleterre, et en draps d'Allemagne. Les Grecs y sont à la tête du commerce. Les tanneries sont les manufactures principales.

Autres villes de la Romélie :
Philippopoli, en turc *Filibé* (45 000 hab.), sur la Maritza; — *Sérès* (30 000 hab.), à peu de distance du golfe d'Orphano, dans un territoire riche en tabac et en coton; — *Slivno* (20 000 hab.), avec des foires fréquentées, une bonne fonderie de canons de fusils, et des manufactures d'essence de rose; — *Uskup*; — *Monastir*.

En Bulgarie : *Sophia* (50 000 hab.), vers un des passages principaux du Balkan; — *Choumla* (30 000 hab.); — *Djouma*, où se tient une grande foire; — *Roustchouk* (30 000 hab.), sur le Danube, avec des fabriques d'étoffes et de maroquin; — le long du même fleuve : *Vidin* (25 000 hab.); — *Nicopol*; — *Silistri* (20 000 hab.); — *Sistova* (20 000 hab.); — *Toultcha*, à la pointe du delta du Danube.

Dans la Serbie turque : *Nich* ou *Nissa*, par où passe une des routes principales de la Turquie (de Belgrade à Constantinople); — *Pirot*, qui possède des fabriques de tapis.

Dans l'Albanie et l'ancienne Épire : *Ianina* (40 000 hab.), à la tête d'une exportation considérable de tabac à priser, de cuirs tannés et de fourrures; — *Arta*, qui expédie à l'étranger des grains, de la soie, du coton, de la pelleterie; — *Scutari* (25 000 hab.), avec une manufacture d'armes et une exportation de laines, de pelleteries, de soieries.

Dans la Bosnie : *Bosna-Sérai* (70 000 hab.), ville commerçante et qui fabrique des armes, de la quincaillerie, des cuirs, des étoffes, de l'orfévrerie; — *Travnik*; — *Mostar*, chef-lieu de l'Herzégovine, avec une fabrique d'armes; — *Banialouka* (10 000 hab.), chef-lieu de la Croatie turque, entourée de mines de fer et de grandes forges.

§ 7. Voies de communication.

Les routes sont mal entretenues, souvent à peine tracées. Les transports se font péniblement à dos de cheval ou de mulet. La route la plus importante est celle de Belgrade à Constantinople, par Andrinople. La mer et le Danube présentent aux transactions commerciales le seul mode d'activité réelle.

Les voies ferrées sont encore dans l'enfance : un chemin de fer traverse néanmoins la Dobroudja, de *Tchernavoda*, sur le Danube, à *Kustendjé*, sur la mer Noire, et un autre va de *Roustchouk* à *Varna* (aussi du Danube à la mer Noire). On en a projeté plusieurs autres, de Belgrade à Salonique et à Constantinople, d'Andrinople à Énos, etc. Il y a 14 000 kilomètres de lignes télégraphiques dans l'empire ; c'est par Constantinople que passe la grande ligne qui relie l'Europe à l'Inde, en prenant le golfe Persique.

§ 8. Les détroits.

Deux détroits ont une importance immense pour le commerce de la Turquie et de tout l'Orient : ce sont ceux qui joignent la Méditerranée à la mer Noire et qui peuvent être considérés comme les deux clefs de Constantinople.

Le *canal de Constantinople*, le *Boghaz* des Turcs, l'antique *Bosphore de Thrace*, qui fait communiquer la mer de Marmara à la mer Noire, en séparant l'Asie de l'Europe, est d'une longueur d'environ 30 kil. ; — sa largeur varie de 1 à 4 kil. — Il présente un des plus beaux panoramas de l'Orient ; de chaque côté, se déroulent des rampes escarpées, des rochers pittoresques. Un courant régulier est établi de la mer Noire vers la Méditerranée ; les eaux, semblables à celles d'un vaste fleuve, ne cessent de couler du N. E. au S. O. — La navigation de ce merveilleux passage est facile. Pas de bancs de sable, pas d'écueils.

Le *canal des Dardanelles*, l'*Hellespont* de l'antiquité, appelé aussi *détroit de Gallipoli*, joint l'Archipel à la mer de Marmara et sépare l'Europe de l'Asie. Il s'étend sur une longueur de 64 kil. et une largeur moyenne de 3 à 4 kil. ; — dans l'endroit le plus restreint, il a encore plus de 2 kil.

Un courant semblable à celui du Bosphore emporte les eaux de la mer Marmara du côté de l'Archipel, avec une vitesse moyenne de 5 kil. à l'heure. Comme les vents soufflent presque toujours dans le même sens, les bâtiments qui se rendent à Constantinople sont un peu contrariés dans leur marche par l'alliance des deux éléments. Malgré la profondeur du détroit, on rencontre sur quelques points des sables qu'il est prudent d'éviter. Les riants paysages de la côte d'Asie contrastent avec la nudité et le caractère âpre des rives européennes.

§ 9. Commerce de l'empire Ottoman, Intérêts français.

Le commerce de l'empire Ottoman est peu brillant, surtout si l'on envisage ce qu'il pourrait être avec une situation si heureuse. Le haut négoce n'y est pas mieux compris que la véritable industrie. Mais, si le commerce est peu actif, il n'est pas entravé par la réglementation. L'État a créé, en faveur des étrangers, des avantages qui, avant le traité de commerce entre la France et l'Angleterre, étaient sans analogie dans aucun pays. On peut remarquer avec un certain étonnement que, depuis plus de trois siècles, les sultans turcs ont devancé les plus hardis économistes contemporains dans l'application des théories économiques. Les premiers ils ont été poussés instinctivement à proclamer la liberté absolue du commerce.

Les documents officiels manquent sur les chiffres d'importation et d'exportation. On peut importer dans la Turquie d'Europe 360 millions de marchandises, et en exporter pour une valeur de 365 millions. — Le mouvement commercial extérieur de la Turquie d'Asie s'élève à 6 ou 700 millions. Le mouvement de la navigation est de 40 à 50 000 navires, jaugeant 50 ou 60 millions de tonneaux. L'effectif de la marine marchande est de 2500 navires.

Les matières premières entrent pour les sept huitièmes dans l'exportation, qui comprend : les laines, les soies, les cotons, le duvet de chèvre, les cuirs, le bétail du bassin du Danube, les moutons, les blés de la Bulgarie, des métaux, des huiles, des figues, des amandes, le tabac, la noix de galle, la valonée, le sésame, l'opium, la térébenthine, les crins, les raisins de Corinthe, les tapis de Smyrne. Par cet empire s'opère un transit considérable de marchandises qui, d'Arabie, de Perse, des Indes et de Chine, sont dirigées sur l'Europe.

Les importations de l'Occident sont les toiles peintes et imprimées, les draps, les denrées coloniales, la coutellerie, la quincaillerie, les armes.

Le mouvement commercial des puissances européennes avec la Turquie a commencé dès le seizième siècle. La France a été à la tête de ce mouvement. Longtemps, ce fut sous le seul pavillon français que les autres nations purent naviguer dans les mers intérieures de la Turquie et trafiquer avec cet empire. Aujourd'hui c'est l'Angleterre qui occupe le premier rang; elle fournit les tissus de coton, la houille, le fer brut, les tissus de lin, la bière, l'étain, les habillements, la coutellerie, la quincaillerie, la poudre. Les principales marchandises expédiées de la Turquie dans la Grande-Bretagne sont les céréales, les graines oléagineuses, les poils de chèvre, la garance, etc. Environ 3000 navires britanniques entrent annuellement dans le port de Constantinople.

La France entretient ensuite le commerce le plus considérable. Il est même plusieurs localités du littoral qui ne font des affaires suivies qu'avec nous. Ainsi, en Syrie et dans l'île de Candie, nous sommes au premier rang. — Les principaux articles fournis par l'empire Ottoman à la France sont les tissus de soie, les céréales, les laines, les graines oléagineuses, les soies, les cotons, les raisins secs, les vins, les tapis, les huiles, les viandes salées. Les marchandises que nous expédions en Turquie sont les étoffes de coton, de soie et de laine, les rubans, la passementerie, des objets de luxe, de la lingerie, des vêtements, de la mercerie, des armes, des vins, des eaux-de-vie, les sucres raffinés, les peaux préparées. La Turquie nous expédie pour 135 millions de francs; nous lui rendons pour 65 millions.

La Turquie entretient également des relations très-importantes avec l'Autriche; viennent ensuite la Grèce, l'Italie, la Russie et la Belgique.

§ 10. Monnaies, mesures, etc.

MONNAIES.

Or......	Double sequin, 100 piastres (iusslik)..	= 22f,48
	Sequin, 50 piastres (ellilik)..........	= 11 ,24
	20 piastres (Iirmilik)................	= 3 ,44
	10 piastres (oulk)....................	= 1 ,72
Argent..	5 piastres (bechlik)..................	= 0 ,86
	2 piastres (Ikilik)...................	= 0 ,34
	1 piastre ou birgruch, valant 40 paras.	= 0 ,17

La piastre, comme monnaie de compte, est évaluée à 22 centimes. — 500 piastres font une bourse (*kicé*).

MESURES LINÉAIRES.

Pik...................................	= 0m,685
Endazé................................	= 0 ,652
Haléli................................	= 0 ,709

MESURES ITINÉRAIRES.

Agach.................................	5kil,334
Berri.................................	1 ,669

MESURE AGRAIRE.

Denoum................................	= 10 ares

MESURES DE CAPACITÉ.

(Céréales) kilè........................	= 35lit,27
Kilè de Smyrne........................	= 52 ,90
Fortin................................	= 4 kilés
(Liquides) Almud......................	= 5lit,20

POIDS.

Oke...................................	= 1kil,28
Tcheki................................	= 319gr,62

Derhem (drachme) = 1/400 d'oke ou 1/100 de tcheki.

Principale institution de crédit. — Banque impériale ottomane, fondée en 1863.

TURQUIE D'ASIE.

(SUPERFICIE : 1 250 000 kilom. carrés. — POPULATION : 16 000 000 d'habit.)

§ 1. Introduction : — Situation générale, grandes divisions physiques et politiques.

La Turquie d'Asie s'étend dans la région la plus occidentale du continent asiatique, et s'avance à l'O. vers la mer

Noire, la mer de Marmara, l'Archipel, la Méditerranée proprement dite. — Au S., elle confine à l'Arabie, à l'E. à la Perse, au N. E. à la Transcaucasie. — Sa latitude moyenne est au 37° degré N. — Ses montagnes principales sont : le *Taurus* et l'*Anti-Taurus*, en Asie Mineure ; le *Liban* et l'*Anti-Liban*, en Syrie. On remarque, parmi les plus importants cours d'eau, le *Kizil-Ermak* (anc. *Halys*) et le *Sakaria*, tributaires de la mer Noire ; le *Sarabat* (*Hermus*) et le *Grand-Meinder* (*Méandre*), qui vont dans l'Archipel ; le *Karasou* (*Cydnus*) et l'*Aasi* (*Oronte*), qui tombent dans la Méditerranée ; l'*Euphrate* et le *Tigre*, qui s'écoulent dans le golfe Persique, après s'être réunis sous le nom de *Chott-el-Arab* ; le *Jourdain*, qui se jette dans la mer Morte. Les plus grands lacs sont : le lac de *Van*, la mer *Morte* ou lac *Asphaltite*, tous deux extrêmement salés et privés de poissons, et le lac de *Tabarieh* (mer de *Tibériade* ou de *Galilée*), où l'on fait au contraire une pêche abondante.

Cette contrée serait une des plus belles du monde si elle était soumise à une direction plus éclairée. Elle est paralysée dans son développement. La Providence semble avoir préparé cette terre à la civilisation, tandis que l'homme la retient captive par son ignorance, son inertie et son fanatisme. Le sol pourrait être la source de produits considérables, surtout dans l'Asie Mineure, mais partout l'agriculture est arriérée. Le climat, malgré la latitude, est généralement doux, grâce aux montagnes qui s'élèvent un peu partout ; néanmoins, dans le voisinage de l'Arabie, on remarque des plaines sablonneuses, brûlantes ; et, sur quelques points du littoral, il y a des marécages insalubres.

La Turquie d'Asie comprend six grandes divisions : 1° l'*Asie Mineure* (renfermant elle-même l'*Anatolie*, la *Caramanie*, etc.); 2° l'*Arménie*; 3° le *Kurdistan* (à peu près l'ancienne *Assyrie*); 4° le *Djézireh* (*Mésopotamie*); 5° l'*Irac-Arabi* (à peu près la *Babylonie*); 6° la *Syrie*. L'administration turque partage tout cet ensemble en 18 vilayets.

§ 2. Population.

La Turquie d'Asie, dont la superficie est le double de celle de la France, contient à peine 16 millions d'habitants.

La population se divise en Turcs, Grecs, Arabes, Arméniens, Kurdes, Turcomans, Maronites, Druses, Métualis, Ansariés, etc. Dans toutes les villes sont établis les Turcs ottomans; les Grecs habitent de préférence les côtes de l'Asie Mineure. Les Arabes sont plus spécialement cantonnés en Syrie et dans les régions voisines des frontières du midi. Les Arméniens se trouvent dans le pays dont ils tirent leur nom et dans la plupart des villes; ils s'y livrent au commerce; les Kurdes, les Turcomans, populations de pasteurs, vivent surtout sur les plateaux de la Caramanie, dans les montagnes du Taurus, dans celles qui avoisinent la source du Tigre. Les Maronites, les Druses sont répandus dans le Liban. — Pas plus que dans la Turquie d'Europe, il n'y a d'alliance normale entre ces éléments; toutes ces populations forment autant de nationalités opposées, hostiles par le fait de leur origine ou de leur religion.

Le progrès ne se montre chez aucune. « L'Orient, dit M. Audiganne, a été le berceau du monde et il doit à ce rôle dans l'histoire de l'humanité une remarquable originalité native. Il a été aussi le foyer du plus abject despotisme, et il doit à cette flétrissure l'état d'immobilité et d'engourdissement où il languit depuis tant de siècles. »

§ 3. Productions.

Minéraux. — Les métaux abondent dans le Taurus, mais il est rare qu'on cherche à les exploiter. Néanmoins on profite de quelques mines de plomb argentifère, de cuivre, de houille, d'asphalte et de sel, et de plusieurs carrières de marbre. On extrait la houille du Liban, dans les environs de Beyrout; le fer du Taurus; le cuivre, principalement à Tokat (Asie Mineure) et à *Arghana-Maaden* (Arménie), le plomb dans l'île de Chypre. On croit qu'il y a encore un peu d'or dans le bassin de l'Hermus, où le Pactole fut autrefois célèbre par ses sables aurifères.

Végétaux. — Les végétaux de presque toutes les espèces composent la merveilleuse flore de la Turquie d'Asie. — Sur les montagnes s'étendent des forêts de chênes, de cèdres et d'autres essences. Dans les régions basses, croissent les céréales, l'olivier, le mûrier, le grenadier, le myrte, la plupart des hespéridées, des lentisques, d'où l'on retire un excellent mastic; le pistachier, le térébinthe, qui donne la meilleure térébenthine; le caroubier, le figuier, le bananier, le dattier, la vigne, le sésame qui fournit une très bonne huile, l'asclépiade à ouate, dont l'aigrette soyeuse est un objet d'industrie; le cotonnier, dont la culture prend de jour en jour plus d'accroissement, le tabac, la garance, etc. — Les chênes fournissent de la valonée et de la noix de galle, principalement dans les montagnes du Kurdistan. — On extrait du suc des pavots l'opium, utile en médecine, mais dont la dépravation des Orientaux fait un si fâcheux usage; — une espèce de chanvre donne également une substance enivrante appelée *hachich*.

Animaux. — Il y a d'assez beaux chevaux, appartenant à la race arabe, et des mulets vigoureux; les ânes ne valent pas ceux de l'Égypte. Les chameaux, assez nombreux, rendent de grands services; d'immenses troupeaux de moutons et de chèvres vivent au milieu des landes et des hauts plateaux de l'Asie Mineure. On sait quel produit l'on tire de la chèvre d'Angora, au long poil soyeux d'un beau blanc nacré. L'Angleterre absorbe une grande partie de cette soie. Les moutons donnent une laine abondante, trop souvent de qualité inférieure.

On pêche des éponges estimées dans les parages de la Syrie (surtout depuis Latakieh jusque dans le voisinage de Tripoli) et sur le littoral des îles de l'Archipel. Chaque année 300 barques grecques et arabes recueillent pendant près de cinq mois ces précieux polypes, objet d'un important commerce. La campagne commence dans les premiers jours de juin et finit en octobre.

Le ver à soie et l'abeille donnent d'excellents produits. Mais un autre insecte, la sauterelle, qui arrive par nuées, est un fléau pour plusieurs provinces.

On pêche beaucoup de sangsues dans le Kurdistan et en Syrie.

§ 4. Industrie.

L'industrie la plus prospère dans l'Asie Mineure, particulièrement dans l'Anatolie, est celle des tapis. Le centre de la fabrication est *Ouchak*: 3500 femmes et 500 hommes y travaillent toute l'année; mais les procédés de fabrication et les dessins sont toujours les mêmes; le progrès n'apparaît pas. On fabrique également des tapis estimés à *Ghiardes* et à *Koula*, situées, ainsi qu'Ouchak, sur la route de Smyrne à Afioum-Karahissar. On peut évaluer la fabrication totale à 60 000 pièces par année.

La production de la soie est bien comprise dans la Turquie d'Asie. Ainsi l'on a remarqué, à la dernière exposition, que les objets provenant de Brousse étaient traités aussi bien qu'en aucun pays du monde.

§ 5. Échelles du Levant.

Les principaux ports de l'Asie occidentale et ceux de l'Europe orientale et de l'Égypte ont reçu, depuis le moyen âge, le nom générique d'*Echelles du Levant*, soit à cause des échelles ou escaliers au bas desquels s'arrêtent les navires et qui servent à monter ou à descendre les marchandises, soit à cause du port de *Kélaï* ou *Skélê* (c'est-à-dire échelle, escalier), aujourd'hui Bébek, sur le Bosphore, qui était muni de gradins construits le long de la plage, et dont le nom se serait étendu à tous les ports de la Méditerranée orientale.

Sur la mer Noire, à la côte nord de l'Asie Mineure, on remarque, en commençant par l'est: *Bathoum*, qui a des relations actives avec la Transcaucasie; — *Samsoun*, fréquenté, malgré son mouillage dangereux, et qui expédie des céréales, des tapis, du tabac, de la soie, du cuivre; — **Trébizonde,** en turc *Tarabosan* (60 000 hab.); entrepôt de commerce très-important entre l'Europe, la Perse et la Transcaucasie; les marchandises importées sont des cotonnades, des tissus de provenance anglaise, des draps, des soieries, du sucre, des armes belges, de la quincaillerie, des articles de Paris; on exporte surtout des soies gréges, des cocons, du buis; — *Kérésoun* (l'antique *Cérasus*, si célèbre par ses cerisiers); — *Sinope*, en turc *Sinaub*, port très-sûr, avec un arsenal et des chantiers de construction.

Erékli (anc. *Héraclée*), dans le voisinage de laquelle on exploite de la houille; — *Scutari* (35 000 hab.), sur le Bosphore, en face de Constantinople, dont elle est comme un faubourg.

Sur la mer de Marmara et le détroit des Dardanelles, on distingue : *Moudania*, qui sert de port à Brousse ; — *Tchalakalé*, siége de la fabrication d'une poterie élégante.

Sur l'Archipel, s'offre, au premier rang, **Smyrne**, en turc *Ismir* (130 000 hab.), centre d'un très-important commerce. On y entretient des relations suivies avec la France, l'Angleterre, l'Autriche, le reste de la Turquie. Les marchandises que cette place exporte sont la garance, la valonée, l'opium, la noix de galle, les raisins secs, les figues, les dattes, le tabac, le coton, les laines, la soie, des cocons, des céréales, de l'huile d'olive et de sésame, la cire, l'essence de rose, les tapis dits de Smyrne, les éponges, les peaux, etc. Les importations principales sont des tissus, de la quincaillerie, de la porcelaine, de la verrerie, des outils, de la coutellerie, des métaux, de la bijouterie, de l'horlogerie, de la houille, du tabac préparé, des vins, des eaux-de-vie, des liqueurs. Smyrne est, par excellence, l'entrepôt de l'Asie Mineure. Les importations sont de 55 à 60 millions ; — les exportations, de 100 millions ; le mouvement du port est d'un million de tonneaux.

Près de Smyrne, *Ourlakh* se dresse sur les bords d'une belle rade ; — plus au sud, est *Scala-nova* (20 000 hab.), port commerçant, qui exporte pour 4 millions de marchandises et en reçoit pour une valeur de plus d'un million. Parmi les îles de l'Asie Mineure, dans l'Archipel, signalons celles qui concourent le plus à la vie commerciale de cette région : *Mételin* (*l'ancienne Lemnos*), avec une ville maritime du même nom ; elle produit des oliviers, de bons vins, des figues, du coton, de la garance, des raisins secs ; — *Khio* (*Khios*), bien cultivée, et exportant du mastic, de la soie, des fruits, des figues, des vins ; — *Samo* (*Samos*), très-fertile en blés, huile, coton, soie, vins estimés, grenades et amandes ; — *Rhodes*, la plus importante des Sporades, avec les mêmes produits.

Revenons aux villes échelonnées sur les côtes de l'Asie Mineure, et suivons la côte sud. Au fond d'un beau golfe formé par la Méditerranée proprement dite, se déploie *Macri* ; — à l'est, est le port de *Satalieh* ; — plus à l'est encore, *Tarsous* (10 000 hab.), située un peu au-dessus de l'embouchure du Karasou. — Sur la mer même, est le port annexe de *Mersina*, qui exporte des céréales, des plantes textiles, du sésame et de la garance.

Sur les côtes de la Syrie, en commençant par le nord, on rencontre : *Alexandrette* ou *Iskandéroun*, très-beau port, servant au commerce d'Alep; — *Suédiah*, à l'embouchure de l'Oronte; port d'Antioche; — *Latakieh*, lieu d'exportation de grains, de tabac et de belles éponges, et d'une fabrication de savon; — *Tripoli*, en turc *Tarabolous* (15 000 hab.), port autrefois plus important, néanmoins encore très-fréquenté; centre de fabriques de savons et d'un commerce d'éponges fines, de tabac et de fruits; — **Beyrout** (30 000 hab.), le premier port de la Syrie, entrepôt principal du commerce du Liban, en relations commerciales incessantes avec Damas; siége d'une industrie assez active (soieries, coffres, orfévrerie), d'exportation de noix de galle, de garance, de cocons, de laine, de soies grèges et filées, et d'importation de tissus de coton et de laine, de fer, de denrées coloniales, de quincaillerie, d'articles de Paris, de machines, etc.; le mouvement commercial représente 28 millions de francs pour l'importation, 33 millions pour l'exportation, et le mouvement du port est de 6000 bâtiments; — *Saïda* (l'ancienne Sidon), aujourd'hui sans animation; — *Sour* (l'ancienne Tyr), tout à fait déchue; — *Acre* ou *Saint-Jean-d'Acre*, en turc *Akka* (10 000 hab.), exportation d'huile, de coton et de blés; — *Kaïpha*, port sûr, qui est comme une annexe d'Acre; — *Jaffa*, port de Jérusalem et la seule place maritime de la Palestine.

L'île de Chypre (*Kibris* des Turcs), célèbre par la fertilité de son sol, mais laissée dans le plus grand abandon par l'administration turque et par ses habitants, récolte cependant encore des céréales, des fruits, du coton, de la garance, du sésame, du lin, du tabac, de la soie, des oliviers, des caroubes et des vins très-estimés.

Nicosie (20 000 hab.), capitale de l'île, à quelque distance de la mer, est le centre d'une fabrication de soieries, de foulards, de gazes et de divers tissus; — *Larnaca* (10 000 hab.) est le port le plus commerçant; on remarque aussi ceux de *Famagouste* et *Limasol*.

LEÇON XIII.

§ 6. Villes de l'intérieur.

Dans l'Asie Mineure, on remarque *Tokat* (100 000 hab.), renommée par sa fabrication de tapis dits de Smyrne. — *Iuzghat* (25 000 hab.); — **Brousse** (60 000 hab.), industrieuse, et exportant des soies grèges, des cocons, des soies filées; — *Angora* (50 000 hab.), sur le Sakaria; fameuse par son commerce de poil de chèvre et qui donne son nom à des espèces de lapin et de chat à long poil; — *Kutahieh* (50 000 hab.), centre d'une fabrication de porcelaine estimée; — *Afioum-Karahissar* (60 000 hab.), qui fait un grand commerce d'opium, d'armes et de tapis; — *Tireh* (20 000 hab.); — *Guzelhissar* ou *Aïdin* (30 000 hab.) et *Ouchak* (28 000 hab.), qui fabriquent des tapis et des toiles de coton; — *Konich*, *Kaïsarieh*, villes principales des plateaux intérieurs de la Caramanie; — *Adana* (15 000 hab.), à peu de distance de l'embouchure de Seïhoun, avec une exportation de coton, de laines et de sésame.

Dans l'Arménie : **Erzeroum**, en arménien *Garem* (80 000 hab.), près de la source de l'Euphrate; siége d'une fabrication d'armes blanches renommées et entrepôt important du commerce entre Trébizonde, Tauris et Tiflis; on y fait pour 110 millions de francs d'affaires. Les exportations consistent en raisins secs, cuivre, soies grèges, laines fines et poils de chèvre d'Arménie et de Mossoul, peaux de mouton avec leur laine, provenant de l'Arménie russe, peaux de bœuf et de buffle, cire jaune, sangsues vertes du Kurdistan et noix de galle; les principales importations sont le sucre français, les cotonnades anglaises, les cafés, les soieries suisses, allemandes et lyonnaises, les draps allemands, etc.; dans le voisinage, on élève des moutons et des chèvres aux poils soyeux, et l'on exploite une mine d'argent.

Diarkebir ou *Amid* (50 000 hab.), bien déchue, mais encore commerçante et mise, par caravanes, en relation avec Bagdad et Alep; on y fabrique des maroquins, de la poterie, des objets en cuivre, quelques soieries et des étoffes de coton.

Dans la Mésopotamie : *Orfa* (40 000 hab.).

Dans l'Assyrie : *Mossoul*, grande ville commerçante et

industrielle (50 000 hab.), sur la rive droite du Tigre, près des ruines de *Ninive*; elle exporte des laines et du poil de chèvre pour l'Europe. La fabrication consiste en tissus de laine, en tissus de coton, en tissus de crin; on y voit aussi de nombreuses tanneries, des teintureries, des imprimeries sur étoffes. On croit que la mousseline doit son nom à cette ville, qui en a eu d'importantes fabriques. (Pour les villes du bassin inférieur du Tigre, voir la Leçon XVIII.)

En Syrie : **Damas**, la *Dimich-el-Cham* des Orientaux (200 000 hab., dont 20 000 chrétiens et 10 000 juifs), dans une magnifique situation : c'est la place la plus commerçante du pays, avec Beyrout. On y prépare des tissus, des étoffes très-estimées dans tout l'Orient, des soieries brochées, des foulards en soie et en coton, des manteaux très-appréciés des Orientaux, des tapis, des chaussures, de la bijouterie, du tabac, des narguilés, de la confiserie, des essences, etc. Les célèbres armes blanches attribuées à Damas n'en viennent pas, mais sont fabriquées dans le Khoraçan. Elle envoie beaucoup de marchandises par la route de Beyrout; le commerce local est surtout alimenté par le passage annuel de 40 à 50 000 pèlerins musulmans allant à La Mecque et revenant de la ville sainte. D'autres caravanes régulières mettent cette cité en relation avec Bagdad et la plupart des grandes villes de la Turquie.

Alep ou **Haleb** (80 000 hab.), entrepôt du commerce de la Syrie septentrionale, de la Mésopotamie et de l'Irâc-Arabi; cette ville reçoit, par Latakieh et Alexandrette, des marchandises anglaises et françaises, des tissus, de la quincaillerie, de la faïence, du fer, des produits coloniaux. Elle exporte des laines, de la soie, de la noix de galle, de la cire, du sésame, des poils de chameau; son industrie consiste surtout en teintureries.

Antioche ou *Antakieh* (15 000 hab.), située vers l'Oronte et bien déchue. — *Famieh, Hama, Hems*, toutes trois sur le même fleuve, dans une région très-riche en blé. — *Jérusalem*, la ville des souvenirs, couverte de ruines, silencieuse et morne; l'industrie est loin d'y être florissante, cependant on y fabrique du savon et des objets de dévotion destinés aux pèlerins.

§ 7. Voies de communication.

La grande voie de communication dans la Turquie d'Asie, c'est la mer. — Les routes sont mauvaises, excepté la belle route qui joint Damas à Beyrout, et elles ne sont propres qu'aux chameaux, aux mulets et aux cavaliers : des caravanes importantes les suivent cependant : Brousse, Trébizonde, Diarbekir, Erzeroum, Mossoul, Bagdad, Alep et surtout Damas sont les points principaux où aboutissent et d'où partent les voyageurs pèlerins et marchands.

La navigation est à peu près nulle sur les divers cours d'eau tributaires de la mer Noire et de la Méditerranée; nous verrons plus loin (Leçon XVIII) l'importance de ceux qui se jettent dans le golfe Persique (Chott-el-Arab, Tigre, Euphrate). Il y a quelques chemins de fer. Smyrne est à la tête de deux lignes, l'une se dirigeant sur Aïdin, l'autre sur Magnésie. Cette dernière voie sera continuée jusqu'à Scutari en passant par Kutahieh et Brousse.

Une ligne télégraphique franchit la Turquie d'Asie et unit Constantinople à Bagdad, à Bassora, à la Perse et à l'Inde.

PRINCIPAUTÉS-UNIES ROUMAINES OU ROUMANIE

(ÉTAT TRIBUTAIRE DE LA TURQUIE).

(SUPERFICIE : 121 200 kilom. carrés. — POPULATION : 4 500 000 habit.)

Sous la dénomination de *Roumanie*, ou de *Principautés-Unies Roumaines*, on comprend les deux provinces de *Moldavie* et de *Valachie*.

Le Danube forme au sud un vaste demi-cercle, qui sépare complétement cet état de la Turquie. Les monts Carpathes couvrent le nord du pays; ailleurs s'offrent des plaines fertiles; il y a des pâturages bien arrosés, des bois et des champs de blé très-productifs.

Déjà, dans le tableau général des populations de la Turquie, nous avons fait remarquer la place qu'occupent les Roumains; ils proviennent du mélange de Daces et des colonies romaines qui furent installées à l'embouchure du

Danube, sous le règne de Trajan. Leur parenté avec la race latine se traduit non-seulement dans leur physionomie, dans leurs traits, mais également dans leurs tendances, dans la direction de leur esprit, dans leurs qualités, même dans leurs défauts.

Le climat des Principautés-Unies, assez chaud en été, est souvent froid en hiver. La plupart des richesses minérales restent inexploitées, sauf les salines d'*Okna*, en Moldavie.

Les Principautés Roumaines exportent du maïs, du blé, du seigle, de l'orge, jusqu'en Angleterre; les céréales figurent pour plus des deux tiers dans les exportations.

Parmi les animaux les plus répandus, sont les bêtes à cornes, appartenant à la race hongroise; les porcs, de petite taille et souvent sauvages; les chevaux, assez forts et rappelant les espèces russes.

La position de la Roumanie est favorable au commerce; le Danube supérieur, dont la navigation est malheureusement un peu difficile au rapide des Portes de Fer, vers l'entrée du pays, la met en relation directe avec le cœur de l'Europe; tandis que la mer Noire lui permet de nouer des relations avec tout le bassin méditerranéen. Cependant le commerce et l'industrie sont dans l'enfance. Pas de manufactures; c'est encore le travail primitif en famille. Les paysans font les ustensiles dont ils ont besoin, pendant que les femmes filent, tissent et préparent les vêtements.

Examinons séparément chacune des deux Principautés.

La MOLDAVIE s'avance entre l'Autriche et la Russie; sa population ne dépasse pas 1 600 000 habitants.—La capitale est *Iassy* (80 000 âmes). — Le principal port est *Galatz* (60 000 hab.), sur le Danube, place très-commerçante, qui exporte des blés, des cuirs, des maroquins, du suif, des bois de construction, des laines, etc. Ce port est franc, et entretient des relations régulières avec la Méditerranée et les bords de la mer Noire (Odessa, Marseille, Constantinople, etc.). Des services réguliers de bateaux à vapeur lui permettent de communiquer rapidement avec Belgrade, par la grande voie du Danube; des embarcations autrichiennes et les chemins de fer font ensuite le service à travers la Hongrie. Le commerce est généralement entre les mains des Grecs et des Anglais. La moyenne des affaires est de

70 millions de fr. par an. Le mouvement de la navigation est de 2000 navires.

Citons, dans le même pays, deux ports cédés par la Russie en 1856 : *Ismaïl* ou *Toutchkov* et *Kilia*, sur la branche septentrionale du Danube.

La VALACHIE, qui s'étend entre les Carpathes et le Danube, a pour capitale **Boukharest,** en roumain *Boukouresti* (130 000 hab.), capitale en même temps de toute la Roumanie, sur la Dumbovitza, affluent du Danube. Le quartier de *Lepsicanie* y est spécialement destiné au commerce. Paris lui envoie la plupart de ses objets de luxe, les parures, la nouveauté, les meubles, des conserves, des comestibles, des articles de librairie.

Braïla, **Ibraïla** ou **Brahilov** (45 000 hab.), port franc, sur le Danube, peut recevoir des bâtiments de 300 tonneaux; il y afflue une grande quantité de denrées coloniales et d'articles provenant de l'industrie de l'Occident.

Au S., on distingue, sur le Danube, *Giurgévo*; — à l'O., *Craïova*, capitale de la Petite-Valachie.

Le commerce d'exportation de la Roumanie repose sur les graines, les laines, le suif, les peaux, etc. L'importation a pour base une foule d'articles manufacturés. Deux voies s'ouvrent aux transactions : celle de la mer Noire, à l'embouchure du Danube, avec point de relâche à Constantinople; et celle du Danube supérieur, ayant pour étape principale Vienne. Les pavillons grecs et italiens sont en majorité par la première de ces voies. Les rapports commerciaux les plus suivis sont, d'abord, avec l'Autriche, ensuite avec la Russie, la Turquie, la France, l'Angleterre. Les exportations s'élèvent à 120 millions de fr.; les importations, à 70 millions. La marine marchande compte 1000 bâtiments, dont 16 navires à vapeur.

Le commerce français en Roumanie est assez important; l'article principal comprend les vins et les liqueurs. Ce sont les bâtiments autrichiens qui apportent la plus grande partie des marchandises françaises, aussi bien que les marchandises anglaises.

On a adopté en Roumanie les mesures et les poids décimaux; on compte par piastres de 60 paras, valant 37 centimes.

Principale institution de crédit : Banque de Roumanie, créée en 1865.

LE DANUBE.

Nous avons déjà dit combien ce fleuve est important pour le commerce, et quelle activité règne dans ses ports principaux de Galatz et de Braïla; cependant ses embouchures s'envasent et exigent des travaux constants pour l'entretien de la navigation. Des trois branches entre lesquelles il se partage pour se jeter dans la mer Noire, la plus considérable est celle du nord ou de *Kilia*, sur la frontière de la Moldavie et de la Turquie; mais elle est peu praticable, et il est question de faire un canal qui la remplacerait vers son embouchure. La branche la plus méridionale, celle de *Saint-George*, qui se termine sur le territoire turc, est remplie d'atterrissements qu'il paraît difficile de combattre; celle du milieu (la *Soulina*), aussi sur le territoire turc, a été choisie pour la navigation, quoique ce soit la moins considérable : c'est celle qui a paru la plus propre à recevoir les endiguements nécessaires. Une Commission européenne instituée en exécution d'un article du traité de Paris en 1856, et qui siége à Galatz, a été chargée d'améliorer cette navigation et d'en organiser le régime administratif; pour couvrir les dépenses des travaux, elle prélève, à l'embouchure de la Soulina, des droits de navigation, qui s'élèvent à plus d'un million de fr. par an.

Le mouvement de navigation du bas Danube est aujourd'hui, pour la sortie seulement, de 3500 bâtiments, chargés de 600 000 tonneaux.

SERBIE (ÉTAT TRIBUTAIRE DE LA TURQUIE).

(SUPERFICIE : 41 800 kilom. carrés. — POPULATION : 1 200 000 habit.)

La Serbie ou Servie, située à l'O. de la Roumanie, entre le Danube et la Save, au N., le Danube encore, à l'E., les hautes montagnes du Tchar-dagh, au S., traversée par la Morava du S. au N., est un pays généralement montagneux. Les pâturages et les forêts (surtout de chênes) en sont la plus importante richesse; mais le bétail est de qualité médiocre. Il y a beaucoup de porcs; on les abandonne à eux-mêmes dans les forêts pendant l'été. La principale céréale est le maïs; ensuite le froment. On cultive du lin, du chanvre, un peu de coton, du tabac, du vin. Il existe des mines de fer, de cuivre, de plomb, de mercure, de houille, mais à peu près inexploitées. On pêche beaucoup de sangsues, qui sont particulièrement exportées en France.

L'industrie manufacturière est presque nulle. Le commerce est peu important. Cependant la navigation du Danube anime la frontière du pays et fait de **Belgrade** (25 000 hab.), capitale de la principauté et située au confluent de ce fleuve et de la Save, un entrepôt assez actif entre l'Autriche et l'Occident, d'une part, et le bas Danube et la Turquie, de l'autre. — *Semendria*, au confluent de la Morava et du Danube, est la seconde ville du pays.

Les chemins sont mauvais; la route principale est celle de Belgrade à Andrinople, par Nissa.

C'est avec l'Autriche, la Turquie et la Valachie que la Serbie a le plus de relations. Ses importations sont de 30 à 35 millions de fr.; ses exportations, de 25 à 30 millions; le transit, de 5 à 6 millions.

PRINCIPAUTÉ DE MONTÉNÉGRO

(RECONNAISSANT LA SUZERAINETÉ DE LA TURQUIE).

(SUPERFICIE : 6600 kilom. carrés. — POPULATION : 200 000 habit.)

Ce petit pays, situé entre l'Albanie et la Bosnie, hérissé de montagnes presque partout, n'est pas loin de l'Adriatique, mais il a le désavantage de ne rien posséder sur la côte. C'est par Cattaro, en Autriche, qu'il fait tout son commerce. Les pâturages et les bois en sont la principale richesse; on y récolte un peu de grains, de vin, de chanvre, de tabac, et beaucoup d'oignons et d'aulx. — On élève des vers à soie et des abeilles.

La capitale, *Cettigne*, est une petite ville tout à fait insignifiante pour le commerce.

GRÈCE.

(SUPERFICIE : 53 600 kilom. carrés. — POPULATION : 1 500 000 habit.)

§ 1. Introduction : — Situation, divisions générales physiques et politiques.

La Grèce ou Hellas, située à l'extrémité S. de l'Europe, est renfermée entre l'Archipel, à l'E., la mer Ionienne, à l'O. et au S., et la Turquie, au N. Sa latitude moyenne est au 38ᵉ degré N.

Elle se compose de deux parties continentales : la *Grèce septentrionale* et la presqu'île de *Morée* (l'ancien Péloponnèse), qui sont unies l'une à l'autre par l'isthme de *Corinthe*, resserré entre le golfe de *Lépante* ou de *Corinthe* et celui d'*Athènes*.

Ensuite elle comprend des îles nombreuses : les unes à l'E., dans l'Archipel : *Eubée* ou *Négrepont*, *Hydra*, les *Cyclades* (*Syra, Naxie, Paro, Santorin*, etc.); — les autres à l'O. et au S. O. : les îles *Ioniennes* (*Corfou, Sainte-Maure, Théaki* ou *Ithaque, Céphalonie, Zante, Cérigo*).

Peu de contrées ont des côtes aussi découpées : de toutes parts se présentent des presqu'îles (l'Attique, l'Argolide, etc.), des golfes (d'Athènes, de Lépante, etc.), des baies, des ports. Cette disposition, très-favorable à la navigation, n'a pas peu contribué à la prospérité du commerce de la Grèce, si remarquable dans l'antiquité et qui, aujourd'hui encore, est important, malgré le peu d'étendue du pays et ses trop fréquentes agitations politiques.

Le sol est généralement montagneux. Le *Pinde*, le *Guiona*, le *Parnasse*, l'*Hélicon*, l'*Œta*, l'*Hymette*, le massif du *Maina*, sont les principales montagnes. Ses plus grands cours d'eau sont, dans la Grèce septentrionale, le *Céphisse*, qui se jette dans le lac marécageux et sans écoulement appelé par les anciens *Copaïs*, par les modernes *Topolias*; l'*Aspropotamo* (l'*Acheloüs* des anciens); — dans la Morée, la *Rouphia* (*Alphée*). Aucun n'est navigable.

La Grèce (sans les îles Ioniennes) est divisée en dix nomes ou départements, qui sont : dans la Grèce septentrionale, ceux d'*Attique-et-Béotie*, de *Pthiotide-et-Phocide*, d'*Acarnanie-et-Étolie*; — dans la Morée, ceux d'*Argolide-*

et-Corinthie, d'*Akhaïe-et-Élide*, d'*Arcadie*, de *Messénie*, de *Laconie*; — dans l'Archipel, ceux d'*Eubée* et des *Cyclades*.

§ 2. Population.

La Grèce a 1 500 000 hab.; outre les Grecs proprement dits, cette population compte, dans les îles, un assez grand nombre d'Albanais et d'Italiens.

Les Grecs sont vifs, légers, spirituels, courageux, mais inconstants et avides. Ce sont d'excellents marins. Dans les montagnes, un grand nombre d'entre eux se livrent encore impunément au brigandage.

§ 3. Productions, industrie.

L'agriculture est fort négligée en Grèce, et cette contrée, quoique généralement fertile, est presque partout très-pauvre. Les récoltes de céréales sont insuffisantes; l'*olivier* prospère, et il y a des *vins* abondants et excellents, tels que ceux de Malvoisie, de Santorin, etc.; des raisins renommés (surtout ceux de Corinthe), des figues, des cédrats, des limons, des oranges, des grenades, un peu de riz, de la betterave à sucre, du coton, de grands et beaux arbres (chênes, sapins, pins, hêtres, etc.); de la valonée et de la noix de galle; des mûriers.

La soie, le kermès, le miel, les éponges, sont des objets importants des richesses de la Grèce. Les moutons et les chèvres sont élevés en plus grande quantité que le gros bétail. Les chevaux sont bons. On pêche des sangsues dans le lac Topolias.

La seule production minérale qui soit exploitée avec un grand profit est le sel des lagunes de divers points. Il y a des *marbres* célèbres à Paro et au Pentélique, montagne de l'Attique; de la terre cimolée et de l'argent à Kimolo (une des Cyclades) appelée aussi Argentière, de l'amiante dans l'île d'Eubée, du pétrole dans l'île de Zante.

L'industrie de la Grèce est très-peu développée : elle s'exerce sur la préparation de la soie, celle des peaux et la fabrication de l'huile, l'extraction du sel des marais salants, la construction des navires, la pêche et particulièrement celle des éponges. Les femmes grecques excellent dans la broderie, où elles se distinguent surtout par le bon goût du dessin et le contraste harmonieux des couleurs.

§ 4. Villes principales et ports.

Athènes (50 000 hab.), capitale de la Grèce, dans l'Attique, est située près du golfe auquel elle donne son nom. La petite ville du *Pirée* lui sert de port. Ce port fut longtemps, sous les Turcs, entièrement abandonné : on l'a amélioré par de bons travaux depuis l'affranchissement de la Grèce, et c'est un des plus animés du royaume.

Les autres villes sont :

Dans la Grèce septentrionale :

Livadie, près du lac de ce nom, dans la Béotie ; — *Lépante*, port vers l'entrée du golfe du même nom, dans la Phocide, et *Missolonghi* ou *Mésolonghi*, autre port, sur la mer Ionienne, dans l'Acarnanie, à côté de salines considérables.

Dans la Morée :

Tripoli ou *Tripolitza*, au centre de cette presqu'île dans l'Arcadie. — **Patras** (30 000 hab.) et **Nauplie de Romanie**, les deux ports les plus commerçants de la Morée, situés, chacun, sur un golfe du même nom, le premier sur la côte N. O., dans l'Akhaïe, le second, sur la côte orientale, dans l'Argolide. Ils font des exportations de raisins de Corinthe, d'huile, de vin et d'éponges. — *Arcadia* ou *Kyparissia*, *Navarin* (avec une très-bonne rade), *Kalamata*, trois ports, dans le S. O. de la Morée, en Messénie ; — *Monembasie* ou *Nauplie de Malvoisie*, autre port, dans le S. E. de la presqu'île, en Laconie, avec des vins renommés. — *Corinthe*, près et au S. O. de l'isthme auquel elle donne son nom, vers le fond du golfe de Lépante et peu loin de celui d'Athènes ; elle avait, sur l'un et l'autre, des ports qui ont été comblés par la vase.

Dans les îles de l'Archipel :

Négrepont ou *Khalcis*, port autrefois plus important, sur la côte O. de l'île d'Eubée ou Négrepont, au bord de l'Euripe, étroit passage qui sépare cette île de l'Attique ; — **Hermopolis** ou **Syra** (35 000 hab.), chef-lieu de l'île du même nom et des Cyclades ; avec un port très-sûr, qui est le centre de l'activité commerciale de l'Archipel; il y a un lazaret central pour les provenances de tous les pays, et un hôpital civil ouvert gratuitement aux malades de toutes les nations; — *Naxie* ou *Naxo* (*Naxos*), chef-lieu de l'île du même nom, la plus grande des Cyclades; — *Paro* (*Paros*), chef-lieu aussi d'une île du même nom, riche en beaux marbres; — *Tino*, chef-lieu d'une autre île, qui récolte d'excellents vins; — *Santorin*, chef-lieu de l'île du même nom (l'ancienne Thera), dont le sol, bouleversé par de fréquentes éruptions volcaniques, produit un des meilleurs vins de la Grèce; — *Milo*, chef-lieu d'une île qui a aussi des vins renommés et où l'on trouve des eaux minérales; — **Hydra** (18 000 hab.), chef-lieu de la petite île du même nom, et siége d'une marine marchande très-considérable.

Les ports des îles Ioniennes sont des entrepôts francs de marchandises. **Corfou** (25 000 hab.), chef-lieu de ces îles et de celle qui porte son nom (l'ancienne *Corcyre*), se trouve sur la côte orientale de cette île; c'est un port très-animé, l'entrepôt de l'Albanie et de l'Épire, et qui fait surtout un très-grand commerce d'huiles. — *Amaxikhi* est le port principal de l'île Sainte-Maure; — *Vathi*, de celle d'Ithaque; — *Argostoli*, chef-lieu de Céphalonie, possède un port vaste et sûr, qui fait des exportations d'huile d'olive, de raisins de Corinthe, de vins; — *Zante*, chef-lieu de l'île du même nom, est un port commerçant en huiles, vins et raisins.

§ 5. Commerce et voies de communication.

Importations, exportations. — La Grèce est admirablement placée pour le commerce : à la portée de l'Asie et de l'Afrique, avec des côtes heureusement découpées, des îles nombreuses, des ports multipliés et excellents; de plus, elle a de bons marins; aussi son commerce maritime est-il très-animé.

L'Occident lui fournit des peaux tannées, des tissus de laine et de soie, de la morue et autres poissons salés, des bois de charpente, des articles de librairie.

Les exportations sont des fruits (surtout des raisins de Corinthe), des vins, de l'huile, de la laine, de la soie, des éponges, du fromage et du tabac. Les importations s'élèvent à 80 ou 90 millions de francs; les exportations, à 45 ou 50 millions de francs. C'est avec la Turquie, l'Autriche, l'Italie, la France, l'Angleterre, la Russie, que les relations sont le plus suivies.

Effectif de la marine marchande. — La marine marchande grecque compte 4500 bâtiments (1500 grands et 3000 petits), jaugeant ensemble 290 000 tonneaux et montés par 30 000 marins.

Le mouvement de la navigation (cabotage compris) est de 145 000 navires, jaugeant 5 millions de tonneaux.

Commerce avec la France. — La Grèce tire de la France des peaux préparées, des tissus de laine et de soie, du papier, des livres et des gravures, de la mercerie, des tissus de coton, du sucre raffiné, des poteries, des verres et des cristaux, de la parfumerie, des modes, des métaux, des meubles, des denrées coloniales.

Elle envoie à la France de l'huile d'olive, des éponges, des fruits de table, de la soie grége, de la laine, des peaux brutes, des cornes de bétail, du suif.

Voies de communication. — C'est par la navigation que se fait tout le commerce. Les routes intérieures sont généralement fort mauvaises; on peut citer cependant comme bonnes les routes qui avoisinent Athènes et particulièrement celle qui se dirige vers Livadie. Il y a un petit chemin de fer (de 7 kilom.) d'Athènes au Pirée.

§ 6. Monnaies, mesures, etc.

Argent.. Drachme (de 100 lepta).............. = 89^c,54

Il y a, en or, des pièces de 40 drachmes et de 20 drachmes, et, en argent, des pièces de 5 drachmes, de 1/2 drachme et de 1/4 de drachme.

A partir du 1er janvier 1869, la drachme vaudra exactement 1 fr., et les autres monnaies grecques seront en rapport avec le système décimal français.

Déjà les *mesures* et les *poids décimaux* ont été introduits. Le pik royal est le nom du mètre; le stadion, celui du kilomètre; le stremma, de l'hectare; le kilo égale 100 litres; la drachme est le gramme; la mine vaut 1500 grammes; le talent, 100 mines; 100 mines = 150 kilogrammes. Le tonneau de mer est de 1500 kilogrammes.

Principale institution de crédit. — Banque nationale grecque, fondée en 1841.

LEÇON XIV.

ÉGYPTE, NUBIE, ABYSSINIE.

ÉGYPTE

(ÉTAT QUI RECONNAÎT LA SUZERAINETÉ DE LA TURQUIE).

(SUPERFICIE : 21 000 kilom. carrés, pour les parties habitables; 557 000, en y comprenant les déserts. — POPULATION : 5 000 000 d'habitants, en y comprenant les parties de la Nubie soumises à l'Égypte.)

Situation, Grandes divisions physiques. — L'Égypte, appelée *Mesr* par les Orientaux, est dans le N. E. de l'Afrique, sur la frontière de l'Asie; l'isthme de Suez la rattache à l'Arabie et à la Turquie d'Asie. Elle est bornée au N. par la Méditerranée; à l'E., par la mer Rouge; à l'O., par la Barbarie et le Sahara; au S., par la Nubie.

Cette contrée doit toute son importance au *Nil* et à ses débordements périodiques; ce roi des fleuves coule majestueusement du S. au N. dans une riche vallée encaissée entre deux chaînes de montagnes, les monts Arabiques, à l'E., les monts Libyques, à l'O., et va tomber dans la Méditerranée, en se séparant en plusieurs branches qui forment le célèbre *Delta*. (Voir p. 224.)

Au delà des montagnes, le désert commence, et n'est interrompu que par quelques oasis (Grande oasis, Petite oasis, oasis Dakhel, oasis de Syouah ou d'Ammon).

Le climat de l'Égypte est généralement sain, malgré la fâcheuse réputation que la peste et les épidémies meurtrières y ont laissée. — La température est chaude ; l'air sec, sauf sur les bords de la mer. Les pluies, très-rares, n'arrivent que sous la forme de rapides ondées et dans le nord seulement. Dans l'espace d'une année, on y compte à peine 16 à 17 jours de pluie ; durant le khamsyn, vent de cinquante jours, soufflant du midi, en avril et en mai, la température devient étouffante.

L'Égypte est divisée physiquement en trois grandes parties, qui sont du S. au N. : la *Haute-Égypte ;* la *Moyenne-Égypte ;* la *Basse-Égypte*.

Divisions politiques, Relations avec la Porte. — L'Égypte est administrativement partagée en sept *moudirliks* ou intendances, qui se subdivisent en soixante-quatorze *maïmourliks* ou départements.

Rangée, nominalement, dans les vastes domaines de la Porte Ottomane, elle est gouvernée par un vice-roi, qui, légalement, est vassal de la Turquie, mais qui jouit pourtant d'une indépendance à peu près complète.

Population. — Les habitants de l'Égypte proviennent de deux souches principales : la famille égyptienne ancienne et la famille arabe. Les *Coptes* sont les descendants des anciens Égyptiens ; — les Arabes sont ceux des conquérants venus de l'Asie ; — le gros de la population actuelle, formant les *Fellah*, est le mélange d'anciens Égyptiens, d'Arabes et peut-être d'autres nationalités.

Les *Coptes* se divisent en deux rameaux : les *musulmans* et les *chrétiens*. Ces derniers, qui sont les Coptes proprement dits, sont au nombre d'environ 150 000, et professent le christianisme de la secte d'Eutychès ou des jacobites ; leur patriarche réside à Alexandrie. — Les Arabes *Bédouins* sont généralement disséminés en tribus nomades et vivent libres dans le désert. — Les *Fellah* sont adonnés aux travaux des champs.

En outre, il y a 20 000 Turcs, qui habitent de préférence les grandes villes du nord et qui sont chargés des principaux emplois civils, des premiers grades de l'armée ; — 12 000 Grecs ; — 7000 Juifs ; — 2000 Arméniens ; — 6000 Français ; — 3 à 4000 Italiens et Maltais ; — plus de 25 000 esclaves noirs.

Les Fellah, les Arabes, les Turcs et les nègres professent l'islamisme.

La langue parlée est généralement l'arabe. Le copte est une langue morte, qui n'est plus usitée que dans le culte. Le turc est l'idiome adopté par les fonctionnaires.

On chercherait vainement des idées élevées, des pensées civilisatrices chez le peuple égyptien, qui se divise moralement en deux classes : celle des puissants, trop souvent avides, sans pitié, sans mœurs, et celle du peuple, encore tenu dans un état voisin de l'abjection, avili par le despotisme. Les Français jouissent, en Égypte, de beaucoup de considération ; le vice-roi confie à nos savants, à nos ingénieurs la direction des travaux les plus importants.

Le Nil. — Le Nil se forme, bien loin de l'Égypte, par la réunion du *Nil Blanc* ou fleuve *Blanc* (*Bahr-el-Abiad*) et du *Nil Bleu* ou fleuve *Bleu* (*Bahr-el-Azrak*) ; ce dernier prend naissance dans les montagnes de l'Abyssinie, franchit peu de temps après le grand lac *Dembéa* ou *Tana*, décrit un grand circuit, et arrive en Nubie, où il rencontre le Nil Blanc, à Khartoum. Le Nil Blanc, qui paraît le plus considérable des deux, et que l'on regarde comme le vrai Nil supérieur, vient du S. O. : il sort du lac *Victoria* ou *Oukérévé*, dans le Soudan, vers l'équateur. Il fait un grand détour à l'O., entre dans le lac *Mvouta-Nzighé*, et s'en échappe au N. Il traverse le lac *No*, et arrive en Nubie. Après la jonction des deux grandes branches qui le forment, le Nil reçoit à droite le *Tacazzé* ou *Atbarah*, pénètre en Égypte vers l'île de *Philæ* ou *Birdah*, et là se précipite d'une hauteur de deux mètres (c'est ce qu'on nomme la première cataracte, bien que ce ne soit qu'un rapide). Un peu plus au nord, le Nil forme l'île *Éléphantine* ou *El Chag* ; il franchit toute l'Égypte et se jette dans la Méditerranée par neuf bouches, dont deux principales : celles de *Damiette* et de *Rosette*, entre lesquelles est le *Delta*.

Les pluies diluviennes de l'Abyssinie et de la Nigritie sont la cause des débordements périodiques du Nil. Le fleuve se gonfle vers le solstice de juin ; la crue augmente jusqu'au mois de septembre. Les eaux commencent alors à se retirer et laissent sur la terre un limon gras fertilisant. Les semences ont lieu bientôt après. Ces inondations sont

ÉGYPTE.

attendues avec impatience : grâce à elles, l'Égypte est une des contrées les plus riches du globe. Le Delta, a été exclusivement formé par les alluvions du fleuve. Le *Mékias* ou *Nilomètre* placé dans l'île de *Rhodah*, en face du Caire, donne la mesure de l'élévation du débordement. Le terme des bonnes inondations est d'environ 10 mètres.

Des canaux d'irrigation habilement pratiqués arrosent des territoires que n'atteignent pas les débordements. Le plus important est le canal *Joseph*, qui suit la rive gauche sur un long espace. L'ancien lac *Mœris*, dans la riche vallée du *Fayoum*, était aussi dû à une dérivation du Nil. Il avait été creusé par le roi du même nom, pour recevoir les eaux surabondantes du fleuve et pour en fournir au pays voisin dans les années de trop faibles débordements. Un lac actuel, tout à fait inutile, nommé *Birket-el-Kéroun*, a probablement été produit par son épanchement. Un magnifique ouvrage de ces derniers temps, non moins utile que ce travail antique, c'est le barrage pratiqué sur la branche occidentale du Delta, pour l'irrigation des terres.

La navigation du Nil est très-facile en Égypte, et elle y rend au commerce et aux voyageurs les plus grands services ; mais, à partir de la frontière de ce pays et sur un grand espace de la Nubie, ce fleuve a des rapides (appelés à tort cataractes) qui, à l'époque des basses eaux, sont très-difficiles à franchir.

Productions, agriculture, coton, etc. — L'Égypte n'a presque pas de métaux ; mais, au sud, elle possède d'abondantes carrières de granite, de syénite, de porphyre. On y trouve aussi de l'albâtre calcaire, des émeraudes, du sel, etc.

Les cultures les plus productives sont le blé, l'orge, le dourah, le maïs (environ 15 millions d'hectolitres par an), les pois, les lentilles, les lupins, les fèves, le riz, les oignons, le sésame, le carthame ou safranum, dont la fleur est usitée en teinture et dont la graine donne de l'huile ; le chanvre, le lin, le cotonnier, la canne à sucre, le tabac. Le blé égyptien, malgré sa réputation, ne vaut pas le nôtre : il renferme peu de gluten. Les arbres fruitiers abondent : ce sont les dattiers, les oliviers, les vignes, les figuiers, les abricotiers, les orangers, les grenadiers, etc. Ajoutons le lotus, plante aquatique révérée par les anciens; le papyrus, dont les fibres servaient à faire du papier; le séné, plante employée en médecine. — Il n'y a pas de forêts.

Depuis les temps les plus reculés jusqu'à nos jours, l'agriculture a constamment formé la principale occupation du peuple égyptien. Le sol et le climat en font un pays agricole entre tous. Mais le *coton* surtout prend sur cette terre fertile un accroissement de jour en jour plus grand. Un des antiques greniers de l'Italie commence à devenir un des champs les plus précieux de l'industrie cotonnière. La guerre civile américaine, en paralysant momentanément la production des États-Unis, a engagé les Européens à se rejeter sur d'autres territoires d'exploitation. L'Égypte se trouvait merveilleusement préparée à ce genre de culture. En quelques années, elle a pris place parmi les contrées productrices au premier chef. Elle fournit de 100 000 000 à 125 000 000 de kilogrammes. Nous avons tiré pour une cinquantaine de millions de coton par an de cette seule contrée, qui en a jeté dans la consommation pour une somme de 400 millions. L'Angleterre, la France, l'Allemagne sont les pays qui en profitent le plus. On ne peut nier cependant que la cessation de la guerre des États-Unis n'ait ralenti cette branche importante.

Les bœufs, les buffles, les ânes, les mulets, sont seuls utilisés dans l'agriculture; ils abondent surtout dans la Basse-Égypte. L'âne et le mulet sont plus beaux que ceux d'Europe. Les moutons, presque tous de race brune, donnent une laine dure employée par les plus pauvres habitants pour faire des vêtements; mais les moutons du Fayoum ont une magnifique laine blanche très-appréciée du commerce européen. Les chameaux servent à porter les fardeaux. Les chevaux, de race arabe, sont exclusivement réservés à la selle, mais les ânes sont les montures généralement adoptées.

Les poules sont en très-grand nombre : on fait éclore leurs œufs dans des fours, artificiellement.

Parmi les espèces utiles, nommons encore les abeilles, l'ichneumon ou rat de Pharaon, petit carnassier qui détruit les œufs de crocodile; — l'ibis, célèbre oiseau voyageur, vénéré chez les anciens Égyptiens, parce que son arrivée annonce les débordements du Nil et parce qu'il débarrasse de beaucoup d'animaux nuisibles.

Industrie. — Mohammed-Ali, au commencement de ce siècle, a été le grand réformateur de l'Égypte, qui avait langui, sous le joug des Turcs et des mamelouks. Cet habile pacha, qui a su émanciper son pays de la domination ottomane, et qui l'a ouvert aux idées, à l'industrie, au commerce de l'Europe, enfin à toute la civilisation occidentale, a favorisé, ainsi que ses successeurs, l'établissement des fabriques européennes; mais la grande industrie indigène n'existe pour ainsi dire pas : on a vainement cherché à l'introduire; le travail se fait sans ensemble.

Les principales branches sont les filatures de coton, les fabriques de cotonnades, de soieries, de nattes, de parfums, des manufactures d'armes, des raffineries.

Grandes villes et principaux ports. — *Le Caire*, en arabe *Mesr* ou *El Kahirah*, c'est-à-dire la *Victorieuse* (300 000 hab.), capitale de l'Égypte, s'étend, près de la rive droite du Nil, au sud de la pointe du Delta. C'est un centre commercial important. Son commerce est surtout animé par les caravanes qui s'y donnent rendez-vous et y échangent leurs produits, en venant, les unes, du Soudan, du haut Nil, de l'Abyssinie; d'autres, de la Turquie d'Asie et de l'Arabie; d'autres enfin, de la Barbarie : ces dernières apportent des tarbouches (bonnets rouges), des burnous, des maroquins; les caravanes du midi vendent de l'ivoire, de la poudre d'or, des gommes, du café, des essences; — l'Angleterre, la France, l'Allemagne, la Belgique expédient des métaux, de la vanille et des objets manufacturés, par le chemin de fer d'Alexandrie. Cependant une branche nouvelle du chemin de fer gagne Suez, en permettant un trajet plus direct sans passer par Le Caire, et porte un coup funeste à cette capitale. — *Boulak* lui sert de port vers le nord; *Le Vieux-Caire* est son annexe commerciale au sud.

Sur la Méditerranée, on remarque trois ports : *Alexandrie*, *Rosette* et *Damiette*.

Alexandrie, en arabe *Iskanderyyeh* (170 000 hab.), grand port, à la tête de la navigation commerciale de l'Égypte, offre un mouvement maritime annuel de 5000 bâtiments. Les exportations consistent en blé, coton, riz, orge, maïs, sésame, légumes secs, gommes, parfums, dattes, café, ivoire, nacre, peaux, fleurs, etc. — Les importations principales sont du fer, de la vanille, des articles de coutellerie, de quincaillerie, des tissus, des étoffes diverses, des bois de construction, des vins, des alcools. C'est l'Angleterre qui noue les transactions les plus importantes avec cette place.

Rosette, en arabe *Rachid* (20 000 hab.), à l'embouchure de la principale branche occidentale du Nil; — *Damiette*, en arabe *Doumiat* (35 000 hab.), à l'embouchure de la branche orientale, font le commerce avec le Delta. — *Port-Saïd* (5000 hab.) plus à l'est, point de départ du canal de Suez, est destiné à un grand avenir. — *Suez*, en arabe *Soueys* (30 000 hab.), à l'autre extrémité du canal, à la pointe N. O. de la mer Rouge, est le point extrême du chemin de fer qui franchit la Basse-Égypte, et la station des navires des Messageries impériales françaises et de la Compagnie péninsulaire et orientale anglaise, pour desservir tout l'océan Indien, l'Indo-Chine, la Chine, Maurice, etc. Cette place acquiert une importance extraordinaire.

Entre ces deux ports, au milieu de l'isthme, s'élève *Ismaïlia* (auparavant *Timsah*), à côté d'un lac qui sert de bassin au canal; on peut lui prédire la destinée la plus brillante quand le canal sera achevé.

Dans l'intérieur du Delta, la ville la plus considérable est *Mehallet-el-Kebir* (20 000 hab.).

Dans la Moyenne-Égypte, on remarque *Médinet-el-Fayoum*, dans une province très-fertile; avec des fabriques d'essences de rose, de toiles de lin et de châles blancs; — *Tamieh*, où l'on prépare des nattes estimées.

La Haute-Égypte possède quelques places animées par les caravanes: *Siout* (20 000 hab.), d'où partent les grandes caravanes pour l'Afrique intérieure; — *Girgeh*, qui fabrique des cotonnades; — *Kéneh*, petit centre d'industrie en relation avec le port de *Cosseïr*, sur la mer Rouge; — *Esneh*, point d'arrêt des caravanes qui viennent du midi; — *Açouan* (l'antique *Syène*), la dernière ville de l'Égypte au sud.

Sur l'emplacement de la grande et célèbre *Thèbes aux cent portes*, il n'y a que des villages sans commerce (*Karnak*, *Louqsor*, etc.).

ÉGYPTE.

Chemins de fer. — Avec le Nil, la grande voie actuelle de communication de l'Égypte est le chemin de fer qui unit Alexandrie au Caire, et Le Caire à Suez, et qui envoie un rameau sur Zagazig et Ismaïlia. C'est, en attendant l'achèvement de la canalisation de l'isthme, la voie la plus directe de la route de l'Inde. Il y a aujourd'hui en exploitation 700 kilom. Le nombre de tonnes de marchandises transportées par les voies ferrées est annuellement de 500 000.

Lignes télégraphiques. — Le réseau actuel des lignes télégraphiques est de près de 6000 kilomètres.

L'Égypte est reliée à l'Europe par deux lignes télégraphiques : l'une sous-marine, partant d'Alexandrie et passant par Malte; l'autre se dirigeant par terre sur Constantinople par la Syrie et l'Asie Mineure.

Canal Mahmoudieh. — Ce canal, qui avait plus d'importance avant la création du chemin de fer d'Alexandrie au Caire, unit la première de ces places à la branche occidentale du Nil.

Le canal de Suez. — L'isthme de Suez, qui réunit deux mondes, l'Asie et l'Afrique, mais qui séparait deux civilisations, deux grands centres de commerce, l'Occident et l'Orient, peut être considéré aujourd'hui comme franchi par un long et beau canal qui, mariant la Méditerranée à la mer Rouge, permettra aux navires européens de gagner facilement l'océan Indien, sans doubler le cap de Bonne-Espérance.

L'isthme est de 120 kilomètres. — Les deux points extrêmes au sud et au nord son le golfe de Suez et le golfe de Péluse. L'œuvre due dans ces dernières années à l'initiative d'un Français, M. Ferdinand de Lesseps, avait été en partie mise à exécution dans les temps anciens. Nékhao et Ptolémée Philadelphe firent, en effet, creuser, du golfe de Suez au Nil, un canal dont on trouve encore aujourd'hui des traces. L'entreprise nouvelle est directe : le canal va de Suez à Port-Saïd (près de l'ancienne Péluse). Comme on a légèrement obliqué dans la région médiane, la longueur du canal est de 160 kilomètres, sa largeur sera de 100 mètres au niveau d'eau, de 22 mètres au plafond et sa profondeur de 10 mètres. Il traverse les lacs Amers, le lac Timsah (près d'Ismaïlia), destiné à être le grand port intérieur du canal, puis le lac Menzaleh. Un embranchement, qui va jusqu'à Suez, fait correspondre le canal avec le Nil, et apporte de l'eau douce dans une contrée qui en manquait complétement. La batellerie est déjà établie sur cet embranchement, qui, joint à la partie N. du canal principal, permet à de petits navires, tirant peu d'eau, de passer d'une mer à l'autre.

Les résultats du percement de l'isthme se comprennent d'eux-mêmes. L'Inde, la Chine, le Japon, l'Océanie, se trouvent rapprochés de l'Europe : ces contrées, que les navires ne pouvaient atteindre qu'après une longue navigation, sont ainsi tout à fait à la portée de notre influence, de notre commerce. Le percement de l'isthme, mal vu dans les premiers temps par les Anglais, qui pensaient que sa réalisation serait l'amoindrissement de leur importante colonie du Cap, profitera surtout aux Anglais eux-mêmes, il abrégera singulièrement pour eux le trajet de l'Inde.

Le service des paquebots est déjà régulièrement établi ; chaque mois, vingt paquebots arrivent à Port-Saïd, et vingt en partent ; douze paquebots venant du Japon, de la Chine, de l'Australie, de Maurice, etc., débarquent passagers et marchandises à Suez, et autant s'en éloignent.

Il entre annuellement à Port-Saïd plus de 600 navires, et à Suez environ 400.

Commerce. — Les principaux articles d'exportation sont le coton, les céréales, les graines de coton, de lin et de sésame, les légumes, les gommes, les soudes et natrons, les dattes, les peaux, les matières tinctoriales, l'encens, l'ivoire, la cire, etc. Le tout représente une valeur d'environ 440 millions.

Les importations ont pour base la houille, les machines, le fer en barres, le fer ouvré, les tissus de soie, de laine et de coton, les bois de construction, les vins, les eaux-de-vie, les objets manufacturés, presque tous les métaux. Elles ne dépassent pas 135 millions.

La disproportion assez marquée entre l'importation et l'exportation tient à l'apathie des Fellah, qui demeurent, malgré le contact européen, insouciants à tout ce qui peut concourir au bien-être de la vie.

Le transit considérable par Suez ne figure pas dans les chiffres précédents; il représente une valeur annuelle de près de deux milliards. Les pays qui font le plus d'affaires avec l'Égypte sont l'Angleterre, la France, la Turquie, l'Autriche, l'Italie, la Belgique et les côtes d'Afrique.

Commerce avec la France. — Le commerce avec notre pays se fait presque entièrement par le port d'Alexandrie; nous recevons d'Égypte du coton, des céréales, des graines oléagineuses, des gommes, de l'ivoire, de l'encens, etc., et nous lui expédions des produits de notre industrie, c'est-à-dire, des étoffes, des machines, des outils, des instruments aratoires, des vins, du sucre, de la porcelaine, de la verrerie, des objets de luxe, de la carrosserie; nous importons pour 57 millions de marchandises, et nous recevons pour une valeur de 82 millions.

Monnaies, poids et mesures. — Les mêmes qu'en Turquie. On se sert habituellement pour mesurer les terres, du *feddan* = 4200 mètres carrés.

On emploie beaucoup aussi les poids et monnaies suivants :

Rottolo (poids italien)............................	=444^{gr},73
Kantar ou quintal.................................	=100 rottoli
Talaro (ancien thaler d'Autriche)...............	=5 fr. 26

NUBIE (AVEC SES ANNEXES).

(SUPERFICIE : 1 500 000 kil. carrés. — POPULATION : 6 000 000 d'habit.).

La Nubie, qui se trouve au S. de l'Égypte, en est comme une annexe, et reconnaît en grande partie le gouvernement du vice-roi. C'est une région plus vaste que l'Égypte, mais moins riche. Elle est bornée à l'E. par la mer Rouge; à l'O. par le désert de Libye ; au S. O. par le Darfour et d'autres parties du Soudan, vers lesquelles elle n'a pas de limites fixes au S. E. par l'Abyssinie. Sa latitude moyenne est à 18° N. Le Nil, qui la franchit du S. au N., et décrit dans sa partie moyenne une courbe très-prononcée, coule entre deux rangées de collines souvent élevées. Au confluent des cours d'eau (le Nil Blanc et le Nil Bleu) qui le forment, s'élève *Khartoum*, que l'on peut considérer comme la capitale du pays.

La température est très-chaude, souvent malsaine, en Nubie; il n'y pleut pas dans le N., mais la région méridionale a des pluies très-abondantes, qui commencent au mois de juin et ne finissent qu'en septembre. La contrée se divise en deux régions principales : la *Nubie inférieure* et la *Nubie supérieure;* cette dernière est celle où les pluies périodiques viennent rafraîchir le sol et donnent naissance à de nombreuses rivières; elle est beaucoup plus fertile que l'autre, où la seule partie féconde est la vallée du Nil. On désigne aussi la Nubie supérieure sous le nom de *Soudan oriental* ou de *Soudan égyptien*.

Population. — La majorité de la population se rattache à la famille arabe et à la vieille famille éthiopienne. Tous les indigènes n'ont pas la même coloration; il en est de bruns-rouges, tels que les *Barabra*, les *Bicharieh*, les *Kababych*; les *Dongolaoui*, qui sont très-adonnés au commerce des caravanes; les *Chagheïa*, fixés vers le milieu du pays et chez qui règne plus d'instruction et d'industrie et une meilleure culture que dans le reste de la contrée. — Il en est de noirs, sans avoir la physionomie des nègres, tels que les *Nouba*, au S. O. — Il y a des nègres proprement dits, comme les Dinka et les Chelouk, sur le Nil Blanc. — Les populations d'origine arabe, les *Baggara* par exemple, sont nomades. — La religion musulmane domine.

Végétaux, animaux. — Les productions sont assez variées, mais le sol est peu livré à la culture; on y trouve le dourah, le maïs, le millet, l'orge, le riz, les haricots, dont les habitants préfèrent les feuilles aux fruits; la symka, qui produit une gousse semblable à celle des pois; le coton, le sésame, le tabac, les bananiers, les figuiers, les dattiers, les acacias gommiers, etc.

Les bestiaux, très-nombreux, errent en liberté dans les plaines arrosées par le Nil et ses affluents; il y a des bœufs bossus, des buffles, des moutons, des chameaux, des chevaux (la meilleure race est celle des Chagheïa et du Dongola). Les éléphants sont nombreux dans les forêts du S., et l'on organise de grandes chasses pour s'emparer de leur ivoire. Le sel gemme est très-commun dans les déserts.

Divisions, villes, commerce. — Le gouvernement égyptien partage ses possessions nubiennes en 4 moudirliks : le *Dongola*, *Khartoum*, le *Kordofan*, le *Taka*.

Khartoum (40 000 hab.), dans le Halfây, située très-avantageusement au confluent du Nil Bleu et du Nil Blanc, est l'entrepôt de toutes les marchandises qui affluent du haut Nil et que l'on dirige vers le nord : ivoire, cornes de rhinocéros, gomme, sésame, séné, plumes, peaux, poudre d'or. — Étape principale de la navigation du Nil en Nubie, c'est également le point d'arrêt de caravanes régulières qui vont soit à la mer Rouge, soit au Kordofan et au Darfour. — *Kassala*, près de la frontière de l'Abyssinie, est une petite ville assez commerçante, sur la route des caravanes de Khartoum à Saouakin.

Saouakin, sur la mer Rouge, est l'unique port de la Nubie, et centralise le commerce entre une partie de l'Afrique et l'Arabie; de nombreux pèlerins s'y embarquent pour Djeddah et La Mecque, et cette place est mise en communication avec Suez par le service des bâtiments à vapeur d'une Compagnie égyptienne. La plupart des produits du commerce du haut Nil sont expédiés vers l'Égypte et s'écoulent en Europe par Saouakin, dont la Turquie s'est réservé la possession, en en laissant l'administration au vice-roi d'Égypte.

On considère comme une annexe de la Nubie, une partie considérable du bassin du Nil Blanc supérieur, jusque vers le 4e degré de latitude, où l'on trouve, sur ce fleuve, *Gondokoro*, dernière étape du commerce des Européens et des musulmans dans le pays des nègres : l'objet principal qu'on va chercher dans ces lieux reculés est l'ivoire abondant que donnent les innombrables éléphants des forêts. Plusieurs maisons européennes (françaises entre autres) ont créé, pour ce produit, des établissements importants dans une grande partie du bassin du Nil Blanc. Malheureusement on y joint souvent la traite des esclaves, quoique le commerce en soit prohibé par les lois mêmes de l'Égypte. Les marchands blancs apportent des tissus, des armes, de la quincaillerie, de la verroterie, les conteries (parures grossières).

Les monnaies de la Nubie sont les mêmes qu'en Égypte. On compte beaucoup par talari.

ABYSSINIE.

(SUPERFICIE : 1 000 000 de kil. carrés. — POPULATION : 6 000 000 d'hab.).

L'Abyssinie, ou mieux *Éthiopie*, est formée presque entièrement d'un vaste et haut plateau qui se termine à quelques kilomètres de la mer Rouge, et qui est environné presque partout d'une ceinture de territoires bas et insalubres. Le *Nil Bleu* ou *Bahr-el-Azrak* prend sa source dans ce pays, franchit le grand lac *Tana* ou *Dembéa*, continue sa marche rapide et torrentueuse au milieu des anfractuosités des montagnes, et, après avoir formé un orbe immense, s'élance définitivement vers le nord et va se mêler au Nil Blanc, à Khartoum. Le *Tacazzé*, affluent du Nil, est également un cours d'eau important de l'Abyssinie.

La température est moins chaude que celle de l'Égypte, grâce à l'élévation constante du plateau.

L'Abyssinie proprement dite ne touche pas la côte, mais on rattache à ce pays les régions maritimes de *Samhara* et des *Danakil*, qui s'étendent entre le plateau et la mer Rouge.

Les principales divisions politiques sont l'*Amhara*, le *Tigré* et le *Choa*, qui ont leurs gouvernements distincts.

Population. — Un grand mélange de peuples habite l'Abyssinie, et c'est ce qu'exprime le vrai nom du pays, *Habech* (de *Habachach*, confusion, ramas, en arabe); le célèbre négous Théodoros voulait faire un seul corps de toutes ces nationalités et était parvenu à former un empire assez puissant, qui avait pour siége l'Amhara. Sa mort porte un coup fatal à cet empire.

Les Abyssins proprement dits, ou Éthiopiens, appartiennent à la race caucasique, bien qu'ils aient le teint noir, et ils professent le christianisme. Ils parlent plusieurs langues, entre autres, le *tigraï*, l'*amharic* et l'*agaou*.

Il y a aussi, en Abyssinie, un grand nombre de *Galla* ou *Ilmorma*, peuple au teint rougeâtre, autrefois redoutable par sa férocité et par le joug qu'il a fait peser sur l'Abyssinie, aujourd'hui généralement livré à l'agriculture. Les autres populations remarquables sont les *Changalla*, nègres à peu près sauvages, et les *Falachá*, petit peuple laborieux, surtout habile dans le travail du fer, et qui descend d'une colonie juive.

Minéraux, végétaux, animaux. — Ce pays a des mines d'or, de fer, de cuivre, de plomb, de soufre, etc.; mais on ignore l'art de les exploiter. Les lavages d'or de Damot, les mines presque à fleur de terre d'Inarya, donnent un faible rendement, mais un métal très-pur. Le sel gemme est, avec la poudre d'or, une des substances minérales les plus répandues.

La flore est très-variée. On remarque le dourah, le blé, le teff, espèce de millet, le riz, la canne à sucre, le caféier, qui, suivant des conjectures très-admissibles, est originaire d'Abyssinie, du pays de *Kafa* (d'où il tirerait son nom); le séné, le coton, l'ébène, le papyrus, le balsamier kataf, qui donne la résine nommée myrrhe; le sébestier, le cousso, célèbre vermifuge, etc. — Les animaux utiles sont les chevaux, les mulets, les ânes, les bœufs.

Centres principaux. — Le haut négoce est complétement inconnu en Abysssinie il n'y a que des marchés plus ou moins bien fournis; parmi les mieux approvisionnés, il faut citer celui de **Gondar**, capitale de l'Amhara et considérée comme la capitale de toute l'Abyssinie : on y vend du bétail, des mules, des vêtements, du miel; — le marché d'*Adoua*, dans le Tigré; — celui de **Basso** (province de Damot), grand débouché des pays gallas, centre d'un commerce de café, de poudre d'or, et aussi, malheureusement, d'esclaves; — *Gallabat*, grand marché de coton, sur la frontière de Nubie.

Massaoua ou **Bazé**, port dépendant de la Turquie, mais sous l'administration de l'Égypte, dans une île de la mer Rouge, est la principale place maritime de la côte qui correspond à l'Abyssinie. Des caravanes s'y rendent; les Banians, ces habiles commerçants hindous, les y attendent.

Le beau golfe d'*Adulis* ou d'*Annesley* aujourd'hui désert, mais qui a été autrefois animé par le commerce, peut redevenir un des foyers des transactions de l'Abyssinie; c'est là qu'a débarqué l'expédition anglaise contre le négous, en 1867.

Tous les marchés abyssins sont hebdomadaires. Ils se

tiennent pour la plupart à quelques pas des localités, dans de petites plaines semées de grosses pierres qui servent de siéges aux vendeurs et aux acheteurs. La population abyssine n'a pas l'esprit commercial et ne recherche pas le luxe. Le café, la cire, les peaux, les esclaves, voilà les quatre articles principaux du commerce de ce pays. Les marchands proprement dits sont musulmans.

Jusqu'à présent les Européens ont peu profité des débouchés ouverts de ce côté; l'Autriche a envoyé des produits à bon marché; l'Inde anglaise, des tissus. Il serait possible d'étendre le champ de ces transactions, non en expédiant des objets de luxe, mais de la quincaillerie, des armes à feu, des papiers, des tissus; les Abyssins, étant très-fiers de leur orfévrerie, de leur broderie, accepteraient difficilement celles de l'étranger. En revanche, les objets de luxe auraient un débouché certain dans les villes musulmanes de la mer Rouge, telles que Massaoua, Saouakin.

Le commerce extérieur de l'Abyssinie offre une valeur de 2 ou 3 millions d'exportations et le double d'importations.

Les talari (5 fr. 26) sont la monnaie la plus ordinaire en Abyssinie. Les fractions de cette monnaie consistent en pièces de sel de 2 centimètres d'épaisseur, sur 8 à 10 de long; 20 de ces pièces ou *amoulch* valent environ 5 francs. Dans le Tigré, le sel est remplacé par le gourbab, tissu de coton, a 4 au talaro.

LEÇON XV.

ÉTATS BARBARESQUES, SAHARA ET SOUDAN.

ÉTATS BARBARESQUES EN GÉNÉRAL.

Les *États Barbaresques*, ou la *Barbarie* (qui serait appelée plus exactement Berbérie), tirent leur nom des *Berbères*, une de leurs principales populations. Ils occupent la plus grande partie de la côte N. de l'Afrique, sous la latitude moyenne de 30 à 35 degrés N., s'étendant sous la forme d'une longue bande, entre la Méditerranée et le Sahara et depuis l'Égypte jusqu'à l'Atlantique. Les côtes sont assez irrégulières; la Méditerranée y forme un large enfoncement, qui, dans la partie orientale, s'appelle golfe de la *Sidre* (*Grande Syrte* des anciens) et, dans la partie occidentale, golfe de *Cabès* (*Petite Syrte*); de nombreux écueils rendent difficile la navigation de ce double golfe. — Les caps *Bon* et *Blanc* sont les pointes les plus septentrionales. — Deux autres avancements célèbres, le promontoire de *Ceuta* et le cap *Spartel*, se présentent sur le détroit de *Gibraltar*, à l'extrémité N. O. de la Barbarie.

L'Atlas couvre de l'ouest à l'est, une grande partie du pays, et projette de grands rameaux, parmi lesquels on distingue, au N., le *Jurjura* et le *Mouzaïa*. Les principaux cours d'eau sont, en commençant par l'E. : la *Medjerda*, la *Seïbouse*, l'*Ouad-el-Kebir*, grossi du *Rummel*, l'*Harrach*, le *Chélif*, la *Tafna* (avec l'*Isly* pour affluent), la *Malouïa*, qui vont se jeter dans la Méditerranée; — l'*Oum-er-Rbia* et le *Draha*, qui se rendent dans l'Atlantique; — l'*Oued-Djeddi*, qui, ainsi que beaucoup d'autres rivières, se perd dans les sables du Sahara.

La chaîne de l'Atlas partage la plus grande partie du pays en trois zones distinctes : celle du nord, la plus fertile (surtout en céréales), s'appelle le *Tell*; celle du milieu forme les hauts *plateaux* riches en pâturages; celle du sud est le désert ou *Sahara*, qui, grâce à ses nombreuses oasis, est moins stérile qu'on ne le suppose, et produit surtout beaucoup de fruits (particulièrement des dattes).

Politiquement, la Barbarie se divise en quatre régions : la régence de *Tripoli*, celle de *Tunis*, l'*Algérie* (possession française), l'empire de *Maroc*.

Population. — La population des États Barbaresques comprend deux divisions principales :

1° Les *Berbères* ou *Amazighs*, qui sont les plus anciens habitants du pays et qui s'appellent *Kabyles* dans les montagnes de l'Algérie, *Touareg* dans les déserts du S.

2° Les *Arabes*, venus d'Asie depuis le mahométisme, la plupart *Bédouins*, c'est-à-dire nomades, et possédant de nombreux troupeaux. Les Arabes cultivateurs habitent particulièrement le Tell, entre les montagnes et la mer.

On désigne, sous le nom assez vague de *Maures*, des habitants des villes et des plaines cultivées, qui sont ou de simples Arabes, ou un mélange d'Arabes, d'indigènes africains et de populations venues anciennement d'Europe.

Les *Juifs* sont nombreux, et s'occupent du commerce. — Il y a aussi des *Turcs*, qui ont été depuis le seizième siècle les dominateurs des trois plus orientaux États Barbaresques. — On nomme *Koulouglis* ceux qui sont nés du mélange des populations turque et maure. — Il y a un assez grand nombre de *nègres*, venus du centre de l'Afrique, et la plupart esclaves dans les parties non soumises à la domination française. Enfin beaucoup de *Français* et d'autres *Européens* vont tous les jours s'établir en Algérie.

Les Berbères, les Arabes, les Maures, les Turcs et les Koulouglis professent la religion musulmane.

Productions. — La Barbarie possède des mines d'argent, de cuivre, de plomb, de fer, de zinc, d'antimoine et des carrières de beau marbre. Le sel gemme abonde. L'exploitation des métaux est insignifiante, sauf dans l'Algérie.

Les principales productions végétales sont les céréales, le tabac, le dattier, l'olivier, l'oranger, le figuier, l'amandier, le cotonnier, la vigne, la garance, le pêcher, l'abricotier, le pistachier, le mûrier, le grenadier, la canne à sucre, le jujubier, les ifs, les térébinthes, les cyprès, les thuyas, les lauriers-roses, les chênes à glands doux, etc.

Il y a des chevaux de fort belle race, des ânes, des mulets, des bœufs, des moutons, des chèvres, des chameaux (les plus rapides sont les mahara ou dromadaires); les autruches donnent, par leurs plumes et leurs œufs, d'importants produits. — On pêche le corail le long de plusieurs parties des côtes, et des éponges vers l'île de Zerbi, dans le golfe de Cabès. Les abeilles fournissent une cire et un miel excellents, mais les insectes nuisibles sont nombreux : les sauterelles occasionnent souvent de grands désastres.

RÉGENCE DE TRIPOLI.

(SUPERFICIE : 900 000 kilom. carrés. — POPULATION : 600 000 hab.)

Cette régence, gouvernée par un pacha qui reconnaît la suzeraineté de la Porte, est la plus orientale, la plus grande et la moins fertile des contrées de la Barbarie. Elle expédie à Malte et sur quelques autres points des huiles, des graines, de la gomme, des bestiaux, des dattes. Mais une administration peu éclairée et l'état arriéré des populations laissent le commerce sans activité.

Tripoli, en turc *Tarabolous-Gharb*, c'est-à-dire Tripoli d'occident (15 000 habitants), la capitale et le seul port commerçant du pays, est l'entrepôt des marchandises qui viennent de l'intérieur de l'Afrique et des articles que l'Europe (principalement l'Angleterre et Marseille) destine au Soudan. Les transactions se font avec le cœur de l'Afrique par les caravanes de Tripoli à Ghadamès et à Mourzouk.

Benghazy est un assez mauvais port du Barcah (partie orientale de la régence). — *Ghadamès*, chef-lieu de l'oasis du même nom, centre important de caravanes, reçoit de l'Angleterre des articles manufacturés, et renvoie de l'ivoire, de la poudre d'or, des maroquins, des plumes d'autruche, des dattes.

Oasis du Fezzan. — Ce territoire, situé au S. des précédents et gouverné par un sultan tributaire du pacha de Tripoli, est presque de tous côtés environné d'affreux déserts. On y récolte des dattes, quelques céréales, des figues et d'autres fruits. On trouve du natron dans un désert sablonneux du voisinage. La capitale, **Mourzouk**, est le rendez-vous de nombreuses caravanes qui, du Soudan, y arrivent chargées d'ivoire, de gomme, et l'on y reçoit de Tripoli des calicots anglais, des soieries, des draps français, des armes, des verroteries européennes.

RÉGENCE DE TUNIS.

(SUPERFICIE : 150 000 kilom. carrés. — POPULATION : 2 000 000 d'habit.).

Mieux partagée que le pays précédent, la régence de *Tunis* située dans la partie la plus septentrionale et la plus tempérée de l'Afrique, en face de l'Italie et de la Sicile, s'allonge du N. au S., à l'O. du golfe des deux Syrtes. C'est l'ancien siège de la puissance de Carthage. Ce pays, mélange de montagnes, de belles vallées, de plaines fertiles et de quelques déserts au S., est surtout riche en oliviers, en figuiers, en dattiers, en jujubiers, en céréales, en pâturages.

Les plus importantes places maritimes sont *Tunis* et *Sfaks*.

Tunis (100 000 hab.), capitale, résidence du bey (qui est le chef du pays et qui reconnaît la suzeraineté de la Porte), bâtie sur un lac communiquant avec le golfe de Tunis par le canal de la Goulette, est un centre de fabrication d'armes blanches, de babouches, de vêtements brodés, de tarbouches, de sellerie, de nattes, d'essences estimées de rose et de jasmin. L'Europe lui achète des huiles, des dattes, et l'intérieur de l'Afrique en tire, au moyen des caravanes, une foule de produits venus de Marseille, d'Italie, d'Autriche, de Turquie. — **Sfaks**, sur le golfe de Cabès, exporte des huiles, des laines, des fruits, des raisins secs, etc.

Les autres ports sont ensuite : *Bizerte, Hammamet, Sousa, Cabès*, qui exportent des huiles, des fruits, des laines ; — de plus, Cabès expédie le henné, qui fournit une belle couleur jaune.

Les rendez-vous intérieurs des caravanes sont *Kaïrouan* (60 000 habitants) et *Nefta*.

Le total du commerce tunisien est évalué à 30 millions. C'est la France qui a le plus de transactions avec ce pays. Viennent ensuite l'Italie et l'Angleterre. Les principales marchandises que la régence exporte sont les laines, les huiles (dirigées surtout sur Marseille), les dattes, les céréales ; les bonnets de laine pour l'Égypte et le Levant. Elle importe de la quincaillerie, des tissus, des vins, des denrées coloniales, des laines fines pour la bonneterie. Les Européens sont assez nombreux et bien accueillis. Le commerce et l'état social du pays sont en progrès.

La *monnaie* en usage est le bourial ou piastre = 65 centimes. Il y a des pièces d'argent de deux piastres = 1 fr. 30, et des pièces de cinq piastres, de dix piastres, de vingt-cinq piastres, de cinquante piastres et de cent piastres.

La principale *mesure de longueur* est le draa-endazeh = 0 mèt. 673.

Mesures de capacité : cafiz (céréales) = 4 hect. 96 ; — mettar ou mitre (pour les vins) = 10 litres ; — mettar ou mitre (pour les huiles) = 20 lit. 16.

Poids : Rottel (divisé en 16 onces), pour les métaux = 506 gr. 88 ; — pour les viandes et les huiles = 568 gr. 44 ; — pour les légumes = 639 gr. 43.

ALGÉRIE.

(Superficie : 600 000 kil. carrés. — Population : 3 000 000 d'hab.).

Voir la *Géographie agricole, industrielle et commerciale de la France et de ses colonies* (2ᵉ année).

EMPIRE DE MAROC.

(Superficie : 600 000 kil. carrés. — Population : 5 à 6 000 000 d'hab.).

Le Maroc est une magnifique contrée, admirablement placée à l'extrémité N. O. de l'Afrique, sur la Méditerranée et sur l'Atlantique, à la portée de l'Europe et de l'Amérique, sous un des climats les plus tempérés de la Barbarie : ce pays, en d'autres mains, pourrait être un des plus heureux du monde ; le sol, très-fertile, excepté dans les déserts du sud (le Sahara marocain), produit des céréales, des légumes, des oranges et autres hespéridées, des oliviers, des dattiers, des jujubiers, du coton, du tabac, de la vigne, des mûriers, des chênes à kermès, la canne à sucre ; il y a des pâturages propres à nourrir des milliers de bestiaux, beaucoup d'abeilles, et des mines variées ; mais toutes ces richesses sont presque sans profit, grâce à l'inertie des populations, à l'anarchie générale du pays, à la vie nomade de beaucoup d'habitants, et à l'inintelligence d'une administration avide, qui force les commerçants à cacher leurs capitaux pour ne point être pressurés. Les Berbères offrent cependant, sur plusieurs points, le tableau de cultures soignées et d'une industrie très-bien entendue.

Le principal centre commercial et industriel est **Fez** (80 000 habitants), qui fabrique des fils d'or, des soieries, des tissus, des bonnets rouges dit *fez*, des tapis, des maroquins, des babouches, des objets d'orfévrerie, et qui se livre à des transactions importantes, d'une part, avec l'Angleterre par le port de Tanger, de l'autre, avec l'intérieur par les caravanes qui prennent la voie du Tafilelt et du Touât.

Méquinez (40 000 habitants), résidence habituelle du sultan, doit au séjour de la cour une importance croissante.

Maroc, en arabe *Marakch* (50 000 habitants), capitale

de l'empire, s'élève dans une plaine fertile, au milieu de bosquets d'orangers. C'est un des centres de la fabrication des maroquins et des tapis; mais son commerce est mort.

On remarque, parmi les ports de mer :
1° Sur l'Atlantique : *Mogador* ou *Soueïrah*, port de la capitale, dont il est éloigné de 23 heures, et second port de l'empire pour l'importance des affaires (10 à 11 millions par an); — *Agadir* ou *Sainte-Croix, Safy, Casablanca, Mazagan, Rabat* ou *Nouveau-Salé, Salé* et *Larache*.
2° Sur le détroit de Gibraltar: *Tanger*, la *Tandja* des indigènes (10 000 habitants), le premier port de l'empire; en rapports suivis avec l'Europe et surtout l'Angleterre, cette place exporte des peaux, des laines, de la cire, des dattes, des oranges, et importe des tissus de laine, de coton, des denrées coloniales, des métaux ouvrés, etc. Le mouvement de son commerce est de 15 millions de francs (importations, 10 millions; exportations, 5 millions). — *Ceuta* (8000 habitants), à l'Espagne, en face de Gibraltar.
3° Sur la Méditerranée: *Tétouan* (15 000 habitants), acquisition nouvelle de l'Espagne, siége d'une fabrication de fusils, de tabac à priser et de lainages; — les Présides espagnols de *Peñon de Velez*, d'*Alhucemas* et de *Melilla*, qui ont peu de commerce.

Dans l'intérieur, au delà de l'Atlas, *Tatta*, l'*Ouad-Noun*, l'oasis de *Tafilelt*, où l'on fait de bons maroquins et dont le chef-lieu est *Abouam*, sont des marchés importants, points de passage de caravanes qui vont du Maroc au pays des Touareg et au Soudan.

Figuig est une oasis rapprochée de l'Algérie, et qui exporte des babouches, des kaïks, des objets en cuir, etc.

On peut évaluer le commerce extérieur du Maroc à 50 millions. — Les exportations sont les dattes, les huiles, les céréales, les amandes, les laines, les cuirs, la gomme, la cire, le miel, les sangsues, puis les tapis, les maroquins. — Les importations consistent en objets manufacturés, principalement de provenance anglaise et française. C'est la Grande-Bretagne, qui importe le plus de marchandises au Maroc; la France est la première pour l'exportation marocaine, et c'est Marseille surtout qui reçoit ces produits. Nous avons des consuls à Tanger et à Mogador.

EMPIRE DE MAROC. 243

Le commerce est en grande partie entre les mains des Juifs, dont on compte 600 000 dans l'empire.

Les communications intérieures ne sont pas toujours sûres, à cause des attaques des tribus pillardes. Cependant, en se munissant de guides appartenant à ces tribus, on peut voyager avec quelque sécurité. — Il y a un télégraphe électrique de Fez à Tanger.

La monnaie ordinaire est la piastre espagnole, de 32 onces; l'once vaut 25 cent. On fait usage, pour les petites transactions, de la mouzoula, valant environ un demi-centime.
Mesure de longueur : Draa = 0 mètre 570.
Mesures de capacité : almuda (pour les céréales) = 14 litres; — coula, (pour les huiles) = 15 litres 15.
Poids : rotal = 508 grammes.

LE TOUÂT ET LE TIDIKELT.

Le *Touât* et le *Tidikelt* (y compris le *Gourara*), qui appartiennent tout à fait à la région saharienne, reconnaissent la suzeraineté du Maroc. Ce sont deux groupes voisins d'oasis bien arrosées et assez riches en fruits, en tabac, en plantes tinctoriales; ils exportent surtout des dattes et des étoffes de laine. Un des points les plus commerçants du Touât est *Timimoun*; le centre le plus habité du Tidikelt est *In-Çalah*. La population, mélange d'Arabes et de nègres du Soudan, est assez nombreuse et renommée par son hospitalité. — Le commerce du Touât et du Tidikelt se fait par caravanes avec le Maroc, le Sahara algérien, Timbouctou, etc. C'est le point d'arrêt des grandes caravanes qui partent de Fez pour l'intérieur de l'Afrique et qui se dirigent vers Timbouctou; d'*In-Çalah* à la célèbre cité soudanienne, il y a 1075 kilomètres. La route est jalonnée de nombreuses stations.

LE SAHARA OU GRAND DÉSERT ET LES CARAVANES.

Le grand désert, ou *Sahara-el-Falât*, qu'on surnomme ainsi pour le distinguer de la partie du Sahara (désert) qui se trouve dans le Maroc, l'Algérie et la Tunisie, est un immense pays, situé au S. de la Barbarie, au N. du Soudan et de la Sénégambie, et s'étendant depuis le bassin du

Nil jusqu'à l'Atlantique, sur un espace de sept millions et demi de kilomètres carrés; sa longueur est de 4500 kilomètres, et sa largeur de 1400 kilomètres.

L'intérieur du Sahara offre, sur de grands espaces, des plaines couvertes de sables nus. Cependant des observations récentes ont appris qu'il y a, particulièrement vers le N., des montagnes plus hautes qu'on ne le croyait, et des aspects plus variés. Çà et là se trouvent quelques collines rocailleuses, quelques monticules sablonneux; ailleurs, quelques buissons d'acacias-gommiers, un peu d'herbe, des sources trop souvent saumâtres, quelquefois des oasis très-fertiles. Des monts *Ahaggar*, les plus élevés du Sahara, descend, au N., une immense vallée, nommée *Igharghar*, qui, à certains moments, est pleine d'eau, et qui va se perdre dans le Sahara algérien. Une des parties les plus arides est l'*El Erg*, voisin de l'Agérie et couvert de dunes mouvantes.

Les bords de la mer, stériles et sauvages, présentent le célèbre cap *Bojador*, et le cap *Blanc d'Arguin*, qui ferme à l'O. la baie du *Lévrier*. Au sud de celle-ci, s'offre la baie d'*Arguin*, qui renferme une île du même nom (peut-être l'antique *Cerné* des Carthaginois), centre commercial de plusieurs tribus de la côte.

Le Sahara est coupé vers sa région moyenne par le tropique du Cancer. Les rayons du Soleil y dardent verticalement pendant la plus grande partie de l'année. La température est brûlante, l'air sec. Des vents d'une grande violence, tels que le simoum, parcourent trop fréquemment ces espaces, emportant dans leurs tourbillons des flots de sable. Dans une grande partie du Sahara, il ne pleut jamais.

Les animaux les plus utiles sont les moutons, les chèvres, les chameaux, les bœufs à bosse, les chevaux, les autruches. Les dattes et la gomme en sont les principaux produits végétaux. Le sel, qui se trouve souvent par blocs considérables, est presque le seul produit minéral.

Population. — Les habitants du désert sont, en général, d'origine berbère; les plus nombreux sont les *Touareg*, les *Tibou*, les *Trarza*, les *Brakna*, les *Douaïch*, les *Barâbych*.

La plupart de ces populations guerrières attaquent et pillent les caravanes. Mais on peut compter sur la sécurité si l'on prend des guides dans la tribu chez laquelle on doit passer. Quelques-unes sont industrieuses, et possèdent des tisserands assez habiles qui fabriquent des étoffes de poils d'animaux, surtout de chèvre et de chameau; d'autres font du maroquin, et savent utiliser les peaux de lion, de léopard, de panthère, d'hippopotame, les dents d'éléphant, les cornes de rhinocéros; ils forgent des étriers, des brides, des sabres, des poignards; il y a parmi eux des orfèvres qui façonnent avec une véritable adresse des bracelets, des chaînes, des anneaux d'or, des filigranes, des parures, etc.

Ces peuples se nourrissent de lait, de dattes, de la viande de mouton et de chameau, de galettes de farine de maïs et de millet, de couscoussou.

Les nomades du Sahara connaissent assez la position des constellations pour se diriger au moyen des étoiles : aussi préfèrent-ils marcher pendant les nuits plutôt que d'affronter pendant le jour l'ardeur d'un Soleil dévorant.

La religion générale est l'islamisme.

Oasis. — A l'E. du Touât et du Tidikelt, se trouve l'oasis de *Goléa*, dont les *Chaamba* sont les habitants, et qui est la première étape des caravanes venant de l'Algérie; plus à l'E., est l'important pays montagneux d'*Ahaggar*, parsemé de vallées fertiles; en s'avançant toujours vers l'orient, on rencontre l'oasis de *Ghât*, qui est près du Fezzan et qui a de fréquents rapports avec l'Algérie, la Tunisie et le Tripoli. Dans le sud du Sahara, se trouve l'oasis considérable d'*Asben* ou d'*Ahir*, qui a pour capitale *Agadès*. — Dans l'E., est l'oasis de *Bilma*, chez les Tibou.

Les oasis ont généralement des marchés où se fait l'échange des produits de l'Europe, de la Barbarie et du Soudan; leur situation est presque toujours la même, elles sont placées dans des vallées formées par les ondulations sahariennes. — On peut les considérer comme de véritables ports pour les caravanes.

Les Caravanes. — Si le désert n'a pas de routes qui puissent être comparées aux nôtres, il n'en possède pas moins des voies parfaitement connues des indigènes et régulièrement suivies par les caravanes.

Les principales sont celles de Mourzouk au Bournou,

par Ghât et Bilma, à travers le territoire occupé par les Tibou; — la route de Ghadamès à Kano, au cœur du Soudan, par Idelès et l'Ahir; — la route de Ghât à Timbouctou, par In-Çalah; — la route de Timbouctou au Tafilelt, par le Touât, ou à Maroc par l'Ouad-Noun.

Les caravanes comptent souvent jusqu'à 2 000 personnes. Elles reconnaissent un chef dont elles acceptent la direction; ce chef commande en maître absolu; il a sous lui des serviteurs pour exécuter ses ordres, des éclaireurs pour reconnaître le pays, un écrivain pour présider aux transactions, les régulariser, en écrire les conventions, souvent un crieur public pour faire les annonces, un autre pour appeler à la prière, un *imam* pour les réciter aux fidèles. La caravane accepte tous ceux qui se présentent, sans leur demander d'où ils viennent ni où ils vont. La longueur normale de l'étape est de 30 à 35 kilomètres, mais elle s'étend jusqu'à 60 dans les pays dépourvus d'eau ou exploités par des coupeurs de route [1].

On peut comparer les résultats des caravanes en Afrique à ceux des chemins de fer pour les contrées civilisées; elles apportent avec elles le mouvement; en répandant ou en absorbant les marchandises, elles font circuler la vie dans la direction qu'elles suivent.

Les chameaux sont presque seuls employés aux transports; leur charge a, en moyenne, une valeur de 2 500 fr. Les fardeaux qu'ils portent ne dépassent pas ordinairement 200 kilogrammes.

Les routes du Sahara algérien. — Les caravanes ne partent pas de l'Algérie. Elles se dirigent à l'est et à l'ouest de nos possessions; cependant les routes dans le Sahara algérien ne manquent pas; il y a, entre autres, la route de Laghouat et de Goléa, qui met Alger en relation avec les oasis de Touât et le Tidikelt, et avec l'intérieur de l'Afrique; — celle de Touggourt au Souf et à Ghadamès, convergeant à In-Çalah.

D'autres routes relient la province d'Oran au Touât et au Tidikelt, mais elles sont difficiles. La province de Constantine est en rapport avec les mêmes pays par la route de

---

[1]. Jules Duval.

Biskra, Touggourt, Ouargla, Goléa; elle a aussi une route par Touggourt, le Souf, Ghadamès et Ghât.

In-Çalah est le confluent d'un grand nombre de routes; c'est le cœur commercial du Sahara.

SOUDAN.

Le *Soudan*, c'est-à-dire *pays des noirs*, appelé également *Takrour* et *Nigritie*, est l'immense région qui s'étend de l'ouest à l'est au sud du Sahara, et dont la longueur est de 4 600 kilomètres, sur une largeur moyenne de 650 kilomètres. — Il y a peu de montagnes élevées. — Le plus important cours d'eau est le *Niger*, *Diali-ba* ou *Kouara*, qui après avoir décrit une vaste courbe, se jette dans le golfe de Guinée; il traverse le lac *Déboé* et reçoit la rivière *Bénoué* ou *Tchadda*. Le grand lac *Tchad* occupe le centre du pays. Le *Nil Blanc* arrose la partie orientale.

Cette contrée est divisée en plusieurs états, dont les principaux sont ceux de *Timbouctou*, de *Ségou*, de *Haoussa*, d'*Adamaoua*, de *Bournou*, de *Baghirmi*, de *Darfour*, de *Ouadáy*.

Le Soudan est exposé à de très-fortes chaleurs et à des pluies abondantes. Le sol est fertile et la végétation magnifique.

Il y a des mines de cuivre, d'or, de fer, mais on ne les exploite pas; le sel manque presque partout : aussi le prix en est-il élevé, et l'on s'en sert comme de monnaie dans quelques pays.

Les productions les plus répandues sont : le maïs, le riz, le millet, le dourah, les fèves, les bananes, les ignames, les patates douces, le chi ou arbre à beurre, le coton, l'acacia gommier, le baobab, le gourou ou la noix du Soudan, le sésame, l'arachide.

Parmi les animaux, on remarque les chameaux, les chevaux, les ânes, les zèbres, employés comme bêtes de somme, les porcs, les éléphants, non réduits à l'état domestique, les hippopotames, les buffles, les antilopes, les girafes.

Population. — Les habitants du Takrour professent généralement le mahométisme; la plupart paraissent être industrieux et un peu plus civilisés que les nègres des côtes. C'est un mélange de toutes sortes de peuples. — L'un des plus remarquables est celui des *Fellani*, *Fellata* ou *Foulbé*, répandus surtout dans les bassins du Diali-ba et du lac Tchad. Ils diffèrent essentiellement des nègres sous les rapports physiques : leur peau est d'un bronze clair, quelquefois jaunâtre et rougeâtre. Ils ont, dans une courte période de temps, subjugué une grande portion du Takrour ; cependant leur puissance commence à s'affaiblir. Les *Bamana*, *Bambara* ou *Mandingues* sont des nègres commerçants et intelligents, qui habitent la partie supérieure du cours du Niger. — Les *Sonráy*, les *Bournouais* ou *Kanouri*, les *Haoussaoua* et les *Bagrimma* (habitants du Baghirmi), sont d'autres nègres intelligents aussi, et assez civilisés. — Les *Ouadáyens*, très-peu industrieux, vont à la chasse des esclaves ; car les esclaves sont malheureusement un des grands objets du commerce de ce pays. Les musulmans se croient le droit de réduire en esclavage les peuples païens, et ils font des razzias dans les parties méridionales du Soudan, où habitent plus particulièrement ces populations persécutées qu'on désigne sous le nom vague de *Nyam-nyam*, ce qui veut dire anthropophages ; cependant l'anthropophagie ne paraît pas exister réellement dans cette région de l'Afrique. — Les *Fouriens* (habitants du Darfour), voleurs et dissimulés, sont noirs, mais n'appartiennent pas au type nègre proprement dit. — Enfin il y a, dans le Soudan, un grand nombre de tribus arabes.

Examinons les centres principaux où se rendent les caravanes : d'abord, **Timbouctou** ou **Tombouctou**, ou mieux **Ten-Boktou**, située à peu de distance de la rive gauche du Niger, sur lequel *Kabra* est son port. Quoiqu'elle n'ait qu'une vingtaine de milliers d'habitants, on y fait beaucoup de commerce : les caravanes qui en partent sont chargées de poudre d'or, de gomme, de bijoux, de chemises brodées, etc.; celles qui y arrivent apportent des cotonnades, de la coutellerie, une foule d'articles manufacturés. — On remarque encore *Djenné*, *Sansandig*, *Ségou*, capitale d'un royaume des Bambara, vers le Niger ; — *Hundallahi*, capitale du royaume de Massina ; — *Sakatou* (20 000 hab.), dans le Haoussa ; lieu de fabrication d'ouvrages en cuir estimés ; — *Kano* (40 000 hab.), centre industriel très-actif, d'où l'on expédie, par les caravanes, des cotonnades, des voiles noirs pour les Touareg, des babouches, de l'orfévrerie, des armes, etc.; — *Vourno*; — *Gando*; — *Yakoba*; — *Kouka*, capitale du Bournou, près du lac Tchad; point d'arrivée des caravanes qui viennent du Fezzan par l'oasis de Bilma ; — *Kobé*, dans le Darfour, lieu de passage de caravanes importantes qui emportent du côté de l'Égypte de l'ivoire, de la gomme, du natron, de la cire, des plumes d'autruche.

Principaux articles d'importation et d'exportation. —Les articles que les caravanes transportent au Soudan sont: la soie, les tissus de soie de diverses couleurs, des fichus de taffetas, des lainages, des draps, des bournous, des kaïks, des bonnets rouges, des tapis, des ceintures, des cotonnades, des verroteries, du corail, des essences, des parfums, des armes, du tabac, du sel, du papier, des miroirs, de l'orfévrerie, de la coutellerie, du fil à coudre, du koheul pour teindre les yeux, etc.

Les principaux produits d'exportation sont : les chameaux, l'ivoire, la poudre d'or, les plumes d'autruche, des étoffes bleues, des pantoufles, des cuirs, des toiles de coton, des soies végétales, du séné, de l'alun, du natron, de l'encens, du sésame, de l'arachide, des gommes, de la cire, du sang de dragon, du poivre, des fruits; du gourou ou noix (ou café) du Soudan ; trop souvent des esclaves.

Les articles de provenance européenne acquièrent dans le pays des noirs une valeur triple ; et les produits du Soudan sont, en général, cédés pour le tiers de la valeur qu'ils peuvent obtenir en France.

La France pourrait nouer des relations importantes avec ce riche pays, soit par le Sénégal, où nous avons des possessions considérables; soit par l'Algérie, qui y enverrait des caravanes ; mais jusqu'ici nous n'avons pas de communications directes avec le Soudan : c'est par l'intermédiaire des indigènes que nous tirons les produits qu'il nous fournit ; les Anglais, plus habiles, ont déjà des comptoirs sur le Niger, au confluent de la Bénoué, vers les confins méridionaux de la Nigritie.

Usages commerciaux. — Monnaies. — C'est encore par voie d'échange que les transactions commerciales ont lieu dans une grande partie du Soudan; on fait généralement usage, comme unités monétaires, pour les petites affaires, de cauris, de carrés ou de bandes de coton ou de toile (tokaki ou tobé), de fers de bêche; pour les grandes, un esclave, un bœuf, sont les unités d'échange; à Tombouctou, on connaît le kantar, pièce d'or de la valeur d'environ 10 francs.

Dans plusieurs états, c'est le sultan qui est le maître absolu de toutes les transactions commerciales.

LEÇON XVI.

CÔTE OCCIDENTALE DE L'AFRIQUE.

COUP-D'OEIL HISTORIQUE. — DISTRIBUTION DES POSSESSIONS EUROPÉENNES. — RÉPRESSION DE LA TRAITE.

Les Dieppois entreprirent dès le quatorzième siècle de grands voyages dans la région occidentale de l'Afrique, sur l'océan Atlantique. Ils virent, en 1364, les côtes de la Guinée et y fondèrent le Petit Dieppe et le Petit Paris, mais ils abandonnèrent ensuite ces établissements. — En 1471, les Portugais Jean de Santarem et Pierre Escovar reconnurent les mêmes parages, et ne tardèrent pas à s'y fixer, à s'y livrer à un commerce très-avantageux. Au commencement du dix-septième siècle, les Hollandais les chassèrent de leurs forts et de leurs comptoirs.

Anglais, Français, Scandinaves, Espagnols, se présentèrent également sur les mêmes côtes, attirés par l'abondance des richesses naturelles, par l'or, et surtout par la traite des esclaves, que les Européens avaient commencé à y faire au seizième siècle. On évalue à quarante millions les nègres ainsi transportés d'Afrique sur le sol du Nouveau-Monde. Le commerce était d'autant plus lucratif que les chefs indigènes, aux mœurs grossières, à l'intelligence bornée, cédaient avec empressement leurs sujets, leurs familles même, pour quelques verroteries, pour des parures de la plus minime valeur.

En 1815, l'abolition de la traite fut prononcée par les nations européennes : l'Angleterre a donné l'impulsion, la France l'a suivie presque aussitôt, et les autres peuples civilisés ont adhéré à ce grand acte d'humanité. L'odieux commerce a persisté néanmoins, mais illégalement et malgré la surveillance active des croiseurs anglais et français.

La civilisation semble, depuis la guerre des États-Unis, avoir enfin triomphé de ce trafic, qui marquera dans l'histoire comme la tache la plus honteuse du commerce européen.

Les influences sur la côte occidentale d'Afrique se sont fort déplacées : les **Portugais** n'y ont conservé que quelques îles (voir ci-dessous et p. 252, 254), et, sur le continent, la colonie d'Angola, assez vaste, mais médiocrement florissante, ainsi que quelques points de la Sénégambie ; les **Hollandais** n'y ont plus que quelques comptoirs en Guinée (voir p. 256) ; les **Danois** y ont eu plusieurs points, qu'ils ont cédés aux Anglais. Les **Espagnols** n'ont rien sur le continent, mais ils possèdent un archipel important (voir p. 252) et quelques autres îles. Ce sont les **Français** et les **Anglais** qui se partagent aujourd'hui la principale autorité sur cette côte. Les premiers ont le gouvernement considérable du Sénégal (voir p. 254), y compris l'île de Gorée, et des établissements en Guinée. Les seconds possèdent sur les bords de la Gambie (voir p. 254) des possessions intéressantes ; ils en ont de plus étendues dans la Guinée (Sierra Leone, Cap-Corse, Lagos, etc., p. 254).

Nous commencerons par les îles notre excursion dans cette partie de l'Afrique.

ILES.

Iles portugaises (Açores, Madère, archipel du Cap-Vert), etc. — Les *îles Açores* (250 000 hab.), au climat salubre, au sol fertile, surtout riches en orangers, en citronniers, en vignes, mais exposées aux tremblements de terre, aux éruptions volcaniques, aux coups de vent, sont un peu plus près de l'Europe que de l'Afrique ; cependant leur histoire les rattache plutôt à cette dernière partie du monde. L'île la plus centrale est *Tercère*, avec la ville d'*Angra* (15 000 hab.). La plus grande est *San-Miguel*, au S., dont le chef-lieu, *Ponta-Delgada* (16 000 hab.), est un port qu'on a amélioré par des travaux récents et qui exporte en Europe une grande quantité d'oranges.

Plus au sud, les îles **Madère** (100 000 hab.), groupe volcanique composé de deux îles principales, *Madère* et *Porto Santo*, jouissent d'un climat agréable et sont revêtues de la plus belle végétation. *Funchal* (25 000 hab.), capitale de Madère, port fréquenté par un grand nombre de navires, fait surtout commerce de vins renommés.

Les îles du **Cap-Vert** (60 000 hab.), archipel insalubre et exposé à de redoutables sécheresses, suivies de disettes qui déciment la population, comprend *Santiago*, *Saint-Nicolas*, *Mayo*, *Sainte-Lucie*, l'île du *Sel*, *Saint-Vincent*, qui a une magnifique rade. La capitale est *Porto-Praya*, port de l'île de Santiago. On tire surtout de ces îles du sel du café, de l'orseille, des tortues.

Les Portugais ont encore, dans le golfe de Guinée, *Saint-Thomas* et l'île du *Prince*, qui font peu de commerce. Le sol en est fertile, mais le climat brûlant.

Iles espagnoles. — Les **Canaries** (200 000 hab.) sont très-fertiles en bons vins, en oranges, en tabac, etc., mais sujettes aux éruptions volcaniques. Il y a d'abondantes pêcheries. Les principales de ces îles sont : *Ténérife*, la *Grande-Canarie*, *Lancerote*, *Fortaventure*, *Palma*, *Gomère* et l'*île de Fer*. La capitale est *Santa-Cruz* (10 000 hab.), port de l'île de Ténérife; mais la ville la plus considérable est *Las Palmas*, port de la Grande-Canarie.

Fernan-do-Po, *Annobon* et *Corisco*, dans le golfe de Guinée, sont aussi des îles dépendantes de l'Espagne.

Iles anglaises (l'Ascension, Sainte-Hélène, Tristan da Cunha). — Au S. O. du golfe de Guinée, se dresse l'île de l'*Ascension*, sans productions importantes, si ce n'est les tortues, mais où vient se ravitailler l'escadre anglaise qui croise dans le golfe. Il y a un port commode et bien abrité.

Sainte-Hélène, au milieu de l'Atlantique, à jamais célèbre par l'exil et la mort de Napoléon Ier, a pour chef-lieu *James-town*, point de relâche important.

Aux îles *Tristan da Cunha*, par 37° de latitude S., vit une petite colonie agricole assez florissante.

SÉNÉGAMBIE.

La Sénégambie, la contrée la plus occidentale du continent africain, sous la latitude moyenne de 13° N., entre le Sahara, la Guinée et le Soudan, tire son nom des deux grands cours d'eau qui l'arrosent, le *Sénégal* et la *Gambie*, et a pour autres principaux fleuves le *Rio Grande*, la *Casamance*, le *Rio de Cacheo* ou *Rio Grande de São-Domingos*, le *Rio de Geba*, le *Rio Nuñez* et le *Rio Pongo*; elle s'étend, du N. au S., l'espace de neuf cents kilomètres, sur une longueur de mille kilomètres de l'O. à l'E. Le cap Vert la termine à l'O.

Les côtes de la Sénégambie, formées de terrain d'alluvion, sont très-basses, marécageuses, et généralement insalubres, mais extrêmement fertiles; le climat est presque partout brûlant.

La masse de la population se compose des quatre peuples suivants : les *Ouolof* ou *Yolof*, peuple nègre; — les *Poul*, *Foula*, *Foul* ou *Peul*, belle nation d'un rouge noirâtre ou d'un brun jaunâtre, dont l'un des plus grands royaumes est le *Fouta-Dialon*; — les *Mandingues* ou plutôt *Malinké*, *Bamana* ou *Ouankara*, nègres industrieux et commerçants, qui se rencontrent particulièrement dans l'E. et le S.; — les *Soninké*, assez semblables aux Mandingues, autrefois puissants, aujourd'hui soumis aux Poul, mais toujours les plus commerçants et les plus riches de ces contrées. — Quelques-uns des habitants voisins du cours du Sénégal sont d'origine arabe ou berbère. — L'islamisme est la religion la plus répandue.

On connaît encore peu les richesses minérales de la Sénégambie; on a signalé, néanmoins, des mines de fer, d'or (dans le Bambouk) et de sel gemme.

Les forêts se composent des essences les plus variées : palmiers, tamariniers, papayers, citronniers, orangers, sycomores, bombax ou fromagers, chi ou arbre à beurre, acacias gommiers, baobabs, etc. — Les productions les plus importantes sont la gomme arabique, l'huile de palme, l'arachide, le sésame, le coton, le henné, le dourah, l'indigo.

Les animaux utiles sont les bœufs à bosse, le mouton de race touareg, les chèvres et les chevaux d'origine berbère, l'éléphant, dont l'ivoire est un objet important.

Établissements européens. — Les Français, les Anglais et les Portugais ont des possessions dans cette contrée; les premiers se sont établis dans le bassin du Sénégal et ont échelonné le long de ce fleuve un grand nombre d'*escales*, où ils font le commerce avec les indigènes, surtout celui de la gomme; les seconds, sur la Gambie; les troisièmes, sur la Casamance, le Rio Grande de Cacheo et le Rio de Geba. Plusieurs états indigènes occupent le reste de la Sénégambie.

Établissements français. — Le gouvernement français du Sénégal et dépendances (Gorée, etc.) compte 160 000 âmes; le chef-lieu est *Saint-Louis* (15 000 hab.). (Voir la *Géographie agricole, industrielle et commerciale de la France et de ses colonies*, cours de 2e année, Leçon XXV).

Établissements anglais. — Le chef-lieu est *Bathurst*, sur une île, à l'embouchure de la Gambie; on remarque *Albreda* et *Georgetown*, sur le même fleuve. Les Anglais tirent de ces possessions des arachides, des cuirs verts, de la cire, du café; ils importent du sel et des tissus. — La valeur des échanges est de 8 millions de francs.

Établissements portugais. — Les Portugais possèdent les comptoirs de *Geba, Cacheo, Zinguichor, Bissao*, une partie des îles *Bissagos*. Ils exportent les arachides, la cire, les cuirs verts, l'ivoire; leur importation est insignifiante. — L'abolition de la traite a ruiné ces établissements.

GUINÉE SUPÉRIEURE.

Situation, divisions générales, physiques et politiques, productions (poudre d'or, etc.). — La Guinée supérieure ou septentrionale occupe 3500 kilomètres de littoral, depuis la Sénégambie jusqu'au cap *Lopez*, du 10e degré de latitude N. jusqu'au 1er degré de latitude S. L'Atlantique y forme le vaste golfe de *Guinée*, qui renferme lui-même les golfes de *Biafra* et de *Bénin*.

Les montagnes de *Kong*, très-vaguement connues, qui se développent au N., la séparent, dit-on, du Soudan, et sont, à ce qu'on assure, riches en or. Les principaux cours d'eau sont la *Rokelle*, l'*Assinie*, la *Volta*, le *Niger*, l'*Apka-Efik* ou *Vieux-Calebar*, le *Camarones*, le *Gabon*, l'*Ogovaï*, etc.

La côte de cette contrée est bordée, sur presque toute son étendue, par une barre de sable qui est produite par un violent ressac que des vents d'O. constants occasionnent. Il en résulte que les bâtiments ne peuvent pas généralement atteindre le rivage même, mais s'arrêtent à la barre, qui est franchie par des embarcations légères.

C'est un pays admirablement fertile, mais le climat y est, sur plusieurs points, insalubre, souvent mortel pour les Européens; la chaleur y est étouffante pendant plusieurs mois. Le mois de janvier y est le plus chaud, juin le plus frais. Il pleut du mois de juin au mois d'octobre.

Une foule de productions utiles enrichissent ce pays: l'or, qu'on trouve en poudre, l'ivoire, l'écaille, la cire, le café, les peaux brutes, le sucre, le bois de santal, le copal, la gomme, l'huile de coco, l'huile de palme, le beurre du chi, les arachides, le sésame, des céréales, des bananes, des papayes, des ananas, du tabac, le poivre malaguette, des manguiers, dont une espèce appelée opa donne l'excellent pain de dika, etc.

La Guinée supérieure comprend les côtes suivantes, en commençant par l'O.: la **côte de Sierra-Leone**, possession anglaise; — la **côte des Graines** ou du **Poivre**, ainsi nommée d'une espèce de poivre, la maniguette ou malaguette, qu'on y trouve; elle renferme la république de *Liberia*; — la **côte des Dents** ou d'**Ivoire**, qui tire son nom du principal objet de son commerce; il y a des établissements français (*Grand-Bassam*, *Assinie*, *Dabou*); — La **côte d'Or**, ainsi nommée du commerce de poudre d'or qu'on y fait, et partagée entre des états indigènes, dont le plus puissant est celui d'*Achanti*, et des possessions anglaises et hollandaises; — la **côte des Esclaves**, qui doit son triste nom au commerce d'esclaves; elle comprend le royaume de *Dahomeh*, avec le port de *Ouydah*, très-fréquenté par les Européens, et l'établissement français de

Porto-Novo; — la **côte de Bénin**, où les Anglais ont, à l'O., le territoire de *Lagos;* — les **côtes** d'**Ouari**, de **Calebar**, de **Koua**, de **Biafra**, et celle de **Gabon**, avec une station française, qui acquiert de jour en jour plus d'importance.

Population. — Les indigènes sont des nègres, les uns féroces, sanguinaires, les autres doux et hospitaliers. Une des meilleures populations est celle des *Krou*, qui habitent sur la côte des Graines, et qui sont des travailleurs dociles et intelligents, fort employés par les navigateurs européens sur la toute côte O. de l'Afrique.

Presque partout un grossier paganisme est professé; cependant il s'est introduit quelques notions de l'islamisme, et les missions européennes ont divers établissements qui répandent les idées chrétiennes.

Établissements français. (Voir la *Géographie agricole, industrielle et commerciale de la France et de ses colonies*, Leçon XXV.)

Établissements anglais. — Les Anglais ont fondé, en 1792, un bel établissement à la côte de *Sierra-Leone*. Cette colonie, qui compte aujourd'hui 42000 habitants, a eu surtout pour but de recevoir les nègres enlevés aux navires négriers par les croiseurs et attachés à la culture libre du sol. Le climat y est pernicieux pour les Européens. Le chef-lieu, *Freetown* (10 000 hab.), s'élève sur la Rokelle, qui prend aussi le nom de rivière de Sierra-Leone.

Les Anglais ont, à la côte d'Or, *Cap-Corse* ou *Cape-Coast-Castle*, *Christiansborg*, etc.; à la côte de Bénin, *Lagos*.

Ces comptoirs échelonnés sur les côtes de la Guinée servent de débouchés aux huiles de palme, à l'arachide, à l'ivoire, au riz et à la poudre d'or.

Établissements hollandais. — Les Hollandais ont, à la côte d'Or, *Elmina* ou *Saint-George-de-la-Mine* et quelques autres points moins importants.

Libéria. — La république de Libéria (sur la côte des Graines), fondée par les Américains pour les nègres

GUINÉE SUPÉRIEURE.

affranchis du Nouveau monde, est sous la protection philanthropique des États-Unis.

Le sol est fertile. Il produit du riz, de l'huile de palme, du piment, du ricin, du sang de dragon, de l'arrow-root, de l'indigo, du maïs, du coton, de la malaguette, des dattes, des arachides, du café, du sucre, des bois de teinture. L'ivoire, le fer et l'or sont encore parmi les richesses du pays. Comme sur tous les autres points de la côte de Guinée, la chaleur est très-forte en janvier, février et mars.

L'idée de la création d'une colonie en Afrique pour recevoir les gens de couleur affranchis en Amérique, fut conçue par Jefferson en 1776. Elle ne fut mise à exécution qu'en 1815. La *Société américaine de colonisation* fut alors fondée, et, dès 1820, on envoya en Afrique des nègres affranchis. Depuis cette époque, la colonie s'est peuplée peu à peu des esclaves libérés ; elle en compte aujourd'hui 15 000. Des nègres africains se sont unis à leurs frères d'Amérique, et la république renferme 600 000 âmes : son chef-lieu est *Monrovia* (25 000 hab.), port à l'embouchure du Mesurado, avec des fabriques de tapis en laine et en paille et de chapeaux de paille.

Communications des marchés de la côte avec l'intérieur; le Niger. — Le *Niger*, mieux appelé *Kouara* dans son cours inférieur et *Diali-ba* dans son cours supérieur, est une des grandes artères de l'Afrique; les Européens, en le remontant, pénétreront au cœur du Soudan. Déjà des comptoirs sont établis à ses embouchures ; de là le commerce et la colonisation rayonneront vers le nord. Les Anglais sont même parvenus à fonder un grand établissement sur la frontière de la Guinée et du Soudan, vers le confluent de la Bénoué et du Niger. Cet important cours d'eau prend sa source au pied du mont Loma, par 9° de latitude N. et 11° de longitude O.; il se dirige d'abord au N. E., jusqu'au voisinage de Timbouctou; il traverse dans cet intervalle, le lac Dibié. Au dessous de Timbouctou, il se dirige vers l'E. et le S. E., enfin vers le S.; reçoit à gauche la *Bénoué* ou *Tchadda*, et se déverse dans les golfes de Bénin et de Biafra. Il forme plusieurs bras, nommés *Formose*, *Ouari*, *Noun*, *Brass*, *Saint-Nicolas*, *Nouveau-Calebar*, etc. Son cours total est d'environ

4000 kilomètres. Le delta du Niger est plus vaste et aussi fertile que celui du Nil. Ce fleuve est appelé à un grand avenir dans le commerce de l'Europe. Malheureusement on a à craindre l'insalubrité d'une partie de ses bords.

La plus grande ville de l'intérieur, celle avec laquelle les Européens (les Anglais surtout) ont les relations les plus suivies, est **Abbéokuta** (100 000 hab.), qui s'est élevée en peu d'années au rang des plus importantes villes d'Afrique, et où les missionnaires anglais ont étendu l'influence du christianisme. Elle se trouve dans le pays de Yarriba, à côté du territoire de Lagos.

La poudre d'or vient surtout de la côte d'Or et plus particulièrement, dit-on, des montagnes situées sur la frontière du pays et qui portent le nom vague de *montagnes de Kong*; les indigènes savent le prix que les Européens y attachent et la leur abandonnent, en échange de produits insignifiants provenant de notre industrie. On sait que le nom de *guinée* a été donné à une monnaie anglaise qui, dans le principe, fut frappée avec l'or venu de cette colonie.

GUINÉE INFÉRIEURE.

La Guinée inférieure, comprise entre le 1er et le 20e degré de latitude S., se développe sur une étendue de 2000 kilomètres. C'est une région insalubre, particulièrement sur les côtes. Trois grands fleuves l'arrosent : le *Coango* ou *Zaïre*, la *Coanza* et le *Cunéné*, qui prend dans son cours inférieur le nom de *Nourse*. Les deux premiers sont les plus considérables, et, navigables sur une grande étendue, ils peuvent servir les intérêts du commerce de l'Afrique austro-occidentale.

Les principaux pays baignés par l'océan sont : le *Loango*, le *Cacongo*, le *Congo*, capitale *San-Salvador*, puis la colonie portugaise d'*Angola*, comprenant l'*Angola* propre, le *Benguéla*, la province de *Mossamèdes*.

Les richesses naturelles abondent : ce sont en général les mêmes que dans la Guinée supérieure. On peut citer l'orseille, une cire excellente, des cuirs, du café, du coton, de l'huile de palme, de l'ivoire, du copal, etc.

La colonie portugaise d'*Angola*, bien déchue, et qui ne

GUINÉE INFÉRIEURE.   259

florissait que par la traite des nègres, mais qui a tous les éléments d'une plus noble richesse, quand elle aura reçu une impulsion plus conforme au véritable progrès, a pour capitale **Saint-Paul-de-Loenda**, port le plus fréquenté de la Guinée inférieure. Les Européens y apportent des eaux-de-vie, des verroteries, des armes, des lainages, des guinées et chargent leurs navires des produits du pays.

Le Benguela a pour port *Saint-Philippe-de-Benguela*, et la province de *Mossamèdes* doit son nom à un autre port.

COMMERCE GÉNÉRAL DE LA CÔTE OCCIDENTALE DE L'AFRIQUE.

Importations. — Les produits européens que les indigènes de ces parages préfèrent sont les toiles de couleur bleue faites dans l'Inde et dites *guinées*; les cotonnades, la poudre, la grosse quincaillerie, le tabac, le sel, les armes, les verroteries, et une foule d'articles de luxe de minime valeur, mais à effet, et fort appréciés des nègres.

Exportations. — Les exportations consistent dans les produits naturels dont tout le littoral africain de l'ouest est si prodigue, entre autres, les huiles de palme, les bois de construction, d'ébénisterie et de teinture, l'ivoire, les nattes, la poudre d'or, le riz, l'arrow-root, les arachides, le sésame, la cire, la gomme, l'indigo, l'écaille, les cocos.

États qui font le plus de commerce dans cette région. — Les Anglais, les Américains, les Français, les Hollandais, dirigent leurs vaisseaux en grand nombre vers cette côte; le drapeau britannique s'y montre le plus fréquemment. Viennent ensuite les États-Unis et la France. Le Portugal occupe aujourd'hui un rang inférieur; son pavillon n'apparaît plus que de temps à autre sur ces mers, où il fut jadis tout-puissant.

Le commerce européen charge 200 000 tonnes par an sur la côte africaine depuis le Sénégal jusqu'à l'Angola, et cette exportation tend à s'accroître rapidement.

La France importe dans toute cette région beaucoup plus d'articles qu'elle n'en exporte.

Les monnaies les plus usitées, outre l'échange en nature, sont les piastres d'Espagne, de 4 fr. 30 c., et les cauris, dont le kilogramme est évalué à 1 fr. 80 c.

LEÇON XVII.

COLONIE DU CAP ET CÔTE ORIENTALE D'AFRIQUE.

LE CAP.

Longeons, sans nous y arrêter, les côtes de l'**Ovampie** et de la **Hottentotie**, sur lesquelles on ne fait à peu près aucun commerce; mentionnons seulement l'île d'*Ichabo* (par 26° de lat. S.), dont les Anglais ont pris possession et où ils chargent beaucoup de guano. — Arrivons enfin à l'extrémité méridionale du continent africain, c'est-à-dire à la **colonie du Cap**, région si bien placée en vedette entre l'Atlantique et l'océan Indien, et qui commande tout le sud de l'Afrique; elle est ainsi nommée du cap de *Bonne-Espérance*, qui en forme l'extrémité S. O., par 34° latitude S.; mais elle a un cap encore plus méridional : celui des *Aiguilles*. C'est une des plus importantes possessions des Anglais, qui s'en sont emparés sur les Hollandais, en 1806.

Ces parages, très-redoutés des navigateurs à cause de leurs tempêtes et des bancs de récifs qui accompagnent le cap des Aiguilles, offrent néanmoins d'assez nombreux abris : les baies *de la Table*, *Ste-Hélène*, *d'Algoa*, etc.

Le pays, composé en plusieurs endroits de montagnes et de plateaux arides, présente pourtant aussi d'excellents pâturages et des territoires très-fertiles.

Le climat est sain, quoique exposé à des variations très-brusques. Les grandes sécheresses n'atteignent que la région intérieure.

La colonie est divisée en deux provinces : celle de l'*Ouest* et celle de l'*Est*.

La population, de plus de 300 000 habit., sur 130 000 kilom. carrés, se compose de Hottentots, de Cafres, de nègres proprement dits, d'Anglais, de descendants de réfugiés protestants français, de Hollandais, parmi lesquels figurent les *Boers* (population agricole), enfin d'un assez grand nombre de métis. — Le protestantisme est la religion générale.

Les seules mines exploitées sont celles de cuivre.

On récolte du blé, de l'orge, de l'avoine, du seigle, du chanvre, des fruits (ceux d'Europe et les limons, les oranges, les citrons, les grenades, les figues). Le caféier et le cotonnier fournissent de bons produits. — On trouve des acacias-gommiers, et, dans les forêts, qui sont surtout à l'E., le bois de fer, le palmier-sagou, le gaïac et jusqu'à soixante-dix espèces de bois de construction.

Les *vins* de la colonie sont très-appréciés. Les meilleurs crus sont ceux des territoires voisins de Constance et du Cap ; on estime surtout le vin de Constance rouge, le vin de Constance blanc, le frontignac blanc, excellent vin de liqueurs, le hawpoot, le stein, vins blancs; le pontac rouge, le muscadel, etc. L'introduction de la culture de la vigne est due aux protestants français qui émigrèrent en Afrique après la révocation de l'édit de Nantes. — Les principaux animaux domestiques sont les moutons à grosse queue, qui fournissent 10 millions de kilogrammes de laine par an ; des bœufs de race hollandaise, des chevaux. On élève, dans quelques fermes, des autruches, pour tirer parti de leurs plumes. On organise de grandes chasses contre les innombrables animaux sauvages : les éléphants, les hippopotames, les antilopes, les zèbres, les dauws, les onaggas et les couaggas (espèces sauvages du cheval), etc. On pêche beaucoup de baleines dans le voisinage des côtes.

Le Cap (40 000 hab.), en anglais *Cape-town*, en hollandais *Kaapstad*, capitale de la colonie et chef-lieu de la province de l'Ouest, s'étend au pied des montagnes de la Table et du Lion, sur la baie de Table, à une petite distance du cap de Bonne-Espérance. Placée sur la route des navires qui vont de l'Atlantique dans l'océan Indien, de l'Europe à l'Asie, pour les matières encombrantes qui ne prennent pas l'isthme de Suez; point de relâche des baleinières et de tous les bâtiments marchands, cette place est devenue un entrepôt d'approvisionnement de premier ordre. La navigation est d'environ 1500 navires. Le pavillon anglais couvre les trois quarts des transports.

D'autres localités maritimes bien abritées, *Simonsbay*,

Georgetown, Beaufort, Port-Elizabeth, sur la baie d'Algoa, *East-London, Port Alfred*, se livrent également à des transactions considérables. Comme ville intérieure, il faut distinguer *Graham's town*, chef-lieu de la province de l'Est.

Le commerce et l'industrie se développent de plus en plus dans la colonie, qui perdra sans doute au percement de l'isthme de Suez, mais qui pourra reporter son activité vers l'exploitation du riche intérieur de l'Afrique australe, où s'avancent hardiment ses missionnaires, ses voyageurs, ses chasseurs; elle n'en poursuivra pas moins sa brillante destinée. Les principales exportations consistent en laines, grains, cuirs, sucre, cuivre, pelleteries, vins, bestiaux, guano, etc., représentant une valeur annuelle de 60 millions.

Les articles importés sont des objets manufacturés, la houille, des métaux ouvrés, des armes, des alcools, des huiles d'olive, des habillements, de la verrerie, etc.

Le total du commerce est évalué, année moyenne, à cent trente millions, et le mouvement de la navigation au long cours, à 1500 navires.

L'Angleterre est le pays qui adresse le plus de marchandises au Cap; viennent après, l'île Maurice, les Indes, la colonie de Natal, la Chine, les États-Unis, le Brésil, la Hollande. La France importe pour une valeur d'un million.

CAFRERIE, NATAL, RÉPUBLIQUES DU FLEUVE ORANGE ET DU TRANSVAAL.

Les Anglais se sont emparés, sur des Boers hollandais et sur diverses tribus cafres, d'une grande partie de la Cafrerie maritime, et y ont fondé, par la latitude moyenne de 30° S., une colonie à laquelle ils ont donné le nom du port Natal, où elle a commencé; quoique toute récente, elle compte déjà 220 000 habitants.

Bien arrosée, coupée par trois chaînes de montagnes parallèles, majestueuses terrasses, dans lesquelles s'étendent de grandes forêts ou de beaux pâturages, couverts de troupeaux de bœufs et de moutons, la nouvelle colonie est devenue en peu d'années une des possessions importantes de la Grande-Bretagne. On y trouve des mines de fer, de la houille et une foule d'animaux. Le climat est tempéré et sain. L'industrie y acquiert une grande activité.

La capitale est *Pietermaritzburg;* mais la ville la plus considérable est **D'Urban**, sur le port Natal, centre de nombreuses exportations consistant surtout en sucre, café, arrow-root, laines, graines, beurre, peaux, plumes d'autruche.

Derrière cette colonie, des Boers hollandais ont fondé, au milieu du pays des Cafres, les républiques du *Fleuve-Orange* et du *Transvaal* (c'est-à-dire au delà du *Vaal*, affluent de l'Orange), qui ont pris un rapide accroissement.

COLONIE PORTUGAISE DE MOZAMBIQUE.

Le Portugal, jadis à la tête des puissances coloniales, n'a plus conservé que les débris de ses merveilleuses possessions; l'une d'elles est la capitainerie générale de *Mozambique*, située vis-à-vis de l'île de Madagascar, par la latitude moyenne de 17° S. Les côtes présentent, entre autres enfoncements, la baie de *Lagoa* ou de *Lorenzo Marquez*. Les monts *Lupata*, qui forment une grande partie de la limite occidentale, sont coupés par le grand fleuve *Zambèze*.

Ce territoire, assez salubre à l'intérieur, est malsain sur l'océan Indien. Il est partout très-fertile.

Les indigènes qui l'habitent appartiennent, les uns, à la famille cafre, les autres, à la race nègre proprement dite. Les Portugais y sont en petit nombre, et parmi eux figurent surtout des déportés.

Les mines de fer sont nombreuses et exploitées sur quelques points. Les montagnes renferment de la houille. Il y a des mines d'or, qu'on a généralement abandonnées, mais qui recèlent certainement de grandes richesses. Les plantes utiles sont le sorgho, le millet, le riz, les fèves, le manioc, l'igname patate, le coton, le café, le tabac, l'indigotier, l'oranger, le baobab, l'ébénier, le figuier indien, le copal, etc. De nombreux éléphants, chassés par les Européens, fournissent un excellent ivoire.

Mozambique (8000 habitants), capitale de la colonie, est placée dans une île petite et insalubre. On en exporte beaucoup d'ivoire, des dents d'hippopotame, des cornes de rhinocéros, de l'écaille, de la cire, de l'orseille, du tabac, du guano.

Citons encore *Quilimane*, port commerçant, à l'embouchure d'une rivière de même nom, près et au N. des bouches du Zambèze, dans une situation peu salubre; — *Sofal*, autre place maritime, dans un territoire qui a été renommé par ses exploitations d'or; — *Têté*, au loin dans l'intérieur, sur le Zambèze, dans un pays riche en mines de houille et d'or.

Le Mozambique a été, comme l'Angola, ruiné depuis l'abolition de la traite des nègres; mais, soumis à un régime administratif meilleur, il a tout ce qu'il faut pour redevenir une brillante colonie.

ZANGUEBAR.

Le Zanguebar se prolonge sur les bords de l'océan Indien, au N. de la capitainerie générale de Mozambique, par la latitude moyenne de 5°; l'équateur en marque l'extrémité nord. — Il appartient généralement au sultan de Zanzibar, qui est le même que le sultan de Mascate, en Arabie. — Une suite de hautes montagnes (monts *Kénia* et *Kilimandjaro*, qui sont peut-être les plus hautes d'Afrique) la limitent à l'O. Des fleuves nombreux l'arrosent: le *Djoub*, au N.; le *Pangani* et le *Loffih*, au milieu; le *Rovuma*, au S.; mais leur cours n'est pas connu tout entier.

Le climat est brûlant, généralement malsain, surtout vers les côtes, mais la végétation est presque partout merveilleuse. Les productions naturelles sont les mêmes que dans la capitainerie de Mozambique.

La population, composée de nègres, d'Arabes, de Souahhéli (mélange d'Arabes et d'indigènes), est généralement hostile aux Européens.

Zanzibar ou **Anggouya** (25 000 habitants), centre de transactions importantes, est située sur une île marécageuse et très-malsaine, peuplée d'une centaine de mille âmes.

La principale exportation consiste malheureusement en esclaves; la traite enlève environ chaque année 20 000 individus, dirigés vers l'Asie.

L'Arabie, les Indes et l'Europe tirent de Zanzibar de l'ivoire, des cornes de rhinocéros et de bœuf, du miel, de la cire, de l'écaille, de l'ambre, de l'orseille, du copal, des bois précieux, de la gomme, de la myrrhe, de l'aloès, du sésame. Les importations consistent en poudre, armes, quincaillerie, cotonnades aux couleurs voyantes, verroteries, etc. La France fait pour près de 2 millions d'affaires avec cette place.

Parmi les autres points maritimes, on remarque *Mombas* ou *Mombaze*, avec le meilleur port de l'Afrique orientale, sur une île du même nom; — *Quiloa*, dans une île aussi, et qui a un autre beau port, malheureusement désert aujourd'hui; — *Mélinde* bien déchue de son ancienne splendeur; — *Lammo* et *Patta*, ports assez commerçants.

SOMAL.

Au nord du Zanguebar et de l'équateur, dans la région la plus orientale de l'Afrique, vis-à-vis de l'Arabie, dont elle est séparée par le golfe d'Aden, s'étend, sous la forme d'un vaste triangle, la contrée nommée *Somâl*, dont l'intérieur est encore peu connu. La population, de souche arabe, montre beaucoup d'intelligence commerciale.

Sur la côte, on voit plusieurs centres de transactions entre l'intérieur de l'Afrique et le sud de l'Asie; ce sont, en allant du S. au N.: *Brava*, d'où l'on exporte de l'ivoire, de la gomme, de la myrrhe, de l'ambre gris, etc. — *Magadchou*, qui offre les mêmes produits et reçoit de l'Inde et de l'Angleterre des cotons, du fer, de la poudre, des armes; — **Barbara** ou **Berbéra**, où se tient, du mois d'octobre au mois de février, une foire qui attire 10 à 12 gros navires des Indes (avec des marchands Banians), pour y charger du café, de la gomme arabique, de la myrrhe, de l'ivoire, des plumes d'autruche, du musc de civette, de la cire, du bétail, des peaux de bœuf, de lion, de panthère et de léopard. — **Zeïla**, qui a deux ports et exporte du café, des peaux, des esclaves, du cuivre fondu, de la myrrhe, de la gomme. — *Toujoura*, qui n'a pas de port proprement dit, mais un golfe assez sûr et qui est l'intermédiaire du commerce entre l'Abyssinie méridionale et l'Arabie.—Vis-à-vis, est l'île de *Mouchakh*, occupée par les Anglais, et, un peu au N. le port d'*Obokh*, qui dépend de la France et qui, aujourd'hui inoccupé, pourra acquérir beaucoup d'importance après l'ouverture du canal de Suez.

La monnaie la plus employée sur cette côte, comme sur celle de Zanguebar, est le talari (thaler autrichien).

Vis-à-vis du cap Guardafui, qui forme l'extrémité orientale du Somâl, est l'île de *Socotora* ou *Socotra*, aride, mais qui produit de l'aloès renommé, une grande quantité de dattes et dont les rivages sont remplis de corail. Elle appartient à un prince de la côte d'Arabie.

COMMUNICATION DES MARCHÉS DE LA COTE AVEC L'INTÉRIEUR.

Si le monde africain ne sort pas plus vite de la barbarie où il est plongé, cela tient peut-être moins à l'infériorité native de ses habitants qu'aux difficultés des communications entre les régions centrales et les bords de la mer.

Une chaîne de montagnes parallèle aux côtes se déroule en puissantes assises à quelques kilomètres à l'intérieur; les cours d'eau qui prennent naissance dans les immenses plateaux de l'Afrique, forment, en franchissant cette arête, ou des cataractes ou des rapides. La navigation est interrompue; les grandes voies commerciales sont entravées. Voilà la première barrière opposée aux transactions.

De plus, la guerre est en permanence dans l'Afrique; les tribus luttent sans cesse les unes contre les autres. Aussi les chemins sont-ils fermés aux voyageurs pacifiques, qui, aux yeux des sauvages, passent trop souvent pour des espions, pour des alliés de leurs ennemis. Ajoutez un climat souvent malsain, une foule d'animaux nuisibles, surtout des insectes, tels que la mouche tsétsé, l'ennemi le plus terrible des bestiaux; enfin pas de routes; des sentiers à peine tracés.

On comprend qu'avec de pareils obstacles, la conquête géographique de l'Afrique intérieure se fasse lentement.

Pourtant, il existe quelques communications régulières par caravanes entre les marchés de la côte et ceux de l'intérieur. La principale suit le Zambèze, de Quilimane à Têté, et de Têté au pays des Makololo; une autre communication importante va de Zanguebar à l'Ougogo, de l'Ougogo à l'Ouniamouési, au cœur de l'Afrique subéquatoriale, dans les régions des grands lacs; d'autres sont établies de Brava et de Magadchou au pays des Galla, et entre Zeïla et Barbara, d'une part, et le pays agricole et riche de Harar, dans l'intérieur du Somâl, de l'autre.

La plupart de ces communications sont malheureusement exploitées par des négriers, par des traitants arabes, qui dirigent sur le bord de la mer de pauvres esclaves enlevés à leur pays par violence ou après quelque odieux contrat signé avec un stupide roitelet.

LE ZAMBÈZE.

Un des traits géographiques les plus importants de l'Afrique australe est le *Zambèze* ou *Liambây*, grand fleuve qui se jette dans le canal de Mozambique après avoir arrosé, sur un parcours d'environ 2500 kilomètres, le plateau de la haute Afrique et les plaines de Mozambique.

Ses sources sont peu connues, mais une grande partie de son cours a été bien explorée, particulièrement par le célèbre voyageur Livingstone. Grâce à l'énergique persévérance de ce missionnaire, non-seulement le Zambèze est révélé à la science, mais il ouvre de nouveaux débouchés au commerce européen.

Les territoires qu'il franchit présentent généralement une merveilleuse végétation ; les indigènes, maîtres du sol ne sont pas précisément sauvages. Ainsi, les Balonda, qui habitent la région supérieure du Liambây, forment une population de cultivateurs ; — la grande nation des Makololo, se rattachant à la race betjouana, est à la fois agricole, industrieuse et commerçante.

En sortant du pays des Makololo, le Zambèze traverse une gorge basaltique et se précipite dans une profonde crevasse, en formant la grande cataracte Victoria. Si jamais un canal peut contourner cet obstacle, on aurait la plus magnifique jonction navigable entre la côte orientale et la côte occidentale de l'Afrique ; car un tributaire du Zambèze, la *Loténoua*, sort du lac *Dilolo*, qui donne naissance, d'un autre côté, au *Casaï*, affluent du Zaïre.

Le Zambèze, après avoir franchi les monts Lupata, reçoit à gauche le *Chiré*, belle voie navigable, qui sert d'écoulement au lac *Nyassa*.

La faune et la flore des contrées qu'arrose ce fleuve sont des plus variées ; on voit s'ébattre dans les hautes herbes qui l'environnent des troupeaux de buffles, de zèbres, d'éléphants, d'hippopotames. Les habitants cultivent le manioc, le dourah, le maïs, les fèves, les patates, les arachides, etc. Le coton est une des productions naturelles.

LES GRANDS LACS.

La lumière se fait peu à peu sur la géographie de l'intérieur de l'Afrique. On sait aujourd'hui que trois grandes masses d'eau s'étendent dans la région équatoriale. Ce sont les lacs *Victoria* ou *Nyanza-Oukerévé*, le lac *Albert* ou *Mvouta-Nzighé*, et le lac *Tanganyika*, appelé aussi lac d'*Oujiji*.

De l'immense lac Victoria, aussi spacieux au moins que la mer d'Aral, s'échappe le Nil Blanc, qui, après avoir décrit une ligne courbe à l'O., tombe dans le lac Albert, en formant une cataracte ; bientôt il en sort et s'élance directement vers le nord.

L'intéressante découverte des sources du Nil est due aux voyageurs anglais Speke, Grant et Baker.

Les grandes découvertes géographiques ne sont pas seulement d'un puissant intérêt pour la science ; mais elles concourent puissamment à l'extension du commerce. Ces lacs peuvent offrir à la navigation, et par conséquent aux transactions de l'Afrique centrale, de précieuses ressources, dont jusqu'ici les indigènes paraissent peu profiter.

Les environs des grands lacs ne sont pas aussi insalubres qu'on le supposait ; il s'y trouve des territoires parfaitement arrosés, couverts d'une riante végétation, jouissant d'un climat relativement tempéré ; la zone d'abondance, la zone saine, se trouve dans les parages même de l'équateur, à côté des grands réservoirs naturels. Ainsi l'Ouganda, baigné par le lac Victoria et surnommé le jardin de l'Afrique équatoriale, est une des plus belles contrées du monde.

Un jour viendra où des relations faciles s'établiront,

d'une part, entre le Zanguebar et la région des grands lacs, — de l'autre, entre l'Égypte et les admirables champs de production de l'Afrique intérieure ; et peut-être l'Ogovaï, grand fleuve qui va se terminer dans le Gabon, sera-t-il un lien entre la région des lacs et la côte occidentale.

MADAGASCAR, POSSESSIONS FRANÇAISES DE L'OCÉAN INDIEN.

Au S. E. de l'Afrique, sous la latitude moyenne de 20°, s'allonge, du N. E. au S. O., une des îles les plus grandes et les plus riches du monde, mais une des moins salubres, *Madagascar* ou *Malgache*, séparée de l'Afrique par le canal de Mozambique ; elle a une superficie de 400 000 kilomètres carrés. Les principaux enfoncements de la côte sont la baie d'*Antongil* et celle de *Diego-Suarez*, toutes deux dans le N. E. ; cette dernière est entourée de mines de houille, et présente aux navigateurs un abri sûr. Une grande chaîne de montagnes boisées, formant au centre d'assez vastes plateaux, court du nord au sud. Le littoral est généralement bas, marécageux et presque partout malsain. Les fièvres y sont à l'état endémique.

La population, d'environ 3 millions d'habitants, se compose de *Hova* (nègres d'origine malaise), de *Malgaches* nègres et de *Sakalaves*. Les *Hova* sont les maîtres de l'île.

On trouve dans ce pays du fer, de la houille, du cuivre, du plomb, de la plombagine, du kaolin, du cristal de roche.

On y remarque le riz, nourriture habituelle des indigènes, le blé, l'orge, le maïs, le manioc, les patates, les pommes de terre, l'igname, tous les légumes d'Europe, les oranges, les citrons, les bananes, les cocos, les ananas, les pêches, les figues, le coton, l'indigo, l'orseille, le caoutchouc, le tabac, la canne à sucre, le caféier, les bois de construction, l'ébène, le santal, le bois d'aigle, le tek, le palissandre.

Les bestiaux sont en grand nombre sur les hauts plateaux. On élève de préférence les bœufs à bosse et les moutons à grosse queue ; les volailles pullulent ; les abeilles donnent un miel vert estimé, et plusieurs espèces de bombyces, une soie abondante.

La capitale, *Tananarivou* (environ 7000 hab.), ville située au centre, loin des communications, possède néanmoins quelques établissements manufacturiers établis par des Européens. — *Tamatave* (20 000 hab.) est le port principal de l'île, en relations incessantes avec Maurice et la Réunion, et siége d'une grande exportation de riz, de graines oléagineuses, de caoutchouc, de bois divers, d'orseille, d'écaille, de volailles, de peaux, etc. — *Foulpointe* et *Tintingue* sont ensuite les ports les plus fréquentés.

Les Français avaient depuis 1642 des droits sur Madagascar, droits revendiqués à plusieurs époques, mais qui semblent périmés aujourd'hui. En 1644, ils fondèrent *Fort-Dauphin* et plusieurs établissements sur le littoral, à la baie d'Antongil, au port Choiseul, à Tintingue, à l'île Sainte-Marie. Nous perdîmes toutes ces possessions sous Louis XVI et sous Napoléon Ier. Les traités de 1815 nous les rendirent, mais il fallut envoyer une expédition pour prendre de nouveau pied dans l'île. Après de graves difficultés et des alternatives diverses, à partir de 1830, nous n'avons plus conservé, sur les côtes de Madagascar, que *Sainte-Marie*. Nous avions perdu, pendant les guerres du premier empire, l'île de France (Maurice), les îles Séchelles et l'île Rodrigue, toutes aujourd'hui aux Anglais.

Mais nous possédons encore :

La Réunion (autrefois *Bourbon*), *Sainte-Marie*, *Nossi-Bé*, et *Nossi-Komba*, sur la côte N. O. de Madagascar, *Mayotte*, dans l'archipel des Comores. (Voir la *Géographie agricole, industrielle et commerciale de la France et de ses colonies*, Leçon XXV.)

LES ILES ANGLAISES.

L'Angleterre a posé sa main puissante sur un grand nombre d'îles de l'océan Indien, qui sont devenues ou des colonies florissantes ou autant de précieux points de relâche et de ravitaillement. — *Maurice*, en anglais *Mauritius* (l'île de France sous notre domination), une des trois îles Mascareignes, au N. E. de la Réunion, par 20° de latitude sud, y est la principale de ses possessions; elle a conquis en 1810, et acquis par les traités de 1814 et de 1815, cette terre charmante, où se pressent les cultures de canne à sucre, d'indigo, de café, de muscadiers, de pamplemousses.

L'intérieur a cependant des montagnes impraticables, et des ouragans terribles viennent quelquefois ravager l'île.

La population est de plus de 300 000 habitants, dont 32 000 créoles, très-honnêtes et très-actifs.

Quoique escarpées, les côtes de l'île offrent des rades et des ports qui lui donnent une grande importance commerciale. — *Port-Louis* ou *Port-Nord-Ouest* (75 000 habitants) est la capitale, sur la côte N. O. C'est une des places maritimes les plus fréquentées de l'océan Indien (1500 navires par an). — Sur la côte S. E., est le *Grand Port* ou *Mahébourg*, la seconde ville de la colonie.

Rappelons aussi l'île *Rodrigue*, également dans les îles Mascareignes, sans grand intérêt commercial; — les îles *Séchelles*, dont la plus grande est *Mahé*, et qui possèdent quelques cultures de coton; — les îles *Amirantes*, qu'on rattache aux Séchelles, et qui sont entourées d'écueils.

PART DE LA FRANCE DANS LE COMMERCE DE L'AFRIQUE AUSTRO-ORIENTALE.

Après l'Angleterre, la France occupe une des premières places dans le commerce de la région austro-orientale de l'Afrique.

Nous en tirons du sucre brut, du café, des laines, des écailles de tortue, des graines de sésame, du riz. — Nous adressons au Cap, à Maurice, à l'île de la Réunion, des vins, des liqueurs, des peaux préparées, des tissus, des vêtements, de la mercerie, de la poterie, de la verrerie, etc.

Les villes maritimes de France le plus activement en relation avec ces parages sont Marseille, Le Havre, Bordeaux, Nantes, Saint-Nazaire.

LEÇON XVIII.

ARABIE, PERSE, MER ROUGE, ETC.

ARABIE.

(SUPERFICIE : 2 800 000 kil. carrés. — POPULATION : diversement estimée de 8 à 12 millions d'habitants).

L'Arabie est une grande presqu'île, située sous le tropique du Cancer, au S. O. de l'Asie, entre la mer Rouge, la mer d'Oman, le golfe Persique et la Turquie d'Asie. — Sur la limite de deux parties du monde, intermédiaire entre l'Inde et l'Europe, elle est appelée à de belles destinées commerciales par l'ouverture du canal de Suez, et lorsque ses populations auront vu s'éteindre leur sauvage fanatisme et leur esprit de brigandage, au contact de la civilisation de l'Occident. Ce pays est quatre fois plus étendu que la France, mais sa population n'est pas le tiers de celle de notre pays.

Il y a de vastes déserts; néanmoins des voyageurs récents ont fait voir qu'il s'y trouve beaucoup plus de parties fertiles qu'on ne le croyait, particulièrement dans l'intérieur, qui a été dépeint à tort comme une région d'une affreuse stérilité. Cet intérieur est un grand plateau légèrement ondulé. La région la plus riche du littoral est le S. O., c'est-à-dire l'Yémen (l'Arabie Heureuse des anciens).

Des montagnes nues s'élèvent çà et là, dans la péninsule : les plus considérables sont le mont *Chommer*, les monts *Ared*, le *Sinaï*. — Il n'y a aucun fleuve remarquable.

On distingue deux saisons : celle de la sécheresse et celle des pluies. Fréquemment il arrive que les pluies, trop peu abondantes, laissent le sol sans l'humidité nécessaire pour la végétation. De là de terribles disettes. — La chaleur est souvent insupportable, et l'on a à redouter le vent suffocant appelé simoum.

Les Européens divisent ordinairement l'Arabie en trois parties principales : l'*Arabie Pétrée*, l'*Arabie Déserte*, l'*Arabie Heureuse*; mais les habitants ne connaissent pas cet' division, d'ailleurs peu rationnelle. Les vraies régions de la péninsule sont :

1° A l'O., le *Hedjaz*, gouverné par le chérif de La Mecque, qui reconnaît la suzeraineté de la Porte Ottomane; — 2° au S. O, l'*Yémen* soumis à un imam, sur lequel la Turquie réclame, mais assez vainement, un droit de souveraineté; — 3° au S., l'*Hadramaout*, partagé entre plusieurs petites souverainetés; — 4° au S. E., l'*Oman*, sur lequel règne le sultan de Mascate; — 5° à l'E., l'*El-Haça* ou *Hadjar*, partagé entre divers princes; — 6° au centre, le *Nedjed*, où il y a deux royaumes : celui des *Ouahabites* et celui du *Djebel Chommer*.

Les Arabes se divisent en deux classes : les Bédouins et les Arabes sédentaires. Les Bédouins errent à travers le pays, sans demeure fixe, conduisant leurs troupeaux partout où la fantaisie les pousse. Ils ont des chefs (cheykhs) qui les mènent au combat et fixent les lieux de campement. — La population arabe est hospitalière, intelligente, courageuse, fière, mais vindicative. — Le commerce est entre les mains des *Banians*, négociants venus de l'Inde et qui habitent les villes du littoral. Il s'y trouve aussi beaucoup de Juifs. — La religion dominante est l'islamisme. — Une importante secte musulmane forme, dans l'intérieur, un corps de nation sous le nom de *Ouahabites*.

Les principaux végétaux sont le caféier, sans doute originaire de l'Abyssinie et des contrées voisines, mais qui, depuis une haute antiquité, est acclimaté dans l'Arabie; le riz, le dourah, le maïs, le séné, l'aloès, des oliviers, des dattiers, des jujubiers, des cotonniers, des cannes à sucre, des bananiers, des melons et des courges, des pavots à opium, des acacias gommiers, des balsamiers, qui fournissent, entre autres, le baume de La Mecque; des boswellias, d'où découle l'oliban ou véritable encens.

Les chevaux arabes ont une réputation méritée : les meilleurs sont ceux d'Oman et du Nedjed; — les dromadaires y rendent d'immenses services et y sont mieux dressés que partout ailleurs; — on élève beaucoup d'ânes, de moutons à grosse queue et de chèvres; au milieu de leurs troupeaux se mêlent des gazelles réduites à l'état domestique. — On pêche du corail et des perles sur plusieurs points des côtes d'Arabie, soit dans le golfe Persique, soit dans la mer Rouge.

Ports et villes de commerce. — Les ports qui attirent la majeure partie du commerce sont *Aden* (ville anglaise) sur la côte S.; — *Djeddah* (aux Turcs), sur la côte O.; — et *Mascate* (à un souverain indépendant), sur la côte E.

Aden (35 000 habit.), aux Anglais depuis 1838, occupe, au point de vue politique, la situation la plus avantageuse : elle garde l'entrée de la mer Rouge; elle surveille l'océan Indien; comme place de commerce, elle joue le rôle le plus important ; port franc, entrepôt général des marchandises de l'Europe pour la portion la plus peuplée de l'Arabie, point d'arrêt des lignes de navigation entre l'Europe et l'Inde, l'Asie orientale, l'Océanie, les îles Maurice et de la Réunion, elle verra son importance doublée par le percement de l'isthme de Suez.

Djeddah (20 000 hab.), sur la mer Rouge, sert de port à La Mecque et voit affluer chaque année plus de cent mille pèlerins, qui se rendent à la ville sainte ; elle fait pour 30 millions de francs d'affaires : les marchandises importées sont les cotonnades, la coutellerie, la quincaillerie anglaise, les miroirs, les tissus, etc. Les articles exportés sont le café, la gomme et l'encens. Malheureusement cette place, comme beaucoup d'autres villes d'Arabie, manque d'eau; il faut en faire venir de plusieurs journées de route à dos de chameau; on en tire même, par la navigation, du canal d'eau douce de Suez.

Mascate (60 000 hab.), à l'extrémité orientale de l'Arabie, résidence d'un imam ou sultan dont l'autorité s'étend sur le S. E. de l'Arabie, sur une partie des côtes de Zanguebar et sur le midi de la Perse, est le principal entrepôt entre l'Hindoustan, le golfe Persique et la mer Rouge.

Les autres villes ont un commerce moins important; cependant *Médine*, lieu de pèlerinage, voit des échanges se faire entre les voyageurs de divers pays venus pour vénérer le tombeau de Mahomet. — **La Mecque** (*Mekka*), la ville sainte par excellence, point de mire de tous les musulmans, est un centre de plus grandes transactions encore, à l'époque du pèlerinage, qui attire 200 000 dévots musulmans au temple de la Kaaba; c'est alors une espèce de foire, qui dure douze jours.

Sana (40 000 habit.), capitale de l'Yémen, est dans le territoire qui produit le meilleur café, mais est loin de la mer.

Yambo sert de port à Médine. — *Tor* est un petit port de la presqu'île du Sinaï, assez fréquenté par les voyageurs, et intéressant par la pêche des perles et du corail. — *Loheïa*, *Konfouda*, *Hodeïda* et *Beït-el-fakih*, sur la côte de l'Yémen, n'exportent guère que du café ; — *Moka*, port situé à peu de distance du détroit de Bab-el-Mandeb, autrefois renommé pour le commerce du même produit, est complétement délaissé pour Aden.

Makalla, dans l'Hadramaout, est connu par le marché des esclaves.

Sur le golfe Persique, sont les ports d'*El-Katyf*, d'*El-Koueït* (appelé *Graïn* par les Persans) et *Ras-el-Khyma*.

Dans l'intérieur, au cœur du Nedjed, sont *Riadh* (30 000 hab.), capitale du royaume des Ouahabites, et *Haïl*, capitale du royaume de Djebel-Chommer, l'une et l'autre fréquentées par des caravanes et dont l'importance vient d'être révélée par le voyageur Palgrave.

L'industrie de l'Arabie est presque nulle; cependant on y travaille bien l'or et l'argent; mais ce sont moins les Arabes que les Banians et les Juifs qui ont cette habileté.

On fait des étoffes grossières de laine.

Les exportations principales sont le café, les gommes, les baumes, l'encens, le benjoin, l'aloës, le ricin, le séné, les perles, le corail, les plumes d'autruche, le sel, la laine.

Les importations venant d'Europe comprennent les objets manufacturés (surtout d'Angleterre); des autres parties de l'Asie, on reçoit des châles, des tapis, des pierres précieuses, du riz, des soieries; — de l'Afrique, de l'ivoire et des esclaves.

Les monnaies les plus employées en Arabie sont les talaris autrichiens, les piastres d'Espagne et les couronnes anglaises.

LA MER ROUGE.

La mer Rouge est le plus beau canal de grande navigation qui ait été donné au commerce par la nature : elle n'a pas moins de 2250 kilomètres de longueur, sur une largeur moyenne d'environ 200 kilomètres. Elle forme au nord deux bras, entre lesquels se dresse le Sinaï : l'un est le golfe d'*Acabah*, l'autre le golfe de *Suez*, qui bientôt sera joint à la Méditerranée par un canal. Au sud, elle communique à l'océan Indien, par le détroit de Bab-el-Mandeb, dont les Anglais se sont ménagé l'entrée, en s'emparant, en 1857, de l'île de *Périm*, établissement habilement choisi et appelé à servir d'auxiliaire à la politique anglaise, inquiète de la réussite du canal de Suez, qui se crée sous l'influence de la France. Les Arabes nomment cette île *Maïoun* ou *Miftah* (la clef), car c'est la clef de la mer Rouge : elle commande la passe la plus profonde du détroit.

Aden, position militaire de premier ordre, est un obstacle à ceux qui tenteraient de franchir le Bab-el-Mandeb sans le consentement des Anglais. La Grande Bretagne s'est encore emparée de l'île de *Camaran*, près de la côte arabique de la mer Rouge, et s'est établie, en face d'Aden, dans l'île d'*Abd-el-Kouri* et dans celle de *Mouchakh*. Enfin, le triomphe éclatant obtenu sur le négous Théodoros assure dans ces parages une influence durable au pavillon britannique.

La France a, vers la mer Rouge, quelques possessions, malheureusement inoccupées : ce sont les îles de *Dessi* et d'*Ouda*, à l'entrée de la baie d'Annesley ; l'emplacement d'*Adulis* ; les ports d'*Edd* et de *Haycock*, sur la côte du pays des Danakil ; vingt-huit lieues de littoral depuis Ras-Ali, au sud, jusqu'à Ras-Doumeïrah, au nord ; territoire qui comprend *Obokh*, appelé à devenir un des ports les plus importants de l'Afrique orientale : la cession en a été faite en 1862.

La mer Rouge aura, suivant toute probabilité, un rôle considérable à jouer dans l'histoire du commerce. On peut prévoir que plusieurs grands centres se formeront dans le voisinage, alors que, toutes voilées déployées, on se rendra de la Méditerranée à l'océan Indien. Port-Saïd, au nord, deviendra la Marseille de l'Égypte ; au sud, trait d'union entre l'Afrique et l'Asie, une ville se fondera et grandira comme Constantinople, reliant l'Orient et l'Occident.

Déjà aujourd'hui une navigation active anime cette mer. Les navires des Messageries impériales de France et de la Compagnie anglaise péninsulaire et orientale y font le service de Suez à l'Inde, à Maurice, à la Réunion, à l'Indo-Chine, à la Chine, à l'Océanie, en touchant à Aden. — Une Compagnie égyptienne de paquebots à vapeur va de Suez à Saouakin. Des navires qui se mettent en rapport avec ces lignes desservent Djeddah et Massaoua.

La mousson du N. E. règne du 15 octobre au 15 avril dans la mer Rouge; la mousson du S. E., du 15 avril au 15 octobre.

LE GOLFE PERSIQUE, LES ILES BAHREIN, LE CHOTT-EL-ARAB.

Le golfe Persique, qui s'enfonce entre l'Arabie, la Perse et la Turquie, communique avec la mer d'Oman par le détroit d'Ormus; le Tigre et l'Euphrate, réunis sous le nom de Chott-el-Arab, s'y déversent. Ce golfe est exposé à de violentes tempêtes, surtout par les vents du N. O.; mais les nombreux ports échelonnés sur ses côtes en rendent la navigation moins périlleuse. Nous avons déjà nommé les ports les plus importants du côté de l'Arabie; du côté de la Perse, on distingue *Abou-cheher* et *Gomroun* (Voir page 281).

Les îles Bahreïn et autres îles du golfe Persique. — Les îles Bahreïn, appelées également *Boual*, célèbres par la pêche des perles, sont groupées, à peu de distance des côtes de l'Arabie, dans une baie triangulaire du golfe Persique; elles sont fertiles en dattiers, cotonniers, vignes, figuiers. La pêche, autrefois très-importante, des perles fines (de teinte jaune clair) est aujourd'hui moins lucrative. Elle a produit pendant longtemps un revenu annuel de plus de 2 millions. *Menamah* est la plus grande ville de l'archipel.

Dans le N. du golfe, on remarque l'île de *Karak*, qui a été tour à tour occupée par les Hollandais, les Français, et, en dernier lieu, par les Anglais. A l'entrée du golfe, sont les îles de *Keichme* et d'*Ormus*, fréquentées par les Anglais.

Le Chott-el-Arab, Bassora, Bagdad. — Au fond du golfe Persique se déverse le *Chott-el-Arab* (c'est-à-dire le *fleuve arabe*), large fleuve, formé par la réunion du Tigre et de l'Euphrate, les deux plus grandes artères de la Turquie d'Asie. Nous ne sommes plus là sur le sol de l'Arabie, mais en Turquie, dans la Babylonie, nommée aujourd'hui par les Orientaux Irâc-Arabi. — Ce fleuve concentre une grande partie du commerce de la région orientale de la Turquie d'Asie. Les navires qu'il porte se chargent de marchandises de la Mésopotamie et du Kurdistan. C'est le lien entre l'intérieur du pays et le golfe Persique. **Bassora** (60 000 hab.), qui s'élève sur ses bords, est, malgré sa situation très-insalubre, le centre principal où aboutit le commerce de tout le bassin; on en exporte des dattes, de l'essence de rose, des chevaux, etc. Ce sont les navires anglais surtout qu'on voit dans ce port; et une ligne de vapeurs britanniques unit Bassora à Bombay, en touchant à Aboucheher, à Mascate et à Karatchy. Là passe aussi le télégraphe électrique établi pour unir l'Europe à l'Inde, en parcourant le golfe Persique. — Quant à **Bagdad** (70 000 hab.), autrefois si brillante, et capitale de l'empire des Khalifes, elle est encore, quoique bien déchue, la reine de la région du Tigre et de l'Euphrate : elle est baignée par le premier de ces cours d'eau ; industrielle et commerçante, elle fabrique des tissus de soie et de coton, des maroquins, reçoit beaucoup de laine des contrées voisines, et l'exporte en Europe par les caravanes d'Alep.

La magnifique ligne de navigation que forment le Tigre et l'Euphrate, reste aujourd'hui, excepté sur le Chott-el-Arab, presque sans emploi commercial. Dans une partie de son cours, l'Euphrate se rapproche beaucoup d'Alep et du golfe d'Alexandrette, et l'on a le projet de l'unir, sur ce point, à la Méditerranée par un chemin de fer. Alors la destinée de ce vaste bassin serait entièrement transformée.

PERSE.

(SUPERFICIE : 1 million de kil. carrés. — POPULATION : 10 millions d'hab.).

La *Perse* (appelée par les Orientaux *Iran*), située à la latitude moyenne de 35°, baignée au N. par la mer Caspienne, au S., par le golfe Persique et le détroit d'Ormus, ouverte ainsi au Nord et au Midi de l'Ancien monde, se trouve dans une position très-favorable; elle pourrait être un des liens les plus animés entre l'Europe et l'Inde; malheureusement la population, amollie par un doux climat,

PERSE. 279

par la vie facile d'un pays fécond, se livre peu aux affaires extérieures.

Les Persans sont un des types les plus purs de la race caucasique. Ils professent le mahométisme de la secte d'Ali.

Le pays est divisé en trois régions naturelles : le plateau, au centre et à l'E. ; — le versant incliné vers le golfe Persique, le détroit d'Ormus et la mer d'Oman; — le versant de la mer Caspienne. Les hautes montagnes de l'*Elbrouz*, ayant pour point culminant le pic de Demavend (plus de 6000 m.), sépare ce dernier versant du reste du pays. Le Grand Désert Salé s'étend sur la partie orientale du plateau. La région du S. est la plus belle, mais exposée à de grandes chaleurs et à un vent étouffant du S. O., nommé *samiel*. Le versant de la mer Caspienne est humide et fertile.

Le grand désavantage de la Perse, c'est le manque de fleuves considérables; le plus étendu est le *Kizil-Ouzen*, au N., tributaire de la mer Caspienne, et il n'est même pas navigable. Il y a au N. O. un vaste lac, celui d'*Ormiah*, d'une salure telle que les poissons ne peuvent pas y vivre.

La Perse a onze provinces, dont les plus grandes sont l'*Irâc-Adjémi*, au centre, le *Khoraçan*, à l'est; — et les plus fertiles, le *Farsistan*, au S., vers le golfe Persique, le *Mazenderan* et le *Ghilan*, au N., sur la mer Caspienne.

Minéraux. — On remarque le fer, le cuivre, le soufre, le bitume, le pétrole, le sel gemme, le sel ammoniac, le kaolin, quelques pierres précieuses (particulièrement des turquoises, les rubis-balais, le lapis-lazuli), la houille.

Végétaux. — On trouve les figuiers, les amandiers, les pêchers, les abricotiers, les pruniers, les grenadiers, les mûriers (la Perse paraît être la patrie de tous ces arbres précieux), les pistachiers, les orangers, les citronniers, les grenadiers, les dattiers, le blé, le riz (surtout vers la mer Caspienne), la vigne (donnant les meilleurs vins aux environs de Chiraz, d'Ispahan et de Yezd), le coton, la canne à sucre, la garance, le safran, l'indigo, le sésame, le tabac, le lin, le chanvre, les acacias-gommiers, des substances médicinales renommées (assa fœtida, l'opium, la manne, la gomme adragante, etc.). Des forêts considérables s'étendent du côté de la mer Caspienne; on y remarque des chênes, des tilleuls, des châtaigniers, des cèdres, des cyprès, des sumacs, des buis. On ne cultive pas la vingtième partie du pays. Partout l'agriculture est dans l'enfance, mais les jardins sont nombreux et beaux.

Animaux. — Les animaux les plus précieux sont les chevaux, d'une très-belle race; des ânes, des chameaux, des chèvres, des moutons; les chèvres donnent une soie très-fine. Les moutons ont une queue épaisse et traînante. La Perse récolte 20 000 balles de soie par an.

Industrie. — Les Persans, doués de beaucoup de talents naturels pour un grand nombre d'arts, ont porté à un haut degré de perfection la broderie sur le drap, la soie et le cuir; la poterie, la porcelaine, les peaux de chagrin, le maroquin, les armes blanches, les rasoirs, la joaillerie, les étoffes de coton, de laine, de poil de chèvre et de chameau, de soie, les brocarts, les velours, les tapis. — Ces industries sont bien déchues généralement.

Centres de commerce. — Les villes principales sont, en commençant par le N., *Tauris* (100 000 hab.), qui entretient des relations avec la Russie, la Turquie, l'Angleterre, la France, et d'où partent des caravanes chargées de café, de fruits secs, de matières tinctoriales, de coton, de soie, de laines, de tapis, de tuyaux de pipe, de peaux de chagrin, etc.; — *Téhéran* (120 000 hab.), capitale de la Perse, avec des fabriques de porcelaine élégante; — *Ispahan* (80 000 hab.), l'ancienne capitale, centre de fabrication d'étoffes de coton, de belles soieries, de tissus d'or et d'argent, de cuirs, de selles, d'armes à feu, de poterie et de cartonnages artistiques. — *Kachan* (40 000 hab.), avec de bonnes fabriques d'armes blanches, d'ustensiles en cuivre, de châles, de brocarts, de soieries, de cotonnades, d'ouvrages en métaux précieux. — *Cazbin* (50 000 hab.), avec de vastes bazars et une manufacture célèbre de sabres; point d'arrivée de caravanes venant de Tauris. — *Hamadan* (30 000 hab.), avec des tanneries, des manufactures de maroquins et de tapis, et quelques forges; — *Kirmanchah* (30 000 hab.), capitale du Kurdistan persan, entrepôt entre Bagdad et Téhéran et renommée par ses sabres et ses tapis; — *Chiraz* (30 000 hab.), autrefois très-florissante, bien déchue aujourd'hui, et cependant encore célèbre par son essence de rose, son tabac, ses soieries, ses armes, sa joaillerie; — *Yezd* (20 000 hab.), connue par ses raffineries, ses tapis, son opium, ses toiles, etc.; — *Firouz-abad*, par son eau de rose; — *Kerman* ou *Sirdjan*, fameuse par ses châles, ses étoffes sa porcelaine.

Dans le Khoraçan, célèbre par ses bonnes lames d'acier, ses tapis, ses troupeaux, on remarque *Mechehed* (35 000 hab.), qui fabrique des tissus de soie et de coton; — *Nichapour*, connue par ses turquoises.

Dans le Mazendéran et le Ghilan, **Balfrouch** (100 000 h.), près de la mer Caspienne, à la tête de transactions importantes avec la Russie, et toute peuplée de commerçants et d'artisans; ses bazars et ses soies sont renommés; — *Recht* (50 000 hab.), située dans le canton de la Perse qui produit la meilleure soie, et l'un des centres de la fabrication des tapis et des soieries.

Les deux principaux ports de la Perse sont *Bender-Boucher* et *Bender-Abbassy*.

Bender-Boucher, ou, plutôt, **Abou-cheher** (orthographié par les Anglais *Bushire*), sur le golfe Persique, ville de 10 000 h., le seul entrepôt maritime important de la Perse, et servant de port à Chiraz, exporte des châles, des soieries, des lainages, des chevaux. — Les Européens, surtout les Anglais, expédient des denrées coloniales, de l'acier, des objets manufacturés. Le port est bon, mais l'entrée en est difficile. Le climat est chaud et malsain.

Bender-Abbassy ou *Gomroun*, à l'entrée du golfe Persique, cédée depuis 1800 à l'imam de Mascate, est moins commerçante aujourd'hui qu'autrefois.

Mohamm'rah, près de l'embouchure du Chott-el-Arab, est un port qui prend de jour en jour plus d'activité. — *Bender-Kœngoun* est le port le plus fréquenté entre Gomroun et Abou-cheher.

Sur la mer Caspienne, on voit *Enzeli* ou *Zinzili*, qui sert de port à Recht, et qui est fréquenté par les bâtiments russes. — *Aster-abad* à 18 kilomètres de la mer Caspienne, n'est pas un port, mais le golfe auquel elle donne son nom forme une rade qui en tient lieu et où les Russes ont la petite île d'*Achouradek*, avec le droit de se servir de la rade.

Commerce, Routes des Caravanes. — Les Persans ont une certaine aversion pour la mer. Leur commerce maritime ne se fait que par des navires étrangers. — Les deux tiers des marchandises qui entrent dans le golfe Persique y sont apportées par les Anglais; les Hindous, les Arméniens et les Arabes fournissent le reste. — Les ports de la mer Caspienne ne sont fréquentés que par les Russes.

La part de la France est malheureusement presque nulle dans le commerce de la Perse; cependant les Français sont bien accueillis dans ce pays.

Le commerce terrestre, plus considérable que celui de la mer, se fait par caravanes avec le Touran, la Transcaucasie, la Turquie, et, à travers l'Afghanistan, avec l'Inde et la Chine. — *Tauris, Cazbin, Téhéran, Ispahan, Chiraz, Hamadan, Yezd, Mechehed*, sont des centres de départ et d'arrivée d'importantes caravanes, qui, indépendamment des villes persanes qu'elles unissent entre elles, se dirigent sur *Tiflis* (Transcaucasie), sur *Mossoul, Diarbekir, Erzeroum, Trébizonde, Bagdad* (dans la Turquie d'Asie), sur *Hérat* et *Candahar* (dans l'Afghanistan), sur *Bokhara, Khiva* et *Samarkand* (dans le Touran). — Le commerce avec l'Europe se fait presque entièrement par Trébizonde.

Des lignes télégraphiques unissent Téhéran à l'Europe par la Transcaucasie et la Turquie, et à l'Inde par le télégraphe qui suit le golfe Persique en passant à Abou-cheher. Un chemin de fer a été projeté entre Tauris, Trébizonde, Ispahan et Abou-cheher.

Exportations. — Les principaux articles d'exportation sont les perles, la soie, les chevaux, les chameaux, les poils de chèvre et de chameau, les peaux d'agneau, l'ammoniaque, le naphte, les turquoises, le soufre, le riz, la garance, la noix de galle, le safran, les raisins secs, les dattes, l'opium, les amandes, le tabac, les étoffes de soie et de coton, les châles, les draps grossiers, les tapis, les feutres, les maroquins et autres peaux préparées, l'assa fœtida et les ouvrages en cuir et en acier, les tuyaux de pipe.

Importations. — Les principales importations consistent en indigo, cochenille, café, sucre, rhubarbe, drogues, étain, plomb, fer, porcelaine et thé de Chine, papiers et fourrures de Russie, pierres précieuses, lingots d'or et d'argent, ivoire, draps fins, cotonnades anglaises, etc.

Le mouvement du commerce peut s'élever à 160 millions de francs. — Les exportations surpassent un peu les importations.

Monnaies, poids et mesures de Perse.

MONNAIES.

Or : toman de 10 000 dinars............ = 11^f,14
     2 tomans........................... = 22 ,27
Argent : yek hazar-dinars (1000 dinars)..... = 1 ,03
     2 hazar-dinars (2000 dinars)........ = 2 ,06
Il y a des pièces de 500 dinars et de 250 dinars.

MESURE ITINÉRAIRE.

Farsang................................. = 8^{kil},9

MESURE LINÉAIRE.

Zarre................................... = 1^m,016

POIDS.

Miskal.................................. = 1^{gr},80
Man de Tauris........................... = 640 miskals
Man de Chiraz ou du Chah............... = 1000 miskals

LES CÔTES DU MÉKRAN, BÉLOUTCHISTAN.

Si, de Bender-Abbassy, on suit de l'O. à l'E. le littoral, après avoir franchi le détroit d'Ormus, on arrive à la côte du *Mékran* (l'antique Gédrosie), baignée par la mer d'Oman. C'est une partie du *Béloutchistan*, pays qui se trouve sous la suzeraineté anglaise. Il n'y a pas de ports, mais, un peu plus loin, dans la province de *Lotsa*, on remarque celui de *Guador*, où aboutit la partie sous-marine du télégraphe qui se rend de Bassora à Bombay.

Les habitants de la côte du Mékran sont des pêcheurs assez habiles et se nourrissant exclusivement de poisson ; ils correspondent aux *Ichthyophages* de l'antiquité.

A l'intérieur, on rencontre, sur quelques points, de fertiles vallées. Il n'y a pas de grandes villes : *Kélat*, capitale du Béloutchistan, est elle-même insignifiante. — *Kota*, à l'entrée du célèbre défilé de *Bolan*, qui franchit les montagnes escarpées des frontières du nord, est sur la route des caravanes allant de l'Inde à l'intérieur de l'Asie occidentale.

AFGHANISTAN OU ROYAUME DE CABOUL.

L'Afghanistan, situé dans l'intérieur, par la latitude moyenne de 33°, entre le Béloutchistan, la Perse, le Turkestan et l'Hindoustan, est un royaume de 900 000 kilom. carrés et de 6 000 000 d'habitants.

Couvert, au nord, de montagnes élevées d'environ 6500 mètres (le *Caucase indien* ou *Hindou-khouch*), il a, dans le sud-ouest, de vastes plaines sablonneuses et désertes; mais ailleurs se présentent des cantons fertiles, qui produisent en abondance le blé, le riz, le tabac, les melons, le lin, la garance, le coton, la canne à sucre, le gingembre, l'assa fœtida, la manne, les mûriers pour les vers à soie, et les mêmes arbres fruitiers qu'en Perse.

L'Afghanistan appartient un peu, à l'E., au bassin de l'Indus, auquel il envoie la rivière *Caboul*. Mais l'ensemble du pays fait partie du plateau de la Perse. Il y coule l'*Helmend*, qui se perd dans le lac *Hamoûn*. Ces eaux sont inutiles au commerce, qui ne se fait que par caravanes. Les centres de ces caravanes sont **Caboul** (60 000 hab.), capitale du royaume; — **Candahar** (100 000 hab.), vers le milieu de l'Afghanistan, — et **Hérat** (50 000 hab.), animée par un commerce considérable, point de passage des grandes caravanes de l'Asie intérieure, et célèbre par ses fabriques de sabres, de tapis et d'eau de rose. Son heureuse situation l'a fait surnommer *Bender* (le port). Les Persans et les Afghans se sont souvent disputé la possession de la ville et du territoire de Hérat, d'une grande importance commerciale et militaire entre l'Asie occidentale, l'Asie moyenne et l'Asie méridionale. Les influences russe et anglaise se disputent également cette position.

Les Afghans sont un peuple sobre, brave et belliqueux, mais sanguinaire et indiscipliné, et peu enclin à l'industrie et au commerce : il préfère la vie nomade.

TURKESTAN OU TOURAN.

Le *Turkestan*, qu'on doit nommer plutôt *Turkestan occidental*, pour le distinguer du Turkestan chinois, est appelé aussi *Touran*, *Tatarie occidentale;* il est borné au N. par le Turkestan russe (en Sibérie); à l'E., par l'empire Chinois; au S., par l'Afghanistan et la Perse; à l'O., par la mer Caspienne. — Sa latitude moyenne est au 40° degré.

Les côtes baignées par la mer Caspienne sont en partie formées par des hauteurs escarpées. On y remarque les golfes de *Karaboghaz* et de *Balkan*, et l'île de *Naphte*.

La mer d'*Aral*, qui baigne le nord de cette région, n'est qu'un grand lac vers lequel se dirigent les deux principaux fleuves du pays : le *Djihoun* ou *Amou-daria* (*Oxus*) et le *Sihoun* ou *Syr-daria* (*Iaxartes*), longs et beaux cours d'eau, qui vont acquérir, sous l'influence russe, rapidement croissante dans cette région, une importance considérable.

L'*Hindou-khouch* s'élève sur la frontière méridionale du Turkestan. Les monts *Bolor* et les monts *Célestes* se montrent sur la frontière orientale. Dans le S. O., sont les steppes du *Kharism*. Autour de la mer d'Aral, s'étendent de vastes déserts sablonneux. Mais d'autres parties du pays ont de belles vallées ou des plaines fertiles en blé, fruits, vin, coton, tabac, et en excellents pâturages, où paissent de nombreux troupeaux de moutons, de chevaux, d'ânes, de chameaux et de chèvres. On y élève des vers à soie ; on y trouve la rhubarbe et l'assa fœtida. Il y a beaucoup de jardins, qui produisent d'excellents fruits, tels que pommes, poires, cerises, abricots, pêches. L'herbe abonde dans les steppes. Les montagnes du S. E. renferment de l'or, de l'argent, du lapis-lazuli et des rubis-balais.

La plus belle portion du Turkestan se trouve au S. E.; on y voit le khanat de *Boukharie*, pays très-bien cultivé, dont les irrigations sont parfaitement entendues et où règne l'industrie des armes, des tapis, des étoffes de soie et de coton. — **Boukhara** ou **Bokhara** (150 000 hab., en majorité d'origine persane) est une ville très-commerçante, dont les Russes viennent de s'emparer. — A l'E., se trouve **Samarkand**, au moyen âge une des plus brillantes cités de l'Asie, presque ruinée aujourd'hui, mais qui se recommande encore par ses fabriques de papier de soie. Cette ville vient aussi de tomber aux mains des Russes, maîtres aujourd'hui d'une vaste portion du Turkestan. — *Balkh* (l'antique Bactres), n'a plus d'importance.

Au S.-E., est le *Badakhchan* ou *Balakhchan*, riche en lapis-lazuli et en rubis-balais. — Au N. E., sur les bords du Syr-daria, se trouve le khanat de *Khôkhan*, avec une capitale du même nom. Les Russes en ont conquis une partie et en ont fait leur gouvernement de Turkestan (*Voy.* p. 185).

Dans le S. O., est l'état de **Khiva**, ainsi appelé de sa capitale, située sur un canal dérivé du Djihoun. — *Ourghendj*, dans le même état, surpasse Khiva par son commerce.

On compte, dans le Turkestan, 6 000 000 d'âmes, mélange de Mongols et de Turcs. Les peuples principaux sont : les *Ouzbeks*, qui vivent en soldats ; — les *Turcomans*, pasteurs grossiers qui s'adonnent volontiers au brigandage, — les *Tadjiks* (d'origine persane) ; — les *Boukhares* (composés d'Ouzbeks et de Tadjiks) qui forment une population essentiellement marchande : on les trouve aux foires de Russie, comme aux bazars de Perse et de Turquie, et aux comptoirs de l'Inde.

Les caravanes nombreuses qui se rendent de Bokhara à Khiva, apportent d'Orenbourg et d'Astrakhan des draps, des cotonnades, des cuirs, des sucres en pain, des ustensiles de cuisine en fer, du fer en barres; de la Perse et du Hérat, des tabacs, des soieries, des armes ; de la Chine, du thé, article de première nécessité pour les habitants; de l'Inde, enfin, des cotonnades, des châles, du café. Les esclaves sont malheureusement un autre objet considérable de commerce. — Les exportations consistent en chevaux, chèvres, peaux d'agneau, soie.

LEÇON XIX.

INDE OU HINDOUSTAN.

(SUPERFICIE : 3 550 000 kil. carrés. — POPULATION : 190 millions d'habitants)

Situation, grandes divisions physiques. — L'*Inde*, ou plutôt la *presqu'île occidentale de l'Inde* ou l'*Hindous-*

tan, est une grande et belle région du sud de l'Asie, qui s'avance dans l'océan Indien, entre le golfe du Bengale et la mer d'Oman, et qui s'étend du 7e au 36e degré de latitude N.; le tropique du Cancer la coupe à peu près par le milieu. Elle est bornée au N. par l'empire Chinois (le Tibet); au N. O., par le Béloutchistan et par l'Afghanistan; elle tient vers l'E. à l'Indo-Chine. Il est peu de contrées aussi heureusement situées pour le commerce. Elle est l'intermédiaire entre l'Europe, la Chine et l'Océanie.

Le midi est plus particulièrement désigné sous le nom de *Dékhan;* le nord forme l'*Hindoustan propre.*

Les côtes, généralement élevées à l'O., basses à l'E., sont peu découpées; on distingue cependant, à l'O., les golfes de *Kotch* et de *Cambay*, entre lesquels s'avance la presqu'île de *Goudjérate.* A l'extrémité S., se présente le cap *Comorin*, entouré de rochers dangereux pour les navigateurs. Au N. E. de ce cap, s'ouvre le golfe de *Manaar*, qui, avec le détroit de *Palk*, sépare l'île de *Ceylan* du continent, et qui est célèbre par la pêche des perles.

Au fond du golfe de Bengale, est l'archipel des *Sonderbonds*, inondé par les innombrables bouches du Gange.

Au S. O. de l'Inde, sont les deux archipels des *Laquedives* et des *Maldives*, entourés de récifs.

Les monts *Himalaya*, la plus haute chaîne du globe, s'étend du N. O. au S. E., entre l'Hindoustan et le Tibet. Leur point culminant est le pic *Everest* ou *Gaourisankar*, de 8840 mètres d'altitude. — L'intérieur du Dékhan forme un vaste plateau, soutenu à l'O. et à l'E. par deux chaînes de montagnes parallèles aux deux côtes, et qu'on nomme *Ghattes occidentales* et *Ghattes orientales.* Ces deux chaînes offrent d'épaisses forêts, des précipices profonds, des rochers escarpés, et leurs défilés sont généralement difficiles à franchir.

Une infinité de cours d'eau arrosent l'Hindoustan, et le divisent en deux versants : celui de l'E. ou du golfe du Bengale, et celui de l'O. ou de la mer d'Oman.

Sur le versant oriental, on remarque d'abord le *Gange*, qui descend des monts Himalaya, parcourt les riches plaines du nord et de l'est de l'Inde, et se jette dans le golfe du Bengale par une foule de bras, dont les plus importants sont le bras occidental, nommé *Hougly*, et le bras oriental, qui conserve le nom de *Gange;* son cours est d'environ 2500 kilomètres ; des bâtiments à vapeur le remontent facilement jusqu'à plus de 1200 kilomètres de la mer; ses débordements périodiques fertilisent les contrées qu'il arrose : à la fin de juillet, son delta et les parties voisines sont inondés et forment des nappes de plus de 200 kilomètres de largeur; son principal affluent est la *Djemna*, à droite.

Le *Brahmapoutre*, qui sort de l Indo-Chine, va, sous le nom de *Megna*, se jeter dans le golfe du Bengale, très-près et à l'E. de la principale embouchure du Gange, avec lequel il communique par différents bras.

Les autres tributaires du golfe de Bengale sont le *Méhénédy*, dont les branches nombreuses forment un large delta; le *Godavéry;* la *Kistna* ou *Krichna*, dans les sables de laquelle on trouve des diamants, des onyx et de l'or. — Le plus grand fleuve du versant occidental de l'Hindoustan est le *Sind* ou *Indus*, qui se jette, par plusieurs embouchures, dans la mer d'Oman, au N. O. du golfe de Kotch, et dont le cours est d'environ 3000 kilomètres. Il a cinq principaux affluents, et l'on a donné le nom de *Pendjab* (c'est-à-dire *cinq rivières*) au pays qu'ils arrosent. — Dans le golfe de Cambay se rendent la *Nerbéda* et le *Tapty*.

L'Hindoustan a peu de lacs, mais deux des plus vastes marais du monde : l'un est le marais salé de *Rin*, qui s'étend entre le fond du golfe de Kotch et la branche la plus orientale du Sind. L'autre est le *Tariyani*, qui s'allonge sur un grand espace au pied de l'Himalaya.

L'Hindoustan est un pays magnifique, et offre un mélange de délicieuses vallées et de plaines fertiles, excepté au N. O., où se trouve le désert de *Maroust-Hali* ou de *Thur*, d'une affreuse stérilité.

Comprise en grande partie dans la zone torride, l'Inde est naturellement un pays fort chaud, surtout sur les côtes; le plateau du Dékhan jouit d'une température douce et d'un bon climat, ainsi que les vallées de l'Himalaya : le delta du Gange et quelques autres parties du bassin de ce fleuve sont très-insalubres.

Il n'y a que deux saisons : celle de la sécheresse et celle des pluies; elles sont produites par les vents nommés *moussons :* celle du N. E., d'octobre à avril, et celle du S. O., d'avril à octobre. Le changement d'une mousson à l'autre est accompagné d'ouragans.

Population. — Les 190 millions d'habitants de l'Inde se composent de plusieurs éléments. Les *Hindous*, qui en forment la masse, ont eux-mêmes deux origines distinctes : les uns sont descendus des plateaux de l'intérieur de l'Asie occidentale à une époque très-reculée; ils ont conquis l'Inde, et y ont introduit la civilisation et la religion qui y règnent encore aujourd'hui : ce sont les *Hindous-Aryas* ou Hindous proprement dits. — Les autres sont les aborigènes primitifs du pays, au teint plus brun et aux traits qui rappellent assez les races mongolique et tibétaine : ils ont été refoulés par les vainqueurs dans les forêts, les montagnes et le S. de la presqu'île. Plusieurs constituent encore, dans le Dékhan, des peuples assez considérables, comme les *Tamouls*, les *Mahrattes*, etc.

Beaucoup de nations étrangères sont venues s'établir dans cette riche contrée : on y rencontre des *Mongols* ou *Mogols*, des *Afghans*, des *Béloutchis*, des *Parsis* ou *Guèbres*, des *Arabes*, etc. On trouve dans le midi beaucoup de *Portugais noirs*, qui descendent d'un mélange de Portugais et d'Hindous. Enfin, il y a un assez grand nombre d'*Anglais*.

La plupart des Hindous professent le brahmisme. Ils sont, suivant ce culte, partagés en *castes* ou classes, qui ne se mêlent jamais entre elles : ce sont les castes des prêtres, des guerriers, des cultivateurs, des commerçants (ou Banians). Ces derniers sont connus par leur habileté dans le commerce et on les trouve en grand nombre dans les ports de l'Arabie, de l'Afrique orientale et d'autres points éloignés de leur patrie. Il y a ensuite les *parias*, qui sont jugés indignes de former une caste, et qui languissent dans un affreux état d'abjection et de misère.

C'est parmi les individus des castes inférieures qu'on trouve les *coulies*, ou hommes de peine, porteurs de palanquins et d'autres fardeaux : ce sont eux qu'on recrute dans les colonies françaises, anglaises et autres pour les travaux de la terre.

Le nombre des musulmans dans l'Inde est d'environ 16 millions. Il y a près de 5 millions de chrétiens, dont un assez grand nombre, connus sous le nom de *chrétiens de saint Thomas*, sont des indigènes des côtes de Malabar et de Coromandel. Les Juifs sont assez nombreux dans le Malabar; et les Parsis, dans le Goudjérate et à Bombay. Enfin le bouddhisme est répandu dans plusieurs parties, surtout dans les monts Himalaya.

Le *sanscrit* est la langue sacrée employée seulement dans les cérémonies du culte et dans les livres. La langue moderne la plus répandue est l'*hindoustani*.

Les Hindous sont un peuple frugal, hospitalier, prudent jusqu'à la ruse, superstitieux, intelligent, mais efféminé, servile envers les supérieurs, arrogant envers les inférieurs.

Minéraux. — L'Inde est renommée par ses richesses minérales : il y a des mines d'or, surtout dans le Dékhan. On rencontre le fer, l'aimant, l'acier naturel, l'argent, le plomb, le zinc. Les diamants du Dékhan sont célèbres; il y a des rubis, des saphirs, des améthystes, des onyx, du lapis-lazuli. Il existe plusieurs importants bancs de houille dans les vallées du Gange et de la Nerbéda.

Végétaux. — Les productions végétales sont d'une grande variété, et donnent d'abondants produits, quoique l'agriculture soit assez mal entendue. — Le riz, la principale nourriture des Hindous, abonde presque partout. L'Inde possède aussi le froment, l'orge, l'avoine, le maïs, le millet, le sorgho, l'arrow-root; elle produit le toll ou cytise de l'Inde, qui porte une sorte de pois; on y récolte les melons, les ananas, les ignames, les ignames-patates, l'indigo, le safran, la garance, le carthame, le coton, dont la culture a repris, pendant la guerre civile américaine de 1861 à 1865, un immense accroissement, le poivre, le bétel, le tabac, le chanvre, le lin, le jute (plante textile très-utile), le bananier, le sésame, l'opium, le cardamome, le gingembre, la badiane (ou anis étoilé), le ricin, le camphrier, le café, la canne à sucre, le thé brun, la vigne. Les bambous forment ces fourrés impénétrables et sauvages qu'on appelle *jungles*. — On y voit la plupart des espèces de palmiers : le sagoutier dont on mange la moelle (sagou); le rotang ou rotin, l'arec, dont le bourgeon terminal se mange sous le nom de chou palmiste; le figuier indien ou pipal, appelé aussi arbre des Banians, dont un seul pied est une forêt. Le tek, si important pour les constructions navales, est commun dans ce pays, qui produit aussi les orangers, les pamplemousses, les grenadiers, les mûriers, les arbres à pain, les manguiers, les mangoustans, le bois de fer, les ébéniers, le bois de sandal, le boswellia ou l'arbre au véritable encens, le croton à laque, le camphrier et le cannellier. — Les rosiers sont cultivés pour la fabrication de l'essence de rose.

Animaux. — On distingue les chameaux, communs dans le N.; la chèvre et la brebis de Cachemire, qui fournissent le poil précieux et la laine dont on fait les plus beaux châles; le chevrotain porte-musc, qui se plaît sur les hautes régions de l'Himalaya; le nyl-gau ou taureau-cerf et le bœuf ordinaire; le buffle, qui vit dans les parties marécageuses; le bœuf gour, le yak, le zébu, de nombreux éléphants, les chevaux, les ânes, l'hémione.

Les arondes ou huîtres à perles se pêchent dans le golfe de Manaar; les cauris, petits coquillages qui servent souvent de monnaie, abondent surtout aux Maldives. — L'Inde compte, parmi ses principales productions, le ver à soie et plusieurs espèces de cochenille.

Industries. — Les tissus de coton de l'Inde, jadis célèbres, ont été imités et surpassés par l'Europe, qui, à son tour, en fournit à ce pays. Les noms de Calicut (calicot), de Madapolam, de Gangam (guingan), ont été donnés à des toiles qu'on fait aujourd'hui plus abondamment chez nous que dans les villes qui leur ont donné naissance; les mousselines et les soieries du Bengale, si connues, ne valent pas celles de France. — Les peaux brodées, les brocarts, les écharpes, les ouvrages d'orfévrerie, les poteries élégantes, les sculptures en ivoire et en bois, les aciers damasquinés et beaucoup d'autres industries ingénieuses ont fait la réputation industrielle de l'Inde; tout cela est tombé aujourd'hui devant la concurrence européenne.

Les foulards de l'Inde sont cependant toujours demandés; mais surtout les châles que l'on fabrique dans le Pendjab et le Cachemire sont les plus recherchés du monde. On fait dans le Bengale de grosses et solides toiles en jute. On a remarqué à l'Exposition universelle de petits meubles et des objets de joaillerie et de bijouterie fort bien faits.

Les industries d'Europe, avec leurs machines et leurs autres moyens puissants, s'introduisent de toutes parts : les sucreries sont parmi les plus remarquables.

Divisions politiques. — L'Hindoustan est, en très-grande partie, sous la domination immédiate des Anglais ; une partie est sous leur protection et leur paye tribut ; les Français et les Portugais ont quelques villes, avec de petits territoires environnants ; le reste appartient à des princes hindous indépendants, sur lesquels plane cependant la suprématie britannique.

Les Anglais ont là une des plus puissantes colonies qui aient jamais été fondées. Leurs possessions ne datent cependant que du siècle dernier. Après une lutte très-vive contre la France, la Grande-Bretagne l'emporta ; l'Inde fut concédée à la *Compagnie des Indes orientales*, qui, après l'insurrection de 1857, a cessé d'exister et a été remplacée par le gouvernement royal direct de l'Angleterre.

Ces possessions anglaises, qui comprennent 145 000 000 d'habitants, se divisent en trois grandes présidences : 1° celle du *Bengale*, qui est sous la direction immédiate du vice-roi et gouverneur-général de l'Inde et à laquelle sont annexés la vice-présidence du N. O., la vice-présidence du *Pendjab*, le haut commissariat des *Provinces Centrales* et une grande partie de l'*Indo-Chine britannique* ; — 2° la présidence de *Madras* ; — 3° celle de *Bombay*.

Villes principales et ports des possessions immédiates des Anglais. — Dans l'HINDOUSTAN PROPRE, en remontant d'abord le bassin du Gange, on trouve, dans la riche province du Bengale (y compris le Bahar) : **Calcutta** (700 000 habitants), grande ville, capitale des possessions anglaises en Asie, située sur l'Hougly, branche du Gange, à 160 kilomètres de la mer. C'est le premier port de commerce de l'Inde ; la valeur des affaires y est de 1 200 000 000 de francs, et le mouvement de la navigation, de 2 millions de tonneaux. — *Dacca* (80 000 âmes), célèbre par ses mousselines. — *Mourched-abad* (150 000 habitants), qui fabrique des soieries et des broderies. — **Patna** (300 000 habitants), avec un grand commerce d'opium et des fabriques de tapis, d'étoffes de coton et d'orfèvrerie.

Dans les provinces du N. O : **Bénarès** (200 000 hab.), centre d'un grand commerce ; — *Mirzapour* (80 000 hab.), qui fabrique de la poterie ; — *Allah-abad*, où affluent les pèlerins ; — *Monghir*, avec ses fabriques d'armes, de coutellerie et d'articles en paille ; — *Cânpour*, grande station militaire ; — **Laknô** (300 000 habitants), capitale de l'ancien royaume d'Aoude ; — *Agra* (65 000 habitants) ; — *Bareily* (90 000 habitants), avec des fabriques de coutellerie et d'ouvrages en cuivre ; — **Dehly** (200 000 habitants), déchue mais encore célèbre par sa joaillerie et son orfèvrerie ; — *Farahk-abad* ; — *Hardouâr*, but de pèlerinages célèbres, qui donnent lieu à de grandes foires.

Parcourons maintenant le bassin de l'Indus ; nous y remarquons :

1° Dans le *Pendjab*, qui a été le siége principal de la domination des Seykhs, nation puissante un moment, au commencement de ce siècle : **Lahore** (100 000 habitants). — *Amretseyr*, centre d'une grande fabrication de châles. — *Attok*, un des points les plus fréquentés de l'Indus. — **Moultan** (80 000 habitants), lieu de fabrication de soieries, de tapis, de toiles, et grand entrepôt entre le Pendjab et l'Afghanistan, le Cachemire, la Boukharie et l'Europe. — *Pichaver*, entrepôt d'un grand commerce entre l'Inde et l'Afghanistan.

2° Dans le *Sindhi*, traversé par le cours inférieur de l'Indus, et baigné par la mer d'Oman : *Haïder-abad* et *Tatta*, toutes deux sur l'Indus ; — **Karatchy**, ou, suivant l'orthographe anglaise, *Kurrachee* (40 000 habitants), port florissant, où mouillent les bâtiments à vapeur du golfe Persique à Bombay.

Dans le Goudjérate, est *Cambay*, au fond du golfe du même nom, port autrefois important, aujourd'hui ensablé.

Dans le DÉKHAN, on trouve, en commençant par les provinces de la côte occidentale : **Surate** (300 000 habitants), sur le Tapty, dans le S. du Goudjérate ; renommée par son commerce et par son industrie, dont les mousselines sont l'objet principal ; mais tout cela est bien déchu. — **Bombay**, dans une île du même nom, la première ville de l'Inde pour la population (800 000 habitants), centre du commerce anglais sur la côte occidentale, et le principal entrepôt entre ce pays et l'Europe. La valeur de son commerce s'élève à 1 milliard de francs. — *Pouna* (100 000 habitants).

— *Beydjapour* ou *Visiapour*, ancienne capitale d'un empire mahométan du même nom. — *Bellary*, sur le chemin de fer de Bombay à Madras, à peu près à égale distance de ces deux villes. — *Mangalore*, port commerçant. — *Calicut*, dans le Malabar; fameuse par les toiles de coton auxquelles elle a donné son nom, jadis florissante, et qui fut le premier port de l'Inde où les Portugais abordèrent, conduits par Vasco de Gama, en 1498. — *Cochin*, autrefois le principal établissement des Hollandais dans l'Inde.

En remontant ensuite les provinces orientales, vers le golfe du Bengale, on remarque :

Tuticorin, où l'on pêche les plus belles perles de l'Orient. — *Madura*, autrefois capitale d'un royaume de même nom. — **Madras** (700 000 habitants), la plus grande ville de la côte de Coromandel, et siège d'un immense commerce. — *Mazulipatam*, célèbre par ses tissus de coton. — *Madapolam*, intéressante aussi par les étoffes de coton auxquelles elle a donné son nom. — *Gangam*, dont les toiles, autrefois plus renommées, sont connues sous le nom de *guingans*. — *Kétek* (100 000 habitants), sur le Méhénedy.

Dans l'intérieur, à peu près à égale distance des deux côtes, on voit : *Nagpour* (100 000 habitants), chef-lieu des Provinces Centrales, et située au cœur même de l'Hindoustan; — *Seringapatam*, dans le Maïssour.

La belle île de CEYLAN (l'ancienne *Taprobane*), placée près et au S. E. de l'Hindoustan, appartient aussi aux Anglais, et elle renferme près de 2 millions d'habitants.

Colombo (70 000 habitants), chef-lieu de l'île, est sur la côte occidentale. — *Trinquemale*, sur la côte N. E., est remarquable par son excellent port. — *Candy* est au centre. — Sur la côte méridionale, on voit **Pointe-de-Gale**, port très-fréquenté, point de relâche habituel où s'arrêtent les navires de la Compagnie des Messageries impériales et de la Compagnie péninsulaire et orientale.

Parmi les **villes des états tributaires** ou **alliés protégés des Anglais**, et qui sont presque tous dans l'intérieur, la plus importante est *Haïder-abad* (200 000 habitants), capitale de l'état du Nizam, et siège d'une fabrication de belle poterie. — On remarque, dans le voisinage, *Golconde*, célèbre entrepôt de diamants; — *Aureng-abad* (60 000 habitants), presque ruinée, mais qui fait encore de magnifiques brocarts d'or et de célèbres écharpes brodées.

États hindous indépendants. — Le plus septentrional des états indépendants est celui de *Cachemire* (*Kachmyr*), gouverné par un prince seykh et dont la capitale est la ville de **Cachemire** ou **Sirinagar**, située dans une vallée célèbre par les beaux châles qu'on y fabrique, ainsi que par ses étoffes pour turbans, ses tapis et son papier.

Le second état indépendant est celui du *Neypâl*, sur le versant de l'Himalaya. La capitale est *Khatmandou*.

Les *Maldives* ou *Malaïa-diva*, très-nombreuses, sont entourées de récifs de corail. A peu près cinquante sont cultivées, et couvertes de plantations de riz et de cocotiers. La principale est *Malé*, résidence du sultan de l'archipel.

Possessions françaises. — Les Français, qui ont été assez puissants dans l'Inde au dix-huitième siècle, n'y possèdent plus que cinq établissements : **Pondichéry**, *Karikal*, *Mahé*, *Chandernagor*, *Yanaon*. (Voir la *Géographie agricole, industrielle et commerciale de la France et de ses colonies*, 2ᵉ année, Leçon XXV.)

Possessions portugaises. — Ces possessions, un peu plus étendues que les nôtres, se trouvent sur la côte occidentale. Les Portugais, arrivés les premiers dans l'Inde par la route du cap de Bonne-Espérance, firent longtemps dans cette contrée un immense commerce ; aujourd'hui leurs établissements sont peu importants. — Leur ville de *Goa*, dans l'île du même nom, autrefois l'une des plus grandes cités de l'Asie, est maintenant presque déserte. Il s'est élevé dans le voisinage une autre ville appelée la **Nouvelle-Goa**, **Panghi** ou **Pandgim** (20 000 hab.), capitale actuelle de l'Inde portugaise. — La même nation a sur la côte du Goudjérate, le port de *Daman* et celui de *Diu*, autrefois florissant, dans une petite île du même nom. — Les possessions portugaises de l'Inde renferment 450 000 habitants.

Voies de communication, chemins de fer. — Les deux grandes voies navigables intérieures sont le Gange et l'Indus : les Anglais ont établi sur ces magnifiques fleuves des communications régulières par bateaux à vapeur ; et les barques des indigènes y circulent aussi en grand nombre. Le canal le plus considérable est celui qui longe le Gange sur un espace de 1400 kilom.

Les ports de l'Inde ne sont pas aussi nombreux que pourrait le faire croire le développement considérable des côtes. — Sur toute la côte orientale, plate et sans anfractuosités, il n'y a pas un seul havre : les bâtiments sont obligés de décharger les marchandises et les voyageurs sur des barques, pour arriver à Madras, à Pondichéry, etc.

Les routes ordinaires ne sont pas bonnes généralement, malgré les améliorations que les Anglais ont fait subir à plusieurs.

Les chemins de fer se multiplient sous l'action puissante des possesseurs de l'Inde. Déjà 5500 kilom. sont achevés, et beaucoup de lignes sont projetées. Les principales lignes, livrées en grande partie à la circulation, sont celles de Calcutta à Lahore, par Patna, Bénarès, Mirzapour, Allahabad, Dehly ; — celle de Bombay à Mirzapour, par conséquent à Calcutta ; — celle qui va de Madras à Bombay et qui passe par Bellary et Pouna, en envoyant des embranchements à Bangalore, dans le Maïssour, et à Terek-abad, sur la côte de Malabar ; — la ligne de Karatchy à l'Indus. — On a arrêté le projet d'unir Pondichéry, chef-lieu des établissements français, au grand réseau anglo-indien.

Une ligne télégraphique unit Calcutta à Karatchy, Karatchy au Béloutchistan, d'où elle se plonge dans la mer, franchit le golfe Persique, en touchant à Abou-cheher, gagne Bassora et arrive en Europe.

Commerce, importations, exportations. — L'Inde est surtout un débouché pour les produits de la Grande-Bretagne : cotonnades, fils de coton, lainages, soieries, fers et autres métaux, quincaillerie, liqueurs, etc. Elle importe, de plus, de la France, des vins, des eaux-de-vie, des soieries, des tissus divers, des articles de mode ; — à la Chine, à la Perse et au Turkestan, elle demande des soies écrues ; — à l'Afrique, de l'ivoire ; à l'Arabie, du café ; à la Malaisie hollandaise, des épices.

Le coton est le principal objet d'exportation ; au second

rang, l'opium, dirigé surtout vers la Chine. Les produits les plus importants sont ensuite l'indigo, le sucre, le café, les épices, le riz, les châles, les soieries, le jute, les graines oléagineuses, les gommes, les métaux, les perles, les bois odoriférants.

L'extension prise par le commerce de l'Inde britannique depuis un quart de siècle est très-remarquable : les importations se sont élevées de 210 millions en 1840-41, à 587 millions en 1860-61, et à 704 millions en 1864-65, (sans compter 534 millions de métaux précieux monnayés). — Les exportations, qui n'étaient encore que de 336 millions en 1840-41, ont atteint 824 millions en 1860-61, et 1 700 millions pour l'année 1864-65. Ainsi, le mouvement total du commerce est d'environ 3 milliards (y compris les métaux précieux, consistant presque entièrement en argent monnayé, qui a seul un cours forcé).

La *part de la France* dans cet ensemble n'est guère que de 120 à 130 millions ; les articles qu'elle y envoie n'y entrent que pour une vingtaine de millions.

Le mouvement de la navigation, en 1864-65 (entrées et sorties) a été : 1° de 11 000 navires sous pavillon britannique, jaugeant 5 500 000 tonnes ; 2° de 1 755 navires étrangers, jaugeant 920 000 tonnes ; 3° de 40 000 bateaux indigènes, jaugeant 1 583 000 tonnes).

Les monnaies, poids et mesures d'Angleterre sont en usage avec ceux des indigènes, savoir :

MONNAIES.

Or : Mohur	= 36^f,72
½ Mohur ou double pagode	= 18 ,56
Pagode	= 9 ,18
Argent : Roupie	= 2 ,36[1]

Il y a des demi-roupies, des quarts de roupie et des huitièmes de roupie ou pièces de 2 annas (29 c.).

Les cauris servent pour les menues transactions : un poids de 12000 de ces coquilles vaut, dans l'Inde, de 5 à 6 fr.

MESURES ITINÉRAIRES.

Gros de Coromandel	= 10^{kil},11
Gros ou gau de Malabar et de Surate	= 11 ,12

1. Prise ordinairement pour 2 fr. 50 c.

MESURE LINÉAIRE.

Guz de Calicut.......................... = 72$^{cent.}$,10

POIDS.

Miscal de Calicut....................... = 4^{gr},47
Pagode étoilée de Madras............... = 3 ,40
Tola de Calcutta....................... = 14 ,55
Tola de Bombay......................... = 11 ,60
Maund du Bengale....................... = 37^{kil},32

Principales institutions de crédit. — Banque du Bengale, à Calcutta; Banque de Bombay; Banque de Madras.

LEÇON XX.

INDO-CHINE ET CHINE.

INDO-CHINE.

(SUPERFICIE : 2 millions kil. carrés. — POPULATION : 25 millions d'habit.).

Situation. Grandes divisions physiques. — L'Indo-Chine, située à l'extrémité S. E. de l'Asie, et ainsi nommée parce qu'elle tient à la fois de l'Inde et de la Chine par sa situation, son climat, ses productions, s'étend du 1er au 28e degré de latitude N., entre le golfe du Bengale et la mer de Chine, c'est-à-dire entre l'océan Indien et l'océan Pacifique. Elle se termine au S. par la longue péninsule de *Malaka*, qui est séparée de l'île Sumatra par un détroit du même nom. Les caps *Bourou* et *Romania* sont à l'extrémité méridionale de cette presqu'île.

Le golfe du Bengale forme plusieurs enfoncements, entre autres, le golfe du Bengale, au sud duquel on remarque l'archipel *Merghi* et la belle île *Salanga*. A une assez grande distance des côtes, s'étendent, du N. au S., les îles *Andaman* (aux Anglais) et les îles *Nicobar* (indépendantes).

La mer de Chine présente deux larges enfoncements : le golfe de *Siam*, qui renferme l'archipel de *Cambodge*, et le golfe de *Tonkin*, également parsemé de nombreuses îles.

L'Indo-Chine est traversée du N. au S. par plusieurs

grandes chaînes qui portent les noms de montagnes de *Siam*, montagnes de *Malaka*, montagnes des *Moï*, etc.

Les principaux cours d'eau sont, sur le versant du golfe de Bengale : le *Brahmapoutre*, l'*Aracan*, l'*Iraouaddy* ou *Ava*, le *Salouen* ; — sur le versant de la mer de Chine : le *Ménam*, le *Mè-kong* ou *Cambodge*, fleuve très-important pour l'avenir de nos possessions en Cochinchine et qui, après un cours d'environ 3000 kilomètres, se jette dans la mer par deux branches principales, d'une navigation facile; mais son cours supérieur est rempli d'obstacles. Un peu à l'E. est l'embouchure du *Don-naï* qui reçoit la rivière de *Saïgon*.

Le lac le plus important est le *Toanlé-sap*, appelé aussi *Bien-ho*, communiquant avec le *Mè-kong*.

Population. — La population de l'Indo-Chine est un mélange de diverses races.

Les Indo-Chinois de l'E. ressemblent assez aux Chinois et font partie de la race mongolique ; ceux de l'ouest paraissent être de la famille hindoue ; ceux du sud sont de la race malaise.

Les Birmans sont irritables et pleins de vanité. Les Siamois ou *Chan*, doux, hospitaliers, humains, mais indolents et fiers, méprisent les autres nations ; les Tonkinois sont braves et hospitaliers. Les Cochinchinois se distinguent par leur finesse d'esprit, leur aptitude pour le commerce. Les Cambodgiens sont très-doux et très-bons, mais apathiques. Les Malais, audacieux, intelligents, vindicatifs, se livrent au commerce, souvent aussi à la piraterie. Les Lao, qui habitent, dans l'intérieur, une grande partie de la vallée du Mè-kong, sont des populations olivâtres, d'un caractère doux.

Les principales langues de l'Indo-Chine sont le birman, le siamois, le cambodgien, l'annamite et le malais. Le pali est une langue morte et sacrée qui ne s'emploie que dans le culte et la littérature. La religion générale est le bouddhisme.

Végétaux. — Le sol produit en abondance le riz, l'indigo, la canne à sucre, le thé, moins estimé que celui de la Chine, les ignames, le cotonnier, le tabac, les bambous, les orangers, les ébéniers, les sycomores, le tek, l'agalloche, le bois d'aigle et celui de sandal; le bois de fer; le bananier, le figuier d'Inde, le gingembre, le cardamome; le cannellier, le bétel, sorte de poivrier, dont les indigènes mâchent les feuilles; le poivrier proprement dit, le poivrier long; des arbres à vernis; le croton à laque; le jute, l'arachide, le camphrier, le tamarinier; le mangoustan, le manguier, qui portent de très-bons fruits; le cambogie ou guttier, d'où découle la gomme-gutte; enfin la riche famille des palmiers, dans laquelle on compte le cocotier, le rotang, l'arec, le sagoutier.

Animaux. Les animaux les plus remarquables sont : l'éléphant employé comme bête de somme et de combat; le rhinocéros, dont les cornes sont un objet de commerce; le buffle, le bœuf, les hirondelles salanganes, qui construisent, dans les rochers des bords de la mer, leurs nids, recherchés des Chinois comme aliment. Il y a des tortues, qui ont une belle écaille. Le ver à soie est élevé dans la plus grande partie du pays.

Minéraux. — On trouve de l'or, de beaux rubis, de célèbres sources de pétrole, du fer, du cuivre, du plomb, de la houille; la presqu'île de Malaka abonde en étain.

Divisions politiques et villes principales. — L'Indo-Chine comprend sept divisions principales : l'*Indo-Chine britannique*, l'empire *Birman*, le royaume de *Siam*, le royaume de *Cambodge*, la *Cochinchine française*, l'empire d'*An-nam*, le *Malaka* indépendant.

L'Indo-Chine britannique, peuplée de 3 millions d'habitants, occupe toute la lisière occidentale de l'Indo-Chine et plusieurs petits, mais importants territoires, situés vers l'extrémité méridionale de la péninsule. Ces possessions anglaises, qui se rattachent à celles de l'Inde proprement dite et les complètent admirablement, enfermant ainsi, avec elles, d'une vaste ceinture tout le golfe du Bengale, peuvent se grouper en deux parties : les provinces du N. et celles du S. Les premières, qui sont l'*Assam* et la *Birmanie anglaise*, se lient aux provinces de l'Inde, et sont soumises à la présidence du Bengale; les autres forment le gouvernement des *Détroits* (c'est-à-dire des détroits de *Malaka* et de *Singapour*).

L'*Assam* occupe une grande vallée traversée dans toute sa longueur par le Brahmapoutre. De nombreuses manufactures d'étoffes renommées de coton et de soie, la récolte du poivre, du piment, du jute et du thé, les dents d'éléphant, l'or que charrient les rivières, enrichissent ce pays.

La *Birmanie anglaise,* conquise sur l'empire Birman, comprend :

1º L'*Aracan*, qui s'étend sur le golfe du Bengale. — *Aracan*, ancienne capitale de la province, sur le fleuve du même nom, était autrefois importante et populeuse. — **Akyab**, capitale actuelle, est un port florissant.

2º La province de *Pégou*, qui s'étend sur toutes les terres basses arrosées par le cours inférieur de l'Iraouaddy et du Salouen. Elle a pour chef-lieu *Pégou*, autrefois capitale florissante d'un royaume du même nom. — On cite encore, dans la même province : *Persaïm* ou *Bassien*, ville très-commerçante, sur le bras le plus occidental de l'Iraouaddy ; — **Rangoun**, célèbre port, à l'embouchure de l'une des branches du même fleuve ; — *Martaban*, autre port, sur le Salouen.

3º Le *Ténassérim*, où se trouvent : *Moulmein*, ville florissante, sur le Salouen ; — *Amherst*, un peu au S. de l'embouchure du même fleuve ; — *Merghi*, à l'embouchure du Ténassérim.

Ce qu'on appelle le *gouvernement des Détroits* renferme: la ville de *Malaka*, avec le territoire environnant, dans le S. de la presqu'île de Malaka, sur le détroit du même nom ; — la province de *Wellesley*, sur la côte occidentale ; — vis-à-vis de cette province, l'île de *Poulo-Pinang* ou du *Prince de Galles*, très-importante colonie, avec la ville de *Georgetown ;* — vers l'extrémité méridionale de l'Indo-Chine, l'île de **Singapour**, qui renferme une ville du même nom, dans une situation admirable pour le commerce, et qui est comme le lien entre l'Asie et l'Océanie, entre l'Inde et la Chine. On y compte 100 000 habitants.

L'empire BIRMAN ou la BIRMANIE est une contrée très-riche, mais dont on est loin de tirer tout le parti possible ; l'Iraouaddy l'arrose du N. au S ; la capitale est *Mandalé* ;

les autres grandes villes sont *Ava* et *Amarapoura*, anciennes capitales, et *Banmo*, place très-commerçante.

Le royaume de Siam (environ 6 000 000 d'habitants), appelé aussi *Thaï* ou *Chan*, occupe la région moyenne de l'Indo-Chine; la majeure partie est formée de la fertile vallée du *Mè-nam*. La capitale est **Bangkok** (400 000 hab.), port animé, sur le Mè-nam, à 30 kil. de la mer. — *Ligor, Patani, Kedah*, sont de petits ports du Malaka siamois.

La France a signé, depuis 1856, avec le royaume de Siam un traité de commerce qui supprime le monopole, abaisse les droits de douane et garantit la liberté des transactions.

Le royaume de Cambodge, que les indigènes appellent *Khmer*, se trouve à l'E. du royaume de Siam et au nord de la Cochinchine française. Il a reconnu en 1863 le protectorat de la France. C'est une contrée très-arrosée, couverte de magnifiques forêts. *Oudong* en est la capitale, mais *Panomping* la plus importante ville; — *Campot*, en face de la belle île de *Kohdud*, est le meilleur port du pays.

La Cochinchine française ou Basse-Cochinchine (1 000 000 d'habitants), avantageusement située à l'extrémité S. E. de l'Indo-Chine, dans les fertiles deltas du Don-naï et du Mè-kong, sur la route de l'Inde à la Chine, a pour villes principales : **Saï-gon**, sa capitale; — *Mi-tho*; — *Bien-hoa*; — *Vin-long*; — *Chaou-dok*; — *Ha-tien*. (Voir la *Géographie agricole commerciale et industrielle de la France et de ses colonies*, 2ᵉ année, Leçon XXV.)

L'empire d'An-nam (10 000 000 d'habitants?) se compose du *Tonkin*, de la *Cochinchine annamite* et d'une partie, assez vaguement limitée, du pays des *Lao*. Le *Tonkin* est un beau pays situé autour du golfe du même nom. Sa capitale est *Bak-king* ou *Ké-cho* (150 000 habitants), sur le Song-koï.

La *Cochinchine* annamite ou Cochinchine proprement dite, dont on applique souvent le nom à tout l'empire, a pour capitale **Hué** ou **P'ou-tchhouang** (100 000 habitants), sur une rivière navigable nommée aussi Hué, à peu de distance de la mer.

On voit, un peu au S., la belle baie de *Tourane*, près de laquelle se trouvent la ville du même nom et celle de *Faï-fo*, siége principal du commerce avec la Chine.

§ 5. Industrie et commerce de l'Indo-Chine.

L'industrie est à peu près nulle dans ce pays; mais le commerce n'est pas sans importance: l'Indo-Chine britannique participe, par ses ports d'*Akyab*, de *Rangoun*, de *Singapour*, etc., au grand mouvement commercial de l'Inde.

La Cochinchine française importe, de la Chine, du thé; de la France, des soieries, des draps, des cotonnades, du sucre, de la faïence, des vins et des liqueurs, des armes; elle exporte du riz, des écailles de tortue, de l'ivoire, du coton. Les autres parties de la presqu'île expédient les mêmes produits, et du poivre, des gommes, des bois précieux, de l'étain, de l'ivoire; elles importent des marchandises des manufactures anglaises et hollandaises.

Les MONNAIES les plus usitées sont le picul d'argent = $4^f,55$; le picul d'or, valant 16 ticals d'argent; le kouân de 10 maces ou 600 sapèques = $2^f,60$; la sapèque, petite pièce de zinc percée d'un trou, afin qu'on puisse en réunir un certain nombre; 60 sapèques = 1 tien; 10 tien = 1 ligature.

MESURES ITINÉRAIRES.

Roéning de Siam.................... = $3^{kil.},84$
Li chinois......................... = $575^m,5$

MESURE LINÉAIRE.

Pied ou covid...................... = $0^m,381$

MESURE DE CAPACITÉ.

Kouân............................. = $0^{lit.},5$

POIDS.

Catty (ou livre), divisé en 16 taels et valant $604^{gr},78$. — Picul ou quintal de 100 cattys. La livre siamoise = 2 cattys chinois.

CHINE.

(Superficie de tout l'empire : 13 000 000 de kil. carrés. — Population : 400 000 000 d'habitants. — Superficie de la Chine proprement dite : 3 500 000 kil. carrés. — Population : 360 000 000 d'habitants).

Situation, grandes divisions physiques et politiques, fleuves, etc. — L'empire Chinois est composé de la *Chine propre*, de la *Mandchourie chinoise*, de la *Corée*, de la *Mongolie*, du *Turkestan chinois* et du *Tibet*; — il occupe une étendue considérable, qui ne le cède qu'à la Russie. Le *Grand océan* avec les mers de *Chine*, de *Corée*, *Jaune* et du *Japon*) le borne à l'est; partout ailleurs, des montagnes élevées (l'*Himalaya*, le *Bolor*, les monts *Célestes*, l'*Altaï*) l'isolent des pays voisins. On remarque quelques belles îles : *Formose*, riche en mines de houille; *Haïnan* qui possède des mines d'or et des bois précieux et l'archipel de *Lou-tchou*. Cette vaste contrée offre nécessairement une grande variété d'aspects; la région la plus fertile est celle du sud-est.

Les grands fleuves. — Trois magnifiques cours d'eau, en franchissant la Chine de l'occident à l'orient, l'enrichissent, entretiennent sa prospérité agricole, et sont de grandes voies ouvertes au commerce.

Le fleuve **Amour** ou **Sakhalien-oula** lui échappe en partie, et devient peu à peu une des grandes artères de l'empire des Tzars; il peut être considéré comme la route qui facilitera leur politique d'extension. La navigation du Sakhalien-oula est entravée, mais seulement dans les régions hautes, par de fréquents rapides. Son cours est de 3 500 kilomètres.

Le fleuve **Jaune** ou **Hoang-ho**, dont le cours est aussi de 3500 kilomètres, occupe un bassin dont l'étendue peut être évaluée à 1 500 000 kilomètres carrés. Le niveau de son lit est souvent supérieur à celui des plaines qu'il traverse, en sorte qu'il a fallu, pour contenir ses impétueux caprices, élever de puissantes digues. Il arrive souvent, à la fonte des neiges, que ces digues sont rompues et que d'effroyables inondations désolent les pays voisins.

Le fleuve **Bleu**, **Yang-tse-kiang**, ou simplement

Kiang, est un des plus beaux cours d'eau du monde et le plus grand de l'Asie (4 500 kilomètres) ; il peut porter de gros navires jusqu'à plus de 1 000 kilomètres de son embouchure. Dans la partie inférieure de son cours, et partout où son lit n'est pas resserré par des collines ou des rochers, il coule constamment à pleins bords, large, profond, lent. Il ne déborde presque jamais. Ses affluents sont les routes commerciales des plus florissants districts de la Chine. Le bassin qu'il enrichit mesure 1 200 000 kilomètres carrés. Les Chinois le nomment avec orgueil *la ceinture de l'empire.* Il parcourt en effet la Chine dans son milieu, en laissant au S. les parties les plus chaudes et les plus fertiles. Il reçoit à droite les eaux des grands lacs *Toung-thing* et *P'o-yang,* animés, comme lui, par une navigation active.

Outre ces grands fleuves, il faut encore citer le *Pé-ho* (fleuve du Nord) ou *Peï-ho* (fleuve Blanc), qui passe près de Pé-king et se jette dans le golfe de Tchi-li : — le *Houng-choui-kiang* ou *Si-kiang,* qui se rend dans la baie de Canton par une large embouchure, nommée *Tchu-kiang* par les Chinois et *Tigre* par les Européens.

Le plus grand canal de la Chine et même du monde entier est le canal *Impérial* ou *Yun-ho,* qui s'étend depuis le Pé-ho jusqu'au S. du Kiang. Il a 1 200 kilomètres de longueur.

Population. — La population de la Chine appartient à la race mongolique, elle s'élève, dit-on, à 400 millions d'habit.

Le Chinois est parfaitement doué pour le commerce ; patient, prudent, économe, avide de gain, rusé, il possède à la fois les qualités et les défauts qui font de lui un spéculateur habile et souvent heureux. Il ne craint pas de s'expatrier. Une foule de marchands chinois se rencontrent à Singapour, à Bangkok, à Saï-gon, à Java et ailleurs ; un plus grand nombre, ouvriers de la basse classe, les *coulies,* vont chercher du travail dans l'Australie et la Californie.

Les autres peuples principaux sont les *Coréens ;* — les *Mandchoux,* robustes, fiers et belliqueux, maîtres aujourd'hui de la Chine ; — les *Mongols,* qui, jadis redoutables, sont aujourd'hui de paisibles nomades.

La religion la plus générale de l'empire est le bouddhisme.

Productions et industrie. — Minéraux. — La Chine possède beaucoup de métaux : le fer, le cuivre, le zinc, l'étain, le plomb, l'or, l'argent, le mercure. On rencontre sur plusieurs points de la houille, du pétrole, du soufre, du salpêtre, du sel, de l'alun, du kaolin, des pierres précieuses, du jade. Le gouvernement impérial se réserve la propriété exclusive des mines.

Végétaux. — Parmi les nombreux végétaux, signalons, au premier rang, le riz, base de l'alimentation des habitants et qui sert aussi à faire une boisson alcoolique très-usitée; — le blé, l'avoine, le sarrasin, l'orge, les ignames patates, l'arachide; l'arbre à thé, le bambou, les deux plantes les plus utiles du pays avec le riz; le cotonnier, le chanvre, le china-grass (plante textile), la canne à sucre, le sorgho à sucre, l'indigotier, le tabac, l'arbre à suif ou croton, le ricin, les orangers, les mûriers, dont on distingue deux sortes : le mûrier blanc, propre à la nourriture des vers à soie, et le mûrier à papier, qui donne un fil employé à la fabrication du papier et des étoffes ; une foule de plantes médicinales (la rhubarbe, le ginseng ou juchen, cette panacée universelle des Chinois, l'aloès, etc.).

L'agriculture, encouragée par les lois civiles et religieuses, est parfaitement comprise par les Chinois.

Animaux. — La propriété est très-divisée; chacun cultive presque son propre terrain ; — aussi y a-t-il peu de pâturages, et, partant, peu de bestiaux. Les principales espèces sont les bœufs, les yaks, célèbres par leur poil soyeux, les chevaux, de petite taille, mais assez robustes, les moutons, les chameaux à deux bosses, etc. Les porcs et les volailles abondent. Les canards sont, avec les poissons, une des grandes ressources alimentaires du peuple. Les tortues carets fournissent une écaille appréciée. On pêche la sépia sur les côtes de la Chine.

Productions industrielles. — Les matières premières fournies à l'industrie par le pays lui-même sont principalement la soie, le thé, le kaolin ou terre à porcelaine, le rhus vernix, employé à la préparation des laques fines.

La soie. — L'industrie séricicole, florissante surtout dans la partie moyenne de la Chine propre, y atteint un degré de perfection qu'on ne retrouve nulle part ailleurs. Le ver du mûrier n'est pas, en Chine, le seul producteur de la soie, le bombyce de l'ailante, ceux du ricin et du chêne fournissent également des cocons qui, bien que de qualité inférieure, sont utilisés avec fruit. On évalue à 500 millions de francs la production de la soie.

Les Chinois imitent aisément tous les modèles qu'on leur fournit. Ils fabriquent le crépon, le satin, le damas, la gaze. Les grands centres de fabrication sont *Hang-tcheou-fou, Chang-haï, Sou-tcheou-fou*.

Le thé. — Avant d'être livré au commerce le thé subit une préparation spéciale. La première cueillette des feuilles du précieux arbuste a lieu au commencement d'avril, la seconde se fait au mois de mai, et la troisième en juillet et août. Plusieurs millions de personnes sont occupées à la culture, à la fabrication et à l'expédition de ce produit.

Industrie céramique. — La fabrication de la porcelaine est répandue dans tout l'empire, mais le centre d'où sortent les produits les plus remarquables est placé sur les bords du lac P'o-yang, à *King-té-tching*. Cet établissement, qui existe depuis huit cents ans, met en œuvre, nuit et jour, plus de cinq cents fours et près d'un million d'ouvriers. Canton, Ning-p'o, sont également connues par leur porcelaine estimée.

Autres industries. — On peut encore signaler, parmi les productions importantes dues à l'industrie spéciale de l'empire Chinois, la laque, qui se fait à l'aide du vernis que donne le *rhus vernix*; la fabrication des lanternes, qui occupe à elle seule plus d'un million d'ouvriers; celle des nattes, à laquelle se consacrent environ deux millions d'individus; — le tissage de toiles fines et transparentes; — la confection de charmantes étoffes appelées en anglais *grass-cloths*, aussi délicates que nos meilleures batistes, la fabrication des tapis, du papier, de l'encre, etc.

Comme dans tous les pays musulmans et païens, l'industrie chinoise est stationnaire. Dans les contrées chrétiennes, — grâce à l'égalité morale établie par les lois religieuses entre tous, — l'homme jouit de ses facultés, de ses forces vives. Il peut les appliquer sans contrainte. On a dit avec raison que l'avantage des nations chrétiennes sur les peuples asiatiques tient plus à l'esprit qu'à la main. Tout ce que la main peut donner, l'Orient le possède : rien n'est plus remarquable que les objets faits par de simples ouvriers de l'Orient; mais le sentiment du progrès, la pensée de l'association des forces, n'existe pas chez les populations asiatiques.

Historique des rapports commerciaux de la Chine avec l'Europe. — L'historique du commerce avec l'Occident se divise en trois périodes : la première s'étend depuis le début des relations nouées avec les Européens jusqu'en 1842 ; — la seconde jusqu'en 1860 ; — la troisième depuis cette date jusqu'à notre époque.

Rappelons que les Romains et les Grecs ont connu vaguement la Chine sous le nom de *Sérique*, dérivé du nom *ser*, par lequel les Tatares désignaient la soie, et qu'ils payaient cette matière au poids de l'or, sans savoir comment elle était produite.

Les Portugais jetèrent, en 1537, les premières bases d'un établissement à *Macao*, à l'embouchure de la rivière de Canton, puis à *Ning-p'o*; — ils exercèrent pendant longtemps une grande influence sur le commerce de l'extrême Orient, mais peu à peu les Anglais sont parvenus à les supplanter.

Les Espagnols, maîtres des Philippines, ont eu nécessairement aussi des rapports avec les Chinois, et, en récompense du service qu'ils rendirent au gouvernement du Céleste-Empire en combattant la piraterie, ils obtinrent le monopole du négoce dans le port d'*Émouy*; depuis 1655, les Hollandais eurent des relations avec le même port, mais en se soumettant à toutes les vexations imposées par la politique ombrageuse du gouvernement Chinois.

Les Russes ont su se créer vis-à-vis de la Chine une situation très-favorable; les traités de 1689 et 1728 réglèrent, entre les deux nations, les premiers rapports commerciaux, qui, d'abord lents, sont devenus très-fréquents; les marchandises sont aujourd'hui transportées par caravanes et franchissent la frontière à *Maïmatchin* et à *Kiakhta*, d'une part, et dans la direction d'*Ili* et d'*Omsk*, de l'autre.

Les Américains ont, à partir de 1784, tenté, mais inutilement pendant de nombreuses années, de se faire ouvrir les ports de l'empire Céleste, ils n'ont obtenu ce résultat que depuis quelque temps.

L'Angleterre obligea, pour ainsi dire par la force, les Chinois à négocier avec elle. — Elle maintint ses navires à Canton, fonda des factoreries sur plusieurs points, étendit l'autorité de son commerce dans tous les parages du sud.

La France s'était contentée, depuis la fin du seizième siècle, d'installer un consul et une factorerie à Canton.

Le traité de Nan-king, en 1842, ouvrit aux Européens, outre Canton, plusieurs autres ports, et fit céder aux Anglais l'île de Hong-kong. — Le traité de Tien-tsin, en 1858, confirma aux Européens de nouveaux avantages. La violation de ce traité par les Chinois amena la guerre de 1860, faite par les Français et les Anglais avec un rapide succès et qui fut suivie du traité de Pé-king, par lequel la plupart des grands ports de la Chine sont ouverts au commerce de l'Europe et des États-Unis. Depuis ce moment, la Chine est entrée dans une voie toute nouvelle.

Ports ouverts par les traités. — Par la convention de Nan-king (1842), les étrangers étaient admis dans cinq ports : Canton, Émouy, Fou-tcheou-fou, Ning-p'o, Chang-haï.

Canton, peuplée d'environ 1 200 000 hab., était le plus considérable de ces ports ; le mouvement de son commerce est encore de 600 navires européens et américains. Son avant-port est *Hoang-p'ou* (vulgairement *Whampoa*).

Grâce à l'activité déployée par les Européens, surtout par les Anglais, le commerce du thé, de la soie et de l'opium prit un grand développement. Canton a perdu de son importance, et le port de **Chang-haï** est devenu l'un des plus fréquentés de l'Asie. En 1845, il recevait à peine 90 navires étrangers, et le chiffre des affaires n'atteignait pas 140 millions de francs. Aujourd'hui, il voit arriver plus de 700 navires étrangers, dont environ 400 sous le pavillon britannique. Son commerce s'élève à un milliard.

Hia-men ou **Émouy** (que les Anglais écrivent *Amoy*) progresse également ; le chiffre de ses affaires est évalué à 50 millions, et le nombre des navires qui entrent dans son port est de plus de 500 ; — **Ning-p'o** reçoit environ 250 navires, et fait pour plus de 10 millions d'affaires ; — *Fou-tcheou-fou* n'est pas aussi fréquentée par les Européens.

Quant à l'île de **Hong-kong**, entre les mains de l'Angleterre, elle est devenue un des points les plus florissants de l'extrême Orient ; elle abrite chaque année 2000 navires de tous les pavillons dans son port de **Victoria**. — Le commerce du port portugais de **Macao** est absorbé peu à peu par celui de Hong-kong.

Par les traités de 1858 et de 1860, la Chine a fait de larges concessions aux Européens, et, en leur assurant de nouvelles garanties, a ouvert treize autres ports : *Tien-tsin, Nieou-tchouang, Soua-tao,* sur les côtes orientales du continent ; *Ki-loung, Thaï-ouan-fou, Ta-sui, Ta-kao,* dans l'île Formose ; — *Kioung-tchao,* dans l'île de *Haï-nan;* — *Tchinkiang, Kiou-kiang* et **Han-keou**, sur le fleuve Bleu.

Cette dernière ville, au cœur même de la Chine, à 1000 kilomètres de l'embouchure du fleuve, est la plus frappante preuve du progrès nouveau accompli en Chine : elle reçoit les plus grands navires de commerce de l'Europe et de l'Amérique, et fait avec ces pays pour 200 millions d'affaires.

Tien-tsin, sur le Peï-ho, sert de port à Pé-king, et peut communiquer avec l'intérieur des provinces orientales par le grand canal Impérial.

Autres villes de la Chine. — Après les ports ouverts aux Européens, jetons un rapide coup d'œil sur les autres grandes villes commerçantes de l'empire. C'est d'abord **Pé-king**, la capitale, peuplée de 2 millions d'habitants, et à l'égard de laquelle la Russie jouit d'un avantage particulier : il a été stipulé qu'un convoi partirait tous les mois de Pé-king pour Saint-Pétersbourg, et que des marchandises pourraient être régulièrement expédiées de part et d'autre par la voie de terre ; — *Tsi-nan-fou,* renommée par ses soies blanches ; — **Nanking** (1 000 000 d'habitants), où l'on excelle dans la fabrication de la soie, du coton, du papier et des ouvrages en vernis ; — **Sou-tcheou-fou**, qui contenait plusieurs millions d'habitants avant l'insurrection des Taïpings ; — **Hang-tcheou-fou**, port de mer, grand entrepôt de thé, un des centres de la fabrication de la porcelaine.

Dans l'intérieur, parmi les villes les plus fréquentées par

CHINE. 311

les caravanes et les trains de marchandises, citons au premier rang, dans la Mongolie, *Maïmatchin*, sur la frontière de la Sibérie, à côté de la ville russe de Kiakhta, et, dans le Turkestan chinois, *Yarkand* et *Kachghar*.

Voies de communication. — Les routes de terre sont mauvaises, presque impraticables. C'est par la navigation des cours d'eau, des lacs et des canaux que s'opèrent presque toutes les communications intérieures. Le commerce avec les pays du N. et de l'O. se fait exclusivement par caravanes.

Commerce. — Le mouvement du commerce extérieur de la Chine s'élève à 2 milliards 500 millions. La navigation compte 19 000 navires, jaugeant 6 millions de tonneaux. Par les traités conclus avec la Chine, les nations de l'Occident ont obtenu la liberté de commerce et de circulation dans l'intérieur de l'empire et le libre exercice de leur culte.

Principaux articles d'exportation. — Les articles d'exportation sont surtout le thé et la soie; viennent ensuite les cotonnades, le sucre, le tabac, le riz, la cannelle, le musc, les bois précieux, la porcelaine, les soieries, les laines, l'encre. L'étranger a reçu en 1864 du thé chinois pour une valeur de 330 millions, de la soie et des soieries pour 184 millions. La Grande-Bretagne absorbe en moyenne 75 millions de livres de thé par an; les États-Unis en reçoivent 30 millions, la France seulement 500 000 livres.

La soie est expédiée sous cinq formes différentes : les cocons, la soie grége (particulièrement pour l'Angleterre et la France), la soie ouvrée, la bourre et les tissus de soie.

Les cotons parviennent de préférence aux Indes; l'Europe en reçoit une faible quantité.

Le sucre, dont la fabrication annuelle s'élève à 300 millions de kilogrammes, est expédié principalement par le port d'Émouy sur les Indes, le royaume de Siam, les colonies espagnoles.

Le tabac est exporté en Malaisie; — les nattes, les éventails, les poteries, sont dirigées sur l'Europe.

Importations. — Chang-haï, Canton, Émouy, voient entrer dans leurs ports des navires chargés de coton, d'opium, de lainages, de métaux, de houille. On importe de l'opium pour une valeur de 226 millions de francs ; du coton, pour 100 millions ; des lainages, pour 63 millions, etc.

Pays qui font le plus de commerce avec la Chine. — L'Angleterre est à la tête du commerce avec la Chine ; 3500 navires sous pavillon britannique entrent dans les ports de l'empire, et 3500 en sortent, jaugeant en totalité 2 à 3 millions de tonneaux. — Les États-Unis viennent après, ensuite la Russie (commerce par terre), le Danemark, Hambourg, Brême, la France, la Hollande.

Commerce avec la France. — Notre commerce avec la Chine est encore sans importance, si on le compare à celui de la Grande-Bretagne et des États-Unis. Il n'offre, en effet, qu'un mouvement de 320 navires, jaugeant 50 000 tonneaux, et un échange de 2 millions de francs. — Ce qui fait toujours défaut à la France, c'est l'initiative ; nos négociants pourraient trouver dans l'extrême Orient une source de richesses égales à celles qui affluent du côté de l'Angleterre et de l'Amérique ; malheureusement le monopole des grandes affaires passe entre d'autres mains.

MONNAIES.

Tale ou taël (ou liang), lingot valant 7^f,50 et évalué ordinairement à 8 fr.

On ne frappe d'autre monnaie que le li ou tsien (ou sapèque), valant $^2/_3$ d'un centime et dont 1000 font un taël.

Les piastres mexicaines et d'Espagne sont les monnaies étrangères les plus recherchées.

MESURE ITINÉRAIRE
Li.. = 575^m,5

MESURE LINÉAIRE.
Covid ou pied du commerce............. = 0^m,355

MESURE AGRAIRE.
King ou fou........................... = 24^{ares},53

MESURES DE CAPACITÉ.
Seï.. = 122^{lit},43
Chin, 100e partie du seï.

POIDS.
Catty ou livre, de 16 tales ou liangs..... = 604^{gr},78
Picul (quintal)........................ = 100 cattys

LEÇON XXI.

JAPON.

(SUPERFICIE : 500 000 kil. carrés. — POPULATION : 38 000 000 d'habitants).

Situation ; grandes divisions physiques. — Le Japon, appelé *Nippon* par ses habitants, d'après sa principale île, est situé à l'extrémité orientale de l'Ancien monde, par la latitude moyenne de 35° N. Parfaitement placé pour servir de lien entre l'Asie, l'Amérique et l'Océanie septentrionale, cet empire est destiné à prendre place parmi les états asiatiques qui entreront franchement dans le courant des idées européennes. Sa situation insulaire, le génie actif, industrieux de ses habitants, permettent de le comparer à la Grande-Bretagne.

On distingue quatre îles japonaises : *Nippon*, au centre de l'empire, *Si-kok*, *Kiou-siou* et *Yéso*. Autour de ces grandes îles, on remarque les îles *Kounachir* et *Itouroup*, dans l'archipel des Kouriles ; l'île de *Sakhalien*, qui appartenait autrefois au Japon et qui est devenue possession russe.

Population. — Les Japonais appartiennent à la grande souche mongolique, sans en avoir, cependant, tous les caractères distinctifs ; — leur peau est presque aussi blanche que la nôtre.

Ils forment sans contredit la nation la plus intelligente, la plus avancée de l'extrême Orient. L'agriculture est fort en honneur parmi eux ; les lois leur font, du reste, un devoir rigoureux des soins donnés à la terre.

Minéraux. — Les métaux sont l'or, l'argent, le mercure, le cuivre, l'étain, le fer ; on trouve aussi de la houille, du soufre, des agates, du kaolin.

Végétaux. — Le sol du Japon, étant généralement montueux, est naturellement peu fertile ; mais, grâce à une culture opiniâtre, les habitants l'ont rendu très-productif. Le riz est la nourriture principale des Japonais. Le blé, le seigle, l'orge, sont moins appréciés. Les légumes et les pommes de terre abondent. Le thé croît sans culture dans les haies; les fruits sont nombreux.

Animaux. — Les animaux domestiques sont rares. Il est même plusieurs espèces bannies du sol japonais, les chèvres, par exemple, considérées comme nuisibles à l'agriculture. Il y a peu de chevaux; on n'élève pas de moutons; ils semblent inutiles dans un pays où les vers à soie donnent une abondante et parfaite substance textile.

Historique des rapports commerciaux du Japon avec l'Europe et l'Amérique. Ports ouverts au commerce étranger. — Révélé au treizième siècle par le célèbre voyageur Marco-Polo, le Japon ne s'ouvrit au commerce européen qu'au seizième siècle, lors de l'arrivée des Portugais; — mais, en 1639, l'empire fut de nouveau fermé aux Européens. Les Hollandais seuls parvinrent à se faire accepter à Nagasaki; aussi, pendant plus de deux siècles, les marchandises japonaises nous furent-elles livrées par le seul intermédiaire des Pays-Bas.

En 1854, les Américains forcèrent le Japon à les recevoir à *Simoda* (dans Nippon), et à *Hakodade* (dans Yéso).

Les Anglais, les Russes, les Français, les Prussiens et d'autres nations d'Europe ne tardèrent pas à obtenir également le droit de commercer avec le Japon, d'avoir des consuls généraux et des ministres plénipotentiaires à Yédo. Aujourd'hui, les ports ouverts par les traités aux peuples de l'Occident sont: **Nagasaki** (70 000 hab.), dans *Kiousiou*; — *Simoda*, sur la côte S. E. de Nippon; — **Yokohama**, sur la même côte, sorte d'annexe du port de Yédo, substituée, comme principale station européenne, à Kanagava, qu'on avait d'abord choisie; — **Osaka** (200 000 habitants), port de la capitale Myako; — *Hyogo*, près d'Osaka; — *Hakodade*, dans le sud de Yéso, visitée surtout par les Russes.

Villes principales autres que les ports ouverts aux Européens. — Les plus grandes villes du Japon nous sont encore fermées; nous ne pouvons commercer avec **Myako**, la capitale résidence de l'empereur ou mikado, ni avec

Yédo, résidence du taïcoun ou vice-roi. Signalons encore, parmi les cités les plus animées, le port de *Sakaï* et *Saga*, connue par ses fabriques de belle porcelaine.

Industrie et commerce. — Les Japonais sont très-ingénieux, très-habiles dans la plupart des travaux industriels; ils préparent de délicieux meubles de laque, de la porcelaine préférable à celle de la Chine, de magnifiques soieries, du papier d'une extrême finesse, de beaux articles en bronze et en bijouterie; ils excellent à faire des objets en acier et en cuivre, des armes, à imiter nos instruments de précision. Ils ont l'esprit très-prompt à s'assimiler les inventions des autres peuples.

Exportations. — On peut obtenir de beaux résultats en commerçant avec les Japonais. Les articles à leur demander sont le thé, les porcelaines, les ouvrages de laque incrustés de nacre, les éventails en soie, les soieries, les graines de vers à soie.

Importations. — Les marchandises de l'Occident préférées par les Japonais sont les cotonnades, les draps, les spiritueux, les fusils, les instruments de physique et de chirurgie, les livres, les gravures, la verrerie, la mercerie, la plupart des articles de Paris. Les Japonais ont sagement prohibé l'opium.

Part des différents états et de la France en particulier. — L'Angleterre entretient avec le Japon des affaires considérables. L'Amérique la suit de près; la Hollande, la Russie, la France, l'Allemagne viennent ensuite.

La France est lente à comprendre tout le parti que l'on pourrait tirer d'un commerce suivi avec le Japon. Elle n'y est malheureusement représentée que par un nombre très-limité de négociants, qui sont tous à Yokohama.

Monnaie d'or : ko-ban	= 23 fr.
— d'argent : ryo	= 1^f,85
Mesure itinéraire : ri	= 557 mèt.
Mesures linéaires : kané-sasi	= 0^m,303
— ken	= 1^m,91
Mesure de capacité : kok (divisé en 100 syo)	= 173^{lit},86
Poids : mon-mé	= 1^{gr},75
— kin	= 160 mon-mé

LEÇON XXI.

ANNEXE A LA DESCRIPTION DE LA CHINE ET DU JAPON.

Piraterie dans les mers de Chine.

Le commerce avec l'extrême Orient n'est pas sans difficultés, sans périls; les parages de la Chine et du Japon sont exposés à de terribles ouragans nommés *typhons*, contre lesquels il est souvent impossible de lutter. Sur la terre ferme, la mauvaise foi et la défiance des habitants mettent en danger la vie des Européens, ou compromettent leurs entreprises; on a également à craindre les écumeurs de mer.

La piraterie s'exerce encore librement dans les mers de Chine. Des embarcations montées par des flibustiers attendent au passage les navires marchands et les dévalisent. L'apathie et la faiblesse du gouvernement chinois sont telles qu'assurés de l'impunité, les pirates poussent l'effronterie jusqu'à remonter les cours d'eau et à menacer la sécurité des bâtiments aux portes même des grandes villes.

Il est permis d'espérer que l'influence de l'Europe, s'imposant un jour avec force, mettra un terme à cet état de choses si déplorable pour les transactions commerciales.

LEÇON XXII.

OCÉANIE.

(SUPERFICIE : 10 850 000 kil. carrés. — POPULATION : 35 000 000 d'habitants).

Situation, grandes divisions, population, etc. — L'Océanie comprend le continent de l'*Australie* et une infinité d'îles répandues surtout dans le Grand océan.

On partage géographiquement l'Océanie en quatre divisions : la *Malaisie*, la *Mélanésie*, la *Micronésie*, la *Polynésie*. On peut y ajouter les terres antarctiques de *Victoria*, d'*Adélie*, etc. — Ces divisions sont établies d'après les races. — Les Malais, les plus nombreux habitants de l'Océanie, se font remarquer par leur énergie, leur finesse, leur esprit commercial, mais aussi par leurs instincts cruels. — Les habitants de la Micronésie proviennent d'un mélange de populations d'origine mongolique et de populations malaises. — Les Polynésiens forment une race à part, belle généralement, intelligente, assez accessible à la civilisation. — Les noirs de la Mélanésie sont des peuples enfants, destinés à disparaître devant le flot britannique.

L'Océanie, subissant la domination ou l'influence directe de l'Europe, peut être divisée commercialement de la façon suivante : *Possessions hollandaises, anglaises, espagnoles, françaises, portugaises, américaines, états encore gouvernés par les indigènes.*

POSSESSIONS HOLLANDAISES.

Les possessions hollandaises de l'Océanie, qu'on appelle ordinairement les *Indes orientales néerlandaises*, sont presque toutes concentrées dans la Malaisie. L'île de **Java**, dans l'archipel de la Sonde, en est le cœur et la plus belle partie. Elle a 1000 kilomètres de longueur, sur une largeur moyenne de 130 kilomètres. Elle jouit d'un climat tempéré, assez salubre, grâce à l'élévation de ses montagnes. De grandes forêts de teks la couvrent. Ses productions végétales sont très-variées : elle produit le riz, l'indigo, le sagoutier, toutes les espèces de bananiers, les ananas, les goyaves, le jaquier ou arbre à pain, etc.

Parmi les principaux objets de commerce, on signale les nids d'hirondelle, les holothuries et les ailerons de requin, recherchés en Malaisie et en Chine comme comestibles.

Batavia (250 000 habitants), port principal, est aussi la capitale de l'Océanie hollandaise ; les autres places commerçantes sont ensuite *Chéribon* et *Sourabaya*. — *Bantam*, jadis florissante, est aujourd'hui presque déserte.

La population de Java s'élève à 12 millions d'habitants. Le commerce est exclusivement entre les mains des Hollandais et des Chinois.

Sumatra, la plus grande et la plus occidentale des îles de la Sonde, se trouve près et au S. de la presqu'île de Malaka, dont elle est séparée par le détroit de ce nom. Elle compte environ 4 500 000 habitants. Les principales productions sont le riz, le cocotier, le bétel, le sagoutier, une grande variété de palmiers, le poivre, beaucoup d'ébéniers, de caféiers, de camphriers, de mangoustans.

Les Hollandais ne possèdent pas absolument toute l'île. Le chef-lieu de leurs établissements sumatriens est **Padang**, sur la côte occidentale. Ils ont également les pays de *Palembang*, des *Lampongs*, des *Redjangs*, et *Bencoulen*.

Parmi les archipels voisins, remarquons celui de *Rio* ou *Riouw*, avec l'importante ville de **Rio**, sur une petite île du même nom ; — *Banca*, riche en étain et en beaux bois ; — *Billiton*, où l'on trouve de belles cultures de riz, des bois odorants et des mines de fer ; — *Madura*, île fertile et très-peuplée ; — *Bali*, séparée de Java par le détroit de son nom ; — *Lombok*, riche en bois de sapan ; — *Sumbava* ou *Byma*, qui renferme des mines d'or, de fer et de cuivre ; — *Florès*, célèbre par sa cannelle ; — *Sumba*, ou l'île du Bois de sandal ; — *Solor* ou *Adénara*, couverte de magnifiques forêts de bambous, d'arbres à pain, d'orangers, de pamplemousses, de cocotiers, etc.; les Hollandais n'en possèdent que le S. O. ; — *Timorlaout*, une des plus belles îles de l'archipel de la Sonde, entièrement aux Pays-Bas.

Les Hollandais ont plus de la moitié de **Bornéo**, une des plus grandes îles du monde (690 000 kilomètres carrés) et dont la population est évaluée à 4 millions d'habitants. Cette terre a des mines d'une grande importance : de l'or, du cuivre, du fer, de l'étain, des diamants. La végétation est magnifique ; on trouve en abondance des choux-palmistes, le dragonnier (qui donne la gomme appelée sang-de-dragon), etc. Les Hollandais occupent principalement les régions occidentales et méridionales; ils ont *Sambas*, *Pontianak*, *Bandiermassin* ; etc.

Célèbes est en grande partie soumise aux Hollandais. Les principaux territoires sont ceux de *Ménado*, de *Gorontalo*, de *Boni*, et celui de *Macassar*, avec une importante ville du même nom.

Sanghir appartient à la même puissance européenne. Plusieurs autres îles sont tributaires du gouvernement des Pays-Bas, entre autres *Bouton* et *Mouna*.

Les **îles Moluques**, appelées aussi *îles aux Épices*, comprennent deux divisions : les *Petites Moluques* ou *Moluques proprement dites* et les *Grandes Moluques*. Elles dépendent des Hollandais, soit directement, soit par des chefs indigènes qui reconnaissent leur suzeraineté. Le giroflier, le muscadier, le poivrier, y poussent abondamment.

La plus importante des Petites Moluques est *Ternate*.

Dans les Grandes Moluques, on remarque *Gilolo*, île considérable ; — *Céram*, riche en sagou ; — **Amboine**, dont la capitale est la jolie ville d'**Amboine**, chef-lieu du gouvernement néerlandais des Moluques ; — l'île de *Bourou* ; — les îles *Banda*, que les Hollandais ont consacrées tout entières à la culture du muscadier.

Les Hollandais possèdent enfin, dans la Mélanésie, à l'est des Moluques, l'île *Vagéou*, couverte de grands arbres et très-peuplée ; — les îles *Arou*, très-fertiles en bananes, en sagou, en épices ; — et la partie occidentale de la **Nouvelle-Guinée**, île encore peu connue, mais qui paraît être, après l'Australie, la plus grande terre de l'Océanie. On l'appelle aussi *Papouasie*, à cause des *Papous* qui l'habitent. Les Hollandais n'y ont pas formé d'établissement considérable.

Les Indes néerlandaises ont une population de 18 millions d'habitants, dont environ 45 000 Européens, 230 000 Chinois, 45 000 Hindous. Elles sont soumises à un gouverneur général qui réside à Batavia. L'administration ne s'exerce pas toujours immédiatement sur les populations indigènes, mais très-souvent par l'intermédiaire de chefs, de petits rois surveillés par le gouvernement hollandais.

Importations. — Les principales importations européennes sont les tissus, les métaux ouvrés, les armes, la poterie, la verrerie, les vins, les spiritueux, etc.

Exportations. — Les exportations consistent en café, sucre, riz, sagou, thé, épices, camphre, indigo, tabac, gutta-percha, ivoire, écaille, bois odoriférants, ébène, nids d'hirondelles salanganes, holothuries, ailerons de requins, etc.

Les Pays-Bas, l'Angleterre, l'Inde, la Chine, sont les pays vers lesquels les produits se dirigent le plus. Le commerce général s'élève à 400 millions de francs.

POSSESSIONS ANGLAISES.

Australie. — Les Anglais ont, dans le sud de l'Océanie, c'est-à-dire dans la Mélanésie et la Polynésie méridionale, de vastes et précieuses possessions, qui tendent à devenir une nouvelle Europe, grâce à leur génie civilisateur; ils ont appelé toutes ces possessions *Australasie*, et ont réservé spécialement le nom d'*Australie* au continent que les navigateurs des Pays-Bas avaient appelé, au dix-septième siècle, *Nouvelle-Hollande*. Cette immense terre, située entre l'océan Indien et le Grand océan, est traversée presque vers le milieu par le tropique du Capricorne. Elle a 4500 kilomètres de longueur, de l'E. à l'O., sur une largeur moyenne de 2000 kilom. Sa superficie est de 7 500 000 kilom. carrés.

Les côtes sont peu découpées, sauf au nord, par une vaste échancrure, le golfe de *Carpentarie*. Le détroit de *Torrès* la sépare de la Nouvelle-Guinée; le détroit de *Bass*, de la Tasmanie.

L'intérieur en est encore peu connu. Les plus hautes montagnes paraissent être les *Alpes Australiennes*; le plus grand cours d'eau, le *Murray*; le lac le plus étendu, celui de *Torrens*.

Le climat de l'Australie est généralement salubre et tempéré, surtout au sud. Cependant les variations de l'atmosphère sont très-subites en novembre, décembre et janvier, c'est-à-dire pendant l'été.

Minéraux. — Outre l'*or* des Alpes Australiennes, qui ont fourni de 1851 à 1866 la valeur énorme de 3 milliards 650 millions de francs, ce continent renferme des mines d'argent, de cuivre (surtout dans l'Australie du sud), de houille (dans l'est).

Végétaux. — Le sol produit naturellement peu de substances alimentaires; on rencontre le chou-palmiste, le sagou, l'oranger, le nardou, plante cryptogame qui vit dans les marais; parmi les arbres, citons les eucalyptus ou gommiers, qui croissent avec rapidité et atteignent une élévation considérable. La partie septentrionale possède les plantes des climats chauds, entre autres plusieurs espèces de muscadiers; les Anglais y ont établi des cultures d'indigo, de café, de canne à sucre et de coton. Les fruits européens, la vigne, les céréales, réussissent bien dans le sud. Les pâturages sont magnifiques.

Animaux. — On ne paraît pas pouvoir utiliser les espèces indigènes, qui diffèrent tout à fait, par leurs formes, par leurs habitudes, de ceux des autres contrées; mais les animaux d'Europe se naturalisent bien; les moutons, déjà nombreux, donnent une laine très-estimée.

Divisions, Villes. — L'Australie est divisée en six parties : 1° la *Nouvelle-Galles méridionale*, à l'E.; — 2° la province de *Victoria*, au S. E.; — 3° le *Queensland*, au nord de la Nouvelle-Galles méridionale; — 4° l'*Australie du Sud*; — 5° l'*Australie du Nord*; — 6° l'*Australie de l'Ouest*.

Dans la **Nouvelle-Galles méridionale**, aujourd'hui peuplée de plus de 400 000 habitants, et qui fut d'abord destinée à servir d'exil aux condamnés de la mère patrie, on remarque la célèbre ville de **Sydney** (80 000 h.), sur le port *Jackson*, un des plus beaux et des plus salubres du monde. — *Paramatta* est la seconde ville de la colonie; elle est unie à Sydney par un chemin de fer. — Au S. de Sydney, est Botany-Bay, le premier point où abordèrent les Anglais.

La province de **Victoria**, qui compte 600 000 habitants, doit en grande partie son rapide accroissement à la présence des mines d'or; elle a pour chef-lieu la florissante place maritime de **Melbourne**, sur le port Phillip, ville toute récente, déjà grande et peuplée de 200 000 hab. — *Geelong*, autre ville maritime, est jointe par des chemins de fer à Melbourne et à *Ballarat*, où se trouvent des mines d'or.

Le **Queensland**, au N. de la Nouvelles-Galles méridionale, compte environ 90 000 âmes. Son chef-lieu est *Brisbane*; — *Port-Denison* en est un des points les plus commerçants.

L'Australie du Sud a 150 000 habitants. **Adélaïde**, fondée depuis peu, est déjà un centre de commerce.

L'Australie du Nord, encore sous l'administration de l'Australie du Sud, renferme le bon port *Essington*, l'île *Melville*, et l'établissement nouveau d'*Escape-Cliffs*.

L'Australie de l'Ouest a pour chef-lieu *Perth*, port peu fréquenté.

La population coloniale de l'Australie est de 1 500 000 habitants. L'activité de cette population, presque toute d'origine anglaise, son ardeur pour l'exploitation des richesses de son sol, pour la découverte des parties encore inconnues, pour le progrès de l'industrie et du commerce, peuvent faire prédire à cette terre de grandes destinées.

La Tasmanie, ou **Terre de Diemen**, est également une belle colonie anglaise, formée d'une île triangulaire située au S. E. de l'Australie. On y compte 100 000 habitants, dont quelques milliers sont des convicts (condamnés.)
Ses richesses minérales sont nombreuses : elle possède de l'or, du cuivre, du fer, de l'alun, de la houille, de l'ardoise, du marbre, du jaspe, de l'asbeste, etc. Ses forêts renferment des arbres magnifiques. La plupart des plantes potagères de l'Europe y réussissent.
Le chef-lieu est *Hobart-town* (20 000 âmes), port sur le Derwent.
Les indigènes ont complétement disparu.

Assez loin à l'E. de l'Australie, est l'île **Norfolk**, remarquable par la beauté de son climat et la fertilité de son sol. On y envoie des condamnés.

La plus importante possession des Anglais dans l'Océanie, après l'Australie, c'est la **Nouvelle-Zélande**, située dans le S. O. de la Polynésie, sous la latitude moyenne de 42° S. Elle se compose surtout de deux grandes îles, séparées l'une de l'autre par le détroit de *Cook*. Une chaîne de montagnes généralement volcaniques traverse la Nouvelle-Zélande et s'élève sur plusieurs points à une grande hauteur ; elle donne naissance à beaucoup de rivières, trop rapides pour être remontées par les navires.
La température de la Nouvelle-Zélande est assez douce,

mais les ouragans y sont fréquents et terribles. Les plus fortes chaleurs ont lieu en décembre, janvier et février, qui sont l'été de cette latitude. Le sol peut recevoir toute espèce de culture ; les céréales et les légumes d'Europe y viennent parfaitement. La végétation est fort belle. Les indigènes cultivent les patates, les ignames, les citrouilles et surtout une sorte de fougère dont les racines fibreuses donnent un suc nourrissant. Le myrte à thé, qui croît sur les collines voisines de la mer, peut remplacer le thé de Chine. Le *phormium tenax*, dont les feuilles fournissent une filasse aussi fine que la soie et propre à la fabrication des étoffes, se récolte surtout aux bords de la mer, dans les crevasses des rochers. Les Européens y ont introduit leurs céréales, leurs fruits, leurs légumes, l'oranger, la vigne. Le gros bétail et les moutons y réussissent parfaitement.

La population coloniale est d'environ 180 000 habitants, répartis sur 300 000 kilomètres carrés. Les Néo-Zélandais, qui s'appellent eux-mêmes Maoris, sont actifs, braves, belliqueux.

Les principales villes sont **Auckland**, port très-animé, siége du gouvernement colonial, dans la partie la plus septentrionale de l'île du Nord ; — *Wellington*, *Nelson*, etc.

On peut citer parmi les archipels du voisinage, le groupe de *Chatham* ou *Broughton*, assez fréquenté par les baleiniers ; les îles *Bounty*, l'île des *Antipodes*, les îles *Auckland* et *Campbell*, les îles *Macquarie*, etc. L'Angleterre, maîtresse de toutes ces terres, saura en tirer bon parti.

La Grande-Bretagne a, de plus, deux petites possessions dans la Malaisie : l'île de *Labouan*, riche en houille, près de la côte N. O. de Bornéo, et les îles des *Cocos* ou *Keeling*, au S. O. de Java ; malgré l'insignifiance apparente de ces dépendances, elles ne sont pas inutiles : la première est sur la route de Singapour aux Philippines ; la seconde sur la voie de Maurice au détroit de la Sonde.

Les colonies anglaises du monde océanique ont, chacune, leur administration séparée et une sorte de gouvernement constitutionnel, leur *self government*. — Le commerce total peut s'élever à un milliard de francs, dont plus de la moitié pour les exportations des produits déjà signalés. Les importations consistent surtout en vêtements confectionnés, tissus, métaux, armes, vins, spiritueux, sucre, thé, café, bijouterie, meubles, articles de Paris; l'Angleterre absorbe naturellement la plus large part de ce commerce.

POSSESSIONS ESPAGNOLES.

Dans le N. E. de la Malaisie, entre le 10e et le 20e degré de latitude N., les Espagnols ont l'important archipel des **Philippines**, admirablement situé pour le commerce, à la portée de la Chine, de Java et de l'Australie, sur une des grandes routes commerciales de l'Europe aux régions orientales. Il est baigné au S. O. et à l'O. par les mers de Chine, de Mindoro et de Célèbes, et par le Grand océan ailleurs. Le climat y est tempéré. On y éprouve des pluies violentes, des ouragans et quelquefois des tremblements de terre. Les principales cultures sont celles du riz, du sucre, du tabac, de l'indigo. On y trouve le cotonnier, l'ananas, le gingembre, le cassier, les bananiers, le manguier, l'abaca, espèce de chanvre, les palétuviers, les bambous, les rotins, etc. On y pêche des perles; les tortues y donnent une belle écaille.

Luçon, la plus importante des Philippines, tout entière soumise à l'Espagne, est exposée à des tremblements de terre. L'or abonde. Le sol y est très-riche. — **Manille** (140 000 habitants), sur la côte occidentale, capitale de l'île et de tous les établissements espagnols dans l'Océanie, est magnifiquement située. — *Cavite* est le port de Manille.

Mindanao ou **Magindanao**, île fertile, riche en mines d'or, est la seconde des Philippines. *Mindanao* ou *Sélangan*, une de ses villes, a un bon port.

Parmi les autres Philippines, on distingue encore *Samar*, très-fertile, *Negros* ou *Buglar*, *Panay*, *Mindoro*, remarquable par l'abondance de son soufre. Toutes ces îles, soumises à l'Espagne, sont connues sous le nom général d'îles *Bissayes*. — A l'ouest, est la longue île de *Parogoa* ou *Palaouan*, en partie aux Espagnols, en partie indépendante.

La population des Philippines est de 4 à 5 millions d'habitants, mélange de Malais, de *Tagals* et de nègres. Le commerce de ces îles peut être évalué à 150 millions de francs; c'est avec l'Angleterre et la Chine qu'il est le plus considérable.

L'Espagne possède aussi, dans l'Océanie, les **Mariannes**, qui se trouvent dans la Micronésie, à l'E. des Philippines. *Guam* est la plus importante. On y a introduit le coton, l'indigo, le cacao, le riz, le maïs, la canne à sucre.

Les Espagnols réclament encore la possession des îles *Palaos* et *Carolines*; mais, dans le fait, ils n'y exercent aucune autorité.

POSSESSIONS FRANÇAISES.

Les possessions françaises de l'Océanie se composent de la *Nouvelle-Calédonie*, des îles *Macquarie*, du protectorat des îles *Taïti*, *Tabouaï* et *Touamotou*. La population totale de toutes ces terres atteint 100 000 habitants. (Voir la *Géographie agricole, industrielle et commerciale de la France*, 2ᵉ année de l'enseignement spécial, Leçon XXV.)

POSSESSIONS PORTUGAISES.

Les Portugais, les premiers, naviguèrent dans l'Océanie et découvrirent un grand nombre d'îles; ils n'ont aujourd'hui dans cette partie du monde que le N. E. de l'île de *Timor* et l'île de *Kamping*, dans la Malaisie.

POSSESSIONS AMÉRICAINES, ETC.

Les États-Unis possèdent plusieurs îles éparses dans la Polynésie, près de l'équateur, au S. des îles Sandwich; ce sont particulièrement les îles *Phœnix*, le groupe de l'*Union*, l'île *Jarvis*, l'île *Maldon*, l'île *Penrhyn*. On en tire beaucoup de guano. — Assez loin au N., les Américains ont pris, depuis peu, possession de l'île de *Brook*, avantageusement située sur la route de la Californie à la Chine.

On peut mentionner un essai de colonie fait par les Suédois aux îles *Viti*, dans la partie la plus orientale de la Mélanésie, au N. E. de la Nouvelle-Calédonie.

États indigènes principaux. — Nous ne nommerons ici que les états indigènes qui ont quelque importance ; par exemple, les îles *Havaïi* ou *Sandwich*, archipel déjà civilisé et qui a le droit de figurer aujourd'hui parmi les états commerçants; la capitale, *Honoloulou*, est un port très-fréquenté, surtout par les Américains et les Anglais; — les îles *Tonga* ou des *Amis*, l'état de *Lamourzek*, qui comprend le milieu des îles *Carolines*, le royaume de *Bornéo*, dans le N. O. de l'île de ce nom ; le royaume d'*Achem*, dans *Sumatra*, peuvent encore être cités.

PÊCHE DE LA BALEINE ET DU CACHALOT.

La pêche de la baleine et du cachalot, à laquelle on joint celle des phoques, est très-productive dans le Grand océan. L'huile qu'on tire des baleines de ces parages (*baleines noires, black whales* des Américains) ne vaut pas celle des baleines franches des mers du Nord ; mais un produit très-précieux est la substance appelée *blanc de baleine* que fournit le cachalot.

Les bâtiments armés pour la pêche de ce cétacé font ordinairement le voyage suivant : après avoir doublé le cap Horn, ils remontent les côtes du Chili et du Pérou, jusque vers l'équateur, ils franchissent l'océan à la hauteur des îles Mariannes, remontent au large des îles Magellan, longent les côtes du Japon et viennent achever leur pêche vers les côtes de la Nouvelle-Guinée, des îles Salomon, de la Nouvelle-Zélande et d'autres îles de la Polynésie méridionale. Ce sont les Américains qui se livrent le plus activement aux grandes pêches de l'Océanie ; ils y emploient de 6 à 700 navires par an, et en rapportent 80 000 barils de spermaceti, 200 000 barils d'huile, 2 000 000 de livres de fanons.

Les Anglais envoient peu de navires de la Grande-Bretagne, mais ils ont formé dans l'Australie et à la Nouvelle-Zélande des établissements fixes de pêche, d'où partent chaque année un nombre assez considérable de bâtiments qui peuvent terminer leur pêche dans une seule saison et rentrer au port d'armement. *Auckland* est le siége d'un des principaux établissements de ce genre.

La France a malheureusement presque tout à fait abandonné cette branche si importante. Elle n'arme plus maintenant que deux navires par an, tandis qu'en 1837, elle en avait armé 44. Pour faire saisir l'intérêt de telles entreprises, il suffit de rappeler que 5 bâtiments, en 1857, rapportèrent pour une valeur de 1 million et demi.

COMMERCE DE LA FRANCE DANS L'OCÉAN PACIFIQUE. — COMMUNICATIONS DE L'EUROPE AVEC L'OCÉANIE.

La France a des intérêts importants dans l'océan Pacifique; nous le parcourons en effet pour nous rendre à nos possessions de la Cochinchine, de la Nouvelle-Calédonie, des îles Taïti, Marquises, etc. Nous pourrions donc tirer beaucoup plus parti que nous ne le faisons de nos rapports avec ces riches parages. Notre pays envoie cependant des vins, des eaux-de-vie, des sucres raffinés, de la poterie, de la verrerie, des soieries, des articles de Paris, dans les colonies anglaises, qui, en retour, lui fournissent particulièrement des laines. Les Indes néerlandaises reçoivent de la France des vins, des spiritueux, des toiles peintes, des soieries, et lui rendent en plus grande quantité du café, du sucre, des épices, de l'étain, de l'indigo, du tabac, du riz, de la gutta-percha, de l'ivoire, des bois précieux.

Les colonies espagnoles nous fournissent du sucre, du tabac, de l'indigo, de l'écaille; nous ne leur renvoyons presque rien. Il en est de même de nos propres colonies.

En résumé, notre commerce en Océanie ne s'élève pas à plus de 15 millions de francs.

La Compagnie française des Messageries impériales, dans son service de la Cochinchine, correspond avec les Indes néerlandaises. La Compagnie anglaise péninsulaire et orientale correspond avec l'Australie et la Nouvelle-Zélande. — Bordeaux est celui de nos ports qui a le plus de relations commerciales avec l'Océanie.

MONNAIES, POIDS ET MESURES USITÉS DANS L'OCÉANIE.

Dans les colonies, on emploie les monnaies, les poids et les mesures des mères patries.

Dans les îles Havaï, la monnaie ordinaire est la piastre = $5^f,35$, et l'on se sert des mesures et des poids anglais; il en est ainsi généralement aux Philippines.

On emploie beaucoup, dans les colonies hollandaises et espagnoles et dans les états indigènes, le picul chinois = 60 à 63 kilogr.

LEÇON XXIII.

CÔTE OCCIDENTALE D'AMÉRIQUE.

TERRITOIRE D'ALIASKA, VANCOUVER, COLOMBIE BRITANNIQUE.

Pour mieux embrasser le commerce du Nouveau monde, nous ferons le tour de l'Amérique, en commençant par son extrémité N. O.; puis, longeant la côte occidentale jusqu'au sud, tournant ensuite autour de son extrémité méridionale, nous remonterons toute la côte orientale jusqu'aux parages les plus septentrionaux.

L'Amérique est séparée de l'Asie par le détroit de Beering, large seulement de 58 kilomètres, mais entravé par les glaces. — Après avoir longé la mer de Beering, on rencontre la longue presqu'île d'Aliaska, qui est, en quelque sorte, continuée par les îles *Aléoutiennes;* des navires russes y croisent, attirés par la pêche et par le commerce des peaux, ces régions abondant en renards, martres, loutres, phoques. — Les États-Unis sont maîtres aujourd'hui de la contrée qu'on désignait sous le nom de *Russie américaine,* et qui désormais s'appelle **Territoire d'Aliaska**. Le seul port de ces froids parages est la *Nouvelle-Arkhangel,* dans une île de l'*archipel du Roi George III.*

L'île de **Vancouver**, que l'on trouve plus au sud, appartient aux Anglais; elle s'allonge à l'O. du golfe de Georgie, sur un espace de 400 kilomètres. Son chef-lieu, **Victoria**, communique par un service de vapeurs avec San-Francisco. Climat tempéré, riches mines de charbon, sol fertile, ports nombreux, forêts où abondent les bois de construction, voilà les avantages qu'offre cette île, qui, par sa position à la portée de la Californie, des îles Sandwich et du territoire d'Aliaska, est destinée à devenir le grand entrepôt de cette région du Pacifique.

Colombie britannique. — Cette contrée, qui a deux fois la dimension de la Grande-Bretagne, s'étend du 49ᵉ au 55ᵉ degré de latitude nord, entre les Etats-Unis proprement dits et leur nouveau territoire d'Aliaska ; elle est bordée à l'est par les montagnes Rocheuses, généralement montagneuse, et peu propre à l'agriculture, si l'on en excepte le bassin du Fraser, fertile en céréales. Ses villes ne sont encore que des comptoirs établis pour le trafic des pelleteries ; un bel avenir lui est réservé, grâce au charbon bitumineux et au développement de la production de l'or. — Ce pays est sous la juridiction de la Compagnie de la baie d'Hudson, fondée en 1670 et à qui appartient tout le territoire occidental de l'Amérique du nord anglaise.

L'ORÉGON, LA CALIFORNIE, ETC.

Rentrons dans les États-Unis : entre les monts Rocheux et le Pacifique, dans les bassins de *l'Orégon* ou *Columbia*, du *Sacramento*, du *Rio Colorado*, depuis le 32ᵉ jusqu'au 49ᵉ degré de latitude nord, nous voyons s'étendre une vaste région embrassant les états ou territoires de *Washington*, d'*Orégon*, de *Californie*, de *Nevada*, d'*Idaho*, d'*Utah*, d'*Arizona*, et la moitié du *Colorado*.

La Californie. — Conquise sur le Mexique en 1848, admise dans l'Union américaine en 1850, la Californie (dans le principe *Nouvelle-Californie*), qui n'était que le rendez-vous des aventuriers mexicains, anglais, et des baleiniers du Pacifique, a pris un développement prodigieux, par suite de la découverte de ses mines d'or. En douze ans, de 1848 à 1860, sa population s'est élevée de 1000 à 380 000 âmes ; elle s'accroît chaque année de 50 000 émigrants ; elle compte aujourd'hui un million d'habitants. La soif de l'or calmée, on a songé à l'agriculture : le sol y a répondu en produisant en abondance des vignes, des légumes, des céréales, etc.

Les Mines. — Les mines de la Californie ont, depuis 1848, versé dans la circulation pour plus de 5 milliards de francs ; indépendamment de l'or, cette terre possède le mercure, le fer, le cuivre, le plomb, le platine, le chrôme, le gypse, l'antimoine, le salpêtre, le soufre, le pétrole, le charbon. Depuis quelques années, l'exploitation de toutes ces mines est entre les mains de compagnies puissantes qui ont fait construire un réseau de canaux embrassant 11 000 kilomètres carrés, et près de 400 moulins à broyer le quartz aurifère, qui s'étend sur une région de 90 000 kilom. carrés.

Commerce.—Le principal commerce se fait avec la Chine, le Japon, l'Australie, les îles Sandwich, l'Amérique centrale et l'Amérique du sud. La France expédie des soieries, des lainages, des tissus de coton et des vins, pour une valeur annuelle d'environ 8 millions de francs.

San-Francisco, etc.—La métropole commerciale de la Californie est San-Francisco, qui, en 1848, n'avait que 500 habitants, et qui en compte aujourd'hui plus de 200 000. Elle est la neuvième ville de l'Union. Qui peut dire ce qu'elle deviendra, lorsque le chemin de fer du Pacifique, en voie de construction, la reliera aux grands débouchés des états du nord-est, et que le transport des marchandises à New-York pourra se faire en huit jours? Aujourd'hui, il faut trois semaines pour accomplir ce transport par l'isthme de Panama. Une ligne bi-mensuelle fait le trajet entre New-York et San-Francisco, par cette voie. Il n'y a que les voiliers, et surtout les clippers américains, qui prennent la grande route du Pacifique, en doublant le cap Horn ou en suivant le détroit de Magellan. — *Sacramento*, la capitale de l'état, au centre de la région minière, est située sur le fleuve qui porte son nom, à 200 kilomètres de San-Francisco ; — *Marysville* est un dépôt minier considérable ; — les ports de *Los Angeles* et de *Monterey* sont de bons débouchés.

L'état de **Nevada** doit son nom à la haute Sierra Nevada, qui le borde à l'O.; naguère inhabité, inconnu, il a produit une révolution dans le monde commercial par la quantité fabuleuse de ses mines d'argent, dont le rendement annuel dépasse déjà 100 millions de francs.

Quant à l'état d'**Orégon**, il a l'avantage d'être baigné par le plus grand fleuve américain à l'O. des monts Rocheux, celui qui lui donne son nom, et sur lequel, un peu au-dessus de l'embouchure, sont les ports de *Portland* et d'*Astoria*.

CÔTE OCCIDENTALE DU MEXIQUE.

Longeons maintenant la côte occidentale du Mexique : nous reviendrons sur l'ensemble du pays à la Leçon XXV.
Nous trouvons d'abord la **Vieille-Californie** (la presqu'île de **Californie**), région encore peu connue, riche, sans doute, en mines d'or qui un jour seront exploitées. — *La Paz* en est le principal port. — Si nous pénétrons dans le golfe de Californie, appelé aussi *mer Vermeille*, où l'on pêche des huîtres à perles, nous remarquons les états de **Sonora** et de **Cinaloa**, qui renferment des mines dont on n'a pas jusqu'à présent tiré parti ; — **Guaymas** (dans la Sonora), **Mazatlan** (dans le Cinaloa), sont deux ports de grand avenir. — Plus au sud, **San-Blas**, près de l'embouchure du *Rio Grande del Sur*, est une bonne place maritime.
On ne trouve plus de port intéressant sur un espace d'environ 1000 kilomètres jusqu'à **Acapulco**, bien déchu, dans l'état de **Guerrero**, pays minier.
La côte du Mexique se termine par le golfe de *Téhuantépec*, qui resserre, avec la baie de Campêche, l'isthme appelé aussi Téhuantépec.

AMÉRIQUE CENTRALE (ANCIENNE POSSESSION ESPAGNOLE).

Située entre le 8ᵉ et 17ᵉ degré de latitude nord, bornée au N. O. par le Mexique, à l'est par la mer des Antilles, à l'ouest par le Pacifique, l'Amérique centrale occupe un espace de 1300 kilomètres de longueur, sur une largeur variant de 75 à 450 kilomètres. Elle est traversée dans toute sa longueur par la *Cordillère* dite de l'*Amérique centrale*, dont les rameaux, se projetant dans tous les sens, forment une série de vallées fertiles qu'arrosent d'innombrables cours d'eau. La végétation est magnifique ; les forêts sont peuplées de bois précieux pour la marine, l'ébénisterie, la teinture. On y rencontre de nombreuses mines. — La population est d'environ 2 400 000 âmes.

L'Amérique centrale comprend cinq états distincts, non confédérés : le *Guatémala*, le *San-Salvador*, le *Honduras*, le *Nicaragua* et le *Costa-Rica*.

Guatémala. — Cette république, la plus au N. des cinq, a l'avantage de toucher aux deux mers, et cependant son commerce a encore peu d'importance ; il ne dépasse pas douze millions de francs. — **Ysabal**, vers la mer des Antilles, sur le golfe Dulce, est le port le plus animé ; — on remarque aussi le bon port de *Saint-Thomas*, avec une petite colonie belge, sur le détroit qui joint le golfe Dulce à la mer.

La capitale, **Guatémala** (60 000 habitants), a quelques fabriques de cotonnades, de poterie et de tabac dit zapaco. — *Antigua-Guatemala* fait commerce de cochenille.

Les exportations du Guatémala consistent surtout en cochenille, pour une valeur annuelle de 5 millions, — café, 1 million, — sucre brut, indigo, peaux brutes, drap du pays. — La France y figure pour 600 000 francs à l'importation, qui comprend les soieries, les vêtements confectionnés, les chaussures, la chapellerie, les vins, les lainages, l'horlogerie, la verrerie, la quincaillerie.

L'état de **San-Salvador**, ou simplement de **Salvador**, est le plus petit, mais un des plus riches de l'Amérique centrale. On y récolte le plus bel indigo du monde, le sucre, le café, le coton, la salsepareille, la vanille, des bois de teinture et d'ébénisterie, le baume dit du Pérou ou du Salvador, la cochenille, etc. Il y a des mines d'argent, de plomb, de fer, de cuivre, de nickel, de cobalt, de charbon. Les mines d'argent du *Tabanco* sont exploitées par une société française.

L'industrie est limitée à la fabrique des cigares. Le commerce offre une valeur de 22 millions, dont 8 millions à l'importation. On exporte surtout de l'indigo, des cuirs de bœuf, du sucre. On importe des cotonnades, des toiles, des livres, des soieries, des chaussures, des instruments aratoires, etc. **San-Salvador**, la capitale, est une ville importante. — Les ports de **La Union, La Libertad, Acajutla**, ont reçu, en 1866, 470 navires, jaugeant 247 000 tonnes.

La république de **Honduras** s'étend sur la côte méridionale du golfe auquel elle donne son nom, et s'avance au S. jusqu'au Grand océan, qui y forme le beau golfe de Fonseca. Cet état possède des mines d'or et d'argent ; — le sol y est d'une extrême fertilité ; on y trouve en abondance l'acajou, le tabac, la salsepareille, etc. Malheureusement le climat n'est pas partout salubre. La capitale est *Comayagua* ou *Valladolid-la-Nueva*, sur l'Ulua. — *Truxillo*, *Omoa*, ports sur la mer des Antilles, sont à la tête d'un certain commerce.

L'état de **Nicaragua** est baigné à la fois par la mer des Antilles et par le Grand océan. On y remarque les lacs de Managua et de Nicaragua, destinés l'un et l'autre à servir puissamment à une communication inter-océanique. Il y a de vastes forêts, de belles prairies où l'on élève une immense quantité de bestiaux. *Léon* (30 000 habitants), la capitale, — *Managua*, — *Granada*, — *Nicaragua* ou *Rivas*, sont des villes intérieures assez commerçantes. — Les ports sont *San-Juan del Norte* ou *Greytown*, sur la mer des Antilles, à l'embouchure de la rivière *San-Juan*, qui sort du lac de Nicaragua ; — *San-Juan del Sur* et *Realejo* (excellent mouillage), sur le Grand océan.

L'état de **Costa-Rica**, le plus méridional de l'Amérique centrale, touche également aux deux mers et doit son nom à quelques mines d'or qu'on y trouva dans l'origine ; ses vraies richesses sont les bois de construction, les pâturages, le café, le coton, l'indigo ; la capitale, *San-Jose de Costa-Rica* (20 000 âmes), fait surtout le commerce de café ; — *Punta-Arenas* sur le Grand océan, est le port principal de la république ; il exporte du café, et fait un commerce actif avec l'Europe, la Californie et toutes les villes du littoral occidental de l'Amérique.

Le commerce total de l'Amérique centrale est de 90 millions ; la France y figure pour 14 millions.

Le système décimal des monnaies, poids et mesures a été adopté. La piastre de 5f,35 est l'unité monétaire.

LES ISTHMES AMÉRICAINS.

L'Amérique centrale est destinée à être coupée, sur plusieurs points, soit par des canaux, soit par des chemins de fer. Des communications pourront être établies: 1° entre le golfe de Téhuantépec et le golfe du Mexique; 2° entre le golfe de Honduras et le golfe de Fonseca; 3° par l'isthme de Nicaragua; 4° par l'isthme de Chiriqui, qui se trouve un peu plus au sud; 5° par l'isthme de Panama, qui se divise en trois sections : l'isthme de Panama proprement dit, l'isthme de San-Blas, qui n'a que 44 kilom. de largeur, et l'isthme de Darien.

Jusqu'ici, il n'y a de jonction établie qu'à l'*isthme de Panama*; un chemin de fer s'étend de la ville de ce nom, sur le Grand océan, à Aspinwall, sur la mer des Antilles. C'est aujourd'hui la voie la plus prompte du Pacifique.

PANAMA ET LA CÔTE DE LA NOUVELLE-GRENADE SUR LE PACIFIQUE.

Panama, qui appartient aux États-Unis de Colombie (ci-devant Nouvelle-Grenade), est un des ports principaux du Pacifique; — il a surtout pris une activité extraordinaire depuis la découverte des mines d'or de la Californie. Le chemin de fer qui le relie à Aspinwall a 60 kilomètres de longueur, et transporte annuellement 50 000 passagers. Le commerce de ce port, qui, en 1862, était déjà de 55 millions, a doublé depuis; il consiste, pour l'importation, en tissus de laine et de coton, en charbon de terre, vins et liqueurs, comestibles, vêtements confectionnés, quincaillerie, tabac, farine, bijouterie, et, pour l'exportation, en or, écaille, nacre, perles fines, cacao, caoutchouc, bois d'ébénisterie, cuirs bruts, racine de salsepareille, etc. L'Angleterre et les États-Unis se partagent ce commerce. La France y figure pour 9 à 10 millions, qui représentent principalement la valeur de ses vins et conserves. Viennent ensuite le Pérou, le Vénézuéla, l'Espagne, les villes Hanséatiques.

Panama n'a guère d'autre industrie que celle de ses chapeaux, devenus célèbres, de ses argiles céramiques, de ses marbres, et la pêche des perles.

La navigation à voiles y est exclusivement anglaise et américaine ; la navigation à vapeur se fait par quatre lignes desservant les ports occidentaux de l'Amérique centrale et du Mexique, et les ports du Pérou, du Chili et de l'Équateur.

De tous les articles de commerce expédiés en Europe par la voie de Panama, les plus importants sont les métaux précieux, pour une somme annuelle de 300 millions. En 1862, l'Angleterre seule en retirait pour 120 millions, tandis que la France n'en recevait que pour 2 400 000.

San-Buenaventura est un autre port commerçant de la côte de la Nouvelle-Grenade, sur la baie de Choco.

ÉQUATEUR.

La république de l'Équateur (ancienne colonie espagnole), comprise entre le 2ᵉ degré de latitude nord et le 6ᵉ de latitude sud, est bornée au nord par la Nouvelle-Grenade, au sud par le Pérou, à l'est par le Brésil, à l'ouest par l'océan Pacifique. La superficie est de 644 000 kilomètres carrés ; sa population, de 1 100 000 âmes (600 000 blancs, 460 000 Indiens, 40 000 métis) ; 300 000 Indiens sauvages, non classés, habitent les forêts.

L'Équateur est couvert au milieu par les Andes, qui s'y élèvent à 6000 mètres et y renferment plusieurs volcans ; ses communications avec le littoral sont difficiles ; ses communications avec l'Atlantique, quoiqu'il en soit éloigné de 3600 kilomètres, ne sont pas plus pénibles, grâce à l'Amazone et aux affluents de l'Orénoque. Le climat y réunit les deux extrêmes du chaud et du froid. Il y a deux saisons : la saison des vents, qui commence en juin et finit en novembre, et celle des pluies. De nombreux cours d'eau, pour la plupart navigables, arrosent le pays dans toutes les directions. Les tremblements de terre sont un des fléaux de cette contrée.

Les mines d'or et d'argent de l'Équateur, si célèbres jadis, ne sont plus exploitées ; en revanche, on y trouve le mercure, le fer, le plomb, le zinc, le marbre, l'albâtre, les émeraudes, le soufre, le pétrole.

La végétation est d'une remarquable vigueur. Des forêts gigantesques, qui contiennent toutes les essences résineuses, les plus beaux bois d'ébénisterie, des plantes médicinales et alimentaires, comme la salsepareille, l'ipécacuanha, le baume de Tolu, la vanille, la cannelle, qui a donné son nom à l'une des provinces (Canelos), les gentianes, le quassia, le quinquina, le plus riche en quinine que l'on connaisse, le coton, qui donne deux récoltes par an, l'agave, l'orseille, la soie, l'indigo, le bois de Campêche, la cochenille, le tabac, le caoutchouc, le cacao, le café, le maïs, la canne à sucre, le riz, la banane, voilà les produits de ce sol intarissable, mais qui sont autant de richesses rendues presque inutiles par la difficulté des communications.

La capitale, **Quito** (70 000 habitants), située à une grande élévation, jouit d'un climat assez tempéré, quoique sous l'équateur ; on y fabrique des étoffes de laine appelées *bayetas*, des ponchos, des tapis. — Les autres villes de l'intérieur sont *Cuenca* (25 000 habitants); — *Loja*, fameuse par son quinquina ; — *Riobamba*, par ses laines et son fromage.

Le mouvement maritime se fait presque tout entier dans le port de **Guayaquil** (25 000 habitants), sur le fleuve *Guayas*, près du Pacifique. Les entrées et les sorties ont été, en 1866, de 308 navires, jaugeant 112 000 tonneaux; 7 de ces navires seulement étaient sous le pavillon de la France. — *Manta* et *Esmeralda* sont les autres ports de la république.

Exportations. — L'Équateur fabrique et exporte des tissus de fil, de coton, des broderies, des chapeaux de paille et des tapis renommés. L'exportation de l'année 1866 s'est élevée à près de 30 millions de francs. Dans ce chiffre, le cacao seul entre pour 18 millions; les chapeaux, pour 1 700 000; le coton, pour 1 140 000. L'Espagne reçoit la plus grande partie de tous ces articles; viennent ensuite la France, l'Allemagne, l'Angleterre, La Havane, le Pérou, le Chili, les États-Unis.

Importations. — Les importations consistent surtout en articles anglais, tels que tissus de coton, quincaillerie, faïence, articles français, comprenant les tissus de soie et de

ÉQUATEUR.   337

laine, la bijouterie, les meubles, les articles de Paris, les vins et liqueurs, la chaussure et la porcelaine.

<small>Depuis 1856, l'Équateur a adopté les poids et mesures de la France; mais l'usage n'en est pas encore devenu obligatoire, et l'on continue à se servir des anciennes mesures de l'Espagne, et des anciens poids, qui sont la livre et ses subdivisions. La piastre (d'argent) = 5 fr. 35, est l'unité monétaire. On emploie aussi le quadruple d'or = 81 fr. 20 cent. et ses subdivisions.</small>

Iles Galapagos (c'est-à-dire *îles des Tortues*). — Ces îles sont souvent visitées par les navires qui vont à la pêche de la baleine et du cachalot, et ont une petite colonie équatorienne.

PÉROU (ANCIENNE POSSESSION ESPAGNOLE.)

Bornée au nord par l'Équateur, au sud par la Bolivie, à l'est par la Bolivie et le Brésil, à l'ouest par le Pacifique, et située sous la latitude moyenne de 10° S., la république du Pérou, dont les côtes sont régulières, présente peu d'abris pour la navigation. Les petites îles *Chincha* et *Lobos*, si connues par leur guano, sont placées non loin des côtes.

Le Pérou comprend trois régions : le littoral, entre les Andes et le Pacifique, terre aride, sablonneuse, où il ne pleut jamais ; — la région centrale, composée des hautes montagnes des *Andes* et de vastes et beaux plateaux salubres ; — la région orientale, immense plaine couverte de forêts, arrosée par les premiers affluents de l'Amazone. La superficie totale est de 1 300 000 kilomètres carrés, et la population, de 2 400 000, dont 1 700 000 Indiens, 350 000 métis, 290 000 blancs et 60 000 nègres.

Les grands cours d'eau du Pérou coulent à l'E. des Andes; ce sont l'*Ucayale* et le *Tunguragua* ou *Marañon*, considéré comme la branche principale de l'Amazone; le plus grand lac est celui de *Titicaca* ou *Chucuyto*. — Les tremblements de terre ravagent trop souvent ce pays : celui de 1868 l'a en partie ruiné.

Minéraux, végétaux, animaux. — Les montagnes du Pérou recèlent de grandes mines ; l'or n'y est pour ainsi dire plus exploité ; mais l'argent donne encore des produits, à *Pasco* particulièrement. On trouve aussi les émeraudes, l'obsidienne, etc.

Les principaux végétaux sont le froment, l'orge, le maïs, le manioc, le bananier, la pomme de terre, la canne à sucre, le cacaoyer, l'indigotier; les forêts sont composées des essences suivantes : des cèdres, des acacias, des ébéniers, des palmiers, entre autres le palmier céroxyle; l'arbre de la vache est remarquable par le suc laiteux qu'il produit. Le *coca* fournit une alimentation nourrissante. L'*anona* donne l'excellent fruit nommé *chirimoya*. La vigne réussit bien sur quelques points.

Le Pérou paraît être la patrie du lama : la vigogne et l'alpaca, qui en sont des espèces, donnent une laine fine. Le chinchilla fournit de belles fourrures.

Ports et villes remarquables. — Le port le plus important est **Le Callao**, port de Lima, à laquelle l'unit un chemin de fer; il est fréquenté annuellement par 1700 navires, jaugeant 980 000 tonneaux, dont 280 000 sous pavillon américain, 226 000 sous pavillon anglais, et 60 000 sous pavillon français. Le guano seul figure pour 65 millions dans les expéditions de ce port. — Le port d'**Iquique** expédie tout le salpêtre et le borax du Pérou, pour une valeur de 13 millions. — Le port d'*Islay*, fermé depuis 1865, expédiait surtout des laines, du quinquina, de l'étain, du cuivre et du cobalt. — Le port de *San-José* exporte des cotons, des cuirs, des sucres; — celui d'**Arica** sert de débouché à l'étain et au cuivre de la Bolivie, mais il a été à peu près détruit par le tremblement de terre de 1868. — *Payta*, dans le N. du Pérou, est le port le plus occidental de l'Amérique du sud. — *Pisco* est en face des îles Chincha.

Lima (100 000 habitants), capitale du Pérou, à 8 kilomètres de la mer, a des fabriques de savons, de chocolat, d'alcools, et fait un commerce très-actif — **Cuzco** (40 000 habitants), l'ancienne capitale, dans l'intérieur, est un centre assez industrieux. — **Arequipa**, à peu de distance de la mer, dans un un pays très-fertile, a des manufactures de tabac et de coton, mais a été ruinée par le tremblement de terre de 1868. — *Tacna* est le principal point de transit avec la Bolivie. — *Huancavelica*, dans les Andes, au cœur du Pérou, a une riche mine de mercure; —*Moyobamba*, dans le N., est connue par la fabrication de chapeaux dits panamas. — Plus loin, sur l'Amazone, est le port d'*Iquitos*, qui ouvre la communication du Pérou vers le Brésil.

Commerce. — Comme tous les autres pays de l'Amérique du sud, le Pérou n'a guère d'industrie, mais son commerce est florissant. Il s'est élevé en 1864, à 250 millions, dans lesquels la France figure pour 88 millions. Les échanges entre les deux pays emploient 160 navires, jaugeant 103 000 tonneaux, dont 59 000 sous pavillon français.

Exportations. — Les principaux articles d'exportation sont le guano, l'argent, le nitrate de soude (salpêtre), les raisins, le quinquina, l'étain, le cobalt, l'or, le coton, le sucre, les cuirs secs.

A la tête de tous ces produits, est le *guano*, provenant surtout des îles Chincha, à 160 kilomètres de Lima. L'exporation de cet article atteignait en 1863 la somme de 82 millions, et l'on a constaté cette année-là même qu'il en restait encore 8 millions de tonneaux inexploités, représentant une valeur de plus d'un milliard.

Importations. — L'importation française consiste en tissus de coton, de laine et de soie, ouvrages en peau et en cuir, papeterie, graines, vins, eaux-de-vie, articles de modes.

Le Pérou a adopté le système décimal pour les monnaies, dont l'unité est le sol (soleil), valant 5 francs et différant peu de l'ancienne piastre (5 fr. 35).
Les poids et les mesures sont ceux de la France.

BOLIVIE.

La république de Bolivie, ancienne possession espagnole, séparée du Pérou en 1825, est bornée au nord-ouest par le Pérou, dont elle est séparée en partie par le lac Titicaca; à l'est, par le Brésil; au sud, par la confédération Argentine et le Chili; au sud-ouest, par le Pacifique. Elle s'étend entre les 7° et 25° degrés de latitude sud. — Sa superficie est de 1 200 000 kilomètres carrés, et sa population, de 2 millions d'âmes, dont les blancs forment les deux tiers.

La Bolivie est formée, au centre, d'un plateau où se trouvent la plupart des villes et qui est surmonté de montagnes de plus de 6000 mètres; — au sud-ouest, entre les *Andes* et la mer, d'un pays aride et désert nommé *Atacama*, à l'est, de plaines magnifiques, arrosées par les affluents du *Rio Madeira*, affluent, lui-même, de l'Amazone, et par ceux du Paraguay.

Minéraux. — La Bolivie a des mines d'argent, d'or, de fer, de salpêtre, de lignite; on trouve des pierres précieuses, du cobalt, le mercure natif, du sel gemme, du soufre, de l'étain, du plomb, du cuivre, etc. — Le littoral contient d'immenses gisements de guano, surtout vers la baie de *Mexillones*.

Végétaux. — A l'est sont de gigantesques forêts où les bois de construction et de teinture, les fruits de toute sorte, le quinquina, la salsepareille, nombre de plantes médicinales, se trouvent en profusion. Le maté, ou thé du Paraguay, et le coca, cet aliment indispensable de la population indigène, y abondent. Les terres cultivées produisent le cacao, l'agave, le coton, la soie, le tabac, le lin, l'indigo, la vanille, le riz, la canne à sucre, le maïs, la vigne et l'olivier.

Principales villes. — *Chuquisaca*, *La Plata* ou *Sucre* (25 000 habitants), la capitale, est située près de la montagne de Porco, célèbre par sa mine d'argent; — *La Paz* (75 000 habitants), la plus grande ville de la république, possède de riches mines d'or et de cuivre; — *Potosi* est célèbre par ses mines d'argent, qui cependant sont à peine exploitées aujourdhui; on en compte plus de 1600, qui ont été successivement abandonnées après avoir produit depuis leur découverte, au début du seizième siècle, jusqu'en 1846, plus de 12 milliards; — *Oruro*, où se trouvent aussi quelques mines d'argent, — et *Cochabamba* (40 000 habitants), dans un pays surnommé le grenier du Pérou, sont les autres villes importantes de l'intérieur.

La seule ville maritime proprement dite est *Cobija* ou *Puerto-de-la-Mar*, port franc.

MONNAIES, POIDS ET MESURES.

Le système décimal est adopté, mais on emploie souvent encore l'ancien système espagnol. La monnaie est la piastre = 5 fr. 35.

CHILI.

La république du Chili, ancienne colonie espagnole, est une contrée longue, étroite, resserrée entre le Grand océan et les Andes, qui s'étend sur une longueur de 2200 kilomètres, depuis le 23e parallèle austral jusqu'au golfe de *Guaiteca* (43e degré); elle comprend l'île de Chiloé, la plus grande du groupe auquel elle donne son nom et qu'on appelle aussi *El Ancud;* de plus, elle revendique des droits sur une portion de la Patagonie. On peut évaluer la surface de ce pays à 345 000 kilomètres carrés; sa population est de 2 millions d'habitants.

Fertile, salubre, bien placé, malheureusement exposé à des tremblements de terre, le Chili est une des républiques américaines entrées franchement dans la voie du progrès; il marche au premier rang des jeunes états du Nouveau monde. Le pays possède déjà 600 kilomètres de voies ferrées (de *Santiago* à *Valparaiso*, de *La Caldera* à *San-Francisco-de-la-Selva*, etc.); une ligne télégraphique suit les côtes sur un espace de 1500 kilomètres.

Minéraux, végétaux, animaux. — Les principales richesses minérales sont le cuivre (surtout très-abondant dans le Coquimbo et l'Atacama), l'argent, le plomb, le cobalt, le marbre. Depuis peu, l'exploitation de la houille prend un réel développement. On comptait, en 1863, 668 mines de houille produisant près de 130 000 tonnes.

Les céréales, les légumes et les fruits abondent. On rencontre le chanvre, les oliviers, l'araucaria, arbre gigantesque, etc. Plusieurs grands propriétaires possèdent jusqu'à 100 000 hectares de terrain, dont ils livrent plusieurs milliers à la culture du blé. Ce produit est la véritable richesse agricole du Chili. On l'exporte dans toute l'Amérique du sud, en Europe, en Océanie. La vigne, de culture récente, donne de bons vins. L'agriculture chilienne seule fournit à l'exportation pour une valeur de 30 millions de francs.

Les vigognes, les guanacos, les lamas, les alpacas, les chinchillas, les viscaches, le guémul, voilà les espèces qui appartiennent à la faune du pays. Les animaux d'origine étrangère réussissent généralement bien : les vers à soie et les abeilles se multiplient prodigieusement.

On trouve sur plusieurs points du guano.

Industrie, commerce. — L'industrie se borne à la serrurerie, à l'ébénisterie et à quelques corderies.

Le commerce extérieur s'élève à 250 millions, dont 117 à l'importation et 133 à l'exportation. L'Angleterre fait plus de la moitié des échanges ; la France y compte pour 36 millions, le Pérou pour 18, les États-Unis pour 16, et les villes Hanséatiques pour 13 ; puis viennent le Brésil, la Plata, la Belgique et l'Espagne. — Parmi les articles importés, la France vient en première ligne pour les tissus de laine et de soie, le sucre, les modes, la passementerie, la mercerie, les produits chimiques, la quincaillerie fine, la chapellerie, la librairie, la papeterie, les cuirs ouvrés et non ouvrés, les vins et spiritueux, la porcelaine, la verrerie, les cristaux. En retour, elle exporte du Chili du minerai de cuivre pour 7 millions, de l'or, de l'argent, des peaux, des cuirs, des laines, etc. — L'Angleterre expédie surtout des tissus de coton et de laine, de la houille, des machines, des armes; les États-Unis envoient des bois de construction, et partagent seuls avec l'Angleterre l'importation des machines.

Ports et Villes. — Le port de *Valparaiso* (50 000 hab.) effectue la plus grande partie des échanges (105 millions à l'importation, 34 millions à l'exportation). — Les autres ports, *La Caldera* (servant de port à *San-Francisco de la Selva* ou *Copiapo*) ; — *Coquimbo* (port de *La Serena*), dont la rade est l'une des plus sûres du Pacifique, expédient surtout des métaux précieux ; — *Valdivia*, dont le magnifique havre est nommé *Corral*, *La Concepcion* ou *La Mocha*, *San-Carlos* (dans l'île de Chiloé), exportent des céréales et des laines.

Quant à la capitale, *Santiago* (100 000 hab.), elle est moins remarquable par son commerce que par la part importante qu'on y fait aux études littéraires et scientifiques.

Le mouvement maritime des ports chiliens peut offrir

annuellement un total de 4000 navires. Le pavillon anglais couvre le plus grand nombre.

Depuis 1865, le système métrique est en vigueur au Chili, de même que le système décimal pour les monnaies, dont l'unité est la piastre = 5f 35.

PATAGONIE ET AUTRES RÉGIONS AUSTRALES.

La **Patagonie**, pays généralement stérile, peu habité, placé à l'extrémité méridionale de l'Amérique, occupe un espace de 500 000 kil. carrés. L'agriculture, l'industrie et le commerce n'ont rien à voir jusqu'à présent dans cette contrée ; le Chili y a formé, cependant, un établissement colonial, connu sous le nom de territoire de *Magellan* ; il y a deux ports : *Punta-Arenas* et *Port-Famine*. — La **Terre de Feu** est presque inhabitable. — Les îles **Falkland** ou **Malouines**, que l'on peut rattacher à la Patagonie, servent de point de relâche aux navires qui vont faire la pêche de la baleine dans les mers australes et qui y trouvent des provisions et de l'eau. Elles appartiennent aujourd'hui aux Anglais.

La pêche des *baleines noires* et des *phoques* est assez productive dans les parages extrêmes de l'Amérique ; elle est faite surtout par des pêcheurs des États-Unis.

LEÇON XXIV.

LA PLATA OU LA CONFÉDÉRATION ARGENTINE, L'URUGUAY, LE PARAGUAY, LE BRÉSIL.

LA PLATA.

La confédération de la Plata, ancienne possession espagnole, tire son nom du large estuaire du Rio de la Plata ou fleuve d'Argent, qui la baigne au S. E. et y est formé par la jonction du Parana et de l'Uruguay. Placée à la latitude moyenne de 32° S., elle a pour limites la Patagonie, la Bolivie, le Paraguay, le Brésil et l'Uruguay; elle est baignée au S. E. par l'Atlantique. La Cordillère des Andes la sépare du Chili. Elle a 2 200 000 kil. carrés et 1 200 000 habit.

Le sol est riche, surtout entre le Parana et l'Uruguay; au centre, s'étendent de vastes plaines entrecoupées de bois et de déserts salins ; la région méridionale est occupée par les *Pampas*. Le climat est généralement salubre.

La population est formée du mélange des anciennes races indiennes avec les Espagnols. Les Européens, venus surtout depuis 1824, sont en grand nombre : les Espagnols, les Allemands, les Italiens, les Français (particulièrement les Basques) dominent parmi ces immigrants.

Minéraux, végétaux, animaux. — La région des Andes contient des mines d'argent, d'or, de cuivre, dont la production atteint 8 millions; on trouve également du plomb, de l'étain, du fer, des marbres, des jaspes, des pierres précieuses, du pétrole, du porphyre.

Au nord, la végétation est exubérante et infiniment variée : les essences tinctoriales, les gommes-résines, le coton, le tabac, le maté, l'oranger, le cactus raquette, viennent spontanément ; les arbres fruitiers et forestiers d'Europe ont été introduits avec succès; les arbres fruitiers des tropiques, tels que le bananier, le palmier, le papayer, le cacaoyer, croissent avec profusion. L'agriculture prospère beaucoup depuis quelques années; mais l'industrie pastorale occupe encore la première place.

Dans la région des *Pampas*, il ne pousse guère que des herbes servant à nourrir d'innombrables troupeaux. On évalue à 15 millions le nombre des bêtes à cornes, à 60 millions celui des bêtes ovines et à 4 millions celui des chevaux. Tous ces animaux sont aujourd'hui domestiques. Il y a aussi beaucoup de porcs. Les vigognes, les lamas et les alpacas sont nombreux dans les montagnes.

Industrie, commerce, importations, exportations, villes. — La fabrication des bougies stéariques, du guano artificiel, des savons, la distillation des eaux-de-vie, le tannage des cuirs, voilà tout ce qui compose l'industrie de la Plata.

Le commerce extérieur s'élève à 400 millions, dont 150 pour l'exportation, 250 pour l'importation. La France y figurait en 1865 pour 119 millions, dans lesquels l'importation des étoffes fines, soieries, calicots, vêtements confectionnés, articles de Paris, modes, mercerie, livres, instruments de science, vins, liqueurs, conserves, horlogerie, bijouterie, cristaux, représentait 65 millions de francs. La Plata expédie des viandes conservées, des cuirs secs et salés, de la pelleterie, de la laine, des plumes d'autruche, du guano artificiel, des maroquins, des métaux précieux, du cuivre. L'Angleterre est, avec la France, le pays qui fait le plus grand commerce dans la Plata.

L'exportation de la laine seule atteint plus de 100 millions de fr., dans lesquels la France entre pour une part importante.

Les quatre cinquièmes des échanges se font dans le port de *Buenos-Ayres* (120 000 hab.), capitale de la confédération, sur la rive droite du Rio de la Plata ; cette place est unie à l'Europe par les lignes mensuelles des Messageries impériales. — *Rosario*, port sur le Parana, prend un rapide accroissement, et un chemin de fer joint cette ville à Buenos-Ayres. — On remarque encore, en remontant le même fleuve, *Santa-Fé, Parana, Corrientes* (20 000 hab.). — Au loin dans l'intérieur, on distingue *Catamarca* et *San-Juan*, dans le voisinage de riches mines d'argent.

URUGUAY (ANCIENNE POSSESSION ESPAGNOLE).

La république de l'Uuruguay, ou république Orientale de l'Uruguay, bornée par le Brésil, par l'Atlantique et par la rivière Uruguay, s'étend entre les 30e et 35e degrés de latitude S. Sa position commerciale est très-avantageuse. Sa superficie est de 217 000 kilomètres carrés.

Le climat est salubre ; il y a deux saisons bien tranchées : la saison chaude et la saison fraîche, qui suivent un ordre opposé à celui du climat européen. Le sol est très-fertile, mais peu cultivé. Les habitants ne s'adonnent qu'à l'élevage des bestiaux. La population est de 300 000 habitants. On compte aujourd'hui plus de 130 000 étrangers, dont 10 000 sont Français (Basques surtout).

Le seul débouché maritime est *Montevideo* (25 000 hab.),

dont le port a un mouvement de 1200 navires, jaugeant 300 000 tonneaux (35 000 sous pavillon français). Des lignes régulières de paquebots rattachent Montevideo aux grands ports de l'Europe. Depuis 1866, un télégraphe électrique sous-marin relie cette place à Buenos-Ayres.

L'Uruguay a d'excellentes mines de cuivre, de plomb argentifère, d'antimoine et même d'or, que le manque de bras a seul empêché d'exploiter. On y trouve aussi de très-beaux marbres.

Le commerce extérieur s'élève à 95 millions de fr., dont 46 à l'importation et 49 à l'exportation. La France figure, dans ce commerce, immédiatement après l'Angleterre, pour 17 millions. Viennent ensuite le Brésil, la confédération Argentine, l'Espagne, les États-Unis, l'Italie, l'Allemagne. Les objets importés par la France sont les tissus, les soieries, les vins et spiritueux, les articles de modes, etc.

PARAGUAY.

La république du Paraguay (ancienne possession espagnole), située sous la latitude moyenne de 25° S., est renfermée entre le Brésil et la confédération Argentine, et arrosée par le *Parana*, à l'E. et au S., par le *Paraguay*, à l'O. Ses limites ne sont pas encore exactement déterminées. Des guerres paralysent depuis quelques années l'essor de l'industrie et du commerce de ce pays.

L'Assomption (50 000 hab.), capitale, s'élève sur la rive gauche du Paraguay. — *Villarica* est la seconde ville.

La population du Paraguay est de 1 300 000 hab.

Parmi les produits minéraux, on remarque le fer et le cuivre, des grès et des marbres.

Le climat, frais et sec sur les hauteurs, est chaud et humide dans les plaines, qu'inondent chaque année les rivières gonflées par les pluies. Le Paraguay est riche en coton, en tabac, en bois de construction; on y trouve le maïs, la canne à sucre, les patates, le yuca, la salsepareille, le jalap, le copahu, le sang de dragon, le quinquina, le maté.

Le tabac fournit à l'exportation une valeur de 3 millions de fr.; le maté, près de 5 millions.

L'industrie manufacturière est encore dans l'enfance; il

y a quelques raffineries et des fabriques de rhum. Le commerce extérieur du Paraguay, centralisé par le port de L'Assomption, s'est élevé à 16 millions (9 millions d'importation, 7 millions d'exportation). Les importations consistent en tissus de coton, de laine et de fil, en vins et liqueurs, vêtements confectionnés, quincaillerie, chapeaux, etc. Le mouvement de la navigation est de 365 navires.

Les monnaies, poids et mesures de la Plata, de l'Uruguay et du Paraguay sont les mêmes que dans le reste de l'Amérique espagnole.

BRÉSIL.

(SUPERFICIE : 7 700 000 kil. carrés. — POPULATION : 10 000 000 d'habit.)

Le Brésil (en portugais Brasil), ancienne possession portugaise, forme, depuis 1825, un empire indépendant, de la plus grande importance à tous les points de vue. Les côtes se développent sur une longueur de plus de 8400 kilomètres. Elles ont deux expositions principales, l'une au N. E., l'autre au S. E., et sont découpées par de nombreuses baies, dont plusieurs très-sûres.

Il n'y a pas de très-hautes montagnes, mais les fleuves y sont pour la plupart très-considérables : c'est d'abord l'*Amazone* (ou fleuve des Amazones), mieux encore appelé *Marañon* ou *Maranhão*, qui coule de l'O. à l'E., reçoit un nombre infini de rivières (*Rio Madeira*, *Rio Negro*, etc.), et se jette dans l'Atlantique par une embouchure de 300 kilomètres de large, après un cours de 5000 kilom. On conçoit l'intérêt que présente un pareil fleuve pour la navigation et le commerce. De forts bâtiments peuvent le parcourir sans obstacle jusqu'au Pérou.

Les autres grands cours d'eau sont le *Tocantins* (appelé *Para* dans son cours inférieur), le *São-Francisco*, obstrué par une cataracte, le *Parana*, le *Paraguay*, l'*Uruguay*.

Minéraux, végétaux. — Les productions du Brésil sont très-nombreuses. Il y a, dans les montagnes des provinces de Minas-Geraes, de Goyaz et de Mato-Grosso, de l'or, de l'argent, du platine, du fer, du cuivre, des diamants, des topazes, des tourmalines.

La production annuelle des diamants avait atteint, de 1740 à 1830, la somme de 120 millions; aujourd'hui leur rapport annuel, joint à celui de l'or, est de 20 millions : on extrait beaucoup d'or du lit des rivières. Le marbre, l'agate, le porphyre, la houille récemment découverte dans la province de Rio Grande do Sul, sont encore des richesses du Brésil.

Le sol est partout d'une prodigieuse fécondité, il produit en abondance du coton excellent, du tabac, des cannes à sucre, du café, du cacao, du maïs, du manioc, du riz, du blé, des patates douces, des melons, des citrouilles. Les citronniers, les limoniers, les orangers, les pamplemousses, les goyaviers, les girofliers, la vanille, abondent sur les côtes. Les forêts sont les plus riches de la Terre en bois de construction et de teinture, en arbres résineux, en plantes aromatiques et médicinales. L'arbre à teinture nommé brésil ou brésillet a donné son nom au pays. Le cocotier brésilien est plus beau que celui des Indes; le palmier carnauba donne une cire précieuse et abondante. L'ipécacuanha est commun dans les bois; l'hévée y donne une grande quantité de caoutchouc.

Ports, centres de commerce. — **Rio-de-Janeiro** (400 000 hab.), capitale du Brésil, la première ville, le principal port de l'Amérique du sud, effectue les deux tiers de tous les échanges de l'empire. — **Pernambouc** ou **Recife** (60 000 hab.), *Alagoas*, *Parahyba*, **Maranham** (35 000 hab.), sont ensuite les grands entrepôts du commerce de coton. — **Bahia** ou **S. Salvador** (160 000 hab.) est l'entrepôt des sucres, des tabacs, des cuirs. — **Para** ou **Belem** (30 000 hab.), située à 25 lieues de la mer, sur le fleuve auquel elle donne son nom, est le grand débouché du caoutchouc, du cacao et des produits divers transportés sur l'Amazone et ses affluents; — enfin *Maranham* expédie une grande quantité de riz, de cacao et de bois de teinture.

Les autres ports remarquables de l'empire sont *Porto-Seguro*, *Victoria*, *Santos*, *São-Pedro de Rio Grande*, à l'entrée du cours d'eau qui sert d'écoulement au lac dos Patos, et *Porto-Alegre*, sur ce lac.

Dans l'intérieur, les plus intéressantes villes sont *Saint-Paul* (30 000 hab.), que les lavages d'or ont enrichie; —

Caxoeira (30 000 hab.), près de Bahia ; — *Cuyaba* (15 000 hab.), la ville la plus centrale de l'Amérique du sud ; — *Manaos*, au confluent du Rio Negro et de l'Amazone.

Industrie, commerce, etc. — L'industrie, quoique favorisée par l'exemption à peu près complète d'impôts, est encore peu florissante et se borne aux articles de première nécessité.

L'agriculture, qui, jusqu'en 1860, était restée dans l'enfance, a pris depuis cette époque un remarquable développement, grâce aux sociétés agricoles, aux fermes modèles et aux nouvelles voies de communication.

L'exportation du café s'élève à 189 millions de francs, celle du sucre à 48, celle du tabac à plus de 8 millions. Le coton, qui ne rapportait en 1860 que 15 millions, a atteint en 1865 le chiffre de 90 millions, par suite de la guerre civile des États-Unis, qui a développé partout ailleurs la culture de cet article. Dès 1857, le Brésil exportait pour plus de 6 millions de maté; le tapioca (fait avec le manioc du Brésil) et le cacao représentent une valeur de 5 700 000 francs; le caoutchouc, 17 millions.

Le commerce s'élève à 816 millions de francs, ainsi répartis : 1° l'Angleterre : 368 millions. — 2° La France : 145 millions, dont 89 millions à l'importation, consistant en habillements confectionnés, tissus de laine, de coton, vins, ouvrages en peau et en cuir, mercerie, horlogerie, quincaillerie. Les articles que la France reçoit du Brésil sont le café pour 16 millions, le sucre, les peaux brutes, le coton, les diamants, l'or et l'argent, le cacao. — 3° Les États-Unis : 73 000 000, dont 54 millions à l'exportation. — 4° La Plata : 48 millions. — 5° Le Portugal : 39 millions. — 6° Les villes Hanséatiques et pays divers : 125 millions.

Le nombre des navires entrés dans les ports du Brésil en 1865 a été de 3070, jaugeant 1 145 000 tonneaux, dont 130 000 seulement couverts par le pavillon brésilien. L'intercourse avec la France, et particulièrement avec Bordeaux, Le Havre et Marseille, emploie 400 navires, d'une capacité de 140 000 tonneaux, dont 115 000 sous pavillon français; sur ce nombre, 195 navires fréquentent le port de Rio-de-Janeiro, 50 celui de Pernambouc, 35 celui de S.-Pedro de Rio Grande, et 31 celui de Bahia.

Le cabotage met en mouvement 3000 navires, avec 640000 tonneaux, et la navigation fluviale emploie 8000 navires, avec 400000 tonneaux. Depuis 1866, les navires étrangers peuvent faire le cabotage entre les différents ports du Brésil et remonter les grands fleuves; mais les droits de navigation sont très-onéreux : ils s'élèvent jusqu'à 50 p. 100 sur les articles importés de France.

Le Brésil voit se développer chaque jour ses immenses ressources. Il a commencé la construction de plusieurs lignes de chemins de fer pour relier ses ports de mer avec les provinces et les rivières de l'intérieur. Ces différentes lignes, partant de Rio-de-Janeiro, de Bahia, de Pernambouc, de Santos, de Villa-Nova, mesurent ensemble 1000 kilomètres. La télégraphie électrique relie toutes les villes de la côte. Des compagnies anglaises, françaises, brésiliennes, allemandes, et des colonies nombreuses de cette dernière nation (dans le S. surtout) se sont fondées pour l'exploitation agricole et minérale de cette riche contrée, qui possède, en outre, des banques et des sociétés de crédit inconnues aux républiques de l'Amérique du sud, mais qui malheureusement entretient encore la déplorable institution de l'esclavage. On y compte 1 400 000 esclaves. Les Indiens sauvages sont au nombre d'environ 500 000. Les mulâtres du Brésil se font généralement remarquer par leur intelligence.

MESURES, POIDS, ETC.

Le système métrique a été adopté, en principe, par le gouvernement brésilien; mais on se sert encore généralement des mesures et poids suivants: le pé (pied) = $0^m,33$. La vara = $1^m,10$. La braça = 2 varas. La legoa = 6600 mèt. Le stade (estadio) = $258^m,207$; le mille (milha) = 8 stades. L'alqueire du Brésil = $21^{lit},76$; le moio = 60 alqueires; la canada = $2^{lit},66$; la pipa = $479^{lit},16$; la livre = $0^{kil},4587$; l'arroba = 32 livres.

La monnaie est le reis, dont 500 = $1^f,28$; — il y a des milreis et des 2000 reis en argent, des 5000 reis, 10 000 reis et 20 000 reis en or. Le papier est très-employé. Le conto de reis est 1 million de reis.

Principales institutions de crédit : Banque générale du Brésil ; — Banque rurale du Brésil.

LEÇON XXV.

GUYANES, VÉNÉZUÉLA, ÉTATS-UNIS DE COLOMBIE, CÔTE DE LA MER DES ANTILLES, MEXIQUE.

GUYANES.

La Guyane, vaste pays, qui, situé sous la latitude moyenne de 5 degrés N., est environné par l'Amazone, le Rio Negro, le Casiquiare, l'Orénoque et l'Atlantique, se divise en cinq parties politiques : la *Guyane portugaise* (actuellement réunie au Brésil); — la *Guyane espagnole* (réunie au Vénézuéla); — les *Guyanes anglaise, hollandaise, française*, qui ont une existence tout à fait séparée des états américains. Les côtes en sont généralement basses, marécageuses, insalubres. Les monts *Tumucumaque* forment une portion de la limite méridionale. Une multitude de cours d'eau sillonnent le pays dans tous les sens. La saison sèche et la saison pluvieuse règnent alternativement deux fois dans le cours de l'année.

Les forêts vierges renferment de nombreuses espèces d'arbres précieux, de plantes tinctoriales et médicinales. Il y a de riches plantations de sucre, de café, de cacao, d'indigo, de vanille, de manioc, d'ananas.

Les Guyanes ne sont habitées que sur le littoral ou aux bords de la partie inférieure des fleuves principaux. Il n'y a pas généralement de routes à l'intérieur, et le transport des produits se fait communément sur des cours d'eau ou des canaux qui relient les plantations aux ports de mer.

La **Guyane française**, qu'on trouve la première en longeant la côte après le Brésil, n'est pas limitée d'une manière précise du côté de cet empire; en l'étendant depuis l'Araouari (près de l'Amazone) jusqu'au Maroni, elle contiendrait 300 000 kil. carrés. Sa population coloniale n'est que de 18 000 hab. La capitale est *Cayenne*. (Voir la *Géographie agricole, industrielle et commerciale de la France*, 2e année. Leçon XXV.)

La **Guyane hollandaise**, qu'on rencontre sur la côte après la Guyane française, est bien cultivée et a une population de 65 000 hab., dont 13 000 blancs. L'esclavage n'y existe plus. La capitale, *Paramaribo* (20 000 hab.), sur le Surinam, fait un commerce suivi avec les Pays-Bas, l'Angleterre et les États-Unis, d'où elle tire des comestibles et des objets manufacturés. On évalue les importations à 5 100 000 francs, les exportations à 6 400 000.

La **Guyane anglaise**, contrée bien arrosée, qui possède de riches plantations de cannes à sucre, de café, de coton, de tabac, d'indigo, renferme une population de 180 000 hab., dont 25 000 sont d'origine européenne. Ses deux seuls entrepôts sont *Georgetown* ou *Demerari* (25 000 hab.), à l'embouchure du fleuve de ce nom, et *New-Amsterdam* sur la Berbice. Le commerce de ces deux ports est limité à l'Angleterre, aux États-Unis, aux Antilles anglaises; il s'élève à environ 84 millions (47 millions à l'exportation).

VÉNÉZUÉLA.

Le Vénézuéla, ancienne possession espagnole, est la réunion de treize états confédérés. Placé sous la latitude moyenne de huit degrés N., il est borné au N. par la mer des Antilles, qui y forme les golfes de *Cariaco* et de *Maracaybo*; sa superficie est de 1 600 000 kil. carrés; sa population, de 1 500 000 hab., composée principalement de métis, employés aux travaux des mines, de l'agriculture et de l'industrie. Le nombre des blancs (créoles et étrangers) s'élève à 500 000, et celui des nègres à quelques milliers seulement.

Le climat est salubre, excepté sur plusieurs points du littoral, ravagé chaque année par des maladies dangereuses. Le pays est traversé dans sa plus grande partie par l'*Orénoque*, dont le cours est de 2200 kilomètres, et qui envoie un remarquable canal naturel, le *Casiquiare*, au Rio Negro, affluent de l'Amazone. Dans l'O. du Vénézuéla, s'étendent les *llanos* ou plaines inondées par les pluies qui commencent en novembre et finissent en avril.

Productions. — L'or, le cuivre, le plomb, l'étain, le marbre, le fer, le jais, les pierres précieuses, le soufre, le sel, sont un des principaux revenus du gouvernement, et, avec le mercure, forment la richesse minérale du Vénézuéla. De riches mines d'or ont été découvertes, il y a peu d'années, sur les bords du Yuruari, dans la Guyane vénézuélienne, et l'exploitation commence.

Le café, dont l'exportation est de 380 000 quintaux, le coton, le cacao, le tabac, la canne à sucre, l'indigo, le maïs, le gingembre, les peaux brutes, sont les plus importants produits de l'agriculture, auxquels se joignent ceux des forêts, comprenant les bois de teinture et d'ébénisterie (palissandre, etc.), les essences résineuses, les plantes médicinales (la salsepareille, le quinquina, le caoutchouc et autres gommes). Il y a de grands troupeaux de bêtes à cornes.

Ports, centres de commerce. — La capitale du Vénézuéla, *Caracas* (55 000 hab.), placée à peu de distance de la mer, a pour port *La Guayra*, en relations directes avec les Antilles et l'Europe par des paquebots. — Les autres principaux ports sont : *Puerto-Cabello*, grand marché de café ; — *Coro* ; — *Maracaybo*, sur le détroit qui joint le golfe de Maracaybo au lac du même nom ; — *Barcelona* ; — *Cumana* ; — en remontant l'Orénoque, *Ciudad-Bolivar* (ci-devant *Angostura*), où se concentre le commerce du fleuve.

Commerce. — Les exportations représentent un chiffre de 70 millions de francs ; elles sont dirigées vers la Grande-Bretagne, les États-Unis, les villes Hanséatiques, la France et les Antilles. La France expédie au Vénézuéla des objets de luxe, des peaux préparées, des tissus, des vins, des liqueurs, etc. Les sujets français ont les mêmes droits que les nationaux. — Le montant des importations est de 40 millions. — Les ports du Vénézuéla ont un mouvement maritime de 1600 navires, jaugeant ensemble 160 000 tonneaux, dont la moitié sous pavillon étranger. Les communications intérieures se font généralement par eau ; il n'y a pas de chemin de fer, et les routes sont encore très-mauvaises.

Le système décimal des poids et mesures est adopté, mais on se sert encore beaucoup de l'ancien système espagnol (voir l'Espagne).
On emploie la piastre de 5f,35 pour le commerce extérieur, et la piastre de 4f,41 comme monnaie réelle pour le commerce intérieur. L'once ou doublon d'Espagne est la monnaie d'or la plus usitée.

ÉTATS-UNIS DE COLOMBIE OU NOUVELLE-GRENADE.

Cette république (ancienne possession espagnole), située sous la latitude moyenne de cinq degrés N., comprend l'extrémité N. O. de l'Amérique du sud, l'isthme de Panama, et, au delà de cet isthme, un territoire d'environ 450 kilomètres de longueur. Elle est baignée par la mer des Antilles et par le Grand océan. Sa superficie est de 1 358 000 kilomètres carrés, et sa population, de 3 millions d'habitants, dont 500 000 blancs. — Les Andes couvrent toute la partie occidentale. La Madeleine, ou le Rio Magdalena, tributaire de la mer des Antilles, est le principal cours d'eau. Le climat est sain, tempéré et souvent froid dans la région haute ; sur les bords de la mer et dans quelques vallées de l'intérieur, l'air est brûlant, parfois pestilentiel.

Minéraux, végétaux. — L'or et le platine abondent sur plusieurs points ; on trouve des émeraudes et un grand nombre d'autres pierres précieuses, le fer, le cuivre, la houille, des mines de sel. — Parmi les végétaux, on remarque le cacao, le café, le froment, le tabac, le coton, le quinquina, le caoutchouc, les bois de teinture.

Centres de commerce. — *Bogota* ou *Santa-Fé de Bogota* (50 000 hab.), la capitale, est placée sur un plateau très-tempéré, mais a commercialement le désavantage d'être loin de toute voie de navigation. — *Honda*, sur le Rio Magdalena, est l'entrepôt du commerce entre le N. et le S. de la république. — En descendant le fleuve, on rencontre *Mompox*, puis *Baranquilla*, et, sur la mer, *Sabanilla*, port assez animé. — Au S. O. de l'embouchure de la Madeleine, s'élève **Carthagène des Indes**; — à l'E., on remarque *Sainte-Marthe*, avec un port spacieux et sûr, et *Rio-Hacha*.

Chagres, Aspinwall ou **Colon** et **Puertobelo**, ports de mer, sont du côté N. de l'isthme de Panama. Aspinwall, point de départ du chemin de fer qui relie l'Atlantique au Pacifique (à Panama), est le plus fréquenté. — Nous avons parlé de **Panama** et des projets de canalisation interocéanique, à la Leçon XXIII.

Citons, dans l'intérieur, *Antioquia, Cali, Popayan*.

Industrie, commerce. — L'industrie est insignifiante dans la Nouvelle-Grenade; elle se borne à la confection de chapeaux et de tapis. Les mines sont peu exploitées; cependant les mines d'or d'Antioquia rapportent 25 millions.

Le commerce extérieur de la confédération s'élève à 75 millions, dont 25 millions à l'importation. Les exportations comprennent le coton, le café, la vanille, le tabac, le quinquina, la salsepareille, les peaux brutes, les bois de teinture, les perles, les métaux précieux, les chapeaux dits panamas. L'Angleterre, les États-Unis, les villes Hanséatiques, ensuite la France, sont les pays avec lesquels le commerce est le plus suivi.

La piastre $= 5^f,35$. — Poids et mesures du système décimal.

COLONIE ANGLAISE DE BALIZE.

Nous ne nous arrêtons pas sur la côte de l'Amérique centrale, où nous avons déjà vu (Leçon XXIII) le port de *Greytown* ou *San-Juan del Norte*, et nous arrivons au Mexique par la presqu'île de **Yucatan**; là nous trouvons la colonie anglaise de *Balize* (26 000 hab.), baignée par le golfe de Honduras. — **Balize**, chef-lieu, est le centre d'un important commerce de bois de teinture et d'acajou.

MEXIQUE.

(SUPERFICIE: 2 000 000 de kil. carrés. — POPULATION : 8 000 000 d'hab.)

Le Mexique (ancienne possession espagnole, aujourd'hui république) est borné au nord par les États-Unis, au sud par l'Amérique centrale, à l'est par le golfe du Mexique, à l'ouest par le Pacifique, sur lequel il présente la presqu'île de Californie. Sa latitude moyenne est au 23e degré N. La plus grande partie de cette vaste contrée forme un plateau compris entre deux chaînes de hautes montagnes généralement volcaniques. Le plus long fleuve est le *Rio Grande del Norte*, tributaire du golfe du Mexique. Sur le versant occidental, coulent le *Rio Colorado*, qui tombe au fond du golfe de Californie, et le *Rio Grande del Sur*.

La conformation particulière du Mexique lui donne une grande variété de climats. Ainsi, sous la même latitude, on a les chaleurs des tropiques, le climat de la France et celui de la Laponie. Les côtes sont généralement insalubres, il y règne fréquemment le *vomito negro* (fièvre jaune).

Population. — Les habitants se divisent en *blancs*, *indigènes*, *nègres* et *sang-mêlé*. Les premiers sont d'origine espagnole. Parmi les nations indigènes, la plus nombreuse est celle des Aztèques. Le sang-mêlé comprend les *métis*, les *mulâtres*, les *quarterons*, etc.

Minéraux. — La grande richesse du Mexique, ce sont les mines d'argent et d'or. Elles pourraient produire des sommes énormes. Elles ont rapporté, en 1850, 12 millions d'or et 132 millions d'*argent*. Les mines de La Valenciana (près de Guanajuato) ont acquis une immense réputation; la Sonora, outre ses mines d'or, a de grandes mines de mercure. Tuxpan et Jalapa produisent de la houille; on rencontre aussi le fer, le cuivre, le plomb.

Végétaux, animaux. — La flore est des plus variées; on peut citer le bananier ou musa, le manioc, le maïs, la pomme de terre, originaire, comme on sait, de l'Amérique, l'oca, l'igname, la patate douce, l'oignon de la cacomite, la pomme d'amour ou tomatl (tomate), le piment ou chilli, l'agave, l'ananas, les sapotes, les oranges, les citrons, les palmiers, la vanille, la canne à sucre, le bois de Campêche, l'acajou, la vigne, le coton, le cacao. Les anciens Mexicains savaient préparer le *chocolatl* (chocolat).

Le dindon, le canard musqué ou de Barbarie, sont originaires du Mexique. Ce pays possède également la cochenille du nopal, des perles dans le golfe de Californie, des pourpres dans le golfe de Téhuantépec, etc.

Ports, centres de commerce. — Les deux grands ports de commerce sur le golfe du Mexique sont : *La Vera-Cruz* en première ligne, puis *Tampico*, fréquentés annuellement par 800 navires, jaugeant 150 000 tonneaux. — Il faut encore remarquer vers le golfe du Mexique les ports d'*Alvarado* et de *Campêche*, et celui de *Matamoros*, sur le Rio Grande del Norte. (Nous avons déjà parlé de la côte du Pacifique et des ports d'*Acapulco*, de *Mazatlan*, de *Guaymas*, de *San-Blas*, dans la Leçon XXIII). — Quant aux villes intérieures, après *Mexico* (200 000 hab.), la belle capitale de ce pays, sur le plateau d'Anahuac, on distingue : *Guanajuato* (50 000 hab.), célèbre par ses mines d'argent ; — *S.-Luis-Potosi* (40 000 hab.), fameuse autrefois par le même produit ; — *Zacatecas* ; — *Queretaro* ; — *Orizaba* ; — *Jalapa*, connue par le commerce du jalap ; — *Guadalaxara* (80 000 hab.), sur le Rio Grande del Sur ; — *Morelia* ou *Valladolid de Michoacan* (22 000 h.), dans un pays très-fertile, surnommé le jardin du Mexique ; — *Oaxaca* (30 000 h.), renommée par sa chochenille.

Industrie, commerce. — L'industrie et le commerce du Mexique sont languissants. On compte néanmoins quelques filatures de coton, des distilleries d'eau-de-vie et de rhum, des fabriques de soieries, de papier, de sucre, des verreries, des poteries. La valeur totale de la fabrication est, en temps ordinaire, de 500 millions.

Le commerce extérieur avec l'Angleterre, les États-Unis, la France, les villes Hanséatiques, s'élève en moyenne à 250 millions. L'exportation consiste en métaux précieux, matières tinctoriales, indigo, cochenille, cotonnades, lainages, vanille, sucre, peaux brutes, bois d'ébénisterie, cacao, tabac. L'importation comprend les draps, les soieries de la France, pour une valeur de 8 millions, la porcelaine, la bijouterie, les papiers peints, les tissus de laine et de coton venant d'Angleterre, de France, d'Allemagne, des farines, des métaux ouvrés, etc. — L'Angleterre participe au commerce du Mexique pour une valeur annuelle de 65 millions, puis viennent les États-Unis et la France (30 millions).

L'agriculture forme l'occupation à peu près générale des habitants. Mais le sol, qui est propre à toutes les cultures, perd malheureusement de sa qualité par l'incurie des populations et par les troubles politiques auxquels ce pays est depuis longtemps en proie.

LEÇON XXVI.

ANTILLES.

Les Antilles, qu'on appelle aussi les *Indes occidentales*, forment un vaste archipel qui se prolonge en ligne sinueuse devant le golfe du Mexique et la mer des Antilles, depuis les côtes de la Floride jusque vers le golfe de Maracaybo, dans le Vénézuéla.

On les divise physiquement en quatre parties : les *îles Lucayes* ou *Bahama*, les *Grandes Antilles*, les *Petites Antilles* ou *îles du Vent* (exposées aux vents alizés), les *îles sous le Vent* ; — mais, commercialement, nous les partagerons plutôt, d'après les états qui les possèdent, en *Antilles anglaises, espagnoles, françaises, hollandaises, danoises et suédoises;* — *Antilles dépendantes de puissances américaines ;* — enfin *états indépendants* (dans l'île d'*Haïti*).

ANTILLES ANGLAISES. — Les Antilles anglaises les plus nombreuses et les plus septentrionales sont les **Bahama** ou **Lucayes**, composées d'environ 500 îles, entourées d'écueils et de bancs de sable et peuplées de 35 000 hab. Les exportations (4 millions) consistent en sel, coton, éponges, écaille de tortue, bois de teinture ; les importations montent à 5 millions. Le mouvement maritime est de 65 000 tonneaux. *Nassau*, dans l'île de la Nouvelle-Providence, est le chef-lieu et le port principal de l'archipel.

La **Jamaïque** est la plus grande et la plus riche des Antilles anglaises. Sa population est de 440 000 hab., dont 150 000 blancs. Cette île exporte du rhum, du gingembre, du cacao, du bois de Campêche, du tabac, de la mélasse, du piment, de l'arrow-root, pour une somme de 24 millions ; les importations s'élèvent à 22 millions. L'intérieur de la Jamaïque est couvert de magnifiques forêts de cèdres, d'acajous, de gaïacs. Son principal port, **Kingston** (35 000 hab.), est desservi par les lignes anglaises des Antilles et par les vapeurs français de la Compagnie transatlantique ; — *Port-Royal* est un port excellent.

La **Barbade**, en anglais Barbadoes (150 000 hab.), est une des îles les plus florissantes des Petites Antilles ; son chef-lieu, **Bridgetown** (35 000 hab.), au fond de la baie de Carlisle, peut contenir 500 vaisseaux. Le sucre de la Barbade est très-renommé. L'importation est de 26 millions ; l'exportation, de 30 millions ; le mouvement maritime, de 255 000 tonneaux.

La **Trinité** ou **Trinidad** (100 000 hab.), la plus considérable des Petites Antilles, a pour chef-lieu *Spanishtown* ou *Port d'Espagne*, port en relations suivies avec l'Amérique du S. L'exportation s'élève à 19 millions.

Tabago ou **Tobago, la Grenade, Sainte-Lucie, la Dominique**, *Montserrat, Antigoa, Nevis, la Barboude, l'Anguille, Saint-Christophe, Tortola*, toutes dans les Petites Antilles, font un commerce de sucre, de café, de coton, de tabac.

La population totale des Antilles anglaises est de 945 000 habitants ; les quatre cinquièmes sont des noirs. L'Angleterre et les États-Unis jouent le premier rôle dans le commerce général.

ANTILLES ESPAGNOLES. — **Cuba**, dont la superficie est de 124 000 kilomètres carrés, est peuplée de 1 400 000 habitants, dont 600 000 de couleur (370 000 esclaves). Le climat est fort chaud et parfois malsain. Peu d'îles sont plus fertiles et mieux situées pour le commerce. — L'or, l'argent, le fer, le cuivre, l'aimant ne sont pas rares. La flore est merveilleuse ; on rencontre les essences les plus variées, les fruits les plus délicats, entre autres, les ananas. Les principaux produits sont le tabac, le coton, l'anis, le café, le cacao, le manioc.

Les tortues fournissent une excellente écaille.

La capitale, **La Havane** (200 000 hab.), le meilleur port de l'Amérique, centralise le commerce de l'île. — Les autres points maritimes les plus commerçants sont les ports de **Matanzas** (30 000 hab.); — *Nuevitas*, servant de port à *Puerto-Principe*, ville intérieure de 30 000 âmes; — **Cuba** ou **Santiago de Cuba** (40 000 hab.); — *Trinidad*, etc.

De nombreux chemins de fer circulent déjà dans cette belle colonie, et la télégraphie électrique unit les plus importantes villes.

Les sucres, les cafés, les mélasses, le tabac (surtout sous la forme de cigares), le coton, sont la base de l'exportation, dont le total s'élève à 150 millions de francs (un quart sous pavillon espagnol). L'Angleterre occupe le premier rang dans ce commerce; ensuite les États-Unis, l'Espagne, la France. Notre pays expédie des tissus, des soieries, de l'huile, de la parfumerie, des objets de modes, des meubles, des vins.

L'île de **Puerto-Rico** ou **Porto-Rico** (460 000 habitants, dont 45 000 esclaves), la plus orientale des Grandes Antilles, est également très-fertile; on y remarque les mêmes productions qu'à Cuba. Les mules et le bétail en sont très-estimés. La capitale, **San-Juan-de-Puerto-Rico** (30 000 hab.), sur la côte septentrionale, est un port d'un mouillage sûr, mais d'un difficile accès.

Valeur du commerce extérieur : 60 millions.

Les monnaies, poids et mesures de ces deux colonies sont les mêmes qu'en Espagne.

ANTILLES FRANÇAISES. — Voir la *Géographie agricole, industrielle et commerciale de la France et de ses colonies.*

ANTILLES HOLLANDAISES. — Les Antilles hollandaises, dont la population est de 33 000 habitants, comprennent **Curaçao**, *Buen-Ayre* et *Aruba*, près des côtes du Vénézuéla, dans les îles sous le Vent; — *St-Eustache*, *Saba*, la partie méridionale de *St-Martin*, dans les îles du Vent. Elles produisent du sucre, du tabac, des liqueurs (le curaçao particulièrement), et exportent du sel. Le commerce extérieur est d'environ 20 millions. — *Wilhemstad*, dans l'île de Curaçao, est le port principal et le siége du gouvernement de ces îles.

ANTILLES DANOISES ET SUÉDOISES. — Le Danemark, ayant cédé récemment aux États-Unis *St-Thomas* et *St-*

Jean, n'a plus que **Ste-Croix** (30 000 hab.), dans le groupe des îles Vierges. Cette île n'exporte que du sucre et du rhum; son chef-lieu est *Christianstad*.

La Suède ne possède qu'une seule des Antilles, *St-Barthélemy* (16 000 hab., dont les deux tiers sont des noirs). Son commerce extérieur est d'environ 5 millions, et se fait par le port de *Gustavia*.

Antilles dépendantes des puissances américaines. — Les États-Unis ont récemment acquis des Danois les îles **St-Thomas** (15 000 hab.) et *St-Jean*, dans les îles Vierges. — *St-Thomas*, chef-lieu de l'île de ce nom, point central des communications des Antilles, est un port franc d'une grande importance. Le mouvement commercial y dépasse 50 millions de francs.

Le Vénézuéla a, dans les îles *sous le Vent*, la **Marguerite** (25 000 hab.), qui récolte du coton, du sucre, et où l'on pêche des tortues et des perles; — *Tortuga* et quelques autres îles.

Haïti (ci-devant Saint-Domingue). — Cette île, dont l'étendue est de 90 000 kilomètres carrés, jouit d'un climat sain sur les hauteurs, mais chaud et insalubre dans les plaines basses. L'or n'y est pas rare; cependant les vraies richesses du pays, ce sont les productions végétales (les mêmes que dans Cuba); malheureusement l'agriculture et l'industrie sont dans la plus complète enfance.

L'île est divisée en deux parties distinctes: la république d'**Haïti** et la république **Dominicaine**. — La république d'**Haïti** (ancienne possession française), dont la population est de 800 000 habitants, importe pour 50 millions de francs, et exporte pour 47 millions. — La capitale est *Port-au-Prince* (30 000 hab.), qui centralise presque tout le commerce haïtien. Les autres ports sont *Le Cap-Haïtien* (autrefois *Le Cap-Français*), *Les Gonaïves*, *Les Cayes*. — Les pays avec lesquels se font le plus d'affaires sont les États-Unis, ensuite l'Angleterre et la France. Les exportations consistent en café, bois de teinture et d'ébénisterie, cacao, coton, laine, écaille de tortue, cire, tafia, chanvre. La France envoie, surtout par Marseille, Nantes et Le Havre, des vins, des liqueurs, des huiles, des parures, etc.

LEÇON XXVI.

La république **Dominicaine** ou de **St-Domingue** (ancienne possession espagnole) a une population de 200 000 habitants, et exporte pour 30 millions. — La capitale est ***St-Domingue***, en espagnol *Santo-Domingo*, port vaste et sûr. On remarque ensuite *Porto-Plata*.

Vers l'extrémité orientale de l'île, s'ouvre la baie de *Samana*, port excellent, que les États-Unis ont l'intention d'acquérir.

La population de toute l'île est de 1 million d'habitants, dont la majorité est composée de nègres et de gens de couleur. Il n'y a que 40 000 blancs.

Les poids et mesures de la république d'Haïti sont en grande partie les mêmes qu'en France avant le système métrique : le pied $= 0^m,325$; la toise de 6 pieds; l'aune $= 1^m,188$; le boisseau $= 13$ litres; le gallon $= 3^{lit.},785$; le marc $= 2$ hectolitres.

On ne frappe pas de monnaie; l'intermédiaire des échanges consiste en une monnaie de papier de la valeur de 2 gourdes. La valeur de la gourde-papier oscille entre 35 et 45 centimes.

Dans la république Dominicaine, on se sert des monnaies, poids et mesures d'Espagne.

LEÇON XXVII.

ÉTATS-UNIS.

(Superficie : 7 540 000 kil. carrés (sans l'Aliaska). — Population : 36 millions d'habitants.)

COUP D'OEIL GÉNÉRAL.

Situation, divisions générales physiques et politiques. — Les États-Unis (United States), la puissante république de l'Amérique du nord, sont compris entre le 25ᵉ et le 49ᵉ degré de latitude nord, et entre le 69ᵉ et le 127ᵉ de longitude ouest. Ils sont bornés à l'est par l'Atlantique, à l'ouest par le Pacifique, au nord par l'Amérique du nord anglaise, au sud par le golfe du Mexique et le Mexique. Ils possèdent un développement de côtes de 27 000 kilomètres, — côtes fort découpées à l'E. et qui présentent une foule de havres à la navigation. La grande presqu'île de Floride les termine au S. E.

Cette immense contrée se divise en trois régions physiques : la plus vaste est comprise dans le magnifique bassin du Mississipi, tributaire du golfe du Mexique. — La seconde région, la partie orientale des États-Unis, s'étend entre les monts Alleghany et l'Atlantique. C'est le territoire le plus anciennement cultivé, le plus peuplé de la confédération ; de riches vallées y alternent avec de grandes plaines marécageuses et sablonneuses. — La troisième région, la plus occidentale, généralement montagneuse, est comprise entre les monts Rocheux et le Grand océan.

On peut également diviser les États-Unis en régions caractérisées par leurs productions minérales et agricoles : ainsi la région du charbon s'étend entre les monts Alleghany et le Missouri, de la Pennsylvanie à l'Alabama, du Kentucky au Wisconsin, et présente une surface douze fois plus grande que tous les dépôts de charbon de l'Europe ; — la région des métaux précieux embrasse la Californie, la Nevada, l'Arizona, le Colorado ; — la région du fer, les deux versants des monts Alleghany ; — celle du plomb, l'Illinois, le Missouri, le Wisconsin, l'Iowa ; — celle du coton, la Georgie, l'Alabama, la Caroline du sud ; — la région du tabac, la Virginie, le Maryland, le Tennessee, le Kentucky ; — et celle du sucre, la Louisiane, la Georgie, la Floride.

Politiquement, l'Union est partagée en trente-six états, plus un district (Columbia) et dix territoires.

Population. — La population des États-Unis, qui était de 5 millions d'âmes en 1800, de 32 millions en 1860, est aujourd'hui de 36 millions ; on calcule qu'elle dépassera 100 millions à la fin du siècle, si elle continue à se développer dans la proportion suivie depuis soixante ans. De 1820 à 1860, les ports des États-Unis ont reçu 5 275 000 émigrants. La population d'origine anglaise domine, et forme les *Anglo-Américains*, appelés aussi simplement *Américains* (et par sobriquet *Yankees*). Il y a un grand nombre d'Irlandais, d'Écossais, d'Allemands, de Français et d'Espagnols. Les nègres, aujourd'hui libres, sont au nombre de 4 millions à peu près. Les indigènes ne dépassent pas 300 000. La force initiale, le mouvement des affaires est imprimé par les Anglo-Américains, qui, groupés d'abord dans les états du N. E., ont fini par s'imposer partout aux États-Unis; leur langue est devenue celle de la république.

Productions minérales. — Aucun pays n'est comparable aux États-Unis pour la quantité, la valeur et la variété des mines: l'extraction de l'*or* rapporte annuellement 518 millions; l'*anthracite* et la *houille* (principalement en Pennsylvanie), 100 millions; le *fer*, 700 millions; le *sel* (surtout dans l'Utah), 12 millions. La Californie livre près de 2 millions de kilogrammes de *mercure*. Le *cuivre* du Michigan, sur les bords du lac Supérieur, le *plomb* (Missouri, Wisconsin, Iowa, etc.), le zinc, le nickel rapportent ensemble 23 millions. Le chrôme, le cobalt, l'antimoine, le marbre, la pierre à bâtir, le soufre, abondent dans la plupart des états; les sources de *pétrole* de la Pennsylvanie, de l'Ohio, du Kentucky, de la Virginie occidentale, sont considérées comme inépuisables. — Les manufactures de fer sont, après celles du coton, les plus importantes des États-Unis; elles emploient annuellement un capital de 375 millions, dont la Pennsylvanie fournit plus de la moitié.

Végétaux. — Cette région possède le *froment*, le *maïs* et les autres céréales, le *tabac* (Virginie, etc.), le *coton*, le *riz*, la *canne à sucre* (dans les états méridionaux), la vigne, les figuiers, les orangers, les grenadiers, les noyers blanc et noir, le pacanier, le chêne, le platane, le frêne, le charme, l'érable à sucre, le magnolia, le tulipier, le sassafras, une foule d'arbres verts (cèdres, cyprès, sapins, pins, etc.), des mûriers, etc.

Les États-Unis ont 67 millions d'hectares en culture (23 millions de plus qu'en 1850). En 1860, la récolte des céréales a produit 436 millions d'hectolitres; — le coton, près de 6 millions de balles, de 200 kilogrammes chacune. La production du tabac s'élevait à 217 millions de kilogrammes, — les vergers et jardins rapportaient 187 millions de francs, — le chanvre et le lin, 73 millions de kilogrammes; — les pommes de terre, 54 millions d'hectolitres; — le riz, 91 millions de kilogrammes.

Animaux. — Il y a 6 à 7 millions de chevaux; — près

de 9 millions de vaches laitières ; 3 millions 300 000 bœufs de labour ; 24 millions de moutons, pouvant donner 30 millions de kilogrammes de laine ; — 34 millions de porcs. La valeur totale du bétail est environ de 6 milliards de francs. — Les nombreuses bandes de bisons de l'ouest commencent à diminuer ; on chasse aussi pour leurs peaux, dans l'ouest, l'ours, le lynx, l'once, le loup noir, le castor, etc.

Valeur de la propriété. — Tous les ans le gouvernement concède à bas prix d'énormes quantités de terre, principalement dans les régions de l'ouest. La colonisation a pris un tel développement que la propriété a augmenté en dix ans de 46 milliards. On estime à 100 milliards la valeur actuelle de la propriété.

Industrie. — Le manque de bras, le prix excessif de la main d'œuvre et l'activité fiévreuse des Américains ont donné une incroyable extension à l'industrie mécanique. La valeur des produits manufacturés peut s'élever annuellement à 10 milliards, et le nombre des ouvriers à 2 millions. Les manufactures de *Lowell* (Massachusetts), celles de *Philadelphie* et de *Pittsburg* (Pennsylvanie), de *Providence* (Rhode-Island), de *Rochester* (N. York), produisent du coton pour 595 millions de francs ; elles emploient 120 000 ouvriers, dont 74 000 femmes ; — les laines rapportaient, en 1860, 375 millions de francs ; depuis, leur fabrication a presque doublé dans quelques états.

On compte environ 120 000 machines à coudre, produisant près de 335 millions d'objets confectionnés. La valeur des bois travaillés s'élève à 500 millions ; la chaussure, à 466 millions ; le cuir, à 370 millions ; les machines à vapeur, à 245 millions ; l'imprimerie et la papeterie, à 300 millions. Les raffineries et les distilleries rapportent 410 millions ; l'industrie métallurgique (Philadelphie, Pittsburg, etc.) donne un produit de 356 millions.

Le nombre de journaux et de revues publiés aux États-Unis atteint des proportions inconnues en Europe : il est de plus de 4000 ; leur circulation annuelle est évaluée à 930 millions d'exemplaires.

Les ateliers de constructions maritimes livrent annuellement plus de 1000 navires et plusieurs centaines de bateaux à vapeur ; 35 000 navires sont employés à la pêche.

LEÇON XXVII.
BASSIN DU MISSISSIPI.

Étudions rapidement l'immense bassin arrosé par le *Mississipi* (fleuve de 4500 kilomètres de longueur) et par ses majestueux affluents, le *Missouri* (5000 kilomètres) et l'*Ohio*.

En sortant du Mexique par les rives de la mer, on rencontre d'abord l'état de **Texas**, le plus étendu de la confédération ; **Galveston** (10 000 hab.) en est le seul port important.

On entre ensuite dans l'état de **Louisiane**, qui comprend le *delta* du Mississipi, pays bas, souvent inondé, couvert de riches plantations. — Là se trouve, sur le Mississipi, à 170 kilomètres de son embouchure, la **Nouvelle-Orléans**, en anglais *New-Orleans* (150 000 hab.), la grande métropole du sud, le plus vaste marché de coton de l'univers, grand débouché de la vallée du Mississipi ; reliée par des paquebots avec New-York, les Antilles, le Mexique, la France. Son mouvement maritime extérieur s'est élevé jusqu'à 2000 navires, jaugeant 960 000 tonneaux, et son exportation, à 490 millions de francs ; mais la guerre civile a cruellement frappé cette place.

L'état de **Mississipi** vient après ; il n'a pas de port intéressant. — L'état d'**Alabama** renferme **Mobile** (30 000 habitants), port très-important, à l'embouchure du fleuve du même nom ; un des débouchés de la plus vaste région de coton des états du sud. — On arrive ensuite à la **Floride**, qui possède, sur le golfe du Mexique, le port de *Pensacola*, le plus sûr de ce golfe.

En remontant dans l'intérieur du bassin, on distingue, au premier rang, dans l'état de **Missouri**, riche en mines de plomb, la ville de **Saint-Louis** (200 000 habitants), admirablement située vers le confluent du Mississipi, du Missouri et de l'Illinois, et non loin de celui de l'Ohio. C'est le cœur des États-Unis ; cette ville, qui s'est accrue avec une incroyable rapidité, est la grande étape entre les états de l'Atlantique et ceux du Pacifique, et entre le nord et le sud de l'Union. — **Cincinnati** (200 000 habitants), dans l'état d'**Ohio**, surnommée la *Reine de l'ouest*, fait un grand commerce de farines, de fer, de fonte, d'ébénisterie ; c'est le plus important marché de porcs.

Dans l'**Illinois** (qui a des mines de plomb), est la ville de ***Chicago*** (100 000 habitants), troisième cité de l'ouest; ce n'était encore qu'un petit village en 1840! Elle doit sa prospérité prodigieuse à son port sur le lac Michigan et à ses grands marchés de farine. — Dans la **Pennsylvanie**, ***Pittsburg***, sur l'Ohio (100 000 habitants), est fameuse par son industrie du fer et située dans le voisinage d'inépuisables sources de pétrole.

Citons encore, à l'est du Mississipi : ***Louisville*** (50 000 habitants), sur l'Ohio, dans le bel état de **Kentucky**; — *Indianapolis*, chef-lieu de l'état d'**Indiana**, qui a de riches mines de houille; — *Cairo*, dans l'Illinois; — *Memphis*, dans l'état de **Tennessee**; — *Détroit* (35 000 habitants), dans l'état de **Michigan**, sur la rivière Saint-Clair, union du lac de ce nom et du lac Érié.

A l'ouest du Mississipi : *Dubuque*, dans l'état d'**Iowa**, avec de grandes mines de plomb; — *Omaha*, chef-lieu du **Nébraska**, ville d'avenir, point de départ du grand chemin de fer du Pacifique, appelé à porter la civilisation dans les états et les territoires du *Far-West* (c'est-à-dire de l'Ouest lointain).

Le territoire du **Nouveau-Mexique** est encore en dehors du mouvement. — Nous sommes là sur les frontières de l'*Utah* (le pays des Mormons) et de l'*Arizona*, qui appartiennent au versant du Pacifique déjà décrit (voir la Leçon XXIII).

LEÇON XXVIII.

ÉTATS-UNIS. (SUITE).

ÉTATS RIVERAINS DE L'ATLANTIQUE.

ÉTATS DU SUD-EST.

Après avoir traversé le Nouveau canal de Bahama, nous longeons la côte orientale de la **Floride**, au sol fécond, mais marécageux; on y remarque le port de *Saint-Augustin*. —

Nous arrivons ensuite à la **Georgie**, si renommée par ses cotons (surtout le coton longue soie), et riche également en bois de construction. — *Savannah*, à l'embouchure du fleuve du même nom, en est le port principal. — *Darien* exporte des bois excellents.

La **Caroline du Sud**, qui se présente ensuite, était, avant la guerre, l'état des plus riches plantations de riz et de coton; c'est encore le seul où le nombre des nègres surpasse celui des blancs; il fut le premier, en 1860, à se séparer de l'Union et à donner le signal de la guerre, qui a ruiné le pays. — *Charleston* (45 000 h.), son principal port, est le grand entrepôt du commerce du riz.

La **Caroline du Nord** a d'immenses forêts de pins, des cultures de maïs et de riz; ses ports sont *Wilmington* et *Newbern*.

La **Virginie**, fertile en tabac, en riz, en froment, manque de grands ports de commerce; *Richmond*, la capitale, est un port d'intérieur, sur le James River.

ÉTATS DU NORD.

Nous entrons désormais dans les états qui ont toujours été fidèles à l'Union, ceux du Nord, les plus avancés dans l'industrie, les plus hardis dans les entreprises commerciales. Le premier qui se présente est le **Maryland**, qui se déploie autour de la baie Chesapeake, estuaire de la Susquehanna; il est riche en tabac, en froment, en fer; il possède l'un des premiers ports de l'Union, *Baltimore* (225 000 hab.), visité chaque année par 1200 steamers et 1400 navires à voiles.

Washington (60 000 hab.), capitale de l'Union, située dans le petit district de *Columbia*, est elle-même un port au moyen du Potomac, accessible aux bâtiments du plus fort tonnage.

Philadelphie (600 000 hab.), la plus grande ville de la Pennsylvanie, la seconde des États-Unis, est un port au moyen de la Delaware. C'est, par excellence, la cité manufacturière de l'Union et le centre de la fabrication des lainages, du coton, des vêtements, des chaussures, des produits chimiques, des voitures, des machines (locomotives, etc.). On évalue le produit de son industrie à 700 millions; les ouvriers employés, à 100 000; les capitaux engagés, à 370 millions. Ses affaires extérieures s'élèvent à près de 100 millions, dont 60 millions à l'exportation (pétrole, houille, fer, farine, lard, suif, bois d'érable). L'importation, dans laquelle la France entre pour une bonne part, consiste en vins, eaux-de-vie, fruits du midi, fer, liége, etc. Le mouvement du port était, en 1865, de 540 navires venant de l'étranger. Philadelphie possède le plus grand marché de l'univers (dans Market Street). Il se tient dans cette ville deux foires annuelles de librairie et de papeterie.

C'est également dans le bel état de Pennsylvanie, si florissant par son industrie, son anthracite, son pétrole, son fer, que se trouve la ville manufacturière de **Pittsburg**, dont nous avons déjà parlé, p. 367.

Le petit état de **Delaware**, baigné à l'E. par la baie et le fleuve du même nom, a pour ville principale *Wilmington* (15 000 h.), avec un port qui fait des expéditions de farine.

L'état de **New-Jersey** a pour centre industriel *Newark* (70 000 hab.), qui fabrique des souliers, des voitures élégantes, des chaises.

Nous pénétrons enfin dans le plus important état, celui de **New-York**, peuplé de 4 millions d'habitants. Parfaitement situé entre la mer et les lacs Érié, Ontario et Champlain, qui s'écoulent par le fleuve Saint-Laurent, et arrosé par le fleuve Hudson, cet état a le privilége de posséder la plus grande ville d'Amérique, **New-York**, surnommée la *Cité impériale* (1 200 000 âmes); le grand marché américain, colossal entrepôt destiné à éclipser un jour Londres et Liverpool; port spacieux sans égal pour l'étendue et les avantages de sa conformation; foyer général, centre d'activité, siége des opérations principales des États-Unis. Le nombre de ses manufactures s'élève à 4260, employant 300 millions par année et produisant pour 780 millions de francs. Les raffineries de sucre rapportent à elles seules au delà de 95 millions. Le commerce de New-York est de plus de 2 milliards, dont à peu près autant à l'exportation qu'à l'importation. Son mouvement maritime extérieur est (1866) de 9200 navires (dont 2800 américains), jaugeant 5 400 000 tonneaux (1 800 000 américains). Son effectif maritime est d'un million et demi de tonneaux. — L'arsenal maritime est établi à *Brooklyn* (200 000 âmes), qui est comme un faubourg de New-York et qui se trouve à l'extrémité occidentale de Long-Island.

Les autres grandes places de l'état sont **Buffalo** (75 000 hab.), port animé, sur le lac Érié; — **Albany** (60 000 hab.), capitale de l'état, sur l'Hudson,; — *Rochester* (45 000 hab.), près du lac Ontario, fameuse par ses moulins à farine; — *Ogdensbourg*, port sur le Saint-Laurent; — *Oswego*, sur le lac Ontario.

L'état maritime suivant est le **Connecticut**, industrieux et bien cultivé; la pour port principal *New-Haven*.

Le petit état de **Rhode-Island** est aussi très-florissant; il a deux ports considérables : **Providence** (40 000 hab.), qui a des manufactures de coton et de lainages; — et **Newport**, sur l'île de Rhode, centre d'armements pour la pêche des phoques à la Terre de Feu.

Vient ensuite l'important état de **Massachusetts**, capitale **Boston** (150 000 hab.), grande ville de commerce et en même temps l'Athènes du Nouveau monde par ses établissements scientifiques et littéraires. Mouvement maritime : 6000 navires, jaugeant 1 200 000 tonneaux, dont 500 000 sous pavillon américain. Importations : 150 millions; — exportations : 100 millions. Grand débouché des céréales de l'ouest, des métaux, de la glace; un des premiers marchés du monde pour les salaisons.

Dans le même état, sont *New-Bedford* et *Salem*, ports industrieux et très-commerçants, surtout en poissons; — *Lynn*, qui fabrique une énorme quantité de chaussures.

L'état de **New-Hampshire** possède **Portsmouth**, beau port, arsenal maritime; — *Dover*, ville d'industrie.

Le **Maine**, le plus septentrional des états de l'Atlantique, a pour port principal **Portland**, entrepôt de mélasses et de sucres, avec de grands armements pour la pêche de la baleine et de la morue et de vastes chantiers.

Le seul état intérieur de la région de l'Atlantique est celui de **Vermont**, pays de forêts, encore sans industrie très-active.

VOIES DE COMMUNICATION ET COMMERCE DES ÉTATS-UNIS.

Le prodigieux accroissement de la république Américaine est dû en grande partie à son admirable ensemble de voies de communication naturelles, à ses nombreux cours d'eau, presque tous navigables, et dont quelques uns, comme le Mississipi et le Missouri, ont un cours de 5000 kilomètres, et offrent, réunis à leurs affluents, une étendue de 25 000 kilomètres à la navigation à vapeur. Ajoutons les communications établies par la main de l'homme, telles que les chemins de fer, qui embrassent un réseau de 53 000 kilomètres, et les canaux qui, dès 1860, présentaient une longueur totale de 8400 kilomètres; le canal d'Erié, entre autres, relie les grands lacs à l'Atlantique par l'Hudson et New-York; d'autres unissent cet océan et ces lacs au Mississipi par l'Ohio et l'Illinois. — Il y a 88 500 kilomètres de lignes télégraphiques, rattachant toutes les parties du pays, de l'Atlantique au Pacifique. — Le service postal embrasse un parcours de 230 000 kilomètres.

Exportations, importations. — Le chiffre des affaires, en 1867, s'est élevé à 4 265 000 000 de fr. (2 205 000 000 pour l'exportation, — 2 060 000 000 pour l'importation).

Dans les exportations, le produit des forêts figure pour 75 millions; les produits agricoles, pour 260 millions; les espèces monnayées et en lingots, pour 432 millions; le coton, pour 850 millions; le tabac, pour 115 millions; les produits des manufactures, pour 265 millions.

Les relations ont lieu surtout avec la Grande-Bretagne, qui envoie annuellement des articles pour 560 millions de fr. — La France adresse aux États-Unis pour une valeur de 140 millions, et en reçoit pour 300 millions de fr. Les États-Unis nous expédient des bois, des potasses, des graisses, des métaux bruts (cuivre, fer, etc.), des huiles de pétrole et des machines. Nous leur envoyons des soieries, des vins, des articles de Paris, des peaux ouvrées, des objets de luxe, de la poterie, de la verrerie, etc.

La quantité d'articles réexportés par les États-Unis est considérable (environ 100 millions de fr. en 1867). A l'in=

térieur, les transactions atteignent des chiffres énormes. Le seul commerce des lacs s'élève à près de 5 milliards.

Effectif et mouvement de la marine. — L'esprit d'entreprise du peuple américain se manifeste principalement dans le développement prodigieux de la marine marchande, qui a presque triplé en moins de vingt ans. Son effectif est de 5 millions de tonneaux. Le mouvement maritime est de 40 000 navires, jaugeant 17 millions de tonneaux, dont 12 millions sous pavillon américain. L'intercourse avec la France emploie 675 navires, jaugeant 500 000 tonneaux, la plupart sous pavillon américain.

Physionomie sociale du commerce. — Aux États-Unis, les grandes entreprises nationales sont toutes conduites et soutenues par des sociétés particulières : compagnies de commerce de toutes les dénominations, compagnies d'assurances, de chemins de fer, de canaux, d'exploitation agricole, industrielle, etc. Dans aucun pays, les institutions de crédit ne se sont développées comme dans l'Union ; les banques pullulent ; on en compte 1625 fondées depuis 1865. Le revenu public provient spécialement des droits de douane et de la vente des terres ; il est de 2 900 000 000 de francs ; les tarifs douaniers sont très-élevés. La dette publique est de plus de 10 milliards.

MONNAIES, POIDS ET MESURES.

Or.....	20 dollars =	103f,42
	10 dollars =	51 ,71
	5 dollars =	25 ,85
	2 1/2 dollars =	12 ,92
	1 dollar =	5 ,17
Argent.	100 cents (ou dollar d'argent) =	5 ,31
	1/2 dollar =	2 ,65
	1/4 de dollar =	1 ,32
	dime =	0 ,53
	1/2 dime =	0 ,26

Les billets émis sous la garantie du trésor national, et connus sous le nom de *greenbacks*, ont aussi cours forcé.

Les poids et mesures sont ceux de l'Angleterre, mais le système métrique s'y substitue peu à peu, depuis une autorisation légale en 1866.

Pour le territoire d'*Iiaska*, voir la Leçon XXIII.

LEÇON XXIX.

POSSESSIONS ANGLAISES DU NORD DE L'AMÉRIQUE.

L'*Amérique du nord anglaise*, appelée quelquefois *Nouvelle-Bretagne*, s'étend de l'Atlantique au Pacifique, de l'océan Glacial aux États-Unis ; elle n'a pas moins de 8 millions de kilomètres carrés, et comprend : la *confédération Canadienne* (formée du *Canada*, du *Nouveau-Brunswick*, de la *Nouvelle-Écosse*, avec l'île de *Cap-Breton*) ; — l'île du *Prince-Édouard* ; — *Terre-Neuve* ; — le *Labrador* ; — le *Rupert's Land* ; — la *Colombie britannique* ; — l'île de *Vancouver*. La population totale est de 4 millions d'âmes, et se concentre surtout dans la confédération Canadienne, qui, à elle seule, a plus de 3 600 000 habitants.

Deux vastes presqu'îles, le *Labrador* et la *Nouvelle-Écosse*, appartiennent à cette région, qui possède un des plus larges, un des plus magnifiques fleuves du monde, le *Saint-Laurent*, grossi des eaux des lacs *Supérieur*, *Huron*, *Saint-Clair*, *Érié*, *Ontario*. — Les monts Rocheux s'élèvent dans la partie occidentale. Nous avons déjà parlé des contrées qui s'étendent à l'O. de cette grande arête. (Leçon XXIII.)

CONFÉDÉRATION CANADIENNE.

Le *Canada*, le *Nouveau-Brunswick* et la *Nouvelle-Écosse* (y compris l'île de *Cap-Breton*) composent cette confédération, qui vient d'être établie par le gouvernement anglais pour servir de contre-poids à la puissante république voisine.

Le **Canada**, que la France a possédé jusqu'en 1763, est divisé en deux parties : le *Bas-Canada*, ou *Canada oriental*, et le *Haut-Canada*, ou *Canada occidental* ; — il est traversé par le Saint-Laurent, et baigné par les grands lacs ; c'est la contrée la plus précieuse de la confédération et de toute l'Amérique anglaise. La population est de plus de 3 millions d'habitants, dont 1 250 000 pour le Bas-Canada, (peuplé en grande partie de descendants de Français) et 1 840 000 pour le Haut-Canada, dont la population est presque entièrement anglaise.

Les étés sont fort chauds, les hivers très-froids. Les forêts sont magnifiques; les pins, les sapins, les cèdres, les frênes, les bouleaux, les hêtres, les ormes, les noyers noirs, les érables à sucre, les tilleuls, les sycomores, les chênes, en sont les principales essences.

La grande richesse du **Nouveau-Brunswick** (2 600 000 habitants), ce sont les forêts et les pêcheries; *Frederickton* en est la capitale; mais **Saint-Jean** (*Saint-John*) est le port le plus important.

La **Nouvelle-Écosse**, en anglais, *Nova-Scotia* (l'ancienne *Acadie* des Français), bien située, également riche en forêts, assez bien cultivée, animée par des pêcheries, a pour capitale **Halifax**; — *Annapolis* est un port excellent.

L'île de *Cap-Breton* (autrefois, sous les Français, île Royale) est intéressante par ses pêcheries et par ses inépuisables mines de houille.

Commerce. — Le commerce extérieur de la confédération Canadienne s'élève à 750 millions (450 millions à l'importation; — 300 millions à l'exportation). — L'intercourse maritime emploie 24 000 navires, jaugeant 5 500 000 tonneaux, dont 2 millions sous pavillon anglais, 670 000 sous pavillon américain; le pavillon français couvre environ 10 000 tonneaux; commerce total de l'Angleterre avec la confédération : 240 millions de francs; celui des États-Unis, à peu près autant.

Exportations. — Minerais de fer et de cuivre (3 600 000 francs); produits de la pêche (25 millions); bois de construction et potasse (90 millions); bestiaux, chevaux, porcs (65 millions); céréales (90 millions); objets manufacturés (5 millions); navires (14 millions); charbon (6 millions); or, argent (12 millions).

Importations. — Coton (50 millions); laines (37 millions); thé (14 millions); froment et maïs (27 500 000); soie, velours, toile (1 700 000); quincaillerie (12 700 000); sucre (14 900 000); viandes salées et fumées (6 millions). La France figure dans l'importation pour 7 millions. Les principaux articles qu'elle expédie sont les vins et les liqueurs, le cuir, les tissus de laine, de coton et de soie, des livres, de la bijouterie, des articles de Paris; — elle ne reçoit que pour 700 000 fr. (principalement en bois de construction).

Ports, centres de commerce. — Les débouchés commerciaux sont : **Québec** (65 000 hab.), dans le Bas-Canada, sur le Saint-Laurent; port magnifique, fréquenté par 1500 navires, jaugeant 1 200 000 tonneaux; — *Montréal* (125 000 hab.), également dans le Bas-Canada, sur le même fleuve; métropole commerciale de l'Amérique britannique, centre du réseau des voies ferrées, et ville manufacturière; — *Trois-Rivières*, autre ville du Bas-Canada, aussi sur le Saint-Laurent; — **Toronto** (50 000 hab.), capitale du Haut-Canada, port animé, sur le lac Ontario; — *Kingston*, placée avantageusement à l'endroit où le Saint-Laurent sort de ce lac; — *Ottawa*, capitale de la confédération, place insignifiante commercialement; — **Halifax**, capitale de la Nouvelle-Écosse, vaste port, ayant des relations incessantes avec l'Europe et fréquenté chaque année par plus de 2000 navires.

La confédération Canadienne, grâce à son admirable système de voies navigables, est destinée à devenir un pays manufacturier et commerçant par excellence; déjà son commerce est, après celui des États-Unis, le plus vaste de l'Amérique du N. La base actuelle de la richesse consiste dans les produits de l'agriculture, de la pêche et des forêts.

ILE DU PRINCE-ÉDOUARD, TERRE-NEUVE, LABRADOR, ILES BERMUDES.

L'île du Prince-Édouard (95 000 hab.) (autrefois île Saint-Jean, sous la domination française), dans le golfe de Saint-Laurent, tire un grand profit de la pêche du hareng, de la morue et de l'esturgeon. Commerce extérieur, 17 millions de fr. (10 000 000 à l'importation; 7 000 000 à l'exportation). La France n'a aucune part dans ce commerce. La capitale, *Charlotte-town*, est le port principal.

L'île de Terre-Neuve (en anglais Newfoundland), autrefois à la France, est célèbre par la préparation de la morue, qui se pêche surtout sur le *Grand Banc de Terre-Neuve*. L'île emploie à cette capture 12 200 embarcations et 40 000 marins. — A peu de distance de **Saint-Jean**, la capitale, part, de la baie Trinité, le célèbre télégraphe sous-marin qui va jusqu'en Irlande. — Terre-Neuve a une population de 130 000 hab. — Importations : provisions alimentaires, 26 millions; — exportations : produits de pêche, 27 millions. — Mouvement de la navigation : 2000 navires.

Les Français ont conservé le droit de pêche sur une partie considérable des côtes de Terre-Neuve et du Labrador ; ils possèdent encore, sur la côte S. de celle-là, les îles *Saint-Pierre*, *Miquelon* et *Petite Miquelon*.

Les Anglais ont, à 900 kil. du Grand Banc de Terre-Neuve, les îles **Bermudes** ou **Somers**, excellent lieu de radoub pour les navires, avec un arsenal maritime d'une certaine importance. Les échanges s'y élèvent à environ 4 millions.

RUPERT'S LAND.

Les vastes régions boréales et centrales de l'Amérique anglaise, désignées sous le nom de *Rupert's Land*, sont sous la juridiction de la Compagnie de la Baie d'Hudson. Elles sont riches en animaux à fourrures : castors, martres, rats musqués, ours, loups, renards, loutres, etc. La Compagnie a établi beaucoup de comptoirs pour le commerce des pelleteries.

Les monnaies, poids et mesures de l'Amérique anglaise sont ceux de l'Angleterre.

Nota. — On rattache encore physiquement à l'Amérique l'*Islande* et le *Groenland*, qui appartiennent au Danemark, et dont il a été question dans la Leçon XI. La pêche de la baleine, de la morue, du hareng, des phoques, est le principal objet de ces régions boréales.

LEÇON XXX.

LES GRANDES ROUTES DE COMMERCE.

§ 1. Routes d'autrefois. Le commerce méditerranéen. Révolutions accomplies à la fin du quinzième siècle ; nouvelle révolution dans les routes de terre faite par les chemins de fer.

Le commerce extérieur provient moins, originairement, de la nécessité que du désir du bien-être, du luxe et des satisfactions matérielles.

L'Inde est peut-être le pays qui a livré le plus anciennement ses produits aux autres nations ; pourtant, ce n'est qu'au septième siècle avant Jésus-Christ que les transactions de peuple à peuple s'affirment, grâce à la marine phénicienne.
— Tyr, la Grèce, l'Égypte, Carthage, s'emparent de la suprématie commerciale de la Méditerranée, et, plus tard, Rome, maîtresse du littoral méditerranéen, hérite de la prépondérance de Carthage.

Au onzième siècle, *Venise, Gênes, Pise*, concentrent le commerce et conservent leur autorité jusqu'au quinzième siècle, époque où le Portugal et l'Espagne conquièrent la première place. Dès lors ces deux puissances se partagent la fortune du globe. Christophe Colomb découvre en 1492 le Nouveau monde, au bénéfice de l'Espagne ; — Vasco de Gama double le cap de Bonne-Espérance, en 1497, et s'empare de l'Inde au nom du Portugal. En 1520, le Portugais Magellan voit le sud de l'Amérique et franchit le Pacifique. Peu à peu, le monde se révèle et s'ouvre au génie commercial de l'Europe.

Au commencement du dix-septième siècle, la Hollande prend possession de l'archipel de la Sonde. Sous Louis XIV, Louis XV et Louis XVI, nous nous efforçons d'étendre notre commerce extérieur. L'Angleterre paralyse nos tentatives ; elle occupe définitivement le premier rang parmi les puissances maritimes et coloniales.

Les États-Unis paraissent destinés à disputer cette place d'honneur à la Grande-Bretagne.

La découverte de l'Amérique, la conquête de l'Inde, avaient accompli une immense révolution dans le commerce ; — les chemins de fer, qui vivifient l'intérieur des continents et rapprochent les distances, tendent à unifier les peuples en confondant leurs intérêts. C'est évidemment une des grandes révolutions du siècle.

Grandes lignes de chemins de fer européens. — L'Angleterre est le berceau des voies ferrées. D'abord la traction était opérée sur les rails au moyen de chevaux ; ce n'est qu'après l'invention de la locomotive par Stephenson, en 1829, que le nouveau mode de communication prit un vaste essor. Il fut bientôt introduit en France, en Belgique, en Prusse, aux États-Unis.

L'ensemble de toutes les voies ferrées du globe est d'environ 140 000 kilomètres. L'Europe seule en a 88 000. Nous avons indiqué les lignes de chaque contrée. Voici, en résumé, les voies principales qui représentent les artères de cette partie du monde, et les grands centres qui sont comme les cœurs multiples de cette merveilleuse circulation.

Londres est le point central du réseau le plus complet qui existe : de là partent des bras nombreux qui parcourent en tous sens la Grande-Bretagne.

Paris, centre du commerce de l'Europe continentale, projette plusieurs grandes lignes. Les chemins qui, conduisant de cette capitale à Londres, se rapprochent le plus de l'Angleterre, aboutissent à Boulogne et à Calais. La plus longue ligne française va de Calais à Marseille, en passant par Paris et Lyon ; c'est la voie de la Grande-Bretagne à la Méditerranée, et par conséquent à l'Inde.

Paris est joint à Bruxelles, Berlin, Vienne, Berne, Genève ; une ligne qui se rattache au chemin de Paris à Lyon, franchira les Alpes près du mont Cenis à l'aide d'un tunnel, et se reliera à celle de Turin. De cette ville des rameaux se répandent dans tout le nord et le centre de l'Italie (Milan, Florence, Rome, Naples, etc.)

Par le chemin de Bordeaux à Bayonne, Paris communique avec Madrid et une grande partie de l'Espagne.

Berlin, centre des chemins de fer de l'Allemagne du Nord est jointe à Vienne, à Hambourg, à Hanovre, à Bruxelles, à Kœnigsberg et, par suite, à Saint-Pétersbourg.

Vienne est aussi unie à Saint-Pétersbourg et à toute l'Allemagne, à presque toute la Hongrie.

Une voie ferrée très-étendue va de Saint-Pétersbourg à Moscou et de Moscou à Nijnii-Novgorod, etc.

En résumé, les parties de l'Europe jointes entre elles par des chemins de fer sont la France, l'Espagne, la Belgique, les Pays-Bas, l'Allemagne du Sud, la Prusse, l'Autriche, la péninsule Cimbrique, la Suisse, l'Italie, la Russie.

Les États-Unis sont aussi couverts de ces chemins. Dans quelques mois, un immense réseau franchira le Far-West, réunissant New-York à San-Francisco, c'est-à-dire l'Atlantique au Pacifique.

§ 2. Grandes routes de mer, — les Courants, — les Vents alizés, la Voile et la Vapeur.

Notre vieux monde est le point de départ des grandes routes de mer; des lignes maritimes rayonnent particulièrement de l'Angleterre et de la France, et relient nos principaux ports aux États-Unis, aux Antilles, à l'Amérique du sud, aux Indes et à la Chine par le Cap ou par Suez. La rapidité est devenue telle que l'on peut faire le tour du monde en cent jours, en passant par la Martinique, l'isthme de Panama, le Mexique, la Californie, le Japon, la Chine, la Cochinchine, Singapour, Ceylan, l'Arabie, l'Égypte et la Sicile. La navigation est facilitée par l'étude des courants.

Il y a plusieurs sortes de *courants :* les courants constants, périodiques et accidentels. Les premiers ont pour cause la différence de température des pôles et des régions équatoriales. Il s'établit, en effet, un mouvement régulier des zones glaciales vers la zone inter-tropicale; les eaux réchauffées sont ensuite poussées vers les parages polaires par leur choc contre les terres. — L'un des plus remarquables courants est celui que l'on nomme *inter-tropical* ou *équatorial*, et qui entraîne les eaux de l'Océan d'orient en occident dans une direction contraire à celle de la rotation terrestre; ce n'est, pour ainsi dire, qu'une vaste et paisible oscillation, qui ne dépend que de l'équilibre de l'Océan; le célèbre *Gulf-Stream* (le courant du golfe du Mexique) en provient; il contourne les côtes du sud des États-Unis, sort par le Nouveau canal de Bahama avec une vitesse de 2 mètres par seconde, se porte ensuite au nord en s'élargissant de plus en plus, et à la hauteur de la Nouvelle-Écosse atteint plus de 400 kilomètres de largeur. Il tourne alors à l'est, rase l'extrémité sud du banc de Terre-Neuve, continue sa marche vers l'orient et vient tempérer le climat de la France, des îles Britanniques et de la Norvége. Les navires à voiles, pour se rendre d'Europe en Amérique descendent à la latitude des Canaries et prennent le courant équatorial, qui les entraîne rapidement vers l'ouest. Ceux qui viennent de l'Amérique suivent, au contraire, le Gulf-Stream.

Les courants périodiques ne se forment que dans les mers exposées aux *moussons* (vents de six mois), par conséquent surtout dans les mers de Chine et de l'Inde.

Les courants variables, si bien étudiés par le commodore Maury de la marine américaine, facilitent et abrégent les trajets : ainsi les bâtiments à voiles qui savent en profiter peuvent se rendre en moins de trente jours de New-York à Rio-de-Janeiro; il en fallait autrefois quarante. On peut aller aujourd'hui de New-York en Californie en 135 jours, au lieu de 183 jours, et le voyage d'Angleterre en Australie, autrefois de plus de quatre mois, s'exécute en moins de cent jours.

Les vents *alizés* (du vieux mot *alis*, qui signifie régulier) soufflent de l'E. à l'O., en suivant une direction identique à celle du grand courant inter-tropical. Ils se font sentir dans l'Atlantique, l'océan Indien et le Pacifique, en se maintenant dans les régions équatoriales.

La navigation à voiles n'a rien à perdre au progrès de la marine à vapeur. Les voyageurs préfèrent les paquebots qui les transportent plus vite et en ligne toujours plus directe d'un point à un autre; mais, comme les voiliers peuvent emporter les marchandises à un prix infiniment moins élevé, la concurrence se maintient.

Les États-Unis et l'Angleterre sont à la tête de la plus belle marine à vapeur; nos Messageries impériales et notre Compagnie transatlantique possèdent 130 bâtiments; ce chiffre élevé est insignifiant, si on le compare à celui de la marine américaine, qui compte des centaines de paquebots, jaugeant plus d'un million de tonneaux!

Principaux ports du monde. — Les grands centres maritimes semblent autant de souverains rivaux qui, pour établir l'équilibre général, entretiennent des relations forcées, incessantes. Signalons, en Europe : Londres, Liverpool, Southampton, Glasgow, Marseille, Le Havre, Nantes, Bordeaux, Anvers, Amsterdam, Rotterdam, Hambourg, Brème, Copenhague, Stettin, Danzig, Riga, Saint-Pétersbourg, Stockholm, Lisbonne, Cadix, Barcelone, Gènes, Livourne, Messine, Palerme, Venise, Trieste, Constantinople, Odessa; — en Afrique, Alexandrie, Alger, Le Cap, Suez, Port-Louis; — en Asie, Smyrne, Aden, Calcutta, Madras, Bombay, Singapour, Canton, Chang-haï; — en Océanie, Batavia, Manille, Sydney, Melbourne; — en Amérique, New-York, Boston, Baltimore, la Nouvelle-Orléans, La Havane, Bahia, Rio-de-Janeiro, Buenos-Ayres, Valparaiso, Panama, San-Francisco.

§ 3. Grandes lignes des services maritimes; — Distance des grandes navigations ; — Durée habituelle et frais des voyages.

Principales lignes de la Méditerranée.

MESSAGERIES IMPÉRIALES (Dép. de Marseille chaque semaine).	DURÉE du trajet.	PRIX moyen.	DISTANCES parcourues.
1. Alger (directement)..	40 heures.	64 fr.	760 kil.
2. Philippeville et Tunis.	6 jours.	107 fr.	1100 kil.
3. Gènes, Livourne, Naples, Messine, Palerme............	6 jours.	145 fr.	1200 kil.
4. Archipel Grec, mer Noire, par Athènes et Constantinople......	8 jours.	240 fr.	3000 kil.
5. Côtes de Syrie, par Messine, Smyrne.......	7 jours.	212 fr.	2800 kil.
6. Alexandrie, par Messine............	6 jours.	240 fr.	2600 kil.

Les vapeurs-courriers espagnols desservent *Cadix, Malaga, Barcelone, Marseille*. — Les bateaux-poste italiens : *Gènes, les côtes d'Italie, l'Algérie, Tunis*. — Les bâtiments du Lloyd autrichien : *Trieste, Ancône, Corfou*, le sud de la

Grèce, Constantinople, la *Syrie, Alexandrie.* — La Compagnie autrichienne du Danube : *Galatz,* la *mer Noire (Odessa,* etc.) — La Compagnie russe : la *mer Noire, Constantinople,* la *Syrie, Alexandrie,* et, par correspondance, *Marseille.*

Principales lignes de la mer du Nord et de la Baltique. — La Compagnie (française) des bateaux à hélice du Nord dessert : 1° *Dunkerque, Londres, Hull, Leith,* etc.; 2° *Dunkerque, Copenhague, Saint-Pétersbourg.* — La Compagnie espagnole de navigation à vapeur va de *Saint-Nazaire* à *Bilbao, Lisbonne, Cadix, Séville.* — La Compagnie générale des bateaux à vapeur fluviaux et maritimes (toutes les trois semaines) part du *Havre* pour *Lisbonne, Cadix, Gibraltar* et *Malaga.* — Des Compagnies anglaises, fonctionnant avec une parfaite régularité, desservent la plupart des ports importants, depuis *Saint-Pétersbourg* jusqu'à *Gibraltar;* — des Compagnies belges partent d'*Ostende* et d'*Anvers* pour *Londres,* le *nord de l'Angleterre, Dunkerque,* etc.; — une Compagnie hollandaise va de *Rotterdam* et d'*Amsterdam,* d'une part, à la *Baltique,* de l'autre, aux grands *ports de France* et jusqu'à *Gibraltar;* — une Compagnie russe se rend de *Saint-Pétersbourg* au *Havre,* etc.

Principales lignes de l'Amérique centrale et des États-Unis par l'Atlantique. — Des bâtiments de la Compagnie générale transatlantique se rendent : 1° de *Saint-Nazaire* à *Saint-Thomas* (Antilles), en 16 jours, à *La Havane* (en 20 jours), à *La Vera-Cruz* (en 24 jours); 2° de Saint-Nazaire à la *Martinique,* avec correspondance pour plusieurs des Petites Antilles, ainsi que pour *Cayenne,* le *Vénézuéla,* l'*isthme américain (Aspinwall).* La même Compagnie fait le service en onze jours du *Havre* et de *Brest* à *New-York,* 5600 kilomètres (prix moyen 500 francs). — Des Compagnies anglaises (Cunard, etc.) relient également *Liverpool* à *New-York; Liverpool* à *Boston,* par *Halifax; Liverpool* à *Québec* et *Montréal,* etc. — Le Lloyd de l'Allemagne du nord et la Ligne américaine-hambourgeoise réunissent l'*Allemagne* aux *États-Unis.*

Principales lignes de l'Amérique du sud. — Les Messageries impériales vont de *Bordeaux* à *Lisbonne,* aux *îles Afri-*

caines, puis à *Pernambouc*, *Bahia*, *Rio-de-Janeiro*, *Montevideo* et *Buenos-Ayres* (32 jours, 13 500 kilomètres); — des Compagnies anglaises partant de Southampton et de Liverpool font le même trajet. — Des voiliers font aussi ce service.

Principales lignes de l'Afrique. — Les Messageries impériales vont de *Bordeaux* à *Saint-Louis* (Sénégal) par *Lisbonne* (16 jours), — de *Marseille* à la *Réunion* et à *Maurice* par *Suez*, *Aden*, les *Séchelles* (11 800 kil., 24 jours). — Des Compagnies anglaises partent de *Liverpool* et se rendent à *Fernando-Po* et au *Vieux-Calebar*, en passant par les îles *Madère*, les *Canaries*, *Bathurst* (Sénégal), etc. (10 000 kil , — 36 jours). — Des clippers vont de *Liverpool* et du *Havre* à *Maurice* et à la *Réunion* par la voie du Cap. (trajet : deux mois).

Principales lignes du sud de l'Asie et de l'extrême Orient. — Les Messageries impériales (par le service de la Méditerranée et de Suez en Chine et au Japon) font le trajet de *Marseille* à *Calcutta* (en 24 jours, 10 000 kil.); de *Marseille* à *Singapour* (31 jours); à *Saïgon* (35 jours); à *Hongkong* (39 jours); à *Chang-haï* (44 jours); à *Yokohama* (50 jours). — La Compagnie péninsulaire et orientale anglaise, partant de *Southampton* et *Marseille* et prenant la Méditerranée, se rend à *Bombay*, à *Calcutta* et au *Japon* dans un espace de temps à peu près semblable. — De *Londres*, des voiliers se dirigent, en doublant le cap de Bonne-Espérance, sur *Aden*, *Bombay*, *Calcutta*, *Rangoun*, *Singapour*, *Canton*, *Chang-haï*, *Yokohama* (trajet total : 160 jours au plus, 32 000 kilomètres).

Principales lignes de l'Amérique occidentale. — De Panama, des Compagnies anglaises desservent, d'une part, toutes les côtes ouest de l'Amérique du sud; de l'autre les côtes de l'Amérique du nord, c'est-à-dire *Acapulco*, *San-Francisco*, *Victoria* (Vancouver). — Des Compagnies américaines du Pacifique partent également de *Panama* et accomplissent le même trajet. — Des voiliers appartenant à la Compagnie d'armements maritimes du Havre vont à *Valparaiso* (Chili) et au Callao (Pérou), par le cap Horn (80 jours); des bâtiments à voiles se rendent aussi de *Bordeaux* à *San-Francisco*, par le cap Horn (126 jours); — des clippers de New-York font le même trajet.

Principales lignes de l'Océanie. — Les Messageries impériales font le service jusqu'à *Batavia* (Java), en 34 jours (13 800 kil.), en passant par la *Méditerranée*, la *mer Rouge*, *Pointe de Gale* (Ceylan), *Singapour*, *Batavia*. — La Compagnie péninsulaire et orientale anglaise, partant de Marseille ou de Southampton, suit le commencement du même trajet, mais se rend de *Pointe de Gale* à *Melbourne*, *Sydney*, la *Nouvelle-Zélande*. — Des clippers se rendent aussi régulièrement dans les parages océaniens. Des voiliers partant de Bordeaux doublent le cap Horn et vont à la Nouvelle-Calédonie. — Ce trajet ne dure pas moins de 4 mois. Des paquebots à voiles unissent San-Francisco et les îles Sandwich (18 jours).

Coût du frêt pour les marchandises. — *Pour les grands trajets*, dans la Méditerranée, le frêt est en moyenne, par tonne de marchandises, de 20 à 25 fr., sur les navires à voiles; de France pour la Baltique, de 40 fr.; de Bordeaux au Sénégal, 40 fr.; du Havre à la Réunion, d'environ 70 fr.; du Havre à New-York, 40 fr.; de Saint-Nazaire à Aspinwall, 70 fr.; de Saint-Nazaire à La Vera-Cruz, 50 à 55 fr.; du Havre à Rio-de-Janeiro, 75 fr.; de Marseille à Batavia, 120 fr.; de Liverpool à Melbourne, 170 fr.

Importance du canal de Suez et du chemin de fer de Panama. — Le canal de Suez, c'est l'anneau nuptial de l'Occident et de l'Orient. Grâce à lui, les Indes, la Chine, le Japon, l'Océanie ne sont plus qu'à quelques jours de l'Europe, tandis qu'il fallait plusieurs mois pour y parvenir en doublant le cap de Bonne-Espérance. Jamais œuvre n'aura des résultats plus positifs pour l'avenir du commerce. Les productions, les richesses du monde oriental vont affluer en Europe, et la civilisation européenne ira vivifier l'extrême Orient.

Le chemin de fer qui relie Aspinwall à Panama, trait d'union entre l'Atlantique et le Pacifique, ouvre la voie de la Californie et des contrées occidentales de l'Amérique du sud. Les voyageurs pressés ne doublent plus le cap Horn, mais débarquent à Aspinwall, traversent l'isthme et reprennent le paquebot à Panama. Ce chemin de fer perdra une partie de son importance lors de la création, sans doute prochaine, d'un grand canal (probablement à l'isthme de Darien) qui permettra aux navires de passer d'un océan à l'autre.

§ 4. La télégraphie électrique. Points extrêmes mis en communication. Les télégraphes sous-marins.

La télégraphie électrique en mettant en relation immédiate les points les plus éloignés, tend à compléter l'œuvre éminemment civilisatrice des chemins de fer, à unifier les peuples. Les immenses résultats obtenus en moins de vingt ans font présager les destinées véritablement merveilleuses de cette invention. L'Europe et les États-Unis ont adopté avec empressement ce mode de transmission des dépêches; aujourd'hui, l'Angleterre, la France, l'Allemagne, la Belgique, la Hollande, etc., possèdent un nombre considérable de réseaux télégraphiques, qui, sur une carte générale, ressemblent à autant de mailles d'un tissu. Il n'est pas, en Europe de localités importantes qui ne soient reliées au courant général par une de ces lignes de vie.

Passons en revue les grandes communications.

Londres est, d'un côté, en relation avec l'Indo-Chine par les fils qui franchissent l'Allemagne, l'Autriche, la Turquie d'Europe (Constantinople), la Turquie d'Asie, la Perse, le Béloutchistan, l'Hindoustan, les rives du golfe du Bengale; — de l'autre, avec les États-Unis par le câble transatlantique posé en 1866, et qui joint l'Irlande à Terre-Neuve. La ligne télégraphique franchit aujourd'hui les États-Unis dans toute leur étendue et peut transmettre immédiatement les dépêches jusqu'à San-Francisco (sur le Pacifique). Elle se prolonge vers le nord, en suivant les rives de l'océan; avant peu, elle franchira la mer de Beering et rejoindra l'immense réseau russe et sibérien qui va déjà sans interruption de Saint-Pétersbourg à Kiakhta (frontière chinoise).

De grands projets, qui demain peut-être seront exécutés, sont mis en avant par des compagnies; il s'agit, entre autres, d'unir encore l'Ancien continent au Nouveau, Brest à New-York.

La télégraphie sous-marine européenne fait de rapides progrès : la Grande-Bretagne est aujourd'hui huit fois jointe au continent; la Sicile est réunie par un fil à la Tunisie, et, grâce à ce réseau, nous pouvons correspondre avec nos possessions algériennes. L'Italie méridionale est en communication avec la péninsule Turco-Hellénique par un câble traversant le canal d'Otrante. La Sicile, Malte et Alexandrie sont réunies par un autre.

Ainsi l'Orient et l'Occident, — les deux hémisphères, — se donnent pour ainsi dire la main; il semble que la télégraphie électrique soit appelée à devenir le langage universel de tous les peuples, et que cette langue parlée par tous soit destinée à faire cesser les rivalités de nation à nation et à pacifier le monde au profit de l'humanité.

Le tableau suivant donne l'étendue des réseaux télégraphiques des principaux états.

PAYS.	LONGUEUR des lignes en kilomètres.
Russie...	37 000
France...	32 230
Grande-Bretagne.................................	26 200
Prusse (avec les pays annexés).............	23 100
Autriche...	20 000
Italie...	15 100
Espagne...	10 000
Suède..	5 650
Suisse..	3 600
Belgique..	3 400
Pays-Bas...	2 120
Empire Ottoman..................................	14 000
États-Unis..	85 300
Canada..	

LEÇON XXXI.
FORCE PRODUCTIVE DES DIFFÉRENTS ÉTATS.

§ 1. Comparaison des principaux états du globe.

(D'après l'étendue du territoire, la population, le budget, l'effectif de la marine marchande, l'importation et l'exportation.)

PAYS.	Superficie (kil. carr.)	Population.	Densité de la pop. par kil. c.	Budget (millions.)	Effectif de la marine marchande.	Import. (millions.)	Export. (millions).
					tonneaux.		
France.......	543 000	38 000 000	69	2000	1 000 000	3000	3500
Colonies franç.	1 200 000	5 000 000	4	»	»	»	»
Gr.-Bretagne..	313 500	30 000 000	95	2000	5 800 000	7400	6000
Colonies brit...	14 000 000	170 000 000	12	»	»	»	»
Belgique......	29 500	5 000 000	161	160	35 800	1426	1323
Pays-Bas.....	34 200	3 500 000	102	200	540 000	1200	900
Col. des Pays-B.	1 304 000	19 000 000	15	»	»	»	»
Prusse.......	355 000	24 000 000	69	700	360 000	2000	2500
États de l'Allem. du S.(Bavière, Wurtemberg, etc).........	115 000	9 000 000	78	»	»	(av. le Zolv.) »	(av. le Zolv.) »
Autriche......	623 000	35 000 000	56	1100	333 000	600	900
Suisse......	40 900	2 500 000	61	35	»	700	600
Italie (roy.)...	284 400	24 300 000	85	800	700 000	1200	700
Espagne......	465 000	16 000 000	36	260	376 000	513	329
Colonie espag.	424 000	5 000 000	12	»	»	»	»
Portugal et Iles Adj.)........	87 000	4 400 000	50	130	100 000	149	100
Col. port.....	354 000	3 400 000	10	»	»	»	»
Suède et Norv.	738 000	5 700 000	8	77	1 200 000	270	230
Danemark.....	38 200 (sans l'Islande et les colonies).	1 700 000	44	160	80 000	200	100
Emp. de Russie)	20 000 000	76 000 000	4	1500	200 000	750	800
Turquie d'Eur. (av. les Princ.) et Turq. d'Asie	1 778 000	31 000 000	17	350	350 000	650	790
Grèce.........	53 600	1 500 000	24	30	290 000	90	50
Égypte.......	557 000	5 000 000	9	125	»	135	440
Tunisie.......	150 000	2 000 000	13	24	»	»	»
Maroc.......	600 000	6 000 000	10	»	»	»	»
Emp. Chinois..	13 600 000	406 000 000	31	500	»	1400	1100
Japon.........	500 000	38 000 000	76	»	»	»	»
Perse.........	1 000 000	10 000 000	10	80	»	»	»
États-Unis....	7 540 000	36 000 000	5	2900	5 000 000	2060	2200
Mexique......	2 000 000	8 000 000	4	»	»	»	»
Brésil........	7 700 000	10 000 000	1	140	100 000	250	300
Colombie......	1 358 000	3 000 000	2	12 1/2	»	5	50
Vénézuéla.....	1 600 000	1 500 000	1	20	»	40	30
Équateur.....	640 000	1 100 000	2	7 1/2	»	30	30
Pérou........	1 310 000	2 400 000	2	70	24 000	130	130
Bolivie........	1 200 000	2 000 000	2	13	»	13	13
Chili.........	400 000	2 000 000	2	50	67 000	117	133
Conf. Argent...	2 200 000	1 200 000	1/2	42	»	250	150
Paraguay.....	900 000	1 300 000	1	13	»	9	8
Uruguay......	217 000	300 000	1	50	»	12	10

§ 2. **Lieux d'où l'Europe tire ses principales matières premières.**

Matières premières relatives aux vêtements. — Le *coton* est tiré des États-Unis, des Antilles, des Indes anglaises, de la Chine, de l'Égypte, de Java, etc.; — la *soie*, de la Chine, du Japon, des Indes etc.; — la *laine*, des Indes, de la Turquie d'Asie, de l'Amérique du sud (La Plata, Chili, Pérou), de la colonie du Cap, de l'Algérie, de l'Australie, de la Nouvelle-Zélande; — le *chanvre*, le *lin*, le *jute*, viennent principalement des Indes, de la Turquie, de l'Égypte. — Les *pelleteries* sont surtout tirées de l'Amérique du nord et de la Sibérie; — les *peaux brutes*, de l'Amérique du sud (la Plata, Brésil), de la Barbarie, de la colonie du Cap, des Indes, de l'Australie.

Matières premières tinctoriales. — Les *bois de teinture* sont presque tous originaires de l'Amérique équatoriale et de l'Amérique du sud (Mexique, Brésil, Antilles, etc.), de l'Hindoustan, de la Malaisie et de la Guinée. — La *cochenille* est tirée du Mexique et de l'Amérique centrale, de la Barbarie et de Java. — L'*indigo* vient de l'Amérique centrale, de la Colombie, des Antilles, des Indes et de la Malaisie.

Matières premières de consommation. — Le *riz* nous est envoyé par l'Hindoustan, l'Indo-Chine, la Chine, l'Égypte, la Malaisie, les États-Unis; — le *café* est exporté des Antilles, des Guyanes, du Brésil, de l'Amérique centrale, de la Colombie, de la Réunion, de la côte orientale de l'Afrique, de la Guinée, de Java, de l'Arabie, de l'Hindoustan; — le *sucre* vient surtout des Antilles, du Brésil, des États-Unis, des îles Mascareignes; — le *cacao*, du Mexique, de l'Amérique centrale, de la Colombie, du Vénézuéla, du Brésil, des Guyanes, des Antilles, des îles Philippines; — le *thé*, de la Chine, du Japon, de l'Hindoustan, de l'Indo-Chine, de l'Océanie; — le *tabac*, des États-Unis, des Antilles, de l'Amérique centrale, du Brésil, du Paraguay, de la Turquie d'Asie, de l'Hindoustan, de Manille, etc; — les *épices*, des îles Moluques, de Java, de Sumatra, de Bornéo, des Philippines, de la Guinée, des îles Mascareignes, du Zanguebar, de l'Hindoustan, de la Chine, de l'Arabie, de l'Amérique équatoriale.

Résines, gommes, huiles. — Le *caoutchouc* vient du Brésil, de la Guyane, de Java, de l'Indo-Chine, etc. — La *gutta-percha* est originaire de la presqu'île de Malaka et de la Malaisie. — La *gomme arabique* est tirée des parages de la mer Rouge, du Sahara et du Sénégal ; — la *gomme adragant*, des côtes orientales de la Méditerranée ; — les *matières oléagineuses végétales* (olive, sésame, arachide, palme), de la Turquie d'Asie, de l'Hindoustan, de la Barbarie, de la côte occidentale d'Afrique, de la Malaisie ; — les *huiles de baleine et de phoque*, des mers boréales, des mers australes et de l'océan Pacifique.

Plantes médicinales. — Le *quinquina* est exporté du Brésil, du Pérou, du Mexique ; — l'*ipécacuanha*, du Brésil ; — l'*aloès*, de l'Afrique équatoriale ; — le *ricin* vient principalement d'Amérique et de la Chine — la *rhubarbe*, du plateau central de l'Asie ; — le *jalap*, de l'Amérique ; — le *séné*, de l'Afrique.

Bois pour meubles et pour construction. — L'*acajou* est tiré de l'Amérique équinoxiale ; — l'*érable*, du Canada, des États-Unis ; — l'*ébène*, principalement des côtes d'Afrique et de l'île de Madagascar ; — d'autres bois estimés viennent aussi de l'Amérique équatoriale, de l'Amérique du nord anglaise, des Indes et de l'Océanie.

Métaux. — L'*or* vient surtout de la Californie, du Mexique, du Brésil, du Vénézuéla, de la Colombie, du Pérou, de la Bolivie, de l'Amérique britannique, de l'Australie, de la Sibérie, du Soudan, de la Guinée ; — l'*argent*, du Mexique, de l'O. des États-Unis, du Pérou, de la Bolivie, du Brésil, du Chili, de la Sibérie, de l'Australie, etc. ; — le *cuivre*, du Mexique, du Chili, du Brésil, du Pérou, des États-Unis, de la Sibérie, de la Perse, de l'Algérie et de l'Australie ; — le *mercure*, de la Californie.

Minéraux combustibles. — Les sources principales de *pétrole* sont exploitées aux États-Unis.

Matières diverses. — Le célèbre engrais nommé *guano*, provenant des excréments amoncelés des oiseaux, est extrait des îles Chincha et Lobos (Pérou), des parages du Chili, de plusieurs îlots de la Polynésie et des environs du cap Bonne-Espérance.

L'ivoire de l'éléphant et de l'hippopotame est tiré de l'Afrique; — celui des morses et des narhvals, des mers boréales qui baignent la Scandinavie et la Russie; — les *cornes* de bœuf sont expédiées en grande quantité de l'Amérique du sud.

§ 3. Produits fabriqués en Europe, et pays où ils sont exportés.

L'Angleterre, la France, la Prusse, la Belgique et la Suisse expédient de grandes quantités de *cotonnades*, de *lainages* et de *soieries*, principalement en Amérique (surtout aux États-Unis et au Brésil), dans les Indes, dans la Turquie d'Asie, dans toutes les colonies européennes, en Égypte, etc. La France, l'Allemagne, la Suisse, l'Angleterre, l'Autriche, la Belgique envoient des *articles dits de Paris*, de la *mercerie*, de la *tabletterie*, de la *lingerie*, des *vêtements confectionnés*, dans toute l'Amérique, dans la Turquie d'Asie, dans les Indes, en Égypte, dans les colonies européennes. — La France, l'Angleterre, la Prusse et la Suisse exportent également dans les deux Amériques, dans les Indes Orientales, dans les états musulmans, en Chine, au Japon, dans toutes les colonies européennes des *peaux préparées*, des *cuirs ouvrés*, de la *bijouterie*, de l'*horlogerie*, de l'*orfévrerie*; nos *meubles* sont expédiés en grand nombre en Amérique, dans toutes les colonies européennes, l'Égypte, etc. — La *quincaillerie*, la *coutellerie*, les *armes* (Angleterre, Prusse, France, Belgique), la *verrerie*, la *poterie* (France, Angleterre, Prusse, Autriche, Italie), donnent lieu à un commerce considérable d'exportation pour l'Amérique, une grande partie de l'Asie, de l'Afrique, et de l'Océanie. — Les *machines* (Angleterre, France, Prusse, Belgique) sont expédiées dans l'Amérique du sud, les Antilles, le Mexique, les états musulmans, l'extrême Orient et dans toutes les colonies européennes. — L'Angleterre, la France, la Belgique, la Prusse, sont à la tête de l'exportation des *livres,* des *gravures,* du *papier,* des *cartes,* dirigés sur toute l'Amérique, les colonies européennes, les Indes et les états musulmans.

Les *vins* de France, d'Espagne, de Portugal, d'Italie, de Hongrie, de Grèce, sont principalement expédiés en Amérique, dans les Indes, sur plusieurs points de l'Afrique, dans les colonies européennes et en Océanie.

LEÇON XXXII.

RÔLE DE LA FRANCE DANS LE COMMERCE DU MONDE.

§ 1er. Situation géographique de la France. Ports français qui font le plus grand commerce extérieur. Pays avec lesquels ils ont le plus de rapports.

La France, qui, par l'importance du commerce, vient immédiatement après la Grande-Bretagne, a une situation des plus avantageuses. Placée au centre de l'Europe occidentale, baignée par quatre mers (mer du Nord, Manche, Atlantique proprement dit, Méditerranée) qui lui permettent de faciles transactions avec les états du nord, le Nouveau monde et tout le bassin méditerranéen, à quelques jours de la voie de Suez qui lui ouvre directement l'Asie méridionale, l'extrême Orient, l'Océanie, elle se trouve ainsi à la portée des richesses du monde entier et peut aisément répandre partout le produit de son industrie.

Du côté du midi, son grand entrepôt est *Marseille,* le premier de tous nos ports, en relation avec tous les pays du monde, mais surtout avec l'Italie, le Levant, la Russie, l'Afrique, l'Espagne.

Le second port de France est *Le Havre,* servant de port à Paris et entretenant ses plus actifs échanges avec les États-Unis et l'Angleterre.

Viennent ensuite, vers l'Atlantique, les deux ports de

Nantes et de *Saint-Nazaire*, et *Bordeaux*, qui font avec les Antilles et l'Amérique du sud de grandes affaires.

Dunkerque, sur la mer du Nord, centralise en partie le commerce des bois de la Scandinavie et arme pour les grandes pêches.

§ 2. Richesse des pays avec lesquels la France fait le plus de commerce. Nature des relations avec les habitants. Produits que la France peut échanger le plus avantageusement avec ces pays. — Langues du commerce.

La Grande-Bretagne, la contrée avec laquelle la France fait le plus grand commerce, est surtout riche en houille, en fer, en cuivre, en produits manufacturés ; nous allons donc les y chercher, et nous portons en Angleterre nos vins, nos liqueurs, nos soieries, et ces articles de luxe, de mode, que le génie français excelle à fabriquer mieux que l'esprit sérieux, méthodique des Anglais. Le commerce britannique se fait sur une large échelle et avec une grande sécurité.

Les États-Unis sont habituellement le second pays dans l'ordre d'importance de nos relations commerciales. Ils nous fournissent du coton, du sucre, du riz, du tabac, du pétrole ; — nous leur portons les mêmes articles qu'en Angleterre. La majorité de la population américaine, entreprenante, souvent même téméraire, et d'une habileté très-remarquable, est prompte à nouer des relations commerciales ; — il faut, précisément à cause de leur hardiesse, ne coopérer qu'avec prudence aux spéculations, quelquefois trop audacieuses, des Anglo-Américains. La langue anglaise est indispensable pour le commerce avec ce pays.

La Belgique, sœur de la France par sa situation, par son langage, vient ordinairement au troisième rang dans la valeur des échanges. Elle a même occupé le second depuis l'affaiblissement momentané du commerce des États-Unis. Elle nous envoie sa houille, son lin, son zinc ; — nous lui expédions nos tissus de laine et de soie, nos vins, nos céréales, notre mercerie, nos livres. Les relations avec la nation belge sont faciles et simples ; les deux peuples s'entendent parfaitement.

La Suisse, également en partie française, suit de près la Belgique dans ses transactions avec nous ; cependant elle n'importe pas plus de 100 millions d'articles français ; mais elle reçoit par notre intermédiaire une grande quantité de produits exotiques ; elle nous expédie en retour beaucoup de marchandises, surtout des tissus de soie et de l'horlogerie. Les rapports avec les Suisses sont également très-faciles ; le commerce de Genève a une réputation de grande habileté.

L'Italie occupe le rang suivant. La France en tire des huiles, qu'elle réduit en savons, etc. ; des soies, dont elle fait des tissus ; elle lui adresse des étoffes de laine et de coton, ses soieries, ses sucres raffinés, des articles de mode.

Le Zollverein (Allemagne) nous fournit des bestiaux, de la houille, de la laine, des peaux, des bois. — Nous lui renvoyons de la mercerie, des articles de mode, des tissus de laine et de soie, de la laine[1], des vins, des bois exotiques (par le transit). On a avec l'Allemagne des relations sûres ; la probité germanique est passée en proverbe.

L'Espagne exporte en France ses plombs, ses zincs, ses laines, ses huiles, ses fruits, et elle en tire des tissus de laine, de coton et de soie, de la mercerie, des modes, des mules. Les relations sont sûres. La loyauté espagnole est bien connue.

L'empire Ottoman et la Grèce nous envoient de la soie, du coton, de la laine, de l'huile, des graines oléagineuses, des tapis, de la noix de galle, des éponges. — Nous leur renvoyons des soieries, des tissus de laine, des sucres raffinés, des peaux préparées, du papier. Le commerce de la Turquie est entre les mains des négociants francs (c'est-à-dire de l'Europe occidentale), des Grecs, des Arméniens et des Juifs. La ruse étant, dans les Échelles du Levant, plus souvent adoptée que la franchise, il faut apporter une grande circonspection dans les affaires. — Le français, l'italien, le grec, sont les langues que le commerce y emploie le plus fréquemment ; l'arabe est fort répandu sur la côte de Syrie.

L'Algérie nous livre des peaux, des laines, des bœufs, des moutons, du coton, des fruits, du blé, des bois d'ébénisterie, des métaux. — Nous lui renvoyons des tissus, de la lin-

---

1. On pourra remarquer que l'on exporte souvent dans un pays des produits semblables à ceux qu'on importe.

gerie, des vêtements, des produits chimiques, du sucre. Il est important de connaître l'arabe pour commercer avec ce pays, de même qu'avec tous ceux de l'Afrique septentrionale et centrale. Le berbère y est aussi très-utile.

La Russie fournit à la France du lin, des graines oléagineuses, des bois, du suif, des cuirs; elle en tire des vins, des articles de mode. Le français et l'allemand y sont aussi répandus que le russe lui-même.

L'Egypte nous expédie du coton, des graines oléagineuses, de la soie; elle nous demande de la lingerie, des tissus de soie, des vêtements confectionnés, des vins. Le français, l'italien et l'arabe sont employés dans le commerce de cette contrée, dont les principaux négociants sont des Français, des Arméniens, des Juifs et des Grecs. Il faut agir dans les transactions avec la même prudence que dans les pays turcs et grecs.

Le Brésil, les Antilles et l'Amérique ci-devant espagnole exportent en France du café, du sucre, du tabac, des peaux, du coton, de la laine, du cacao, des bois de teinture et d'ébénisterie, des métaux précieux. Ils en tirent de la lingerie, des vêtements confectionnés, des articles de mode et de luxe, des tissus de laine et de soie, des vins, des produits chimiques. Le français est généralement connu dans les grandes villes. Néanmoins, l'espagnol y est infiniment plus répandu. L'anglais est compris presque partout. Le portugais est la langue du Brésil.

Telles sont les régions avec lesquelles nous faisons le plus d'affaires. Nous avons encore des relations avantageuses, quoique secondaires, avec les Pays-Bas, les États Scandinaves, le Portugal, l'Autriche, la Roumanie, le Maroc, la Tunisie. — Jusqu'à présent, nos rapports commerciaux avec les Indes orientales, la Chine, le Japon, la Perse, l'Arabie, l'Australie, une grande partie de l'Afrique, peuvent être considérés comme insignifiants; nous devrions y envoyer nos tissus de soie, de laine, de coton, d'une fabrication si parfaite et qui pourraient faire une concurrence heureuse à ceux qu'y apportent en quantité les Anglais et les Américains; — notre lingerie, nos produits chimiques, qu'aucune nation ne fait mieux que nous; — nos sucres, très-bien raffinés; — notre tabletterie, qui compte une foule de petits chefs-d'œuvre ; — nos vins, qui remplaceraient avec tant d'avantage l'opium, véritable poison de l'Orient ;—nos peaux ouvrées, nos outils, nos machines, nos articles de goût et d'art, nos armes, notre horlogerie, notre verrerie. En retour; nous en tirerions, sans l'intermédiaire des Anglais, des produits que nous payerions moins cher : le thé, la soie, l'ivoire, l'indigo, le coton, les épices, etc.

C'est de ce côté qu'il faut diriger des efforts plus heureux. On peut reprocher au commerce français trop peu d'initiative; il importe qu'il acquière plus de hardiesse. Mais, avant tout et partout, que ce commerce se distingue par une loyauté et une droiture constantes. Pas d'entraînement vers un lucre rapide, obtenu aux dépens de la qualité des produits. Dans les affaires commerciales, comme dans toutes celles de la vie, *la plus grande habileté, c'est la probité.*

FIN.

TABLE DES MATIÈRES.

Leçons.		Pages.
I.	Grande-Bretagne	1
II.	Suite de la Gr.-Bretagne	10
III.	Suite de la Gr.-Bretagne	25
IV.	Belgique	31
V.	Pays-Bas et grand-duché de Luxembourg	40
VI.	Prusse, Zollverein, Confédération de l'Allemagne du Nord, et Allemagne du Sud	49
VII.	Empire d'Autriche	77
VIII.	Suisse	88
IX.	Royaume d'Italie	98
	États de l'Église	118
X.	Espagne et Portugal	121
XI.	États Scandinaves. — Suède et Norvége	148
	Danemark	159
XII.	Russie	165
XIII.	Empire Ottoman	192
	Roumanie	212
	Serbie	215
	Monténégro	216
	Grèce	217
XIV.	Égypte, Nubie, Abyssinie	222
XV.	États Barbaresques, Sahara et Soudan	236
XVI.	Côte occidentale de l'Afrique (avec les îles africaines de l'Atlantique)	250
XVII.	Colonie du Cap et côte orientale d'Afrique (avec les îles africaines de l'océan Indien)	260
XVIII.	Arabie	272
	La mer Rouge	275
	Le golfe Persique, le Chott el-Arab	277
	Perse	278
	Les côtes du Mékran, Béloutchistan	283
	Afghanistan	284
	Turkestan ou Touran	285

Leçons.		Pages.
XIX.	Inde ou Hindoustan	286
XX.	Indo-Chine	298
	Chine	304
XXI.	Japon	313
XXII.	Océanie	316
XXIII.	Côte occidentale d'Amérique	328
	Territoire d'Aliaska, Vancouver, Colombie britannique	328
	Orégon, Californie, etc.	329
	Côte occidentale du Mexique	331
	Amérique centrale	331
	Les isthmes américains	334
	Panama et côte de la Nouvelle-Grenade sur le Pacifique	334
	Équateur	335
	Pérou	337
	Bolivie	339
	Chili	341
	Patagonie, etc.	343
XXIV.	La Plata ou Confédération Argentine	343
	Uruguay	345
	Paraguay	346
	Brésil	347
XXV.	Guyanes, Vénézuéla, États-Unis de Colombie, côte de la mer des Antilles, Mexique	351
XXVI.	Antilles	358
XXVII.	États-Unis	362
XXVIII.	Suite des États-Unis	367
XXIX.	Possessions anglaises du nord de l'Amérique	373
XXX.	Les grandes routes de commerce	377
XXXI.	Force productive des différents états	387
XXXII.	Rôle de la France dans le commerce du monde	391

10.128 — Imprimerie générale de Ch. Lahure, rue de Fleurus, 9, à Paris.

www.ingramcontent.com/pod-product-compliance
Lightning Source LLC
Chambersburg PA
CBHW052124230426
43671CB00009B/1109